谁说台湾
不是中国的

台湾与大陆的千年血脉关系

范文议 著

人民出版社

自　序

　　我，出生在美丽的宝岛——台湾，在台湾这块土地上成长、受教育、成家立业，之后成为台湾的企业家。对台湾这块生我育我的土地，有一股无法用笔墨所能形容的情感。30多年前，正值"亚洲四小龙"取得傲人的成功，当时美国所出版的有关亚洲经济、世界经济乃至于区域经济等方面的报道和论述，都在讨论为什么中国台湾、韩国、中国香港和新加坡能够突破西方国家所设下的经济游戏规则，而获得令人赞叹的成就。

　　当时，我的心情是十分的自信且意气风发，完全以台湾的经济成就为荣。

　　曾几何时，才20年左右的光景，台湾经济发展的优势已荡然无存、消失不见。代之而起的是失业率逐年攀升，传统工业不断地出走，就连30年来曾经救台湾一命的电子业也迅速出走。坊间巷里所谈的和所听到的都是一些唉声叹气的声音，报章杂志及各种新闻媒体都充斥着"台独"的言论及诋毁大陆的攻击性报道。主政者不思如何振兴台湾的经济，不想方设法让人民过上幸福、安康的生活，极端"台独"势力倾其全力撕裂台湾与大陆千年血脉相连的关系。对此，我深感痛心疾首，心如刀割。与此同时，外国驻台湾的商务代表也不断发出"台湾整体经济力量大幅滑落"的警讯。

全球媒体不再报道台湾经济的成就，取而代之的都是台湾的内斗和种种的腐败，再加上新冠疫情的影响和失控，台湾社会已沉沦至谷底了……

尤其是"台独"分子到处煽风点火，带动舆论风向，一再强调台湾与大陆从来没有归属关系，"台湾人不是中国人"等妖风妖语。

我痛心疾首之余，决定出版这本论述台湾与大陆千年血脉关系的著作，并将此书定名为《谁说台湾不是中国的——台湾与大陆的千年血脉关系》。

我是台湾人，也是中国人！

台湾与大陆同文、同种、同是龙的传人！

台湾与大陆是绝对不可割舍的！

"谁说台湾不是中国的！"

目　录

第 一 章
史籍中所提到的台湾

一、三国以前：瀛洲、蓬莱、夷州

中国史籍中有关台湾的记载自古就有。20 世纪 70 年代，治台湾史的学者大都写过这方面的文章，希冀从有限的几条史料中，能够爬梳出一些具体的结果来。以下就是这些文章的综述。

一般学者均承认，中国古代史书中最早有关台湾的记载为何，目前还没有办法得出定论。台湾最早的地方志之一、康熙三十三年（1694）高拱干纂修的《台湾府志》云："台湾，禹贡扬州之域。"《禹贡》是《尚书》中的一个篇名，记载 4000 多年前的中国地理，把当时的中国分成九州，扬州是中国东南方的一州。有学者依照此说，认为中国早在 4000 多年前便已知台湾一地。日人尾崎秀真所撰《台湾四千年史之研究》，依据《禹贡》篇所载：

> 淮海惟扬州……岛夷卉服。厥篚织贝，厥包橘柚，锡贡。沿于江海，远于淮泗。

认为文中的"岛夷卉服"，是指麻织的衣服。"篚"是方形有盖的竹器。"厥篚织贝"是说"背负竹篮，佩戴贝饰"。这种风俗跟台湾少数民族的习俗相似，因而主张《禹贡》所说的"岛夷"之地就是指台湾。可是一般学者的体会没有那么深，大多不太相信这种说法。

从秦至三国时代的古籍记载中，台湾之存在有若干相似处，乃有较多的学者主张瀛洲、东鳀、夷州（洲）所指称的就是台湾。春秋战国以后，沿海交通相当兴盛，海上传说渐多，而最引人兴趣的莫过于到海外求取长生不老的灵药。《史记·秦始皇本纪》中云：始皇二十八年（前219），"齐人徐市（即徐福）等上书，言海上有三神山，名曰蓬莱、方丈、瀛洲，仙人居之。请得斋戒，与童男女求之。于是遣市发童男女数千人入海，求仙人。"徐福此行的目的就是为了取得长生不老之术。清人徐怀祖所撰《台湾随笔》及吴廷华的《社寮杂诗》皆据此认为"瀛洲"就是台湾。可是，对台湾史研究不遗余力的尾崎秀真则主张"蓬莱"才是现在的台湾。

到了汉代，时人可能将台湾及琉球诸岛统称为东鳀。《汉书·地理志》卷二十八云："会稽（今浙江绍兴县东南）海外有东鳀人，分为二十余国，以岁时来献见。"日人市村瓒次郎及连雅堂等均认为，瀛洲及东鳀所指之地即是台湾。但此说仍少确证，日人桑田六郎认为"东鳀"系想象中之产物，所指是否为台湾仍应存疑。国人郭廷以亦认为台湾、琉球同在东鳀之内，对东鳀即台湾之说不置可否。

到了三国时代，对台湾的记载就比较可信了。在东南立国的孙权对海外的探踪很感兴趣。史载，东吴黄龙二年（230）正月，孙权派卫温、诸葛直等人率领兵将万人，乘船出海寻找传说中秦始皇找仙药的地方，结果他们来到了夷州。由于语言不通，与当地人民发生了冲突。吴军以强势的兵力征服了许多部落，并且俘虏了数千名夷州土著返回江东。

多数学者比较能确定夷州就是台湾，主要是根据东吴丹阳太守沈莹所写的《临海水土志》。这本书的原稿早已散失，残篇收录在宋代李昉所编的《太平御览·四夷部》。内容改写成白话文，转述如下：

夷州在浙江临海郡的东南，离此郡有二千里。土地无霜雪，草木不枯。四面都是山，为众岛夷之居所。部落间互不相属，各有自己的土地、人民和酋长。男人剪发、穿耳洞；女人不穿耳洞。女人一旦出嫁，便拔掉一颗上门牙。此处土地肥沃，种植五谷，酿粟为酒，鱼肉亦多。擅长织布，更喜欢织出各种纹饰。当地虽然产铜铁，可是人们却不会冶炼。只能用鹿角做成的矛来战斗。割取敌人的首级，就带回家，绑在高十几丈的竹竿上，立于前庭，以示战功。父母死后，要杀犬以为祭祀。尸体不埋入土中，而是装进方盒内，悬在高山岩石间。

学者凌纯声根据东南地区民族学资料，从方位、气候、地形、物产、习俗等方面详加比对，断言这里所说的"夷州"就是台湾。日人市村瓒次郎、白鸟库吉、和田清等人也都主张夷州就是台湾。只是他们的考证不如凌纯声来得详细。

当然，也有一些学者持反对意见。像桑田六郎就对这个说法表示怀疑，他认为"夷州"之名来自徐福渡海之说。梁嘉彬则主张夷州是指现在的琉球。

二、隋至元代：流求

从三国时代到隋代的300多年间，没有出现任何可供后世学者推测何处是台湾的记载。到了隋代，才又见记载。

隋炀帝积极经营海外的扩张。大业三年（607）派遣羽骑尉朱宽到海外探访异俗，来到流求国。因语言不通，只好俘虏了一个土著，回朝交差。炀帝雄心未了，第二年又派朱宽出海到流求招抚当地的土著。流求人不肯归顺，炀帝恼怒，决定派重兵征服。大业六年（610）派武贲郎将陈棱率兵万人出征。流求人不敌，陈棱俘虏了男女数千人而归。向朝廷报告当地的风土人情。流求自此正式归顺隋朝，可是却没有进一步的经营，不久隋朝就覆亡了。

依《隋书》"流求国"条的记载，流求国在海中，在建安郡（今福州）的东方，水行5日可到。当地多山洞，每洞都有部落酋长，统辖若干村落。各村以善战者为帅，管理一村之事。有关流求国的风俗记载，和《临海水土志》有关"夷州"的撰述相似，与古代的台湾有不少吻合之处，而且内容更加详细：

> 男女皆以白纻绳（台湾盛产琼麻，又名龙舌兰，是上好的做绳索和织布的材料）缠发，男子用鸟羽为冠，妇人以罗纹白布为帽。武器有刀、弓、箭、铍、剑，但此处少铁，刃皆薄小。没有文字，望月之亏盈以记时节。没有君臣上下等礼节，父子同床而卧，男女相悦就可以成婚。死者在气将绝时，移至前庭，亲友聚集哭泣凭吊，并为死者沐身，再以布帛和苇草裹缠，埋入土中。当地土地肥沃，适合种稻、粱、禾、黍、麻、赤豆、胡豆、黑豆等作物。树木有枫、樟、松、楩、楠、杉、梓、竹、藤。动物有熊、罴、豺、狼，尤多猪、鸡，没有牛、羊、驴、马。风土气候与岭南相似。

因此，大多数学者都认为隋代的流求就是今日的台湾。

不过也有一些忠诚的反对派反对流求就是台湾的说法。日人伊波普猷、秋山谦藏，国内学者如萧一山、梁嘉彬等人，都主张隋代的流求就是今日的琉球，不是台湾。只是他们所提出的论证不如"流求就是台湾"之说来得有力。

宋代也把台湾称为"流求"或"流球"。《宋史·外国传》记载：

> 流求国在泉州之东，有海岛曰彭湖，与之烟火相望。又有毗舍耶国，语言不通，袒裸盱睢，殆非人类。

南宋赵汝适《诸蕃志》"流求国"条云：

> 流求国，当泉州之东，舟行约五六日程。地无奇货，民尤好

剽掠，故商贾不通。旁有毗舍耶、谈马颜等国。

赵汝适的记载显示，当时的流求跟泉州的往来并不是很密切。文中有关流求的风土人情的记载，大致跟《隋书》"流求国"的记载相似，只有部分的增减而已。

南宋时，平湖（今澎湖）群岛已经有不少汉人居住，种植粟、麦、麻等作物。由于地处边陲，常有外来的海盗侵扰。泉州知府汪大猷为了保护这些居民的身家性命安全，就派兵驻守。这是第一次明确记载有宋朝的军队到澎湖。南宋楼钥的《攻媿集》记载有《汪大猷行状》，对于当时的情形有相当详细的记录：

> 乾道七年（1171）四月，（汪大猷）起知泉州，到郡。郡实滨海，中有沙洲数万亩，号平湖。忽为岛夷毗舍耶者奄至，尽刈所种。他日又登岸杀略，擒四百余人，歼其渠魁，余分配诸郡。初则每遇南风，遣戍为备，更迭劳扰。公即其地，造屋二百间，遣将分屯，军民皆以为便，不敢犯境。

这条记载清楚地告诉我们，在南宋时，平湖（彭湖）已隶属泉州管辖。在今日的闽南语中，澎湖的发音仍作"平湖"。这条资料也是最能够确定的有关台湾的记载，其中又提到"毗舍耶"，因此，有些学者认为"毗舍耶"是台湾某地的称呼，而"流求"或"琉球"则是当时对台湾的称呼。反对者认为，"毗舍耶"在今日之菲律宾。这两种说法都有一定的证据，但是也有不少的漏洞。不过，一般学者都相信"毗舍耶"是在台湾，至于究竟是在台湾的哪里，就无法考证了。

到了元代，中西交通大为发达。元世祖尤其注重对海外的经营，因此海上交通频繁。元世祖至元年间，便将澎湖收入版图，设立巡检司，隶属泉州的晋江县。元朝时，称台湾为"琉球"或"琉求"，同名异写是也。《元史》二一〇卷《琉求传》云：

> 琉求在南海之东，漳、泉、兴、福四州界内。彭湖诸岛与琉

求相对，亦素不通，天气晴朗时望之，隐约若烟雾，其远不知几千里也。

以元朝的威势，江南海内外诸国无不臣属，而靠近泉州、兴化境界的琉求却未曾招降，实是怪事。因此，元世祖在至元二十九年（1292）三月派遣军队到琉求招抚。可是，所派去的军队竟然不知道所到之处是否确实为琉求，最后无功而返。元军第二次出征琉求是在元成宗元贞二年（1296）。这次行动相当顺利，但对台湾并没有进一步的开发，只是俘虏了130多人而返。

元代有汪大渊者，游历了东南亚和印度各地之后，写了一本游记《岛夷志略》。其中有《琉球》，是有关台湾比较详细的记录：

> 地势盘穹，林木合抱，有高山曰翠麓，曰重曼，曰斧头，曰大崎。其中大崎山最为高峻，自彭湖眺望之，甚近。田土丰润肥沃，适宜种植，气候暖和。习俗与彭湖不同。河水无舟楫，仅有筏舟。男子妇女皆拳发，以花布作衣衫。煮海水为盐，酿蔗浆为酒。地产沙金、黄豆、黍子、硫黄、黄蜡、鹿、豹、麂皮。贸易之货品，有土珠、玛瑙、金珠、粗碗及处州瓷器。海外诸国来到，由此开始。

南宋末年仍称"无他奇货，商贾不通"的台湾，到了元代末期已经有了对外贸易。像文中所说的贸易之货，如土珠、玛瑙、金珠等物在现在的考古遗址中常有发现。台湾北部的十三行遗址出土有唐末五代和宋代的钱币与瓷器，可见早已有了实际的交易，只是文献的记载不及而已。

汪大渊的《岛夷志略》也记述了谜一样的"毗舍耶"。书中记载："毗舍耶在海的东边，多山少平地，种植不多，气候炎热，民俗喜好虏掠，遇到强势外番，就躲入荒山穷谷无人之处。如果遇到在附近捕鱼的渔民，常常就生掳以归，卖之他国。故东洋一闻毗舍耶之名，皆心生畏惧，落荒而逃。"学者根据"东洋"一词，推定不是菲律宾，因为菲律宾是在南洋的范围。学者考证的结果，认为毗舍耶可能位于台湾中部或南部，而琉求则是指台湾北部。

三、明清：大员、台湾

从明代开始，台湾不再称作流求或琉求。明太祖洪武初年，现在的琉球岛的中山王受明朝的册封，成为明朝的藩属，称为"大琉球"，台湾就改称"小琉球"。明嘉靖年间出使琉球的陈侃写过一本书《使琉球录》，文中提到：使节船离开福建沿岸，次日"隐隐见一小山，乃小硫球也"，"斋日登鼓山，可望琉球，盖小琉球也。"台湾的面积比琉球岛大多了，可是明朝人却把台湾称为"小琉球"，可见那时候的人对台湾还是没有什么具体的认识。

明代中叶以后，福建沿海的居民大量向海外讨生活，有不少人来到台湾沿海捕鱼或与平埔人贸易，因而对台湾有了较多的认识。同时，对台湾有了不同的称呼。嘉靖三十四年(1555)郑舜功前往日本，著有《日本一鉴》，在卷二提到："自回头征取小东岛，岛即小琉球，彼云大惠国。"

万历四十五年（1617）张燮的《东西洋考》在"东洋列国考"条云："鸡笼、淡水洋，在彭湖屿之东北，故名北港，又名东番。"《明史·外国列传》也有这样的记载："鸡笼山，在彭湖屿之东北，故名北港，又名东番。"不少学者认为这两条资料中所说的小东岛、小琉球、鸡笼、北港、东番等，都是指今天的台湾。一地而有众多的异名，显示明朝中叶以后汉人往来台湾已相当频繁，但只是接触到少数几个地方，没有全面而且深入的认识。

至于"台湾"这个名词是怎么来的？有以下几种不同的说法。

1. 大员、台员的闽南语谐音

明代陈第的《东番记》云："东番夷人属地，有称大员者。"康熙年间，徐怀祖的《台湾随笔》云："台湾于古无考，惟明季莆田周婴著《远游篇》，内载《东番记》一篇，称台湾为台员，系闽音之谓。台湾之名由此开始。"

2. 崇台下之湾

嘉庆十二年（1807）谢金銮《续修台湾县志》云："荷兰于安平设市，构筑砖城，制若崇台。又海滨环沙曲水曰湾，此舟泊处概谓之湾，此即台湾名之由来。"

3. "埋冤"之谐音

连雅堂（连横）《台湾通史·开辟纪》称："明代漳、泉人来台，每因环境天气不适，居者常病死，不得归乡，故漳、泉人乃以'埋冤'之名称台湾。其后'埋冤'一语不祥，乃改今名台湾。"

4. 由地名"台窝湾"转变而来

荷兰人于天启四年（1624）占据安平，建立奥伦治城，后来改称热兰遮城。荷兰人将筑城的地点称作"台窝湾"。这是依照西拉雅平埔人的社名而来。最初的台窝湾仅仅指安平一带，后来汉人讹传成为今日"台湾"之名，并且用来指称整个台湾岛。

5. 郑芝龙所称

康熙二十三年（1684）诸罗县知事季麒光在他的《蓉洲文稿》中谓："万历年间，海寇颜思齐据有其地，郑芝龙附之，始称台湾。"

不过，在明郑时期，郑成功把台湾称为"东都"，后来郑经又把"东都"改为"东宁"。"台湾"一名正式指称整个台湾岛，应始于康熙二十三年清廷将台湾收入版图，隶属福建省，置台湾府，下辖台湾、凤山、诸罗 3 县。

参考文献

方豪:《台湾早期史纲》,台北学生书局 1984 年版。

洪敏麟:《重修台湾省通志》卷三《住民志·地名沿革篇》,台湾省文献委员会编印。

凌纯声:《古代闽越人与台湾土著族》,载林熊祥:《台湾文化论集》,台北中央文物供应社 1954 年版。

曹永和:《早期台湾的开发与经营》,载《台湾早期历史之研究》,台北联经出版事业公司 1995 年版。

梁嘉彬:《论"隋书流求为台湾说"的虚构过程及其影响——兼论东吴夷州为琉球》,《东海学报》第 1 卷第 1 期(1959 年)。

连横(雅堂):《台湾通史》,1920 年版,台北古亭书屋 1973 年重印。

郭廷以:《台湾史事概说》,台北正中书局 1990 年版。

陈培桂纂修:《淡水厅志》,《台湾文献丛刊》第 172 种,台湾银行 1963 年版。

台湾银行经济研究室编:《台湾舆地丛钞》,台湾银行 1965 年版。

第 二 章
台湾的少数民族族群

一、移　入

台湾的少数民族族群分成平地和高山两部分。在平地的各族群称平埔人，计有西拉雅、洪雅、道加斯、巴布萨、巴布拉、巴则海、凯达格兰、噶玛兰等人。高山各族群有泰雅、赛夏、邹（曹）、布农、鲁凯、排湾、卑南、阿美和达悟（雅美）等人。（图2-1）

平埔人大多已经汉化很深，原来的文化特征和体质特征已经混同于和他们一起居住的汉人。除非有族谱或是刻意区分某些残留的文化特征，例如祭祀时用槟榔等，已经很不容易分辨出平埔人和汉人有什么不同。

提到台湾少数民族的起

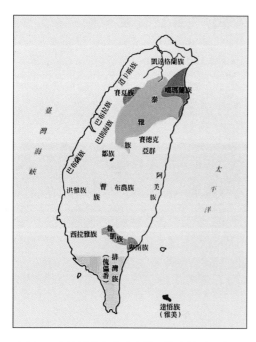

图 2-1　台湾平埔和高山少数民族各族群分布图

源。关于他们什么时候移入台湾，一般相信最早可能在距今五六千年前。因为绳纹陶考古遗址都集中在这个时候。台湾北部山地的泰雅人和赛夏人，可能就是最早移民的后裔。他们移入的时候，可能还不知道如何制作陶器，以致他们一直没有陶器。而且台湾山地各族群中只有这两个族群有黥面（脸上刺青）的习俗，男子刺在额头和下巴，女子则兼刺两颊。他们认为这是成年的象征，同时也显得美丽。在古书的记载中，越王勾践所治理的越国就有这种黥面的习俗。

继泰雅人和赛夏人之后迁入台湾者，可能就是中部山地的布农人、邹人（曹人）。这两个族群移入的时间可能是在 3000 多年前。他们带来了相当复杂的氏族制度，主要是用来规范外婚制的择偶对象。比如布农人规定：不能和同一氏族的成员结婚；不能和母亲所属的氏族成员结婚；不能和姨表姊妹成婚。

在 2000 多年前移入台湾的族群有南部山地的排湾人、鲁凯人和卑南人。他们的语言和菲律宾吕宋岛的塔加洛话相近，以致有学者认为他们和菲律宾有某些特定的关系。排湾人和鲁凯人有很强大的阶级制度，分成头目、家臣和平民三个阶级，身份固定世袭不变。排湾男人善刻百步蛇图案的木雕，只有头目家可挂用。女子都善长织绣，技术相当复杂。近来有学者根据这两个族群的传家古陶壶，推论在几百年前古陶壶是日常用品，后来因为经济生活的变动不再制陶，方才使得陶壶变成传家宝。而这种变动是因为 400 年前汉人、荷兰人、日本人到台湾大量采购鹿皮，造成南部各族竞相猎鹿，也形成一个采集和批发的机制。凡是可以收购大量鹿皮而与外人交易者，就形成了后来所看到的头目；在某个地方收集鹿皮者，就成了家臣；一般从事猎鹿者，就成为平民。由于鹿皮交易获利丰厚，可以用白银换取汉式的生活用品，以致不再制作陶器，而且头目阶层也有闲工夫来制作百步蛇纹的木雕。

东部的阿美人移入的时间较晚。可能是在2000年之内，是从菲律宾移入的。因为他们的文化和菲律宾的金属器文化很近似。阿美人以歌舞闻名，也以母系制度闻名。在家庭生活和亲属关系上，以母系占优势。不过，在社会生活和部落政治上，仍旧是以男性为中心。他们的男子按年龄分组，人类学家称之为"年龄阶级"。年龄阶级的成员负责处理部落的公共事务。这种以男性为中心的组织和以女性为中心的家庭亲属组织，形成了一种微妙的平衡作用。

最晚移入的是兰屿岛上的达悟（旧称"雅美"）人。在最近的几百年内，分成七波，从巴士海峡的巴丹岛移入。虽然移入的时间最晚，可是他们的文化形貌却最简单，让一般人误以为他们是最原始的民族。近海捕鱼是他们主要的经济活动，而且有渔团组织，不同的渔团组织在屋柱、舷板和舢舻有其特有的图案纹饰，连结绳的方式都不同。由于当地台风多，把围墙筑得跟屋顶齐，以致一般人误以为他们是"地下穴居"。

至于平埔人的移入时间，由于汉化甚深，古迹湮灭，已无法考证了。

台湾的世居少数民族分成住在平地的平埔人和住在山地的山地人两部分。这种分布从他们移进台湾的时候就已经形成，该住高山的族群就进入高山，该住平地的族群就在平地。在考古证据和部落的历史上，只见到高山的族群逐步往山下迁，从来就没有平地的族群"被迫"迁去高山的事，最多只是搬到山脚下而已。在平地的各族群其实也很怕高山的各族群，因为布农、鲁凯、排湾、泰雅人等高山族群都有"猎头"的习俗。

至于高山族群从一开始就入居高山地区，其原因是和东南亚各地的山地民族相同，都是因为习惯于山田耕作，以致他们迁入台湾之后，仍然选择山地居住。也很可能是为了躲避疟疾。因为疟蚊的分布很少有超过海拔 1000 米者。这些高山族群对疟疾比较没有抵抗力，只好选择没有疟蚊的高山地区。如果是在低于海拔 1000 米的地方，一定是选择远离水边的地方，虽然违背了一般就水而居的原则，可是却可避开疟蚊的毒害。

二、地 理 分 布

泰雅人分布在北部中央山脉两侧的高山地区。父母双系继承、三代同居的大家庭，部落是政治单位、财产共有单位，甚至是一个集体责任单位。台湾少数民族族群大体都是如此。部落领袖的产生是靠个人的事业成就，不是世袭的。在财产资源的分配方面，每个人的机会均等。

赛夏人分布在中央山脉西侧的浅山地区，长期与客家人接触，语言上和宗教上受到客家人的影响。在物质文化上，又受泰雅人的影响。父系社会，小家庭制度。部落领袖只能在某个特定的家族中产生。

布农人分布在中部中央山脉的东西两侧。父系社会，小家庭制度。个人可以凭着自己的事业成就而成为部落的领袖。分享经济资源的机会均等。

阿里山的邹人（曹人），在社会结构上，类似赛夏人，以父系家族为主。不过，邹人多了象征部落中心的会所。

鲁凯人分布在南部中央山脉的东西两侧。社会结构上，有"贵族"（头目及其家臣）与"平民"之分，土地为贵族所有，贵族的地位由长男继承，因此，父子关系和兄弟关系比较看重，以大家庭为主。

排湾人也分布在南部中央山脉的东西两侧。社会结构也分成"贵族"和"平民"。不过，贵族的权力比鲁凯人大，更近于酋长制。大家庭，男女双系都有继承权，以长嗣优先。

卑南人分布在台东的平地。大家庭制度，以长女为优先继承人，母女关系和姊妹关系就比较重要。阶层社会，贵族的地位为世袭，而且有以贵族为中心的会所制度和年龄阶层组织，同一年龄阶层的青年男女要在会所中生活，接受传统的教育训练。

阿美人分布在花莲和台东的平地。标准的母系社会，权力分配以年龄为准，老年人为决策者，中年人为执行者，青年人为服务者，少年人为学习者。有年龄阶级。阿美人的领导人物是由个人努力而得，不像卑南人由世袭而来。阿美人的会所基础是地域，而卑南人的会所基础是贵族的家系。

雅美人分布在兰屿，由于地理条件的限制，跟外界的接触较少。因此，雅美人所保存的固有文化为各族群之首。双系继承制度，小家庭，社会地位完全以个人的事业成就而来，非常强调行为规范，个人的自尊心强。

三、平埔人

在清代，称居住在平地或者近山地区的少数民族族群为"熟番""化番"或"平埔番"，称居住在高山地区的少数民族族群为"生番""凶番"和"野番"。日据时代初期一直沿用清代的定义和名称。1935年的人口调查方才把台湾的居民分成内地人（日本人）和本岛人两大类，本岛人又分成福建人、广东人、其他汉族、平埔人和高砂人等5类。从此以后，学者就以"平埔人"来泛称汉化了的少数民族族群。而这种族系的划分也成了现在台湾可以一下子割裂成四大族群的理论张本。

在荷兰人窃台的时候，统计调查显示平埔各社人口总数为4万人。日据时期的人口调查也显示平埔人共有4万人。前后相差200多年，而平埔人的人口却没有什么增长，显示这些族群似乎缺乏生命的活力。加上汉化程度越来越深，终至整个族群消失不见。

平埔人的汉化情形因地域的不同而有先后的差别。南部的西拉雅、洪雅人，因为跟汉人的接触最早，在康熙末年（18世纪初），就已经相当汉化了。中北部的猫雾拺、巴布拉、道卡斯、巴则海、凯达格兰各部落，在雍正、乾隆年间，随着汉人的快速移入而渐次改变他们的生活形态。至于偏在东北角宜兰平原上的噶玛兰人，则与汉人接触的时间最晚，大约在嘉庆初年，也就是18世纪末。

1897年日人伊能嘉矩在埔里盆地作调查时，从语言的角度来探讨当地平埔人的汉化情形，由浅至深分为4类：1.杂用平埔语和闽南语者：巴则海人；2.仍用少数平埔语者：巴布拉人；3.已经不再使用平埔语，可是老年人尚能知道者：猫雾拺人、道卡斯人全部和部分的洪雅人；4.几乎已经完全忘记平埔语者：部分的洪雅人。

由此可见，在汉人开拓台湾的300年中，跟汉人密切交往的平埔人深受汉人的影响，尤其是在宗教方面受汉人的影响更深。见诸记载的事迹有以下几则。乾隆末年，竹堑社头目卫阿贵等人在新竹县关西咸菜棚一带兴建大和宫三官大帝庙。道光年间，西部的平埔人迁往中部山区埔里盆地，所订的契约中提到"每埒田，全年纳租粟五斗，以为关帝爷祝寿之资"。光绪十七年（1881）埔里一带稻作歉收，第二年，有位平埔人到彰化南瑶宫去迎请妈祖金身来绕境，庇护平安。据说因此而解除了"地漏"（也就是溪流透底，水无法积存）的困扰。这些例子说明了平埔人如何汉化的实际情形。

平埔人纳入汉人社会不是单方面的，汉人也受平埔文化的影响。

地名是最明显的，例如：台湾、南投、北投、大甲、打猫（今嘉义民雄）、打狗（今高雄）、通霄、半线（今台中）、艋舺（今台北万华）、鸡笼（今基隆）等，都是直接采用平埔语。妇女喜吃槟榔的习俗似乎也是受平埔人的影响。以前农村常用双重茅草的屋顶，也是平埔人的习惯。

平埔人的社会文化，只能求诸史书的记载。清代黄叔璥的《蕃俗六考》和各本方志对平埔人的生活情形有不少的记录。综合说来，在饮食方面，薯和芋是主要的食物，后来汉化了，就渐渐改成米和粟。副食主要都是渔猎而得。没有吃蔬菜的习惯，只吃冬瓜。平埔人都喜欢饮酒，酒性还相当强烈，也都吸食烟草，嚼食槟榔。

在身体纹饰方面，平埔人有黥面文身的习惯，也都有把牙齿染黑和敲掉门齿的习惯。在服装方面，男子常赤裸上身，下身用一块麻布围住，或者上身穿短衣，下身围布。冬天就披长衣。女子则是上身穿短衣，下着短裙，又有裹胫，一身三截。又喜好佩戴各式各样的装饰品，如螺钱、玛瑙、手钏、脚镯、骨簪等。

家屋的主要形制是华南常见的干栏式家屋，也有地面式的家屋。日常生活非蹲即坐。坐是以跪跤的方式为主。睡觉的地方铺鹿皮或纺织而成"达戈纹"。冬天时在室内生火塘，家人围着火塘而睡。在交通工具方面，水行有蟒甲（也作艋舺，独木舟），陆行有牛车，车轮的制作技术简单，用木板拼成圆轮即可，不像汉人所作的辐射状的车轮。平埔人善泳，横渡溪流时，常在腰间系上葫芦，以为气囊之用，也常编造竹筏。

由于平埔人有赘婿的习俗，因而推知是行"以女承家"的母系制度。可是，社会、政治方面的活动仍是以男人为主。有不少汉人男子在这种情形下入赘，结果造就了他的庞大家业，台中的张家就是一例。乾隆年间张达京入赘平埔，张家子孙至今仍是台中的首富，张启仲更出任过民选的台中市长，现在仍是台中市农会的理事长。

从考古的资料来看，平埔人盛行屈肢葬，直接入土，没有棺椁之属，以生前所用的器皿陪葬。一般常葬于室内，或者就埋在宅边，或另外择地埋葬，各社不同。

在乐器方面，有鼻笛、嘴琴、芦笛等。在方志中，常记录他们的歌词，但没有曲谱，似乎都是随兴而唱，没有固定的曲调。

四、语言系统

语言学家认为，东亚有三个大的语族——汉藏语族、侗傣语族和南岛语族。这三大语族同一个起源，后来慢慢地分家了。最早是汉藏语族先跟侗傣和南岛两语族分家，时间可能是在 6000 年前。2000 年前，汉语和藏语、侗傣语和南岛语也开始分家。语言的分家反映在实际生活上就是族群的迁徙，或者是生活方式改变。大概从六七千年前，或者更早，讲南岛语的族群就开始向南方、向海洋迁移。经过几千年，这个族群从北至南，从大陆到中南半岛，由半岛到大岛，再往东，散布到太平洋各个小岛。形成一个非常广大的南岛语系分布区。

台湾保有南岛语系最古老的形态，根据语言年代学推测，台湾北部的泰雅语、中部的邹语和南部的排湾语、鲁凯语形成的时间是距今 6500 年前，而菲律宾土语是 5000 年前，婆罗洲土语是 4500 年前，马来亚语、苏门答腊语、马达加斯加语是 3200 年前，密克罗尼西亚语是 3000 年前，夏威夷语是 1500 年前，新西兰语是 1200 年前。（见图 2-2）

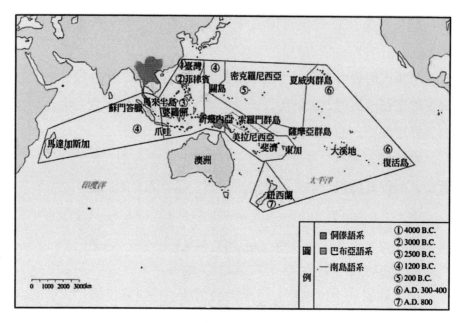

图 2-2　南岛语系的世界分布情形

五、神话传说

北部泰雅人各部落关于部族起源的神话,内容大体相似,都是说最早只有男女二人,从石头中生出来。以泰雅人的起源神话为例:

太古时代,在一个叫 sbkan 的地方,有一块大石头。有一天,石头裂成两半,从中生出一男一女,此即人类的始祖。这两人结为夫妻,逐渐繁衍子孙。留住此地者,即为今日的泰雅人,下到平地者,就成了其他的种族。

有关平地人的传说,也可以看出台湾少数民族族群对于平地汉人的观念:

泰雅人的祖先是从裂开的大石头出生,而汉人是由竹子生出来的。从前,有一个人不知从哪里来,想要繁衍后代,就把刺竹砍成几节，把各节插在地上，然后割伤自己，用血来灌溉那些竹子后就死了。那些竹子长成后裂开，从里面走出许多人来，这就是汉人。

泰雅人的神话则反映了祖灵的重要，在泰雅人的观念中，祖灵是宇宙的主宰，具有无上的权力。人类社会的一切活动都受到祖灵的控制，没有办法超越。因此，人类要想让宇宙的运行合度，社会安和乐利，唯有遵照祖先订下的规矩和禁忌，不能有所违背。一旦有所违背，就必须要用各种牺牲献祭，求祖先的原谅和赦免。

南部排湾人有关宇宙和人类起源的神话则不然。不谈宇宙和人如何生成起源，只讲一开始就有人，天空很低，人用杵来顶天，才有了天地。宇宙由一群神来管理，众神的职务由他们的大哥 Blalujan 负责分配。在从前人们的生活很幸福，由于人们的浪费，才造成现在必须要辛勤工作才能温饱的局面。

阿美人的神话系统非常丰富，叙述他们的宇宙开创、人类起源、祭司家的源流系谱，以及各种祭祀的意义。透过这些神话，把"神祇英雄"和"人世祭司"联成一个系列。

阿美人的创世神话指出，当第一代男神 marejap 和女神 maswan 的时代，宇宙是黑暗的。第二代神 arajan 将自己变成了"天"。有了天之后，天就像一面镜子照下来，灵魂就有了影子。灵魂的神是 maaleno。第三代的女神 maasele 变成了太阳，男神 anavejau 变成了月亮。其后天、月、日均不能尽其责。第四代的神 lopalanau 造了山把天撑高，并使日月定期交互出没。以后各代的神，继续成为各种自然神，以及祭司、巫师、谷物、狩猎、战争、猎头等之神。传到第十五代，洪水出现，世人都被淹死，只剩兄妹二人，结为夫妇，是为现代人的始祖。

在阿美人"人的社会"里，主持猎头祭、丰年祭的祭司 kakitaan 以及其他各种祭祀的小祭司都是继承神的系统而来。kakitaan 祭司的地位最高，拥有世袭身份与权力。他们的家屋就被当成是祖祠。其他各小祭司也依一家的次序排列。巫师的身份和地位也是序列排列。每个部落都有大巫师 aisudan。他的手下有若干名巫师 tsikawasal。巫师手下又有几名学徒 tsisakawehai。大巫师的地位不是世袭，而是由年老的巫师选任。巫师的助手经过一家的训练，就可以升任为巫师，也就可以为人治病了。阿美人的神话充分反映这个族群的社会结构特色——年纪愈老经验愈丰富者，愈受人尊敬。

六、经济活动

台湾各高山少数民族族群的农业都是以种植小米和薯类作物为主。先在山坡地上放火烧一块地，整理之后，就种小米、芋头、树薯等作物。用过几年，地力枯竭之后，就弃之他去。过了二三十年之后，再来一次烧垦。这种土地利用的方式是符合环保效应的，只是人口不能多，一旦增多，土地休耕的时间就会缩短，地力来不及恢复，自然生态就容易被破坏。

雅美人的经济活动是各族中最特别的。在农耕方面，雅美人也是以种小米和芋头为主，常在河流的两旁开辟梯田，种植水芋，这种景观是台湾本岛少数民族所难得一见的。水芋不仅供日常食用，更是祭祀时不可缺少的祭品。每当家屋落成，大船下水，都要用大量的水芋把新屋和大船盖起来。由于数量非常庞大，必须要经过几年的累积方才可以办到。

雅美人的捕捉飞鱼是台湾各族群中最具有特色的经济活动。飞鱼是雅美人最尊敬和最喜爱的鱼类，也是他们宗教信仰和社会生活的主要依据。每年的4月至6月是飞鱼季节，其间有非常多的禁忌。为了捕捉飞鱼，雅美人用非常多的时间和精力去建造大船。以大船为中心所构成的船团组织，就成了雅美人最重要的团体组织。除此之外，雅美人少有合作的团体出现。

七、社 会 组 织

各族群的社会文化各有特色。如达悟（雅美）人的拼板舟和捕飞鱼的生活方式，排湾人和鲁凯人的木雕和贵族生活制度，卑南人盛行的巫术和祭司制度，阿美人的年龄组织、丰年祭和制陶技术，泰雅人的编织和祭团组织，赛夏人一年一度的矮灵祭，曹人的会所组织，以及布农人擅长的狩猎和种植小米。我们也可以在高山少数民族族群中看到比汉人更严格的父系氏族社会（布农人），也可以找到母系社会（阿美人），有的近于母系社会（卑南人），也有可以算是父系，可是又带有母系的特征（曹人、赛夏人和雅美人）。由此可见，台湾高山少数民族族群的社会文化方面的复杂性，几乎涵盖了整个人类文化变异的全部范围。

（一）泰雅人

每个家庭的人口较少，有些家户散居，有些又聚成村落。一旦结婚就另外建立家屋。以跟男方居住为主，也有从女方的例子。北部的泰雅人有特殊的祭畴组织，称之为 gaga。每一个祭团大约有 10 户，以其中最有势力的人为领袖，并用他的名字为祭团的名称。成员包括了这个领袖的男系后代，也包括姻亲和没有关系的人。这种祭团的活动主要是共同参与婚礼、分享猎物以及防卫上的互助合作。

（二）赛夏人

传统上有单独居住的散户，也可聚成村落。家庭是以夫妇及其所生的子女为主。以父系传承为主，是一个外婚的单位。这一点跟汉人社会很像，也就很容易转成汉姓。

（三）达悟（雅美）人

家系的传承以父系为主，有一些共同的禁忌和共享一个的家号名称。当要组成捕捞飞鱼的团体和共享灌溉水的团体时，以父系亲属为主，可是也不排除姻亲和朋友。村落呈密集聚居状态。但是没有可以号令全村的领袖，村落事务都取决于村中长老之协议。不过像有关捕捞飞鱼的禁忌是整个部落乃至于整个达悟（雅美）人共同遵守的，一旦有人违反就会引起公愤。

（四）布农人与曹人

布农人和曹人是典型的父系社会，不仅婚后一定要住在男方父亲家，所有的继承也都是通过父系来传递。于是就出现了"大家长"，家庭人口数平均为 9.4 人。这些大家庭呈散居状态，顶多几家人聚在一起而已。父系继嗣团体（氏族）分成大、中、小三层。同属于一个大氏族者不可以通婚。与母亲同属一个氏族的人也不可以通婚。如果双方的母亲来自同一个氏族者也不可以通婚。曹人由于人口少，因此只有中氏族和小氏族。

布农人的大氏族和曹人的小氏族有同食祭粟的仪式，也有分享兽肉的关系。除此之外，没有其他经济、政治和仪式上的功能。由于是散居，个别的家户就是最主要的社会单位，不形成部落组织。相邻的几个有兄弟关系的家户会共同祭祀。半个多世纪前，仍有"猎头"的习俗，把祭祀用的器具和所猎到的人头放在共同的祭屋中。

（五）阿美人

分布在台湾东海岸，呈现大型的聚落，有多到六七百人者。盛行部落内婚制。结婚是男人"嫁"到女家，因此以"母系社会"著称。财产也是由女儿来继承。男子依照年龄严格编组，分成 13 级，再归成 4 阶段：壮丁、壮年、老人和退休者。每一级都有一个人负责统领。这种制度是整个部落的生活重心，也是成长教育的训练机构，同时还是个人身份地位的依据标准，而且与部落的系统组织相配合，兼具政治、宗教、经济和防卫的功能。

（六）鲁凯人和排湾人

以小家庭为主，男女婚后的居住以跟男方为多，也有跟女方住的情形。实行长嗣继承制度，男嗣不论男女都有继承权。次子次女以下都要另立新居。这两个族群最不同的地方是他们的社会分成"贵族"（头目及其家臣）和"平民"两个阶层。贵族地位的继承在鲁凯人中是长子，而在排湾人中是长嗣。他们可以向自己所管辖的平民征税和劳役。正因为如此，不同部落之间的贵族常通过联姻的办法相互兼领，或组成联盟，使得贵族之间的政治关系变得相当复杂。最能代表贵族身份的表征，就是石雕和木雕。题材都是蛇纹和男女人身。百步蛇是最常见的雕饰，也是贵族的专用符号。目前的政治选举仍然和传统的领袖权威配合，以前的贵族都成了村长、乡长、地方议会的议员，甚至是"国会"议员。

（七）卑南人

卑南人夹在阿美、排湾、布农、鲁凯四个族群之间，社会文化受四个族群的影响颇深，主要的社会团体是一种共同从事农耕、狩猎、猎头和祭祀卜筮仪式的团体。每一个部落都由几个这样的团体组成，看起来像亲属组织，可是成员资格是由占卜来决定的，而不是靠血缘关系。婚后大多随妻居住，很像阿美人。

最令人注目的是他们的男人会所、年龄组织和成年礼。在以前，男孩子1—13岁就要通过不同的训练和仪式，住到会所内，接受年长者的命令，从事必要的服务工作，并要通过严格的考验，如猎猴和"猎头"仪式。这种军事化的训练也许是由于早年夹在四个族群之间，人口又少，不得不采取的自保措施。这种训练一直影响到今天，卑南人的男人在少数民族族群社会的政治活动中仍然相当活跃。

八、传统文化及其变迁

目前各少数民族族群的人口总数有30多万人，占不到台湾总人口数的2%。可是他们所居处的土地面积是台湾的45%。近几十年来，台湾少数民族族群的文化发生空前的变化。在经济方面，从原先的山田烧垦变成水稻耕作，种植有商业价值的经济作物，乃至于到都市的工厂和建筑工地做工。在社会生活方面，由于工作的关系，产生了"都市原住民"社群。他们住在都市的边缘，由于非法占有土地，没有水电的供应，卫生条件自然很差，如台北汐止的"花东新村"。这些因经济社会变迁而引发的新问题，有赖全体人民共同关心和付出爱心来解决。因为在现代台湾大社会环境中，台湾少数民族族群在人数和文化上都是处于弱势的地位，往往容易被主流文化所忽视。

少数民族族群的社会基本上可以分成两大类：甲类——具有阶级的社会，如鲁凯人、排湾人、曹人（邹人）、阿美人和卑南人。乙类——强调个人平等权利和个人能力，如泰雅人、雅美人、布农人等。至于赛夏人则居于两者之间。

甲类社会有明显而且制度化的领袖。他们多半是这个社会的代表、象征，也具有最高的权力。他们的地位多半是由合法继承而来，拥有法定的权力，为整个部落的人所遵服。

乙类社会有的根本就没有一个正式的领袖，如雅美人，必需要靠非正式的长老会议来议决公共事务。泰雅人和布农人虽然有正式的领袖，但是这些领袖不是世袭的，而是靠个人的努力才获得的。因此，他们的政治影响力来自于个人而不是社会赋予，因而也就不容易形成社会阶级。更因为领袖的权力来自个人的影响力而非合法的强制力，于是在处理事务上，只能用面对面的个人接触来运作。

至于赛夏人，政治领袖来自于父系家长，但对于部落中人并没有绝对的控制和制裁的权力。这类领袖是靠亲属间的权利义务关系所产生的影响力来维持社会秩序，而不是依靠正式合法程序所得到的政治权力，因而介于两者之间。

在甲类社会中，统治者和被统治者之间，依赖两种幕僚组织。一种是"长老会议"，见于排湾人和鲁凯人。由统治贵族以外社会地位稍低的小贵族、平民中有特殊成就和受村人尊敬者组成。他们分享了统治的权力，也使大贵族的权力变得不是那么绝对。另一种是年龄组织和会所，在卑南人和阿美人中特别发达。由于这两族是以女性为中心，男性的社会地位受到压抑，因而活跃在属于男人的年龄组织和会所之中。任何一个男人必须要属于某个年龄组织和会所。年龄组织和会所就成为实际治理整个部落的正式组织。而在乙类社会中，就缺乏这种辅佐统治的幕僚组织。

在宗教方面，各族群都相信"万物有灵"。灵可分成善恶两类。不过，像卑南、阿美、鲁凯、排湾和曹等甲类各族群，认为另外还有神祇，神祇的地位有高有低，各有职责司管。在乙类各族中，有关神祇的观念复杂多变。雅美人就有一个非常复杂的神祇系统，把宇宙分为八层，人、鬼、神各占一定的层界。但是在日常生活中，神非常不重要，鬼才是雅美人最怕的，成为一切活动的主宰。其他乙类各族群都相信精灵无所不在，各有用途，各不相属，又缺乏专业分工。赛夏人没有神祇的观念，主要的几种祭祀包括播种祭、祖灵祭和矮灵祭，都与精灵有关。

在经济行为方面，各族传统上都是一个自给自足的经济体，生产方式也都是山田烧垦、渔猎采集。可是在对土地的控制上，两类社会各有不同。在甲类族群中，土地不只是为某一个特殊的团体所控制，更因为团体内在地位的严格区分，使得这个团体可以平稳而且持续地维持它的阶层性，加强对土地的控制。乙类族群则刚好相反，土地为不同的团体和个人所拥有。换言之，甲类社会是土地公有，而乙类社会是土地私有。

日据时代虽然对山地严格控制，但是实际的改变有限。台湾光复后，由于普遍建立地方自治和民主选举制度，才对少数民族族群带来极大的冲击。

对甲类的部族来说，部落领袖顺理成章地成为地方自治行政系统中的地方首长——村长。这种情形往往让一般村民对于地方选举不热衷。可是在乙类部族中，民主选举就非常热闹。不但热衷参与选举，更会毫不留情地罢免不适任者。

在宗教方面，最大的改变就是基督教的传入。不过，少数民族族群对于基督教的接受并不是因为基督教的传教工作，包括发放救济物品，而是由于部族内部的社会变迁所致。

例如，布农人在日据末期被迫改种水稻，以致与打猎和种小米关系密切的各项宗教仪式不能顺利实施，再加上疟疾为患，传统的巫医没有办法应付，在基督教没有传入之前，布农人原有的宗教已经衰落，才让基督教乘虚而入。

至于具有阶级的甲类部族发生宗教变迁，改信基督教的原因，大半源自统治者和被统治者之间的冲突，被统治者为了寻求新的认同对象和精神上的解脱而改变信仰。

原有的民族性格会影响到少数民族族群对基督教和天主教的选择。天主教是一个阶层分明的组织，而基督教号称比较民主。因此，以个人平权为特征的布农人，最早接受了天主教，可是不久就转成长老教会和真耶稣教会。有阶级属性的邹人则由长老教会转成天主教会。

长老教会强调个人能力，使得教会因实际上的需要而能成立或发展出许多世俗性的附属机构及功能，如储蓄互助社、共同购买、共同运销等，以解决市场经济进入山区之后所面对的资金不足、中间商剥削等问题。布农人在这方面有很好的成就。新的经济体系产生了富农、自耕农和半自耕农三个新的阶级。可是传统的社会价值观念尚在，没有土地的人仍然可以借用别人没有耕作的土地，因而降低了土地集中所产生的弊端。

在亲属制度方面，在汉人社会的强力影响下，逐渐有向父系发展的倾向。排湾人原来是长嗣继承，慢慢地出现以长子继承的现象。阿美人"娶丈夫"的习俗也逐渐变成"娶老婆"。随之而来的改变包括婚后随丈夫居住、财产由长女继承改为由长子继承。于是，从母系社会改变成父系社会。卑南人也有这方面的发展趋向。

九、对现代社会的适应

近50年，少数民族族群社会面临内外两方面的变迁压力，需要调节以适应之，最大的问题症结是少数民族族群成长变化的速度跟不上台湾整体的变化。统计数据显示，1985年时，山地和平地少数民族族群每人年平均收入分别为42989元新台币和42012元新台币。

当年，全台湾每年人均收入为 114330 元新台币。两相比较，只为其 37.6% 和 39.4%。山地少数民族族群和平地少数民族族群接受大专以上教育者，分别为 2% 和 2.1%。而台湾全省为 7.6%。这样巨大的差异，让少数民族族群社会在整个台湾社会的发展过程中被挤到边缘地带，因而有整合和调适的问题。

现代的行政体系和地方自治代替了以前的"番社"，使得"地方政治"脱离了原有的社会组织和宗教信仰，并逐渐瓦解原有的社会团体，也使得山地行政体制因失去社会团体和宗教信仰的支持，无法有效地维持当地的社会秩序。

现代货币和市场经济进入少数民族族群社会，迅速摧毁原有的山田烧垦、渔猎采集的经济，以及自耕自给的观念。这么一来，少数民族族群原有的交换家畜和猎物的经济方式，变成单纯的金钱交易，少了原有的人情味和人际网络关系，也就危及少数民族族群的社会组织和各种祭仪的存在。

政府在山地开辟道路，改变了原来的封闭状态，导致大批观光客和汉族生意人蜂拥而入。汉人凭着雄厚的资金大量获取山地资源和山地文物，对少数民族族群造成经济剥削，导致其价值观偏差和行为失调，也激发少数民族族群追求都市物质文化享受。

50 年来，台湾地方政府对于少数民族族群教育投入相当多的财力和人力，可是并没有让少数民族族群的学生有足够的学识和能力，足以在高中以上的教育竞争中和其他学生放手一搏。所学不精，也难应用。这种人才缺乏的现象让少数民族族群社会更难以适应新环境的需要，遑论促进少数民族族群社会的文化发展。

当台湾经济起飞之后，少数民族族群纷纷离开家乡前往都市谋生。他们来到都市之后，由于教育程度偏低、缺乏特殊技能，以致只能从事一些技术要求低的劳力工作。这种工作较少有发展的潜力，收入也偏低，是经济发展过程中汉人劳工所不愿做而留下的空当。这种工作缺乏保障，又容易受到经济波动的影响，于是经常需要变动工作。因此，在都市中的少数民族族群就变成一种"游工民族"，徘徊于经济社会结构的底层讨生活。

少数民族族群正面临严重的文化解体。泰雅人的血缘祭团gaga几乎完全解体，排湾人的贵族制度也名存实亡，阿美人的部落和年龄阶层组织日益衰弱。影响所及，就是少数民族族群的传统观念和宗教信仰无法继续，社会规范崩溃。少数民族族群社会问题丛生，诸如酗酒、卖春、离婚、自杀等现象日渐增多，更严重的是丧失了自我文化的认同，变得只知追求物质享受。这种情形让少数山地知识分子忧心忡忡，因而组成像"台湾原住民权利促进会"、山地建设协会这样的组织，以促进少数民族族群文化和族群认同的种种活动。

十、还我土地运动

台湾所有的土地原来都是少数民族族群（包括山地和平埔）的生养之地。整个清代对于少数民族族群的土地基本上是采取保护的策略。17世纪闽粤汉人来台湾开垦时，必须先向官府呈报开垦的范围，查明没有侵占少数民族族群的土地之后，方才发给垦照。无主之地很快地开垦完毕，晚到者就用大笔金钱向平埔人典租土地，形成了历史上有名的"番大租"。平埔人也乐于将土地租给汉人，自己享受高额的地租，生活也就日益汉化。这种"番大租"经过250年，其中转租、转卖不知几凡，终至产权不清楚，平埔人的收益大受影响，再加上官府繁重的摊派、徭役、地方防卫等支出，"番大租"户逐渐没落。日人据台之后，于1904年正式取消"番大租"。

至于高山地区则有"土牛红线",不准汉人越界,可是近山地区仍为汉人所私垦。

日人据台之后,为了开发山地,用军事手段残酷地镇压了山地各少数民族族群的反抗之后,公布了"官有林野实施规则",把所有的山地收归公有。从这时候起,少数民族族群就失去了他们的土地。日据时代历次山地的动乱,都是由于日本人强占山地引起的。

台湾光复以后,有了"山地保留地",不准汉人进入,更不准汉人购买保留区内的土地,少数民族族群有使用权而没有所有权。

到了1960年,台湾省政府推行"促进山胞开发利用山地保留地计划",让平地的汉人可以租用保留地,于是就造成了保留地的非法转移,以及外来的企业对于保留地利用的大幅扩张。有三成以上的土地就这样转移到平地人的手中。

1988年,台湾社会掀起各式各样的抗议运动。围绕山地保留地也形成了一项抗议运动,称之为"还我土地运动",抗议少数民族族群没有土地、没有土地所有权,宣称"还我土地,以求生存"。

十一、回复母语姓氏运动

少数民族族群的命名是以"亲子联名"为原则。如果父亲的名字是"甲乙丙丁",那么儿子的名字就叫"丙丁戊己"。如此,可以把整个家族的关系串联起来。台湾光复以后,推行使用汉人的姓名。当时,由乡公所的户籍人员替少数民族族群取汉名,往往是依百家姓的次序,一天排一个姓。少数民族族群一家人在不同的时间去办登记,就变成几个不同的姓。对少数民族族群而言,这种汉姓让他们的家谱关系变得浑沌不明。因此,在1988年以后,就有了"回复母语姓氏运动",要求回复原来的命名办法。"内政部"也就顺应这种需求,同意少数民族族群可以用他们的命名法来取姓名。

参考文献 ▶▶

石磊:《筏湾:一个排湾人部落的民族学田野调查报告》,台北"中央研究院"
　　民族学研究所 1957 年版。

李壬癸:《台湾平埔人的种类及其相互关系》,《台湾风物》第 42 卷第 1 期,
　　1992 年 4 月。

李亦园:《台湾土著民族的社会与文化》,台北联经出版事业有限公司 1982
　　年版。

阮昌锐:《台湾土著族的社会与文化》,台湾省立博物馆 1994 年版。

周婉窈:《台湾历史图说——史前至一九四五年》,台北"中央研究院"台湾
　　史研究所筹备处 1997 年版。

凌纯声:《古代闽越人与台湾土著族》,《学术季刊》第 1 卷第 2 期(台北,
　　1951)。

徐正光、宋文里、许木柱:《台湾原住民的族群认同运动:心理文化研究途
　　径的初步探讨》,台北巨流出版事业发展公司 1979 年版。

张耀锜:《平埔人社名对照表》,台湾省文献委员会 1951 年版。

曹永和:《台湾早期历史研究》,台北联经出版事业有限公司 1979 年版。

许木柱:《阿美人的来源与扩散》,台湾原住民史学术研讨会、台湾省文献委
　　员会,1997 年 5 月编印。

陈奇禄:《台湾土著文化研究》,台北联经出版事业有限公司 1992 年版。

黄应贵、叶春荣主编:《从周边看汉人的社会文化》,台北"中央研究院"民
　　族学研究所 1997 年版。

黄应贵:《布农人的传统经济及其变迁:东埔社与梅山的例子》,《台湾大学
　　考古人类学刊》第 46 期,1987 年。

黄应贵:《布农族社会阶层之演变》,载陈昭南编:《社会科学整合研究论文

集》，台北"中央研究院"三民主义研究所 1982 年版。

黄应贵：《东埔社布农人的社会生活》，台北"中央研究院"民族学研究所 1992 年版。

黄应贵主编：《台湾土著社会文化研究论集》，台北联经出版事业有限公司 1986 年版。

杨国枢、叶启政：《台湾社会问题》，台北巨流出版事业发展公司 1991 年版。

徐正光、黄应贵主编：《人类学在台湾的发展：回顾与长望》，台北"中央研究院"民族学研究所 1989 年版。

叶春荣：《西拉雅平埔族的记忆与历史：以宗教变迁为例》，时间、记忆与历史研讨会、"中央研究院"民族学研究所，1998 年 2 月。

叶春荣：《阿立祖的地方化》，2000 年平埔族国际学术研讨会，"中央研究院"民族学研究所、台湾史研究所筹备处合办，2000 年 10 月。

邓宪卿主编：《台湾族群变迁研讨会论文集》，台湾省文献委员会 1999 年版。

台湾省文献委员会：《原住民历史文化学术研讨会论文集》，台湾省文献会 1998 年编印。

台湾省文献委员会编：《台湾省通志稿》卷八《同胄志》，台湾省文献委员会 1972 年版。

刘益昌、刘得京、林俊全：《史前文化》，台东市观光局东部海岸风景特定区管理处 1993 年版。

刘益昌：《史前时代台湾与华南关系初探》，载张炎宪主编：《中国海洋史发展史论文集》第三辑，台北"中央研究院"三民主义研究所 1988 年版。

刘益昌：《史前时代台湾与华南关系初探》，载张炎宪主编：《中国海洋史发展史论文集》第三辑，台北"中央研究院"三民主义研究所 1988 年版。

刘益昌：《史前时代台湾与华南关系初探》，载张炎宪主编：《中国海洋史发展史论文集》第三辑，台北"中央研究院"三民主义研究所 1988 年版。

潘英海、詹素娟：《平埔研究论文集》，台北"中央研究院"台湾史研究所筹备处 1995 年版。

潘英海、刘益昌:《平埔族群的区域研究论文集》,台湾省文献委员会 1998
年版。

潘英海:《平埔族研究的困惑和意义》,《台湾风物》第 37 期,1989 年。

第 三 章
闽南海商与海上丝路

一般人对这一段历史的史观有问题，老是拿 19 世纪的帝国主义者来看待 17 世纪西班牙、荷兰的商业贸易者，以致特别彰显西班牙人、荷兰人的重要性。可是当我们站在闽南人的立场上来看这个时期的历史时，17 世纪东海和南海历史舞台上的主角应该是闽南海商才对。西班牙人和荷兰人是从外地闯进来的。一般的历史书上都把这种角色地位弄反了，误把荷兰人和西班牙人当成是主角，中国人是配角，其实这大错特错。

17 世纪荷兰人、西班牙人，以及葡萄牙人，他们来东方最主要的目的是为了贸易，其次是传教。占领马尼拉、澳门、澎湖风柜和大员（安平），最初的目的是为了要建立一个可以和中国人做生意的仓储和转运点。他们来了之后，为了贸易的利益，当然就跟闽南海商发生正面的冲突。明朝为了安抚荷兰人，才让荷兰人在台湾的安平落脚。直到当郑成功需要一个距离大陆近，又可以自给自足的军事据点时，台湾就成了他最理想的地方，于是借口收复父亲郑芝龙的"牧马之地"而进兵台湾，赶走荷兰人。

一、泉州和厦门的兴起

唐朝是中国历史上的盛世，不但国内的交通网便捷无碍，更是大力发展海上交通，把中国经波斯到阿拉伯的海路联结起来，形成一个以中国为中心的世界海上贸易圈。这个贸易圈一直维持到欧洲人东来，才慢慢地发生转变，前后有 1000 多年之久（7 世纪到 16 世纪）。在东起日本，西到非洲的广大海域中，阿拉伯商人、波斯商人、中国商人和日本商人、高丽商人穿梭来往，将中国的海上交通带到空前繁荣的阶段。

唐玄宗天宝十四载（755）的安史之乱，是中国南北局势更迭的分水岭。长期的战争使得北方遭到重大的破坏，经济急剧衰退。南方由于没有受到战火的波及，得以继续保持繁荣的局面。中国的经济重心逐渐南移，到了南宋时期，经济上竟然变成"北弱南强"的态势，海上贸易更成为国家经济命脉之所系。

当时，海外各国的商船到中国的第一站是广州，终点站则是扬州。福建刚好位于广州和扬州的中间，成为主要的中途休息站。福州和泉州就是在这种情形下逐步兴起的。台湾就在这条航道的东边，十三行遗址所出土的唐宋元明各代遗物足以说明，台湾在这 1000 多年中也曾经参与到这个世界贸易网之中。

明朝建立之后，明太祖改变了宋元两代的海外贸易和朝贡政策，变成陆权国家，摒弃海上的贸易。结果，从明朝中叶起，海上私枭盛行，终而演变成为明朝中叶的沿海大患——倭寇。泉州自然成为剿灭倭寇的战场，因而遭到极大的破坏。制度的不良和战争的破坏，让泉州港埠没落下去。漳州的月港继之而起。不久，又有厦门的兴起。直到现在，厦门依旧是重要的港口。有清一代，自福建来台湾的主要通路就是厦门。在基隆港没有筑成之前，台湾所有的港口只能算是厦门港的内港，台湾的货物都要先运到厦门港再转运世界各地。

二、欧洲人的东来

1453 年，信奉伊斯兰教的土耳其人攻灭东罗马帝国，阻绝了东西方的贸易，迫使欧洲人试图从海上寻找一条可以通往东方的航路。1492 年，哥伦布发现美洲大陆。自此以后，西班牙政府积极经营中南美洲，于 1519 年征服墨西哥，1533 年征服秘鲁。1519 年，麦哲伦由西班牙出发，绕经南美洲南端，进入太平洋，于 1521 年抵达菲律宾的三描岛。虽然麦哲伦在目坦岛被当地人民打死，可是他的同僚驾驶满载香料的"维多利亚"号回到西班牙本土，引起西班牙国王极大的兴趣。经过长期的准备，西班牙人于 1565 年自墨西哥出发，占领宿务岛。1571 年占领吕宋岛的马尼拉，把这里建设成东方西班牙殖民帝国的政治、军事和经济中心。

1498 年，葡萄牙人绕过非洲的好望角，抵达印度西海岸。1516年，抵达广州，此后不断出没在广东、福建和浙江沿海，要求互市。接着就有西班牙和荷兰的船只来到中国。这些欧洲国家的商人往往拥有强有力的组织和雄厚的资本，当然不肯像南洋各国一样居于臣属的地位，往往使用武力强迫中国与之互市，或者勾结内应叛乱，弄到明朝政府没有办法，只好多开通商口岸来满足他们的要求。葡萄牙人运用贿赂的办法，于明嘉靖三十六年（1557）以岁输地租银 500 两的代价，获准在澳门筑屋居住以及堆放货物，这就是葡萄牙人殖民澳门的由来。福建漳州的月港也因与欧洲商人走私而繁荣，取代泉州成为重要的海港，并且升格为海澄县。隆庆元年（1567），明朝政府正式开放海禁，允许人民从月港航海前往东西洋经商。

欧洲商人的东来，引发三个后果：第一，建立起一条海上丝路，西班牙人把在秘鲁和墨西哥所开采的白银，用高桅大帆船运到东方来购买丝绸和瓷器，运回欧洲贩卖，赚取高额的利润。第二，中国因为得到足够的白银作为流通的货币，而有明末万历年间和清初康熙、雍正、乾隆三朝大约200年的盛世。第三，闽南海上私人武装力量勃兴，这股力量在明朝覆亡的时候发挥中流砥柱的作用，成为反清复明最主要的力量。台湾就是这个军事力量的复兴基地。

16—18世纪在东南海域有利于中国商人的四个因素：

1.欧亚两洲的不平衡贸易，造成欧洲必须依赖亚洲和中国的生产；

2.中国市场的封闭性，使得中国的海商长期享受这个市场的独占利润；

3.华人在东南亚水域散居网所形成的外部经济；

4.欧洲商人大规模经营，受限于当时的商业结构而不能发挥功效。

这四项因素加起来，创造了华人在东亚水域的贸易优势。相比之下，欧洲人在当时的东亚海域只是占有几个贸易转口站而已。

三、海上丝路

从明末到清中叶，以菲律宾为中介，中国与美洲已经有很密切的往来。西班牙人以美洲为基地来到菲律宾，已经走了一万多公里，需要就地补给，一切给养都有赖于中国商人的接济。在当时美洲的各种物产中，只有自秘鲁、墨西哥各矿所开采的白银因为体积小、重量轻、价值高，才能够负担得起昂贵的运费。由高桅大帆船一船一船地运到菲律宾，与中国商人交易丝绸和其他货物。

另一方面，明代中国开始用白银为货币，白银求过于供，价值特别高，因此中国商人也乐于向马尼拉输出各种货物，以赚取白银。据估计，从 1571 年至 1821 年的两个半世纪中，大约有 4 亿西班牙银元自美洲运往菲律宾，大都转到中国。这个数字虽然不如美洲运往西班牙的银数那么多，但已相当可观。不仅如此，自美洲长期大量运往西班牙的银子，使得西班牙的物价水平远高于其他欧洲国家，白银在西班牙的购买力就比在其他国家低许多，以致再流到其他欧洲国家去。这些国家（如葡、荷、英）的商人又先后到东方来贸易，使得大量银子又流入中国。

西班牙人原先来东方的目的是在找寻欧洲人日常生活所必需的香料，可是当他们占领菲律宾之后，却发现当地只出产肉桂，不像摩鹿加群岛那样出产丁香，经济价值不高。此外，只有少数的黄金和棉、蜡、绳索等物可供出口。如果贩卖这样低价值的物产到欧洲和美洲去，利润太薄，根本不足以支付运费，遑论支付殖民地的防卫开支。

此外，由于在秘鲁和墨西哥发现大量的银矿，使得西班牙和它的美洲属地的人民有很强的购买力，在生活消费方面也就大为考究。中国出产的丝绸正好符合西班牙富人的需求，也适应中南美洲炎热天气下西班牙人强迫当地人穿衣服的需求。于是，西班牙的墨西哥总督每年都要派出许多艘高桅大帆船到菲律宾来，在马尼拉购买中国的丝绸，运回中南美洲和欧洲各地销售，可以赚取好几倍甚至十倍以上的利润。

至于中国方面，从唐中叶以后，中国本土的铜矿枯竭，铜钱的供应不足，只好改用纸钞。但是往往因为准备金不够，导致纸钞大幅贬值，引发通货膨胀。明朝开国时曾发行大明宝钞，60 年后，就因发行太多而贬值，民间开始用白银作为货币，取代纸钞。可是，中国本土的白银产量有限，以致银价居高不下，急需要输入大量的白银，来纾解货币金融的压力。在这种情形下，中国的货物换算成银两的时候，就让习惯于高物价的西班牙人感到价格出奇低廉。

另一方面，明朝规定家家户户都要种桑。如此一来，丝绸产量大增，制造的技术也大为进步。尤以太湖流域的丝织业最为兴盛，有能力大量供应外地的需求。于是福建、广东等地就从湖州、苏州等地输入质量优良的丝，来织造质量更好的绸、绢、纱、缎、天鹅绒（当时称之为倭缎）。

因此，当闽南的商人发现在马尼拉的西班牙人有大量的白银，他们又特别喜欢中国的丝绸和其他日常生活用品时，就尽量输出各种货物到马尼拉去，以赚取大把大把的白银。西班牙人也急需中国的各种丝绸，以供应马德里上流社会和中南美洲白银产地人们日常生活之所需，于是一场丝和银的交易就此展开，形成海上丝路。这条海上丝路起自苏州、杭州、湖州，经过漳州、泉州，转往马尼拉，横渡太平洋，到墨西哥，再转往中南美洲各地以及马德里。前后大约持续了200年之久。中国也因此赚入天文数字的白银，稳定了金融物价。"上有天堂，下有苏杭"这句俗语就是在这种情形下出现的。

四、海上的私人武力

地理大发现之后，海上交通日益蓬勃。欧洲的海盗随之兴起，远行到东方者大都是此种海盗之辈。同一时期，在中国的海域也是一个海盗猖獗的地区，主要的原因是明朝实行海禁政策，闽浙沿海的居民生活受到限制，往往勾结日本浪人侵扰江浙沿海。这就是史书上所说的"倭寇"。陈懋恒在《明代倭寇考略》一书中提到18个倭寇首领，全部是中国人。其实所谓的"倭寇"，就是带有武器装备的商业帮派组织，一方面经商，另一方面也抢劫不在帮派里面的船只。

在16—18世纪，东亚海域的贸易主控在中国人的手中。中国海商的贸易方式完全是小本经营，没有正式的组织，完全是由个人照顾自己的小买卖。通常都是商人向船东租借货舱，亲自押运货物到海外交易。每一艘帆船往往可以搭载数以百计的商人，仿佛是个现代的百货公司一样，各自照顾自己的柜台。当帆船一抵达港埠，这些商人就各自散开，去寻找自己的主顾，化整为零。回船时，商人们又各自找人办货，定期聚合，搭船回闽粤家乡，化零为整。

当时的人形容这种海商贸易情形是"萍聚雾散，莫可踪迹"。这种经营方式要比欧洲人在东南亚设立东印度公司、建立城堡和仓库、派驻军队的办法来得经济有效。只是没有办法像欧洲人那样取得政治上的领导权。在海禁不严的时候，这些商人规规矩矩地从事商业活动，海禁一严，立即转商为盗，变成海寇劫掠各地。

像这样的经营方式看上去很松散，像是没有组织，其实是严密的帮会组织。明代的倭寇就是这种帮会组织的具体运作，由一个强人出来领导群众，一呼百诺。这些海商集团分成江浙、福建和广东三大集团，最后由郑芝龙击败群雄，定于一尊。基地是在漳州月港和厦门。这时候，台湾方面的港口是澎湖、大员和鸡笼、淡水。明朝招抚郑芝龙，授予爵位，从副总兵一路高升到平国公，成为东南海域的霸主。当欧洲人东来之后，就跟郑氏商团发生正面的竞争和冲突。

明末海寇猖獗之时，官府的剿抚政策摇摆不定与各式各样的人事倾轧（文臣武将不和，闽广两省不和），致使海寇之祸无法根除，其纷扰海岸经年，几与明朝国祚相始终。

明季东南海寇，不论前期（隆庆、嘉靖）的粤海寇，还是后期的（天启、崇祯）的闽海寇，都有一致巢外（在海外设立巢穴）的风气。他们虽然踪迹在水，精神却未尝顷刻不在陆；精神在陆，而其巢穴又未尝敢顷刻离水。海寇巢外的结果，直接加速了海岛的兴起，提升了海洋的地位。间接也推动了东南边民外移的潮流，给闽粤地方诸多生理无路之小民提供了一条生路。此外，由于海寇在外，往往开发并且繁荣了当地，且与当地种族进行交流。

五、荷兰占据台湾的国际背景

西班牙人为谋菲律宾的安全起见，曾向国王呈请要攻占包括台湾在内的邻近地区。在菲律宾的西班牙人闻日本有袭台之议，认为这是攻吕宋的先声，于是上书国王，要求进攻台湾。万历二十六年（1598），菲律宾的西班牙总督派两艘兵船前往台湾，因风期不合，未果。稍后，丰臣秀吉殁，日菲关系较前缓和，占领台湾的企图暂时打消。

日本德川家康掌政之后，于万历三十七年（1609）和四十四年（1616）两次派船攻击台湾，都失败了。然而就在这一时期，台湾已成为中日走私商人的会合地点。同时，葡萄牙人深惧日本占据台湾之后，对澳门的贸易影响太大。

其时，在远东的新势力——英国与荷兰亦看出台湾在对华贸易中地位的重要性。英、荷要想入侵西、葡的势力范围，发展与中国的贸易，有两条途径：一是夺取葡、西的根据地；一是开辟新据点。因此，荷兰在占据台湾之前，实际上曾经数次袭击澳门和马尼拉。然而由于葡、西两国善于防守，荷兰未能达成目的。

另一方面，在万历二十九年（1602），荷人 Van Neck 到南洋，曾派佛勒斯伯尔亨率船两只，欲开辟与中国的贸易，未获成功。万历三十一年（1604），韦麻郎率两船至中国沿海谋贸易，亦未成功。翌年6月，Neck 欲亲自交涉贸易，自大泥出发，7月15日到达广州附近，猝遇暴风，乃于8月7日转达澎湖，开始作贸易交涉。唯福建总兵施德政派都司沈有容，迫令自澎湖撤退，故仍一无所获。万历三十五年（1607），马得利夫率船4艘至南澳，谋与中国通商，亦为明廷所拒。

万历三十七年（1609），荷兰在日本平户（今长崎）设立商馆，更深感有与中国通商的必要。万历四十一年（1613），平户荷兰商馆馆长布鲁瓦向荷兰东印度总督波托建议占据台湾，以为对中日贸易的转接基地。

英国在当时亦谋开辟对中国的贸易，英国驻日本平户的商馆馆长柯克斯在万历四十七年（1619）向本国报告了有关台湾的情形。

万历四十七年，荷兰与西班牙的12年停战条约告终，荷兰与英国共组联合舰队，以威胁葡萄牙对中、日、印度的航路，封锁马尼拉。在菲律宾的西班牙人因此又谋占领台湾，以为犄角之势，可以呼应。荷兰人在捕获的西班牙船中获睹西班牙文书，知西班牙人有占据台湾之意，于是决定先发制人。总督顾恩指令雷尔生率船12艘，兵1024名，在天启二年（1622）6月下旬攻击澳门，但因死伤颇多，未获成功。7月1日退至澎湖，以后就专心讲求与中国贸易的方策。第一步是以兵船两艘至漳州附近海面，阻止中国船航行到马尼拉。同年7月27日，雷尔生又亲率船两只到台湾，调查港湾形势，最后在8月1日决定开始在澎湖筑城。

天启三年（1623）初春，雷尔生又航行至厦门，并循陆路至福州，交涉通商，仍无结果。当时的福建巡抚、右佥都御史商周祚命令荷兰人自澎湖撤退，荷人不听。为了巩固澎湖，荷人更勾结海盗，大肆进扰福建沿海，终为漳州道程再伊、副总兵张嘉策所逐。

天启三年，南居益继商周祚为福建巡抚，打算用和平的方式来解决争端。就派遣特使到巴达维亚，跟荷兰总督直接交涉。可是，荷兰人贪婪成性，想要独占对中国的贸易，提出三项要求：

1.准许荷兰人在中国沿岸互市。

2.割让澎湖给荷兰。

3.中国停止与西班牙、葡萄牙两国的贸易。

并且扬言"已大集战舰前往澎湖，如果不准互市，必然掀起战事"。至此，南居益开始准备应付荷兰人的挑衅，并于天启三年九月五日（1623年9月28日）实施海禁。天启四年正月初二（1624年2月20日）命令守备王梦熊等率船队进攻澎湖。五月，舟师积至，并准备火具，以围攻荷兰人的城寨。荷兰人退到澎湖的风柜港。同年夏，荷兰提督雷尔生辞职，由宋克继任，于初秋抵达澎湖。他看到白沙岛上有明朝的军队大约4000人，战船150艘，而且援军源源不断。在风柜港的荷兰军队只有850人，其中少年兵110人，伤员又多。在这种悬殊兵力配置的情形下，就向明朝军队的主帅俞咨皋交涉，接受明朝的要求，退出澎湖。荷兰人遂于天启四年七月十三日（1624年8月26日）将城寨毁坏，转移至台窝湾（即今安平），至此台湾遂为荷兰人占领。

荷兰人躲到台湾之后，经常在海上截劫商船，封锁中国的对外贸易。这时候郑芝龙刚刚崛起，就跟荷兰人发生了严重的冲突。天启七年（1627），荷兰派出4艘快艇，从台湾前往福建的铜山岛，"镇压海贼一官（即郑芝龙）"，结果被郑芝龙的部队打得落花流水。郑芝龙乘胜扣压所有前往中国的荷兰船只和船员。荷兰人只得请求与郑芝龙订立海上贸易协议，声明不再攻击郑氏所属的船只。6年后，荷兰人偷袭厦门，郑芝龙从广东赶回来，纠集各种兵船150艘，一举歼灭荷兰大兵舰5艘，小船数十艘。荷兰人经此巨创不敢再有非分的举动，协议每年给郑芝龙低息贷款100万金币，郑芝龙负责把生丝运到台湾，让荷兰人转销欧洲。西班牙人也因而向郑芝龙每年纳贡3万金币，请求保护。

荷兰人占据台湾以后，马尼拉的西班牙人深感威胁。天启六年（1626），马尼拉的西班牙总督施尔瓦派卡黎尼奥率舢板船12只来台湾。5月11日到达三貂角，12日进鸡笼港，名之曰至圣三位一体（Santisma Trinidad）。16日在社寮岛举行占领仪式，并开始筑城，名日圣救主（San Salvador，或译圣萨尔瓦多）。之后，马尼拉的西班牙总督也曾3次派船前来征讨荷兰人，都遇风而失败。明崇祯元年（1628），西班牙人又占领淡水，筑圣多明各城，力谋巩固其势力。

简而言之，在16、17世纪之交，在世界各处市场上争夺的新旧两势力的荷兰与西班牙两国，为要开辟并发展他们对中、日的贸易起见，竟然同时割据了台湾。

六、荷兰占领时期

荷兰人既然被明朝默许占据台窝湾，宋克就带领荷兰船舰进入台湾，成为荷兰在台湾的第一任长官（有的书上称作"总督"，都是governor的译名）。同时也在一鲲身（今台南安平）一带构筑城堡。由于当地缺乏石材，改用木板和砂土。城初名为奥伦治城。天启七年（1627），改名为热兰遮城，是"神应赞美"的意思。后来才用砖石改建，至崇祯五年（1633）冬天完工。

荷兰长官在热兰遮城办公，成为统治者的行政中心，城里面有官邸、教堂、监狱、军械库、补给库等，也有驻军。后来，又在前方近海的高地建筑一个城堡，方形，高约5米，称为乌特勒支堡，作为热兰遮城的屏障。

清顺治十年（1653），荷兰人又在台江东岸，也就是现在的台南市境内，建立普罗民遮城，充当行政厅。普罗民遮在荷兰语中是"摄理"的意思。在此建立荷人的宿舍、医院和仓库，并招徕中国人居住，以造成街市的繁荣。当地的中国人与西拉雅人则称这个地方为"赤崁"，也就把城砦通称为"赤崁楼"。从此以后，普罗民遮城是行政中心，而热兰遮城是贸易口岸。在荷兰东印度公司的控制下统治台湾，并与中国通商。

（一）荷兰人的统治措施

欧洲人的人情较薄，讲究个人独立行事，而以法律来规范人际关系。他们到世界各地去，也不脱这个习惯动作，一旦建立殖民地，就先制定一些法令，来规范他们与当地人民的互动关系。荷兰人到台湾之后，自然也不例外，用法律和军事力量来控制台湾。

荷兰的台湾长官和大评议会是最高的权力机构，每一个村社都遴选当地人充当长老，发给每一个长老一个刻有东印度公司标志的令牌，一旦卸职，令牌列入移交的项目。由长老代表荷兰人掌理一般行政事务，也有权力向台湾长官上诉。台湾长官每年召集各村长老聚会一次，听取各村的报告，并借此倡导政令。

崇祯十五年（1642），荷兰人在台湾所占领的地方只限于热兰遮与西海岸一带，由此向外扩张。到了顺治七年（1650），所统辖的村落有 293 个。其中有 37 个是在台湾的东部海岸的卑南人。行政区划上，分成 7 区，5 区在赤嵌之东部和北部，一区在南部海岸在东南沿海。其中最重要的村落是新港、华武垄、麻豆和萧垄 4 社。

（二）传教事业

欧洲人到世界各地，都借口要宣扬上帝的福音。荷兰人自然也不例外，宣扬基督教的教义和建立学校成为施政的主要部分。神职人员不但是为了传教，还是荷兰地方官的通译，也是主管民事的官员，负责收集各社的贡品，出售狩猎执照、食盐、布匹和天主教的念珠，以交换当地的物产。神职人员由荷兰长官或大评议会安排，荷兰长官可以指定他的服务地点，决定布道和学校授课的内容，并有权任免神职人员。

荷兰人的传教工作，在初期是以新港、目加溜湾、麻豆、萧垄、大目降等社为中心。天启七年（1627）首派牧师甘地爹伍斯到新港，学习台湾世居少数民族的语言，用罗马拼音的办法，来书写当地的语言，也用这种拼音文字来翻译祈祷书和基督教的教义，以为传教之用。崇祯三年（1630），甘地爹伍斯去职，由尤纽斯继任。次年，有50多人受洗。

据崇祯十二年（1639）荷兰当局的记录，当时台湾世居少数民族受洗的情形是这样的：新港社1017人、麻豆社250人、目加溜湾社61人、萧垄社有282人、大目降社209人。到了崇祯十七年（1644），荷兰人以新港社为基地，派遣牧师柏连率领教师2人、士兵6人，到华武垄、二林、大波罗等社，向台湾少数民族族群传基督教福音，以武力胁迫各社，南至琅峤，北至鸡笼、淡水，有5900多人受洗。还开办各种教会学校，凡是无故不到学校、教堂者，就要被处以罚款，乃至鞭笞。

柏连用罗马拼音的方法作华武垄语，编写基督教教义问答书，让他所创的6所学校的学童诵读。顺治三年（1646），柏连因病去职，由牧师菲尔特列希继任。他曾翻译基督教基本教义若干章，以此教授学生，也教学童讲荷兰语。顺治八年（1651）由牧师哈巴杜斯继任。他在任期间，曾编著《华武垄》一书。此后，荷兰的治理衰颓，传教事业也就江河日下了。

荷人据台38年，传教的范围相当有限。顺治十一年（1654），教会所及的地方计有：大员（今台南安平一带）、华武垄（浊水溪、大肚溪之间，今鹿港、员林、埔里一带）、猫儿干（今云林县仑背乡）、二林（今彰化县二林镇）、哑东社（今彰化市）、大武郡社（今彰化县社头乡）、他里雾（今云林县斗南市旧社里）、诸罗山（今嘉义市）、哆啰咽（今台南东山）、麻豆（今台南麻豆）、萧垄（今台南佳里）、目加溜湾（今台南安定）、新港（今台南新市）等地。分布区域以台中以南的平原地区为主。

从顺治十六年（1659）的记录来看，台湾世居少数民族能够了解基督教的教义者，以新港社的83%为最高，目加溜湾次之，为75%。其他如萧垄、麻豆、哆啰啯、诸罗山、他里雾及华武垄等社，平均也有51%以上。其他的地方，布教的成绩就乏善可陈了。

荷兰人对南部平原地区的台湾世居少数民族另一重要的影响是制定文字，史称"新港文书"。如前所述，荷兰的传教士依罗马拼音的办法来记录新港社和华武垄社的语言，制成文字，以教"番童"。崇祯九年（1636）初办学校于新港社，有男女学童130人。继而在目加溜湾、麻豆、萧垄等社设立学校。顺治四年（1647），学童人数增加到577人。大多可以流利地书写罗马字，背诵祈祷文、使徒信条和"十诫"等经文。

对于原本就没有文字的台湾世居少数民族来说，拼音文字简单易学，因而乐于采用。荷兰人被逐之后的百余年间，这种以罗马拼音字母为基础的文字依旧通行。许多古账册、契约、信函都以罗马拼音字母书写。这就是所谓的"新港文书"。

（三）对外贸易

荷兰占领台湾之初，一方面努力排除竞争的势力，另一方面则力谋开拓对中国的贸易。荷兰人肯自澎湖撤退，也是着眼于明朝开放通商。对明朝来说，福建当局对荷兰的战事一共支出17.7万余两白银，财政陷入困境，已经没有能力再有效地防堵荷兰人的骚扰，只有采取默许的态度。天启五年（1625），海禁开放，荷兰方才得到可以跟中国通商的据点。

这一年，居住在日本的中国海寇霸主李旦病殁，部将郑芝龙继起，成为台湾海峡不容睥睨的力量。此后，就成了郑芝龙和荷兰之间的冲突。郑芝龙崛起后，劫掠东南沿海一带的过往商船，使得中国沿海的贸易几乎停止。天启七年（1627），从漳州出发的43艘商船，能回到漳州者不过10艘，回到泉州2艘，广东10艘，温州1艘，其余的20艘全都在海上遭到郑芝龙的毒手。

在这种海寇肆虐的情况下，荷兰人时而走私到厦门，时而和明军合作以剿海贼，更常与海寇签订合约，共同发展贸易。崇祯元年（1628）秋，荷兰的台湾长官奴易兹就跟郑芝龙签订为期3年的生丝、胡椒的贸易契约。崇祯三年（1630），郑芝龙又与继任的台湾长官普特曼斯签订协议，要求荷兰对郑氏的船只加以保护。崇祯十三年（1640），台湾长官杜拉第纽斯再与郑芝龙签订关于与日本贸易的互惠协定。

总而言之，荷兰人跟郑芝龙之间在贸易方面是密切合作的。其后，明室覆亡，清军入关，中国处于朝代兴替的局面，郑氏集团也逐渐转变成效忠明室的海外支柱。当战事南移之后，荷兰人的贸易明显受到影响。顺治十三年（1656），郑成功一度实施海禁。荷兰人为了摆脱商业上的窘困，于次年派通译何斌（一作何廷斌，荷兰文献上作Hophinqua）向郑成功说情，请求开放海上贸易。虽然贸易重新开放，却因郑成功在南京战败而要想拿台湾作为复兴基地，导致荷兰人为郑成功所逐。这是荷兰人最害怕的梦魇，而梦魇最终成真。

荷兰人在台湾的贸易，主要是对中国输出从日本、欧洲运来的白银和从南洋运来的香料，从台湾转口输出的货物有丝绸、生丝和糖。台湾的土产可以输出者为鹿皮、蔗糖和硫黄。鹿皮和蔗糖主要是输往日本，硫黄则销往大陆和柬埔寨等有战事发生的地方。

荷人在台湾所获的利润相当可观，在亚洲的各个商馆中，仅次于日本。在顺治六年（1649），荷兰在亚洲的各商馆中，亏损的有锡兰、

暹罗等 9 处，获利的有日本、中国台湾等 10 处。获利总额是 1825602
盾。其中，日本商馆的获利占了 38.8%；中国台湾则占了 25.6%。可
见台湾在荷兰东方贸易中的重要性。

（四）王田与结首制度

荷人在台湾的垦殖事业，完全比照其本国的制度，把所有的土地
都看成是"王田"，归荷属东印度公司所有。凡是耕其田者，都看成
是荷兰国王的佃农。为了节省行政经费，不设专人管理土地，而是以
牧师和学校的教师兼理。"王田"往往是由"有资格的中国人"申请
开垦。多半是由财力雄厚的大商人取得，他们再行招佃耕种。佃农向
垦主缴纳地租，垦主向荷兰人缴纳田赋。佃农另外还要向荷兰人缴什
一税。总括来说，荷兰人把最主要的生产资源——土地、猎场、渔场
等都据为己有，向使用这些资源的少数民族族群及汉人移垦者抽以重
税，项目有稻作税、狩猎税、渔业税、人头税，等等。

荷兰人占据台湾之初，就从闽粤地区招徕 4 万左右的汉人从事
农耕、捕鱼和经商。台湾主要的农作物是甘蔗和水稻，蔗糖远销波
斯、日本和荷兰，也和少数民族族群共同捕鹿，输出鹿皮到日本。
1638 年时输出 15 万张。由于滥捕滥杀的缘故，野鹿的数量急速下降。
1659 年时仅输出 6 万张鹿皮。

凡是捕鹿者都必须领取许可证，用罟捕鹿的许可证每月缴纳 1 里
尔（荷兰货币单位），用陷阱捕鹿的许可证每月缴纳 15 里尔。渔民也
需要事先向荷兰人申请执照，然后到指定的渔场捕鱼，最后回到台湾
缴纳什一税。凡是汉人居民，必须要领取居住许可证，按证缴纳人头
税。临时来台经商、捕鱼的汉人也需要缴纳人头税。

在土地开垦方面，有所谓的"结首制度"（又名协垦制度），清人
黄叔璥在他的《台海使槎录》中对这种制结首制度有这样的记载：

（荷）兰人之法，合数十佃为一结，通力合作，以晓事而资多者为首，名曰小结首。合数十小结，中举一富强有力公正服众者为之首，名曰大结首。有事，官以问之大结首。大结首以问之小结首。然后有条不紊，视其人多寡授以地，垦成众佃公分，人得地若干甲，而结首倍之，或数倍之，视其资力。

荷兰人计算田亩的单位一直沿用到现在。今日，台湾计算田地都以用"甲"来计算。完全不同于中国其他各省。其计算的标准为"五颗为一尺，推而广之，以五尺为一弓，又推而广之，以二弓半为一戈。再推而广之，以四面各二十五戈为一甲。"一甲大约相当于一公顷而稍小。

荷兰时期的土地开垦，主要是以今天的台南市为中心，向北及于今天的北港、萧垄、麻豆、湾里（今台南安定）、茄拔（今台南善化）、新港、大目降；向南到阿公店（今高雄冈山）附近。计有田园9800甲。后来又扩及小琉球岛（今高雄琉球）和北部的淡水。

为了控制汉人与少数民族族群的直接交易，荷兰人发明了"瞨社制度"，凡是要从事这方面交易的汉族商人必须要提出申请，经过投标，中选者才可以到各村社做买卖，并向荷兰人缴纳承包税金。这种商人称作"社商"。一般说来，能得标者都是规模比较大的商人，小商小贩则活动于各个角落，为汉人及荷兰人提供日常用品。

（五）郭怀一抗荷事件

荷兰人为了有足够的开垦人力，大量招募闽南的汉人前来从事开垦工作，大约有4万人因此移居台湾，而荷兰人却又为了筹集行政费用，强行向移入的佃户课征人头税、渔猎税、罟税等，名目繁多。又剥削凌辱在仓库、稻田、蔗田工作的汉人，以致汉人对荷兰人的怨愤日益增加，曾数次跟荷兰人发生正面的冲突。

顺治九年（1652），赤嵌附近的大结首郭怀一（在荷兰文献中作Fayet）策划发起对普罗民遮城的攻击行动。郭怀一打算邀请荷兰长官富尔堡和其他的官员以及荷兰商人一起参加中秋晚宴，打算在晚宴中将其一网打尽，全部歼灭。

可是，郭怀一的弟弟却心生畏惧，向荷方告密。富尔堡接获检举，立刻发兵捉拿郭怀一。而郭怀一见事情败露，也起兵向赤嵌进军。一路未遭抵抗，直入普罗民遮城，纵火焚烧整个赤嵌。富尔堡从热兰遮城发兵，由邓克尔率兵120人乘船通过热兰遮和赤嵌之间的港湾，登陆后，就与1000多名抗暴军遭遇。在首次交锋中，郭怀一战死。抗暴军一时群龙无首而告溃散。入夜后，荷军继续追击，郭怀一残部遁入人迹罕至的山区。在此后的一个月中，荷兰人大肆杀戮汉人。据统计，这次起义事件中，被杀的男人有4000多人，妇女5000多人，小孩尚未统计在内。《台湾县志》云："甲螺郭怀一谋逐荷兰，事觉被戮，汉人在台者遭屠殆尽。"

综观整个荷兰人经营台湾的历程，以顺治七年（1650）为盛衰的分水岭。在其兴盛时，单是向台民所征收的人头税就高达7万里尔（荷兰货币单位），其他岁入的金额也相当可观。但是在建设方面却非常吝啬。一年的岁出只占岁入的十分之一。可见其汲汲于私利，而吝于为民增进福祉，终为台湾人民所唾弃。

顺治十八年（1661）年4月，郑成功带兵攻打台湾，围困8个月后，康熙元年（1662）年1月底，荷兰人在孤立无援的情况下投降，撤出台湾，结束了38年的占领。

七、西班牙人入侵台湾北部

荷兰人占据台湾之后，就切断了西班牙人和葡萄牙人跟日本的贸易路线。西班牙人希冀重开对日本的贸易，于是便以保护吕宋、中国和日本之间的贸易为名，计划夺取台湾北部作为贸易的根据地。

天启六年（1626），也就是荷兰人占领台湾南部的第二年，西班牙在马尼拉组成了远征军。由拔德率领士兵 300 人、道明会修士 15 人、戎克船 12 艘、2 艘大划船，浩浩荡荡地从吕宋出发。为了避开荷兰人的注意，他们沿着台湾的东岸前进，于 5 月初抵达台湾北方海岸，10 日登陆东北角（今台北贡寮三貂角），他们称此地为圣地亚哥港。后来发现这不是个四季安全的地方，东北季风一起，此地白浪滔天。于是就另外寻觅合适的地方，来到今天的基隆社寮岛和小基隆，建圣萨尔瓦多城，又兴建天主堂，更在附近山上 300 米高地建造城砦，名为圣三位一体城。并在重要位置设置 4 门重炮，正式占领台湾北部。

崇祯二年（1629）夏，西班牙人入侵淡水河流域，先占淡水港，称作 Casidor，并在汉人或台湾世居少数民族所筑的城堡遗址上建圣多明各城（今台北县淡水镇的红毛城）和天主堂。当时，淡水已经有不少中国商人聚居。

（一）西班牙人的传教事业

西班牙人的宗教情结比荷兰人重，入据北台湾之后，本来是以传教和经商为两大目标，并且想东向日本、西向中国传教，因而对传教事业特别重视，凌驾于商业之上。

天启六年（1626），神父马地涅在社寮岛（今基隆市和平岛）建筑教堂，除了执行对西班牙士兵的教务外，也学习当地的语言，对附近的台湾世居少数民族传教。天启七年（1627）就有少数"番童"入教受洗。社寮岛对岸有汉人村落，名为"涧内"（今基隆市八尺门附近）。马地涅又在此地造一间教堂，以为汉人礼拜之用。崇祯元年

（1628），西班牙人向淡水挺进，马地涅亦随军前往。越明年，听到荷兰人来攻的消息，于是乘船回鸡笼，不幸途中落水溺毙。

崇祯三年（1630），神父爱斯基委来台传教。当时基毛里社与大巴里社素称强悍，互相残杀。爱斯基委乃冒险进入大巴里社，施以教化，二社因而媾和。由于洞内教堂为台风所毁，他就把材料移去建筑大巴里教堂，后来又再建基毛里教堂。

淡水一带有散拿社，素称强悍，爱斯基委也冒险进入该社传教，建立玫瑰圣母堂。堂成后，淡水西班牙驻军司令古士曼把军营中所供奉的圣母像移送入供，留神父伐爱士与辅理修士西美内士在社内传教。爱斯基委则住在圣多明各，学习当地的语言，编成《淡水语词汇》和《淡水语基督教理书》各一册。

崇祯五年（1632），爱斯基委进入北投一带传教，大受欢迎，受洗者众多。他又在鸡笼创办慈善团体，以教化并救济当地的民众，也设立学校，以教育居民子弟，课目有教理、拉丁语、文艺及神学等课，希望能培养出当地的传教士，可以前往大陆和日本传教。崇祯六年（1633），爱斯基委在前往日本的途中为船员所杀。

崇祯五年十二月二十八日（1633年1月27日），散拿和北投两社交恶，神父伐爱士传教于两社之间，散拿社人杀了伐爱士。

崇祯六年（1633）又有神父基洛斯来台湾传教。初驻淡水，后转任基毛里教堂司牧。陆续宣教于武劳湾（今台北新庄）、卡马古（约在今台北市大龙峒一带）、毛白（约在今台北市大稻埕一带）、八里坌（今台北八里乡）等地。

崇祯八年（1635），神父慕洛来台，自愿进入叛乱的淡水散拿社传教，并请鸡笼守将免其杀害伐爱士神父之罪。慕洛神父在散拿社传教，一时入教者众。后来，他随西班牙粮船溯淡水河而上，遭台湾世居少数民族袭击而遇害。

崇祯六年（1633），神父基洛斯进入三貂角及蛤仔难（今宜兰县境内），建立三貂角圣多明各天主堂，自任司铎。崇祯七年（1634），再建蛤仔难圣老楞佐天主堂。又在今又宜兰县苏澳镇建立一个小教堂及司铎的住宅。神职人员只有1人，可是据说有600多人受洗。

崇祯八年（1635），有神父咖尔启亚来淡水、鸡笼、三貂角及蛤仔难一带传教，颇有成效。据说他在三貂角和宜兰一带传教8日，6岁以下儿童受洗者186人。

（二）西班牙人退出台湾

在欧洲，西班牙和荷兰就处于敌对的竞争状态，在台湾又形成了分别割据南北对立的局面，两者的冲突是必然会发生的事。

天启六年（1626），西班牙人在据有鸡笼之后，拟再攻略全台湾，驱逐在南部的荷兰人。是年6月，菲律宾总督派阿尔卡拉索率大划船两艘先发；而后总督达佛拉又亲率船队6艘，自吕宋的卡维得港出发，欲联合驻鸡笼的兵力进攻热兰遮城。此役由于船舰中途遇风而全数折返，又因菲律宾南部有叛乱，西班牙人不得不放弃此计划而全力整顿吕宋地方。西班牙人占据北部台湾之后，南部荷人大感芒刺在背。当时荷兰驻台湾长官奴易兹向巴达维亚当局报告，陈述西班牙人对荷兰人贸易的妨害，认为有必要派兵将其逐出台湾。兹将报告内容略述如下：

我们因下列理由必须明了鸡笼情形：1. 以此为根据地的敌方船舰可随时出击我方与漳州间贸易的船只，而我方殆无法防御；倘若一条船被捕获，其损失将大于派遣一支远征军占领鸡笼之全部费用。

2. 倘若西班牙人驻留，考虑到他可自由利用的大量资本，将成为我方不利及不安宁之原因，而助长其殖民地之商业。

3.倘若西班牙人之占据一旦盘根地固，可能唆使土民及华人反抗我人，如此则对我方非常不利；因为倘若失去土民及华人的敦睦，我方必须加强兵力及舰队方能维持，而出于此则增加我方之经费而剧减利益。

4.鸡笼一旦投入我方怀抱，我方将有机会使用更大资本，因为要投向西班牙人的商品将改投我方，且华人亦将减低其价格。

然而巴达维亚的荷兰当局不以为意，且因台湾南部有滨田弥兵卫之役，以及麻豆、萧垄等社"番变"，故未暇往征。

荷兰人第一次北进是在崇祯十三年（1640），鉴于西班牙占领的台湾南部渐趋稳定，当时的荷兰台湾长官布尔克乃派舰北上侦察。崇祯十四年（1641），继任的台湾长官杜拉第纽斯命约翰·林迦率舰数艘，载兵士及海员共317人向鸡笼挺进，并于阳历8月26日向西班牙之鸡笼岛要塞司令刚三郎·波的里奥发出最后通牒，内容摘要如下：

若阁下倾听我方之投降条件而交出三地西马·特立尼德要塞（即圣三位一体城）及其他堡垒，阁下及麾下军队将依照战争惯例以至诚相待，倘若对此命令不闻不问那只有诉诸武力解决。

波的里奥则回复：

我不能也不会将城堡在阁下的命令下交出，因为我与麾下决心固守。

荷兰人接此答复后即攻打淡水、鸡笼，但遇到西班牙守军的顽强抵抗，荷军战况不利，离去。此时吕宋岛发生民答那我事变，马尼拉的西班牙当局将在台兵力的3/4调回平乱，荷兰人认为机不可失，于是有第二次的远征计划。

18个月后，即崇祯十五年（1642）夏，杜拉第纽斯再以哈罗斯为指挥，率木板炮船4艘、海岸警备艇1艘、小型船9艘及数艘运送船，士兵690名出征淡水。8月21日，在小规模的战斗之后，即行登陆，西班牙方面仅有守军西班牙兵 12 名，吕宋兵 80 名，以及 42 名土民射手，明显寡不敌众。在 1642 年 8 月 24 日开城投降，鸡笼也随之易手。

荷兰人在这次战役中掳获 40 门大炮及大量的弹药，2.5 万银元以及所贮存的商品，价值超过 100 万银元。投降的西班牙神父和军人被送到安平，再转送巴达维亚。巴达维亚的荷兰总督礼遇他们，无条件将他们送返马尼拉。

参考文献

方豪：《台湾早期史纲》，台北学生书局 1994 年重印本。

全汉升：《明清间美洲白银的输入中国》，载《中国经济史论丛》，香港新亚书院 1972 年版。

全汉升：《略论新航路发现后的中国海外贸易》，《中国海洋发展史论文集》第 5 辑，台北"中央研究院"中山人文社会科学研究所 1993 年版。

沈有容：《闽海赠言》，《台湾文献丛刊》第 56 种，台湾银行印制。

林仁川：《明末清初私人海上贸易》，华东师范大学出版社 1987 年版。

林熊祥：《台湾省通志稿》卷三《政事志·外事篇》，台湾省文献委员会 1960 年版。

邱炫煜：《明初与南海诸番国之朝贡贸易》，《中国海洋发展史论文集》第 5 辑，台北"中央研究院"中山人文社会科学研究所印制。

张彬村：《十六至十八世纪中国海贸思想的演进》，《中国海洋发展史论文集》第 4 辑，台北"中央研究院"中山人文社会科学研究所 1986 年版。

张彬村：《十六至十八世纪华人在东亚水域的贸易优势》，《中国海洋发展史论文集》第 3 辑，台北"中央研究院"中山人文社会科学研究所 1988 年版。

张增信：《明季东南海寇与巢外风气 1567—1644》，《中国海洋发展史论文集》第 3 辑，台北"中央研究院"中山人文社会科学研究所印制。

曹永和:《荷兰与西班牙占据时期的台湾》,《台湾文献》第 26 卷第 4 期、第
　27 卷第 1 期,1976 年 3 月。又收录于氏著《台湾早期历史研究》,台北
　联经出版事业有限公司 1979 年版。

郭辉译:《巴达维亚城日记》,台湾省文献委员会 1989 年版。

黄叔璥:《台海使槎录》,《台湾文献丛刊》第 4 种,台湾银行经济研究室
　1957 年版。

台湾省文献委员会编:《台湾史》,台湾省文献委员会 1977 年版。

台湾银行经济研究室编:《明季荷兰人侵略澎湖残档》,《台湾文献丛刊》第
　154 种,台湾银行 1962 年版。

赖永祥:《明末荷兰宣教师编纂之蕃语文献》,《台湾风物》第 15 卷第 3 期,
　台湾风物社 1965 年版。

赖永祥:《郭怀一驱荷革命的一记录》,《台湾文献丛刊初集》,自刊。

第 四 章
郑成功收复台湾

一、郑氏家族的兴起

历史总是吊诡的。明朝中叶成为心腹大患的东南海盗，到了明朝将亡的时候，竟然成为支撑大明正朔的最后力量。这股力量的领导者，就是郑芝龙的儿子郑成功。

郑氏家族是福建省泉州府南安县石井乡人。南安郑家传至十世时为郑绍祖，曾经为泉州府库吏。十一世为郑芝龙，郑芝龙人很聪明，可是放荡不羁，不喜欢读书。他因勾引父亲的小妾而被父亲赶出家门，这是天启元年（1621）的事。

郑芝龙离家出走后，就去广东香山依附母舅黄程。当时，正是中日贸易兴盛的时候，天启三年（1623）五月，郑芝龙帮着母舅押货去日本，就在日本平户（今长崎）住了下来，娶妻生子。这个儿子就是郑成功。郑芝龙的这房妻室，身世传说不一。有人说，她是"日本长崎王族女"；或说是"日本肥前平户士人田川氏之女"；或说是"归化日籍的泉州冶匠翁翌皇从日本人田川氏领来的养女"；或称她为"倭妇翁氏"。因此，一般日本人多称她为田川氏，而华人多称她为翁氏。

郑芝龙在平户投效当时中国海盗的霸主颜思齐。颜思齐是福建省漳州府海澄县人，因为受了官家的欺凌，出手打死了官家的仆人，遂逃往日本，终而成为中国海盗的盟主。颜思齐的船只往来于日本、中国台湾、菲律宾之间，也在台湾中部海岸有落脚之处，他招纳亡命之徒，扩充势力，成为当时中国东南沿海最大的海盗集团。天启五年（1625），颜思齐病逝，郑芝龙脱颖而出，成为这个海盗集团的领导者。这时候，正值荷兰人到台湾南部建立贸易站。

郑芝龙广招各方好汉，大肆劫掠东南沿海，明朝官兵莫敢与之为敌。明朝政府莫可奈何之际，只好改用安抚怀柔的办法，崇祯元年（1628）七月，招抚郑芝龙，授以守备一职，复加游击头衔。后来因为他屡次平定福建、浙江沿海的盗寇，累官至福建总兵。

天启五年至崇祯三年（1625—1630），福建旱灾严重。福建巡抚熊文灿接受郑芝龙的建议，用船运送饥民到台湾从事开垦，以解决衣食问题。从1630年起，台湾开始有大批汉人集体移来从事开垦。这是郑芝龙势力的一大扩张，也是后来郑成功可以依靠台湾抗清复明的基础。

郑成功（1624—1662），原名森，郑芝龙的长子，出生于日本平户，崇祯三年（1630）他回到福建南安老家，接受中国传统教育。崇祯十一年（1638），郑成功考取南安县生员，也就是秀才。19岁时，到省城参加举人的考试，落榜。次年（1643）娶妻，生子郑经。

二、反 清 复 明

崇祯十七年（1644）三月，李自成攻陷北京，崇祯帝自缢于煤山。吴三桂引清兵入关，福王立于南京，年号弘光。弘光元年（1645），清兵攻破南京，弘光朝覆灭。是年闰六月十五日，郑芝龙和郑鸿逵等人拥立唐王在福州即位，改元隆武。由于郑芝龙每年在海上贸易所得的利润丰厚，兵饷足以自给，南明诸王反过来依赖郑家的支持，对于郑家当然是多加笼络。隆武元年（1645）九月，芝龙带成功晋见隆武帝。隆武帝见成功相貌非凡，反应灵敏，颇为赏识，于是抚着他的背说："惜无一女配卿，卿当尽忠吾家，毋相忘。"并赐姓朱，名成功，拜为宗人府宗正、御营中军都督。世人因而称郑成功为"国姓爷"。隆武二年（1646）三月，又受封为忠孝伯，赐尚方宝剑，挂招讨大将军印，在漳、泉一带筹饷练兵，以图收复中原，足见隆武帝对他的器重。

清兵南下后，作战不如在北方顺利。又见郑芝龙手中握有重兵，乃以闽粤总督为饵，诱劝郑芝龙投降。而郑成功秉承儒家忠君爱国的思想，加上隆武帝对他恩重如山，力劝父亲不可投降，而郑芝龙不听，于降清行前招成功同行，而为成功所拒绝，郑成功回信说："从来父教子以忠，未闻教子以贰。今吾父不听儿言，后倘有不测，儿只有素缟而已。"

郑芝龙降清之后，郑成功不得已逃往金门，另谋发展。不久，郑成功获知隆武帝及皇后遇害，下令全军戴孝。后来又因母亲被清军淫辱，自缢而死，大为悲痛，决定抛弃太平书生的念头，奔母丧后前往南安孔庙，焚去儒服，祭拜先师曰："昔为儒子，今为孤臣，向背去留，各有所用。谨谢儒服，庶先师昭鉴之。"从此，郑成功踏上反清复明的路途。随后，郑成功与陈辉、张进等愿从者十余人在广东南澳招兵买马，以"忠孝伯招讨大将军罪臣朱成功"的名义号召天下。

永历元年（1647），郑成功在烈屿（小金门）誓师抗清，开始在厦门鼓浪屿练兵，并赴台湾安平筹饷。在叔父郑鸿逵的帮助下，经略泉州、漳州和潮州等地，势力渐大。永历二年（1648），林察从广东来，方知永历帝即位，于是改用永历年号。永历四年（1650）占领厦门，从此，以厦门和金门为主要基地，成为东南沿海抗清的主要力量。鼎盛时，拥有陆军 72 镇（"镇"大概相当于现在的"旅"），水师 20 镇，士兵 20 万人，大小战舰 5000 余艘。

永历四年至五年（1650—1651），郑成功奉永历帝的命令，出师勤王，但广州、桂林相继失陷，永历帝从梧州逃奔南宁。清军乘虚而入，占领厦门。成功只得回师收复厦门。永历六年至十年（1652—1656），郑成功多次与西南方面的反清将领李定国联络，合议约期会师华南，但是这个计划为清军所破，未能实现"勤王"的目的。在此后 6 年间，郑成功跟清军大小数十战，清廷未能征服明郑，就又实行招抚办法，一方面挟持郑芝龙和家人作为人质。另一方面，以"海澄公"的爵位利诱成功，但郑成功不为所动。

招抚不成，清军又大举南下，永历十年（1656）四月在泉州的围头，与郑氏军队海上大战，为郑军所败。这不但巩固了郑成功在金门、厦门的基地，郑成功更挥兵北上，却因海澄的守将黄梧叛降清廷，以致行动受阻。永历十一年（1657），郑军趁清廷用兵西南之际，大举北伐，舟师直捣长江，攻崇明，占瓜洲，夺镇江，围南京。沿江数十府县闻风归顺，一时江南江北人心为之振奋。当时为郑成功攻克或归附的地区多达 4 府 3 州 24 县。各地忠义之士莫不欣喜若狂。清廷大为震惊。永历十三年（1659），由于清军及时增援，反击成功，郑军在南京城下大败，损兵折将，不得已退回厦门。这时清朝统一天下的局势已经形成，清军可以调集更多的军队来进攻金门和厦门，郑成功为了能够继续生存下去，只好转而谋取台湾作为长久的反清复明基地。

三、收复台湾

从 1657 年起，在台湾的荷兰人就开始担心有朝一日郑成功会进攻台湾，荷兰东印度公司决定，在台湾的驻军不得少于1200人。随着东南沿海政治局势的转变，在台湾的荷兰人愈来愈担心郑成功会让他们的噩梦成真。

在海上贸易方面，荷兰人和郑成功又发生严重的冲突。多年来，荷兰人时常在海上劫掠中国的商船，让郑成功商团蒙受重大的损失。特别是郭怀一事件之后，荷兰人对于中国商船多方刁难，甚至公然抢劫。因此，郑成功下令不准中国的船只到台湾通商，致使大员港的市面陷于萧条。荷兰人迫不得已于永历十一年（1657）派通事何斌向郑成功请求解除封锁，愿意年输银五千两、箭杆十万支、硫黄千担。郑成功答应了荷兰人的请求。可是双方的敌意并没有降低。

何斌，福建南安人，曾经追随郑芝龙。郑芝龙接受明朝招抚之后，他留居台湾，在荷兰据台之后，担任通事。这次除促成和谈之外，还与郑成功合作，代郑在台湾的出口港预征船只进入厦门的商品货物税，将来到厦门之后，就不必再缴，以防偷漏。郑成功则每年给予一万八千两纹银作为佣金。永历十三年（1659）闰正月，荷兰人发现了这个秘密，就取消了何斌所有的职务和权力，并且没收了他所得的报酬。何斌遭此打击，乃逃往厦门，正式投靠郑成功。他熟悉荷兰人在台湾的军力布置以及安平港湾的水文和潮汐变化，于是就力劝郑成功挥军东进，赶走荷兰人，拿下台湾。永历十五年（1661），荷兰人正计划进攻金门消灭郑成功时，郑成功的大军就已经从金门料罗湾出发，进讨荷兰人了。

郑成功要收回台湾是基于三点考虑：第一，金门和厦门的腹地太小，不但军队的粮饷成问题，连安置家眷也有困难，需要有足够的幅员来作为屯兵和长期抗清的基地；第二，海上贸易一直是郑氏商团最主要的收益来源，在大陆沿海难守的情形下，需要另辟一个海外贸易基地；第三，在台湾的荷兰人一直威胁东南沿海的商业活动。于是，郑成功借口台湾是父亲郑芝龙暂时借给荷兰人落脚的，在他需要用的时候，理所当然要从荷兰人手中把台湾拿回来。

郑氏与台湾早有渊源。郑芝龙曾经到台湾练兵，也曾于崇祯三年（1630），建议福建巡抚熊文灿把福建的饥民移往台湾，从事开垦。每人给银3两，3人给牛1头，用海船运往台湾，是为中国人有计划移民台湾的开始。等到荷兰占领时期，更是广招闽粤人民前去开垦。到这时候，已经是"田野万顷，沃野千里，饷税数十万"，"数日到台湾，粮米不竭"。再加上荷兰在这里的兵力薄弱，在台的华人又深恨荷兰人，因此，何斌献策之后，征台之议就此确定。

明永历十五年（1661）三月二十三日，郑成功统率的舟师数百艘，甲士2.5万人从金门出发，二十四日抵澎湖，四月初二日，进入鹿耳门。门外旧有浅沙，又加上荷兰人曾沉船塞港，使得大船不能进入。所幸是日涨大潮，所有船只顺利驶入，部分在鹿耳门南岸北线尾登陆，部分直向赤嵌纳进攻，另一部分前往台澳之南端，以阻止荷兰船由南水道遁逃。当地华人起而呼应，以小船协助登陆。初战，荷军失利，一战舰被毁，二舰逃逸。

郑成功在致荷兰长官揆一的劝降信中明白地表示："此地非尔所有，乃前太师练兵之地。今藩主前来，是复其故土。至与荷兰公司以干戈相见，实非本人之意，亦不欲争夺公司财产，故汝等应毁城砦，而可将所有物资私财携回本国。"登陆后，先截断普罗民遮城和热兰遮城的联系。普罗民遮城先降，赤嵌附近的各个平埔社头目也前来求见，郑成功厚待之，这些头目都心悦诚服。在热兰遮的荷兰长官揆一也遣使求和，希望就此打住，让荷兰人继续留在台湾，郑成功不许，谈判破裂。此后两军在热兰遮城对垒，时有交战，荷兰人始终不降，郑成功只好采用围困的办法。

阳历8月，在巴达维亚的荷兰总督派遣10艘战舰，700士兵前来救援。9月荷军反攻，却被打沉5艘战船，损失士兵128人。荷人又接受清廷闽浙总督李率泰的建议，联合进攻明郑在大陆的后方基地，但荷方将领卡乌却中途开溜，遁回巴达维亚。这件事严重打击了在台荷军的士气。10月25日，又有荷兰军曹雷狄斯率12名士兵投降，告诉郑成功城内已弹尽粮绝，并建议郑成功早日急攻以结束战争。经过9个多月的围困，郑成功在永历十五年十二月初六日（1662年1月25日）下令猛轰热兰遮城，发射2500发炮弹。这时候，热兰遮城内的荷兰守军已不满600人，士气低落。终于在永历十五年十二月十三日（1662年2月1日）投降。十二月二十二日签订和平条约。郑成功允许荷方把军火、粮食和财物统统带走。揆一率余众分乘8艘船只离去，结束了对台湾38年的占领。是役，荷人前后阵亡1600人，而华人战殁者1万人。

四、明朝政治体制的移殖

郑成功收复台湾，不只是出于军事上的需要，更是要"开国立家"，建立万世不拔基业。于是，一进入台湾，就着手建立明朝的文官行政体制。首先把赤嵌地区改名为东都明京，设一府二县，府名承天府，以原赤嵌纳为府治，县名天兴县和万年县。以新港溪为界，以北属天兴县，以南属万年县，在澎湖设立安抚司。

郑成功在永历十六年（1662）五月不幸病故，享年39岁。江日升在《台湾外记》对郑成功赞曰：

丁亥年二十，以只身而奉故朔，海岛群雄，拱手而听其约束。五省移徙，避其锋锐。且当败喘息，又能镇定强战，继而开辟乾坤。至壬寅岁五月初八日逝，年三十九岁，屈指统众，共一十六载。以忠义自誓，严治军旅，推心置腹，临事身先，计策已决，赏罚无私，仇亲兼用。噫！亦可谓人杰哉。

郑成功一死，明郑一度陷入混乱。成功之弟郑袭假造遗言，出告四方，部将黄昭、萧拱宸等拥立郑袭为东都主。厦门方面闻知台湾生变，立刻拥立成功之子郑经为延平王，形成台湾与金厦两地的对立局面。郑经派周全斌为五军都督，陈永华为咨议参军，于永历十六年（1662）十月迅速率军东征，黄昭战死，萧拱宸被斩首示众。郑经平定内乱之后，把台湾交给颜望忠镇守，自己率领一部分兵马回厦门，以备清军来袭。永历十七年（1663）九月，清军和荷兰人联合攻打厦门和金门，双方损失惨重，金门和厦门为清军所夺，郑经退守铜山岛。翌年春，郑经东撤来台湾，从此以后，明郑就以台湾为发展基地。

郑经退守台湾之后，全力经营建设台湾。于永历十八年（1664）改东都为东宁，东宁成为全台湾的称呼。同时，改天兴、万年二县为州，并设立南路安抚司、北路安抚司和澎湖安抚司，还规划基层的小区组织，将东宁城分为东安、西定、宁南、镇北4坊，坊有签首，相当于现在的区长，管理民事。近郊汉人聚居的地方区分成24里，里设总理。坊里实行保甲制，以10户为1牌，牌置牌长；10牌为1甲，甲置甲首。10甲为1保，保置保长。举凡人民的迁徙、职业、婚嫁、生死，都需要报知签首、总理。每年春天，再由签首、总理报给上级官府。于是，地无游民，犯罪者少，社会安定。至于台湾少数民族各社，仍如旧，由头目担任社长，管理社中事务。

在官制方面，大致沿袭明朝的制度而略有变革。废除兵部，以陈绳武为赞画兵部，设置六科都事、都吏及察官司（掌风纪、察弊政）、承宣司（司政令之公布、察僚属称职与否）、中书科（掌书写签奏）等职官。永历二十八年（1674）五月，郑经率部渡海西征，以陈永华为总制，留守东宁，负责全台事务，其地位相当于历朝的宰相。又因郑经长期在前线，永历三十四年（1680）四月，陈永华立郑克臧为监国，以决定台湾的政务。

五、文教事业

一批不愿归顺清朝的文人学士跟着郑成功来到台湾，开始让台湾有了文学的气息。著名的有王忠孝、沈佺期、沈光文、李茂春等人。他们用传统诗文的形式写下了台湾第一批文学作品。

有一批明朝的宗室也跟着来到台湾，计有宁靖王朱术桂、鲁王世子朱桓等人。郑成功虽然有"延平郡王"的封号，可是他却一直以"招讨大将军"的名义行事。整个政府组织就是一个军事组织，陈永华一直是以"咨议参军"这个名衔来辅佐国政。

明郑的文教事业主要是在陈永华的策划下展开的。陈永华认为，立国最重要的工作是培育人才，且台湾沃野千里，民风淳厚，只要有30年的生聚教训，就可以有足够的人才，不但邦本巩固，而且可以与中原对抗。于是向郑经建议，建孔庙，设学校。永历十九年（1665）八月，郑经采纳陈永华的建议，在承天府兴建孔庙（今台南市南门路），旁边设立明伦堂。次年，孔庙落成，是为全台首学，中国传统的儒家伦理思想教育开始在台湾扎根。

当时的学校有学院、府学、州学和社学。学院是高等教育，府学和州学为中等教育，社学为教育少数民族族群而设立，各社皆有，并且规定："其子弟能就乡塾读书者，蠲其徭役，以渐教化。"

同时也推行科举考试。天兴和万年二州"三年两试，照科、岁例开试儒童，州试有名送府，府试有名送院，院试取中，准充入太学，仍按月月课。三年取中式者，补六官内都事，擢用升转"。将学校教育和人才的进用合而为一。

六、土地开拓

对明郑而言，最严峻的挑战往往不是清军或荷兰人，而是粮食问题。为了解决这个难题，明郑特别致力于屯垦工作。永历十五年（1661）五月宣谕军民拓垦准则，有四项要点：

1. 文武官员及其眷属，暂居于承天府、安平镇，依人数之多寡，可以随意圈选土地，创置庄园。将领官兵可拨派汛地（也就是驻防地）开辟耕植，惟一切土地不可混含台湾世居少数民族及百姓现耕之地，应以无主荒地为原则。

2. 圈地及拨派汛地若属山林坡地，应自备地图，详报官府，酌定赋税。各自应爱惜所有，不可滥采滥伐，竭泽而渔。

3. 沿海港澳除现有之网位、罟位由官府派员征税外，其余分与文武各官，不许任意混杂，等候定赋征税。

4. 文武各官开垦田地，需先向郑成功报知面积大小，百姓需向承天府呈报，方可开垦。

永历十五年（1661）九、十月，缺粮非常严重，郑成功把左先锋等11镇分派到台湾南、北各路垦荒。荷兰人投降后，除了留下勇卫、侍卫两镇军队驻守府城之外，其余军队全都派去垦荒，以镇、营的统领为屯垦首。农闲时从事军事训练，有警讯时则准备武装应战。无警讯时，则从事农耕。

这时候最大的社会变化是汉人的大量移入。荷据时期曾有3万汉人，但郭怀一事变后，汉人人数骤减。郑成功入台时，带来的军人大约2万，另有1万多妇女儿童。当时，清廷在沿海实施坚壁清野政策，将东南沿海5省近海30里的村庄田宅全部焚毁，人民一律迁入内地，并设界防守，严加稽察，以断绝郑军的援济。沿海居民因而倾家荡产，颠沛流离。这么一来，就给了郑成功绝好的机会，开始大力招纳流亡，鼓励东南沿海的居民移居台湾。更在永历十六年（1662），下令所有的文武官员一定要把家眷接来台湾，一方面是安定军心，另一方面也是增加人力。

郑经继立，陈永华更大力推行这种"寓兵于农"的政策。他亲往南北各社，巡视安抚各社的少数民族族群，慰劳屯垦的兵将，勘察地形，详细规划垦务的推行。因而每年有几万汉人从闽粤沿海来投靠明郑。拓垦的范围从承天和安平向外扩张，向南至凤山、恒春，向北至诸罗（今嘉义）、云林、彰化、苗栗、竹堑（今新竹）、淡水（今台北）、基隆等地。及至明郑降清，厦门总督姚启圣的报告书就说"台湾广土众民，户口十数万。"这些汉人的村落大致分布在北港溪到下淡水溪（今高屏溪）之间的平原地带。

七、与少数民族族群的关系

在荷兰殖民统治时期，台湾的社会是由荷兰人、汉人和"土人"所构成的复合社会。其时，汉人的地位是介于荷人和"土人"之间，而为荷人经济力的主体。迨时间稍久，汉人的经济力逐渐伸张，其结果不免与荷兰人的支配权力相冲突。因之，就有1652年郭怀一抗荷事件。迨郑氏入台，汉人在台湾的控制权方始确定。

当郑氏大军抵台的时候，就有不少"土目"前来迎附，郑成功设宴款待，赠给正副"土官"袍帽靴带等物。由于荷兰人对少数民族族群采取高压威吓的手段，郑成功的态度立刻赢得少数民族族群的欢迎，于是"南北各路归附者接踵而至，各照例宴赐之，土社悉平怀服"。郑成功还亲自到新港、目加溜湾、萧垄、麻豆各社视察，各社居民"男妇壶浆，迎者塞道"，郑成功"慰以好言，赐之酒食烟布"，大众欢喜。于是帮着郑成功肃清躲藏在少数民族族群聚落中的荷兰人。

郑成功入台后不久，就发布垦地令，鼓励文武各官及兵民家眷创建田宅，永为世业。同时也反复强调："不许混侵土民及百姓现耕物业。""不许混圈土民及百姓现耕田地。"是年八月屯垦北路的后镇、后冲官兵与少数民族族群起了冲突，郑成功立刻把那些滋事的军队调走。九、十月间，由于大陆粮船未到，军队普遍缺粮，"官兵至食木子充饥"，"日只二餐，多有病殁。"而这时候正是少数民族族群秋收的时候，郑氏官兵能够做到秋毫无犯。由户都事杨英和承天府尹杨朝栋持金十锭，前往新港、目加溜湾、萧垄、麻豆等社购买粮食，作为军粮。

少数民族族群的农业技术一直停留在刀耕火种的阶段，"近水湿田，置之不用"，而且耕作的速度较慢。郑成功来了之后，就教导他们先进的农耕技术。到了郑氏后期，新港、目加溜湾、萧垄、麻豆4社"亦知勤稼穑，务蓄积，比户殷富"。

八、清廷的经济封锁与对外贸易

清廷对明郑政权采取经济封锁政策，从1655年起，就不准沿海省份的船只入海，一旦查获私自出海，"即将贸易之人，不论官民，俱行奏闻正法，货物入官。"1661年郑军挥师入台之后，清廷更在山东、江苏、浙江、福建、广东5省沿海30里宽的地带划为界外，"不许百姓居住，尽迁内地，设界防守，片板不许下水，粒货不许越疆。"

面对这样严峻的封锁，明郑的对付办法就是在大陆沿海发展走私的据点，把货运回台湾，更大力拓展海外的贸易。郁永河在《郑氏逸事》中记载："我朝（指清朝）严禁通洋，片板不得入海，而商贾垄断，厚赂守口官兵，潜通郑氏，以达厦门，然后通贩各国。凡中国各货，海外人皆仰资郑氏，于是通洋之利，惟郑氏独操之，财用益饶。""海禁愈严，彼利益普。"

明郑在强盛的时候，有仁、义、礼、智、信5路海商，各有12只通洋海船。通商的范围北至日本、琉球，南至吕宋、苏禄、万丹、文莱、交趾（南越）、东京（北越）、柬埔寨、暹罗（泰国）、马六甲、柔佛、咬留吧等处。

郑氏与日本的关系深远，在厦门时，每个月都有货船往来于日本与漳州、泉州之间。及至来到台湾，这种贸易持续进行。《台湾外记》卷十三记载："……商船兴贩，多价收购船料，载到台湾，兴造洋艘鸟船，装白鹿皮等物，上通日本，制造铜炮倭刀盔甲，并铸永历钱；下贩暹罗、交趾、东京各处以富。"一般说来，输往日本的货物主要是鹿皮、砂糖、药材、丝织品等；从日本输入的货物有铜、铅、兵器、盔甲、黄金、白银、铜钱等。从东南亚输入的货物有香料、苏木、铜、铅、锡、象牙、燕窝和各种布料。平均一年有50艘商船到日本贸易。

郑经更与英国人缔约通商。1670年英国船"班丹"号、"珍珠"号驶抵东宁，这是英国人第一次来台湾。9月10日，双方签订通商协约。从此以后，双方关系良好，不时互通国书问候。郑经要求英国供应枪炮火药，以供军需，也曾请英国人教以炮队技术，同时也允许英国人在厦门设商馆。1677年郑军失厦门，次年再克复厦门，英人再入闽南，成为英人在华的总商馆。1680年郑经复失厦门。翌年，郑经逝世，台湾情势益恶，英国东印度公司之商馆停闭，郑英关系乃告结束。

九、清荷联盟企图取台

荷兰人始终无法忘情于台湾，1662 年至 1664 年之间，曾经三次组织远征舰队，从巴达维亚前来中国沿海，伺机报复。康熙二年（1663）十月与清军联盟，夺得厦门和金门。康熙三年（1664）八月二十日，在澎湖打败郑氏守军，二十七日，占无人驻守的鸡笼，立即登陆修复城砦，加建炮堡，以作死灰复燃之计。可是由于清廷袖手旁观，加上鸡笼港的贸易情形不甚理想，巴达维亚市政厅于 1668 年 6 月 5 日主动撤走。《闽海纪要》载称："康熙七年（1668）冬十月，郑经命右武卫林陞率兵堕鸡笼城。"

十、征讨菲律宾计划

明郑时代有经略吕宋的企图，可惜历经明郑三世都没有办法实现，否则今天的远东国际态势就不是现在这个样子。

西班牙人以马尼拉为远东贸易根据地，商业繁兴，获利丰厚。当时，往来和定居在那里的中国人非常多，在巴里安（Parian，一作涧内）一区就有 15000 华人。可是西班牙人非常疑惧华人势力过分膨胀，曾经发生过几次集体屠杀的惨剧。第一次是在明万历三十一年（1603），华人暴动，有 23000 多人被杀。第二次是在崇祯十二年（1639），也因华人有反抗的举动，有 23000 人被杀。

郑成功光复台湾后不久，鉴于在吕宋的西班牙人屡有欺凌华人和郑氏商船的劣迹，目睹西班牙在菲律宾的军力薄弱，又有华人可以做内应，乃决定招降，如果拒绝，就派兵攻取。

他派意大利传教士李科罗为特使，携带一封措辞强硬的信去到马尼拉，见总督曼利克·特·喇喇。这封信是这样写的：

大明总统使国姓爷寄马尼拉总督曼利克·特·喇喇之宣谕：

承天命而立之君，万邦咸宜效顺朝贡，此古今无易之理也。可恶荷夷不知天则，竟敢虐我百姓，劫夺商船，形同盗贼。本当早勒水师讨伐。然仰体天朝柔远之仁，故屡寄谕示，以期彼悔罪改过，而彼等劣顽成性，执迷不悟，邀予集怒，遂于辛丑四月率水师亲讨，兵抵台湾，捕杀不计其数，荷夷奔逃无路，脱衣乞降，顷刻之间，城池库藏尽归我有，倘彼早知负罪屈服，岂有如此之祸哉！

你小国与荷夷无别，凌迫我商船，开争乱之基。予今平定台湾，拥精兵数十万，战舰数千艘，原拟率师亲伐，况自台至你国，水路近捷，朝发夕至。惟念你等迩来稍有悔意，遣使前来乞商贸易条款，是则较之荷夷已不可等视，决意姑赦尔等之罪，暂留师台湾，先遣神甫奉致宣谕。倘尔及早醒悟，每年俯首来朝纳贡，则交由神甫复命，予当示恩于尔，赦你旧罪，保你王位威严，并命我商民至尔邦贸易。倘或你仍一味狡诈，则我舰立至，凡你城池库藏与金宝立焚无遗，彼时悔莫及矣。荷夷可为前车之鉴，而此时神甫亦无庸返台，福祸行害，惟择其一，幸望慎思远决，毋迟延而后悔，此谕。

永历十六年三月七日。国姓爷。

西班牙人接到信后，大为惊恐，准备把非天主教的华人一律驱逐，结果引起一场动乱。在动乱中，大批华人被杀。郑成功接到讯息，决定立刻派兵征讨吕宋，可惜几天后因急症去世，征讨行动因而未曾付诸实行。次年，双方议和，维持贸易。1672年与1683年都有郑氏部将提议征讨吕宋，但都没有付诸实行。

十一、郑经的西征与兵败东归

康熙十二年（1673），清廷有意削除吴三桂、尚可喜和耿精忠三人的兵权和爵位，引发了"三藩之乱"。在福建的靖南王耿精忠派人来台湾，表示愿意给予全闽的战舰，请郑经率军渡海，由海路攻取江南。他则进攻浙江，如此海陆并进，则江浙可得。郑经接受这项提议，亲率大军至厦门。耿精忠派人前往迎接，看到厦门一片残破，郑军船只散泊，回报说："（郑经）海上兵不满二千，船不过百只，安能济事？"因而背信毁约，禁绝与郑经往来。下令照旧例，片板不得入海，以免资助郑军。郑经大怒，乃攻取同安、泉州、海澄及漳州。双方交恶。

1674 年底，吴三桂出面协调，耿精忠见郑军有实力，也急于交好，并赠大船 5 艘，以践行前面的诺言。郑经遂接受和议，双方以枫亭为界，有事相互援助，不得相互侵扰。此后，郑经往广东方面发展。

在最初的两三年间，由于清军无力南进，而耿军主力在浙江，使得郑军有可乘之机，乘机占领闽南、粤东沿海和闽省西北一隅。这样一来，就跟耿精忠一再起冲突。1676 年五月，郑经背信攻取汀州，耿郑关系断绝。同年十月广东尚可喜死，清康亲王杰书率兵入闽。耿精忠反清的意志本来就不强，现在前有清军，后有郑军，于是转而投效清朝，担任清军的前锋，掉过头来带兵攻打郑经。

在众寡悬殊、孤立无援的情形下，郑军屡战屡败，清兵在 3 个月内连陷邵武、汀州、兴化、漳州、泉州 5 府，将近 20 万的郑军由于欠饷而溃散。郑经一败涂地，又退回金门、厦门。这时的清军人数不多，又缺乏水师，于是就用招降的方式，先后在 1677 年五月和八月，两度派员到厦门招降。条件是只要郑经退回台湾，可以依照朝鲜之例，每年纳贡，互为通商贸易。可是，郑经的侍卫冯锡范坚持清廷应将沿海诸岛让给他们驻守，以致谈判破裂。

次年二月，战事再起，郑军屡有捷报，攻陷海澄、力围泉州，南安、永春、德化、安溪、惠安、长泰等地都为郑经所有。可惜因兵力不足，久攻泉州不下，而清廷援军入闽，郑军节节失利，伤亡惨重。只剩下海澄一地，再加上金门和厦门，隔海与清军对峙。福建总督姚启圣重提议和，劝郑经退回台湾，以澎湖作为双方通商之地。郑经坚持不让。清廷改采攻势，并在福州大造战舰，积极备战。同时，调破吴三桂水师有功的万正色出任福建水师提督，训练水师。又在福建沿海重行迁界令，遍筑界墙，断绝内外交通，封锁郑军。

自1679年起，闽浙总督姚启圣在漳州设立"修来馆"，招降明郑部众。凡归降者，文官照原衔报部补官，武官一律保留现职，士兵和平民愿入伍者，立即发至军营。想归农者，立即送回原籍安插。又到处散播谣言，离间郑军，使之相互猜疑。结果，使得郑氏的军民纷纷叛逃离开，先后有5镇大将廖琠、黄靖、赖祖、金福、廖兴，水师5镇蔡中瑞、吕韬、江机、杨一豹等人率所部十多万人降清。

这时候，郑军的粮食不足，只有派兵到处征集，百姓怨声载道。郑经自己也意气消沉，部众人心浮动。施明良（施琅之侄）更准备出卖郑经，但因事发被杀。1680年二月，姚启圣和水师提督万正色率水陆大军合攻，郑军不战而溃，海澄守将苏堪、厦门守将陈昌相继献城投降，水师朱天贵率文武官员800余人、船舰300余艘，献铜山岛降清。郑经见大势已去，仓皇率千余人退回台湾，沿海诸岛全部为清廷所有。

十二、东宁政变和内部不安

郑经西征 6 年，陈永华留守台湾，公正廉明，严法明纪，因而百姓安居乐业。可是郑经的几个弟弟却仗势侵夺民田，屡劝不听，不得已，征得郑经的同意立郑经的长子克臧监国。克臧是陈永华的女婿，关系非比寻常。陈永华这 6 年的留守，公忠体国，使前方的粮草供应无缺，等到郑经兵败退回台湾之后，因冯锡范和刘国轩与之争权而遭解除兵权。1680 年六月，陈永华忧郁而终。接着柯平、杨英等老臣也相继过世，郑经不胜感慨。加上兵败，意志消沉，无心政事，完全由长子克臧监国秉政，自己则纵情酒色，逍遥度日，于 1681 年正月病逝，享年 40 岁。临终前，以印、剑授予克臧，令刘国轩善加辅佐。

克臧为人刚毅果决，担任监国时，事事以礼法约束，结怨颇多，自不为弄权的冯锡范所喜。郑经去世后，冯锡范先取得刘国轩的支持，再联合反克臧的势力发动政变，煽动董国太（郑经的母亲）收回监国印，缢杀克臧，拥立年仅 12 岁的次子克塽继位。董国太以克臧死于非命，且非出于己意，伤心不已，不久也积郁以终。是为东宁政变。

郑克塽年幼，大权落入冯锡范的手中，军事由刘国轩主持。刘国轩个性强悍，恃威妄杀，因而使得人人自危。冯锡范则贪财好利，动辄没收他人的财产，弄得军心涣散。

郑经西征 6 年，大举抽征壮丁，1674 年时，就调拨台湾 2/3 的少数民族及佃农至厦门服役。结果造成粮食生产大为不足，军需财源也日渐枯竭。为了充实财源，就大肆征税，百姓的生活已经极为困苦。屋漏偏逢连夜雨。郑克塽当国之际，又碰到连年旱灾，米价腾贵，民有饿死者，军民怨声载道。

在这种动荡不安的情形下，清廷趁机散播谣言，不少人因而降清，明郑政权至此已岌岌可危。

十三、澎湖会战与明郑败亡

清廷的闽浙总督姚启圣屡屡接获来自台湾的谍报，知道郑经死后诸子争立，是消灭明郑的好时机。于是与内阁大学士李光地力保施琅复出，清廷授以福建水师提督之职，把万正色调为福建陆路提督，积极准备攻台。

康熙二十年（1681）冬，施琅上疏康熙皇帝，准备第二年三四月间乘南风进兵，出郑氏不意。但是姚启圣却认为应该等到十月间乘北风渡海才是，形成举棋不定的局面。康熙二十一年（1682）五月，虽然整船练兵已完成，仍然按兵不动。七月，施琅再次上疏指出，台湾人心不稳，确有可破之机，若待朝廷旨令方才进兵，则时间延宕，请求给他独任东征之责，不必请旨。只要风向顺利就可以进兵，攻其不备。康熙皇帝接受了他的建议，将攻台的指挥大权交给了施琅。时正值北风起，不利航行，只有待来年全力攻台。其间，清廷又几次招抚明郑，只要称臣纳贡，可以不必剃发，但冯锡范、陈绳武等人仍坚持不从。

康熙二十二年（1683）五月，康熙皇帝以招抚不成，下诏催施琅进攻。六月十四日，施琅率官兵两万多人，大小战舰230多艘，从铜山岛（今东山岛）出发，东征澎湖。当时，明郑以刘国轩守澎湖，以为时值台风季节，施琅应该不会来犯。不料，六月十五日清军抵达澎湖海面，次日凌晨，两军会战，刘国轩小胜，清军退据八罩、水按澳（都在今望安乡）。

六月二十二日，施琅督率大军与刘国轩的部队决战，分三路进攻。东路战船 50 艘，从东侧攻入鸡笼屿、四角山（均在今马公镇），以奇兵夹攻。西路战船 50 艘，从西侧直攻牛心湾（在马公镇），作为疑兵牵制。中路由施琅亲率大船 56 艘，分作 8 队直攻娘妈宫。刘国轩急忙迎战。清军船上配有精良大炮，乘风猛攻，焚毁郑军船舰，郑军士兵 12000 人阵亡。刘国轩乘小船遁回台湾。施琅攻取澎湖，而船只毫无损伤，可说是大获全胜。

施琅占领澎湖后，立即安抚居民，对投降的明郑将领待之以礼，士卒给予银米，伤者予以医治，并派员游说刘国轩降服。这时候，台地人心瓦解，百姓纷纷走避。冯锡范奉克塽之命召集文武官员商议对策，大家意见不一。有人提议南下吕宋，再建基业；也有主张死守台地，都被刘国轩否决。他认为当时军心已经涣散，军械和军粮都不足，南进或战守都不适合，"不如举全地版图以降，量清朝恩宽，必允赦宥。"于是，在康熙二十二年（1683）七月以郑克塽之名修表投降，明郑政权遂告覆亡。

▌参考文献 ▶

卜新贤、张美惠译：《郑荷媾和条约新译》，《台湾风物》第 4 卷第 4 期，台湾风物杂志社 1954 年版。

王诗琅：《台湾省通志》卷三《政事志·建置篇》，台湾省文献委员会 1972年版。

王诗琅：《台湾省通志稿》卷三《政事志·外事篇》，台湾省文献委员会 1960年版。

江日升：《台湾外记》，《台湾文献丛刊》第 60 种，台湾银行印制。

施琅：《靖海纪事》，《台湾文献丛刊》第 13 种，台湾银行 1958 年版。

夏琳：《海纪辑要》，《台湾文献丛刊》第 22 种，台湾银行 1958 年版。

曹永和:《从荷兰文献谈郑成功之研究》,载《台湾早期历史研究》,台北联经出版事业有限公司 1991 年版。

连横:《台湾通史》,古亭书屋 1973 年重印本。

陈孔立主编:《台湾历史纲要》,台北人间出版社 1997 年版。

陈衍:《福建通志列传选》,《台湾文献丛刊》第 195 种,台湾银行印制。

黄宗羲:《赐姓始末》,《台湾文献丛刊》第 25 种,台湾银行印制。

杨彦杰:《荷据时代台湾史》,江西人民出版社 1992 年版。

杨英:《从征实录》,《台湾文献丛刊》第 32 种,台湾银行 1958 年版。

杨锡福:《台湾开发史》,载林熊祥编:《台湾文化论集》(一),台北"中央文物供应社"1954 年版。

廖汉臣:《台湾省开辟资料续编》,台湾省文献委员会 1977 年版。

台湾银行经济研究室:《台湾关系文献集零》,《台湾文献丛刊》第 309 种,台湾银行 1972 年版。

台湾银行经济研究室编:《郑氏关系文书》,《台湾文献丛刊》第 69 种,台湾银行 1960 年版。

郑亦邹:《郑成功传》,《台湾文献丛刊》第 67 种,台湾银行印制。

第 五 章

清代对台湾的开发与经营

为什么闽南人要向海外求发展？前一章所讲的各种情节，基本上就是闽南人在海上的活动所获得的成果。罗友枝研究福建和湖南在18世纪的商业活动时，发现闽南人外出从事远洋贸易是因为有利可图，因而有了"拉出去"的论点。也就是说，由于在南洋有利可图，才会吸引福建的人民往海外走。根据万历《泉州府志》（1612年成书）和《八闽通志》（1490年成书）的记载，在1500年以前，闽南大部分的内陆县份，如南安、永春、长平、龙岩、长泰、南靖等，几乎无人知晓海外贸易是怎么一回事。海外贸易为沿海的少数商人独占。但是到了1600年以后，海外贸易不再由沿海少数商人独占，内陆居民也开始从事海外贸易活动。明末清初谢肇淛在他的《五杂俎》中提到，大约在明末万历时，福建地方有一半以上的人口离乡背井，到海外去讨生活。这种变化跟西班牙人于1572年占领吕宋岛，跟中国人交易日用品和丝绸有密切的关系。等到清朝统治台湾之后，方才着手来规范这种海外活动事宜。

有清一代对台湾的治理长达213年。前190年基本上是处于消极被动的局面，施政的主要目标在于防止动乱，以维持社会的安定；推行政令，以使行政与内地成为一体；布施文教，以根植政府所承袭的传统文化。至于开拓发展，则甚少在意。结果是社会上动乱不已，特别是 19 世纪的分类械斗，几乎年年发生。可是在台湾建省之后，主政者锐意建设，方才脱胎换骨，成为当时全中国最进步的省份之一。

清朝时，台湾的开发可以划分成四个时期：（一）从康熙二十三年至康熙五十七年（1684—1718）的 35 年是"绥抚时期"，以招徕各方人民从事开垦为主；（二）从康熙五十七年到乾隆五十三年（1718—1788）林爽文乱事平定，福康安奏请开放渡台限制的 70 年是"海禁时期"；（三）从乾隆五十三年至道光二十二年（1788—1842）的 54 年，人口大幅增加，行政组织扩大，是为"拓展时期"；（四）从道光二十二年至光绪二十一年（1842—1895）台湾被割让给日本为止的 53 年，由于淡水、台南（安平）成为国际通商口岸，台湾发展成为全中国当时最进步、最现代化的地区之一，是为"现代化时期"。

一、绥抚时期（1684—1718）

清朝消灭明郑之后，对于台湾的治理出现是弃是留两种不同的意见。主张弃守的人认为：台湾"孤悬海外，易数贼，欲弃之，专守澎湖"。更有人说："海外泥丸之地，不为中国加广；裸体文身之番，不足以共守；日费天府金钱于无益，不若徙其人而空其地。"闽浙总督姚启圣则认为，一旦台湾不守，势必再沦为海贼的巢穴。水师提督施琅上疏康熙皇帝，认为台湾是沿海四省的前卫，一旦放弃必为荷兰人所占，对沿海各省威胁甚巨。康熙皇帝征询大学士们的意见之后，裁定在台湾设立府县。康熙二十三年（1684）正式设立台湾府，隶属福建省，下设台湾县、凤山县（南路）和诸罗县（北路）。澎湖设巡检，由台厦兵备道统辖。武官则设台湾总兵官 1 员、副将 2 员、兵 8000，分为水、陆 8 营。于澎湖设副将一员，兵 3000，分为 2 营。

这个时候，东亚国际政治也出现一个安定的局面。日本由德川家康削平群雄，建立德川幕府，实行锁国政策，只准少数荷兰船只到长崎互市，其他各国船只一律不准到日本。在中国，康熙皇帝底定全国，政治上已无反对的势力。南海基本上成为中国人的内海，中国海商可以自由地出海贸易，外国的船只却只能在广州一地互市。一个世纪后，英国人东来，急欲打破这种限制，终而有1840年的中英鸦片战争。

明末的战乱使得一些地区人口锐减，等到恢复承平，各地都在招徕流民前往开垦。于是，两湖江浙各省的人民流向四川云贵，闽粤两省的人流向台湾。清廷领台之后，台湾的汉人大批回流福建，造成人口锐减，大约只剩下六七万人。在双方对峙的时候，清廷在沿海实施海禁。

领台之后的第二年，开放海禁。首任台湾知府蒋毓英亲自勘察荒地，相土定赋，招纳流亡，安抚"土番"，倡导文教，设立义学。凤山县知县季麒光更留意招徕大陆的流民前去开发。凡是应征者，"到台之日，按丁授地"，并配给明郑遗留下来的牛只，三年以后方才起征租税。其他如台湾道高拱干、陈璸、王毓政，知府孙元衡、靳治扬，知县沈朝聘等人，也都在这方面有良好的成绩。于是，流民归者如市，内地入籍者众。在另一方面也是由于大陆开始面临人口爆炸的压力。由于晚明海上丝路畅通，原产在中南美洲的农作物，如番薯、玉米、马铃薯、辣椒、烟草等传入中国。这些作物大都可以在贫瘠地带种植，以致原本的不毛之地都化成了良田，粮食供应增加，人口自然也跟着上扬。康熙四十年（1701），中国的人口大约是1.5亿。乾隆四十四年（1779）时，已有2.75亿人。80年之间，人口增加了近一倍。这样庞大的人口压力，促使人口向尚未开发的地区移动，台湾自然就成了闽粤人士移垦的对象。

当时的台湾对漳泉两府"无田可耕，无工可佣，无食可觅"的人来说，是冒险家的天堂。大家相传"到台地，上之可以致富，下之可以温饱，一切农工商贾以及百艺之末，计工授值，比内地率皆倍蓰"。这种吸引力很自然地引发移民的风潮。移民多了，台湾社会上也就弊病丛生，再加上清朝的法令刑罚又相当宽松，以致作奸犯科者大有人在，社会也就逐渐呈现动荡不安的局面，清廷于康熙五十七年（1718）终于下令禁止闽粤人士渡海来台，已渡台者也不准回乡搬眷来台。

二、海禁时期（1718—1788）

（一）限制渡台

这次海禁维持了近70年。在限制渡台令的规范下，凡是流寓台湾而没有妻室者，全部赶回原籍，交给地方官严加管束。凡是要渡海来台湾者，一定要有官府所发给的照票（也就是通行证），要详细载明来台湾的理由、落脚的地点。除非要落籍台湾，否则一律注明回籍的时间，到了台湾，要经海防同知厅验明，转发知县查照。由于广东沿海一直是海盗的家乡，因而严禁潮州和惠州的人民渡台。后来又规定，凡是要渡海去台湾者，不准携带家眷，已在台者也不能回籍把家眷接来。凡是抓到违反上述规定的人，一律驱逐回原籍。

这种不准携眷的规定，连官员也不例外，主要的用意是以内地的眷属作为人质，以免来台的官员萌生异志。这个政策产生了非常不好的影响。对官吏而言，"人即视我为异己，我又何必效其死力。"于是，官不安其位，民不安其生，台湾反而变得不太安定。

蓝鼎元就曾上疏主张："民生各遂家室，则无轻弃走险之思……

凡民人欲赴台耕种者，务必带有眷口，方许给照载渡，编甲安插。"这种建议在雍正十年（1732）方才被清廷接纳而放宽渡海的禁制。规定在台有田产工作、安分守己者，若愿携眷入籍，准其搬移入台。次年，清廷又复准调台文职官员知县以上、年逾六十而无子嗣者，得申请携眷入台。

可是禁令一松，移民者日益增加，发生许多问题，一时不易平定，于是在乾隆五年（1740），又以居留内地之眷属均已搬迁为借口，停止给照，不准招眷来台。乾隆十一年（1746）又开放，如有祖父母及妻子欲赴台侍奉就养，仍准给照。但乾隆十三年（1748）又再禁止。一直到乾隆二十五年（1760），福建巡抚吴士功向乾隆皇帝上《请准台民搬眷并严防偷渡疏》，力陈搬眷禁令的弊害。清廷方才再度放宽限制，让已在台的人民搬眷。从此以后，清廷就不再限制闽粤人民的往来。至于官员部分，直到乾隆四十一年（1776）方才正式废止。

这70年中，由于禁渡政策，造成台湾人口结构的不均衡状态，男性人口远多于女性人口，有的村庄竟然没有女性。因此，社会上打斗的事层出不穷，终至酿成乾隆五十一年（1786）的林爽文之乱。清廷花了3年时间方才平定。为了嘉奖诸罗城的居民协助官兵守城，特别把"诸罗"改名为"嘉义"。乱事平定后，清廷检讨乱事发生的原因，终于废止禁渡令，准许安分良民携眷渡台，于是引发大规模的移民潮。移民主要是来自漳州、泉州、嘉应州、潮州和福州等地。

由于海禁以致偷渡盛行。周元文在重修《台湾府志》时就描述当时的人口状况："自数十年来，土著之生齿日繁，闽粤之梯航日众，综稽簿籍，每岁以十数万计。"

以下的统计数字可以说明清代前期台湾人口的增加情形：

表 5-1　18 世纪后半期台湾人口增长情形

康熙二十三年（1684）	70000 人
乾隆二十八年（1763）	666040 人
乾隆二十九年（1764）	666210 人
乾隆三十年（1765）	666380 人
乾隆三十二年（1767）	687290 人
乾隆三十三年（1768）	691338 人
乾隆四十二年（1777）	839803 人
乾隆四十三年（1778）	845770 人
乾隆四十六年（1781）	900940 人
乾隆四十七年（1782）	912920 人
嘉庆十六年（1811）	1945833 人

资料来源：陈孔立：《台湾历史纲要》（1996）。

表 5-1 的人口数是从宫中档案奏折得来的，是以需要缴税的定居人口为计算标准，至于流动人口就无从统计了。从表 5-1 中可以看出，乾隆五十三年（1788）废除渡海禁令之后，闽粤人士大举来台开垦。

（二）封山令

封山令旨在限制在台湾的汉人入山开垦。因为高山峻岭是反清人士最好的藏身亡命之所，容易据险为乱，甚而勾结少数民族族群图谋不轨。另一方面，也是为了防止汉"番"之间发生冲突。因此，规定不准人民私入"番境"，禁止在少数民族族群的部落附近从事抽藤、捕鹿、伐木，更不许把货物偷运进入"番界"。汉民不得与"番女"结婚，已经娶"番女"者不得再与"番社"有所往来。来台的商船若与"生番"贸易或偷漏出海者，一律以通贼论处。失察之官员调职罚俸。

这些封山的规定最后也跟渡台禁令一样成为具文，有名无实，禁者自禁，行者自行。嘉庆年间，越过中央山脉设置噶玛兰厅，就是对封山令的挑战。到了道光、咸丰年间，积极开发山地更是严重考验封山令。

（三）汉人在西部的开拓

在 18 世纪初，到台湾来开垦者必须先向官府提出申请，官府就会委派熟知"番社"事务的"番割""通事"等人前往实地会勘，查明确实没有侵占等事，并且公告周知，以免他人提出异议。这些手续完成后，方才发给垦照。

倡议开垦的有力人士，被称为"垦首"，事先以招股的方式凑足一笔股金，经过中间人的介绍，向官府申请开辟原来不属于"番社"的土地来开垦。像台北的开拓就是这方面的例子。康熙四十七年（1708），戴岐伯、陈逢春、赖永和、陈天章、陈宪伯等人，想要开垦上淡水的土地。诸罗县知事宋永清派遣社商、通事和"土官"会勘是否有所侵占"番社"的土地，回报认为没有妨碍，乃于康熙四十八年（1709）七月批准了他们的申请。

垦荒需要大笔资金，这些股东们"兹相商，既已通同请垦，应共合伙招耕，议作五股公业，实为友五人起见"。垦户既立，就大规模地从事水田拓垦，先是沿河开田，继而开鉴水圳，引水灌溉原本无水可用的旱田。因而使得汉人的水田日益广辟，终至占满整个台北盆地的盆底地区。原来住在台北盆地的凯达格兰人在卖尽族产之后，迁徙到周边的山麓地带。

来台湾开垦需要有相当的财力作后盾，才可以应付官府、通事的需索，以及庞大的水利工程的兴建与维护，绝不是升斗小民可以负担。因此，他们的动机就不是单纯地为了"就食容易"，而是为了庞大的经济利益。米和糖是最主要的两项商品作物。由于福建田少人多，在台湾种稻米再运回福建去卖可获巨利。蔗糖更是贩卖全中国，成色最好的白糖卖到苏州、扬州，次一等的糖卖到天津、牛庄、登州、厦门，再次一等的黑糖才留在本地销售。《赤坎笔谈》描述当时台湾糖业的兴盛情形是"全台仰望资生，四方奔走图息，莫此为甚。糖斤未出，客人先行定买。糖一入手，即便装载"。

"番社"与"番社"之间的瓯脱之地很快就开发完毕，晚到者就直接向"番社"承租土地来耕作。官府也鼓励这么做。雍正二年（1724），清廷批准"福建台湾各番鹿场闲旷地方可以垦种者，令地方官晓谕，听各番租与民人耕种"。因此，平地各少数民族族群纷纷把他们打猎的草场租给汉人。他们成为"番大租"的主人，每年坐收定额的租税，形成所谓的"番业汉佃"，也就是闽南常见的"一田多主"制。这种大租权一直维持到 1904 年方才由日本人明令废止。

（四）行政组织

有清一代，台湾地方行政机构的设置总是跟不上移民扩张的速度。每个行政机构的辖区过于辽阔，很难有效治理。

在台湾，最高的文官是分巡台厦兵备道的道员。雍正五年(1727)改为台湾道，专门负责治理台湾事务，但不直接管理民众。其次是知府，统辖管内一切事务，并指挥下级官厅，举凡一切吏治之良策、人民之福祉、支放粮饷、管理盐政等。由于台湾孤悬海外，福建巡抚平时不容易照顾得到，因而台湾府知府有几个辅佐的次官：（一）台湾海防同知。康熙二十三年（1684）设，专司稽查鹿耳门海口，兼督理台湾、凤山和诸罗 3 县的巡捕业务，驻在府城。乾隆三十一年(1766)改为南路理番同知，仍兼海防。光绪元年（1875）移驻台东卑南；（二）北路理番同知。乾隆三十二年（1767）设置，驻彰化，管淡水、彰化、诸罗各县的民"番"交涉事件。

康熙二十三年（1684）设立台湾、凤山、诸罗3县。台湾县东到中央山脉，西到台湾海峡，南以二层行溪与凤山县交界，北至茑松溪与嘉义县为邻，东西达45里，南北长36里，海外的澎湖也属于台湾县。南端的凤山县为台湾县以南一直到鹅銮鼻，东西长35里，南北纵深达275里，诸罗县从台湾县的北端直通大鸡笼，长达605里，三县之中只有台湾县的幅员尚称适中。虽然人口稀少，但是距离毕竟太远，政令殊难普遍推行，这与清代的台湾吏治弊病丛生有很大的关系。

在初期，政令所及的地方实际上只有台湾县而已。蓝鼎元称："前此台湾（指清廷初领台湾的时候），止府治百里，凤山、诸罗皆恶毒瘴地，令其邑者（指县令）不敢至。"当时的北路巡防只敢走到斗六门（今云林县斗六市）或半线（今彰化市），流墨之民最远不过斗六门。半线以北至鸡笼全为"番人"之地，无异化外，故凤山、诸罗知县皆以南北路蛮荒未开，暂附府城治事。

南北两路幅员辽阔，既然县官管不着，于是官衙胥吏和地方豪强可以任意妄为，鱼肉平民。康熙三十五年（1696）就有天地会吴求之乱。康熙四十年（1701）有刘却抗清事件，都发生在北路，于是就有"归治"（县令回到县治之所在地，不再暂住在府城）之议。康熙四十三年（1704）诸罗县署接获命令，依令把县署迁到诸罗城（今嘉义市）。从此以后，汉人的开拓就开始超越半线而北上，到达后龙、竹堑（今新竹）。汉"番"问题与日俱增。

康熙六十一年（1722）发生朱一贵事件，这是清廷领台以来最大规模的动乱。事平之后，清廷大力整顿台湾的吏治。闽浙总督满保建议朝廷，把台湾、凤山、诸罗3县山中居民尽行驱逐，凡近山10里内的民众俱令迁居他处，田地任其荒芜。幸而蓝鼎元力言不可，朝廷最终采纳了蓝鼎元的意见。

雍正元年（1723）依巡台御史吴达礼的建议，增设一县一厅。从诸罗县以北、大甲溪以南之地设立彰化县，大甲溪以北之地设淡水厅。雍正五年（1727），增设澎湖厅。嘉庆十七年（1812），把淡水厅所辖的后山地区分出，成立噶玛兰厅。淡水厅的幅员仍然非常辽阔，而噶玛兰厅的交通不便，政令宣达已属不易，遑论贯彻执行。从嘉庆十七年到同治十三年（1812—1874）的60多年间，没有再增设任何新的州县层级的政府组织。

依照清代的职官编制，县为知县、州为知州、厅为同知或通判。集所有行政、司法、治安、教化等权责于一身，当有地方发生暴乱，也需负责镇压和守卫。

鹿耳门和安平是出入台湾南部的门户。早期内地人民渡海来台大都从这两个港口上岸。由于政府在鹿耳门设有专人稽查，使得一般偷渡客很不方便，随着中北部地区的开发，偷渡客改走泉州的蚶江口到鹿港这条路线，既少麻烦，到中北部又近，于是鹿港成为中部与大陆往来的重要港口，也是北部商贩聚集的地方。乾隆四十九年（1784），清廷依福建将军永庆所奏，鹿港正式开港，次年设海防同知。鹿港成为中部最大的港口。

从人口的增长和分布情形来看，这样的行政架构的确不容易应付日益复杂的社会情势。康熙二十三年（1684），整个台湾府的人口不过数万人，以台湾县为最多。130年后，到了嘉庆十六年（1811），人口已经超过190万。可是行政架构只从原来的3县增加为4县（凤山、台湾、嘉义、彰化）2厅（淡水、噶玛兰）。以嘉义县人口最多，占42.09%；彰化县次之，占17.59%；台湾县占17.57%；淡水厅占11.05%。已经出现人口中心逐渐北移的现象。到台湾建省时，北部淡水厅的人口已上升至25.8%，南部人口则相对在减少。

（五）吏治与动乱

有清一代，台湾吏治不良，久为史家所诟病。明郑统治以严苛著称，因此社会风气良好。到了清代领台之初，尚能留心吏治，多选贤能饱学之士出任职官。可是到了康熙晚期，由于承平日久，吏治渐坏，文恬武嬉，贪污成风，以致有朱一贵之乱。以后如乾隆五十一年（1786）的林爽文之乱、道光十二年（1832）的张丙之乱、同治元年（1862）的戴潮春之乱，发生的原因大体相同，都是官吏贪渎成性才会激起民变。同治十三年（1874），沈葆桢来台湾查办日军侵略事，曾经论及台湾吏治的积弊，指出："班兵之惰窳也，蠹役之盘据也，土匪之横恣也，民俗之慆淫也，海防陆守之俱虚也，械斗扎厝之迭见也，学术之不明，庠序以容豪猾，禁令不守，烟赌以为饕飧。"丁日昌总评曰："台湾吏治，暗无天日。"

造成这种现象的原因很多，大致可以归纳成以下几点：

其一，台湾孤悬海外，途程有风涛之险，环境又炎热潮湿，内地来此服官之人，往往不能适应，因而视为畏途。

其二，官员的俸给与公费不足，下面办事的胥吏完全没有薪水，无以资生。这些办理文牍的胥吏，又不能参加科举考试，地位卑下，可是实权在握，可以乘机收取各种行政手续规费，而人民又愿意多给规费，只求迅速办事。于是上下其手，枉法徇私。

其三，正途出身的官员比例偏低。从雍正至同治，台湾道员知府有60%是正途出身，但下一级的知县、同知和通判就低于50%，远低于福建和全国。也就是说，官员的素质不够好。所谓正途，是指由科举考试出身者，不仅知识程度较高，且受儒家治国平天下观念的熏陶，品学可能有比较高的水平。所谓异途出身者，不外是捐纳而得，或由书吏议叙，或因保举而骤得，都缺乏基本的品学涵养。不过，这种分法不能一概而论，正途出身者并非全属善类，异途出身者也不是没有好官。

其四，任期偏短。在乾、嘉、道、咸、同五朝，知府的任期不满一年者占 54%，同知、通判约 45%，知县 36%。在这种情况下，连大概的情况都没有弄清楚就要离职。官有五日京兆的心理，当然就让下面的胥吏有舞弊的机会。

在这种不良的政治环境下，民变也就层出不穷，从清初到咸丰八年（1858），一共发生 65 次。绝大多数是由"游民"所主导。游民在台湾称之为"罗汉脚"。《噶玛兰厅志》云："台湾一种无田宅、无妻子、不士、不农、不贾，不负道路，俗指为罗汉脚，嫖赌、摸窃、械斗、树旗（像是树立"大明朱四太子""三国公起义"等旗帜，公然反抗清廷），靡所不为。曷言乎罗汉脚也？谓其单身游食四方，随处结党，且衫裤不全，赤脚终生也。大市不下数百人，小市村不下数十人，台湾之难治在此。"

除了游民之外，不同祖籍之间的人群往往为了争水权、争田地、争码头、争一切可争之事而大打出手。这种以地缘关系而发生的大规模打架，日本人称之为"分类械斗"。从乾隆三十三年（1768）到咸丰十年（1860），一共发生 47 起。其中闽粤械斗 17 起，漳泉械斗 28 起，顶下郊拼 1 起（顶郊与下郊的械斗，"郊"类似现代的同业公会）。

最大规模的一次分类械斗是发生在咸丰三年(1853) 的顶下郊拼。住在台北艋舺的泉州晋江、南安和惠安人一向把持河岸码头的顶郊，与住在今天小南门一带由同安人把持与厦门贸易的下郊（又作厦郊）发生斗殴。顶郊人攻击下郊人的住处，放火烧庄，下郊同安人有 38 人被打死，被迫迁往大稻埕，建立霞海城隍庙，附祀这次械斗中死亡的 38 人。

这次乱事波及全岛，结果都是同安人和漳州人失败。战败的人聚集到大稻埕，此处港阔水深，适合发展对外贸易，市面因而逐渐繁荣。及至 1860 年淡水开港，大稻埕一跃而为全台湾最主要的港口，凌驾在艋舺之上。

（六）"番产"汉佃

在明令禁止人民任意搬迁来台的时期，闽粤沿海地区人民仍有大批移民不断前来开垦草埔荒地，构筑埤圳水利系统，并发展海峡两岸之间的商品贸易。到 18 世纪 30 年代，中部平原地区几个重要水利系统，例如彰化八堡圳和台中猫雾捒圳等，均已完成基础圳道工程，发展出树枝状的水利灌溉网络；大片草埔鹿场化为阡陌纵横的水田蔗园，形成台湾农业发展史上的第一次革命。每年由台湾出口大量的稻米、蔗糖、樟木和鹿皮，不但有效接济福建、浙江沿海地区的粮食需求，有助于平抑区域间的米价波动，而且也为台湾开拓日本等地外贸市场，换取可观的白银（墨西哥银元），打下货币经济的基础。到 18 世纪中叶，台湾作为新兴粮仓的经济地位日趋巩固；在清廷的眼中，台湾也由昔日的荒凉小岛跃升为东南五省的重要屏障。

台湾由边区发展成为"后进"商品农作地区，并不是出于生产技术的革命，而是由于外来人口激增，大量割草伐木、开辟田园而来。早期垦户阶层来源复杂，包括文武官员、商家、士族地主以及流民垦佃。垦户有些是独资进行开垦事业，大部分则采合伙或股份经营方式，同立垦户名号，再行招佃开垦。一般而言，比较大规模的垦辟活动大都采垦佃制，由垦户提供草埔素地和基本水利设施，而佃户则负责投资工本，从事实际的开土辟田的工作。小规模的垦殖则由垦户以业主身份领照建庄，并提供基本农具以及灌田圳道，招请流民佃户前来耕种。此外，也有相当数量的流民垦佃自行占地私垦，并招引亲族同乡同来佃耕。他们按照原乡开垦的习惯，允许自行斥资开垦成田的佃户，享有永远耕作的权利（俗称永佃权）。凭这一项永佃权利，许多垦佃者在田园周围定居下来，并构筑茅屋、禾埕、菜圃以及对外通路，逐渐形成村庄聚落。

在垦户佃民大肆拓展私有土地之际，向来活跃在西部平原的平埔人却深受压挤之痛。这些台湾世居少数民族部落散居四方，自成聚落，不相统属，彼此语言互异，唯各有狩猎采食地域范围。按照清廷"理番"政策，台湾世居少数民族部落依归顺与否划为"熟番"和"生番"两大类。"熟番"部落通常需要向官方"任土作质"，献出祖传的地域范围和人丁口数，再由官方以颁授的形式承认他们的地权。同时，清廷有鉴于台湾世居少数民族地域辽阔，不易勘丈清查，乃从人口控制着手，要求归化台湾世居少数民族部落按照成年男丁妇口，年缴一定数额的社饷（即人头税，每人自二钱至数十钱不等，通常准由鹿只猎物折交），借以控制部落的动态。这种银钱纳饷方式，稍后就成为部落传统的物货交换经济转化为汉人货币经济的重要管道。

清廷承认台湾世居少数民族地权，并且有种种措施来防止汉人侵垦"番地"。清朝治理台湾的213年时间，采取汉"番"隔离政策，不准汉人进入"番地"，并用"土牛红线"来分界。所谓"红线"，是指地图上用红笔画的界线。在地表上则有"土牛"和"土牛沟"。所谓"土牛"，是筑土作堆；"土牛沟"则是人工挖出来的一条壕沟。"土牛红线"也用来区隔"生番"和"熟番"。对于"生番"，清廷采积极招抚和划界围堵的双重措施。在"生番"和"熟番"之间，构筑土牛沟和竖立界碑，责令归化的"平埔番"派遣壮丁筑隘驻守。

官方的界线挡不住汉人入垦的浪潮。年代一久，土牛界址湮灭。清廷多次重新厘定"番界"。以竹堑地区来说，康熙时，"番界"是汉人与"生番"之间的界线。乾隆五十五年（1790）重新厘定"生番"界址，新旧"番界"遂成区隔汉人、"熟番"和"生番"的界线，也就是"生番在界内，汉人在界外，'熟番'间隔于其中"。竹堑地区的开发始于康熙末年。雍正年间由于政府的鼓励，在短短的一二十年间，旧"番界"以西的广大草地，除了少数"熟番"保留的自耕社地之外，全都落入汉人垦户的手中。从乾隆三年（1738）起，清廷改行"护番禁垦"政策，禁止汉人在汉垦区典买"番业"，也禁止汉人入垦"熟番"保留区。然而，大势所趋，保留区最后还是成为汉人的囊中之物。

"熟番"，也就是平埔人，失去他们的土地，至少有以下几个因素：

第一，在清朝，"熟番"的定义是"归附纳饷"。饷是丁饷，也就是人头税。还要负担很多公差。平埔人平时的收入有限，丁饷公差往往难以负荷，为了纾解困境，往往就把草埔鹿场卖给汉人。

第二，汉人带了大笔的银钱来台湾典买土地。平埔人在重利的引诱下，纷纷出售或出租他们的土地，坐收"租税"，以求过比较舒适安逸的生活。在短短几十年间，平埔人几乎把他们的土地租佃殆尽，形成"番业汉佃"。后来由于汉佃拖欠或拒缴"番大租"，或者由于"番业"户向汉佃借钱不还，或者汉佃私下再分租给别的佃户，原有的租佃关系慢慢地分不清楚，最后的结果都是土地落入汉人手中。

第三，作为汉"番"中介人的汉人通事往往利用职权巧取豪夺大量的"番产"。如台中岸里社通事张达京，一方面入赘，另一方面又当了42年通事，获取巨量的财富，可以年收租30多万石。至今，张家仍是台中地区的首富。

第四，台湾平埔各社都没有强而有力的酋长，更没有像云南、贵州那样有权有势的土司。所有的通事、土目都是由全社荐举产生，受官方的理番分府所掌握。在权力上就大受限制。在云贵两省，土司可以有权赶走不守法令从事偷垦的汉人，但是在台湾就办不到。

第五，汉人来台湾，主要是发展高度商业化的米糖农作。由于耕作上的需要，他们大肆收购平埔人的地权。有许多佃农由于长于经营累积不少财富，往往转过来借钱给原来的平埔人业主，以土地所有权为抵押，以致"番大租"业主形成"有业无租"的空洞化现象。到了19世纪后半期，平埔人的"番大租"业主由于地方上的摊派不断增加，而收入愈来愈少，以致陷入"贫穷"的窘境。终至弃地他迁，像台中的岸里社就迁往埔里盆地，并且有一部分岸里社人改信基督教，希望借洋人的势力能帮助他们重新取回失去了的地权。

早期来台垦户佃农秉持先占先垦原则，扩展私有地权。在垦殖的过程中，有不少人侵占台湾世居少数民族地界，开启地权纠纷。稍后，又因双方仇杀事件不断发生，而使族群关系日益紧张。其次，若干地方官僚也经常滥用职权，任意征召劳役，苛扰台湾世居少数民族。雍正九年（1731），以中部滨海地区的大甲西社为主的崩山八社（道卡斯人），集结朴仔篱社（巴宰海人）等邻近平埔人的武装力量，攻打当地汛塘驻军营房以及淡水海防同知衙门，造成大规模流血暴动事件，严重影响地方治安。事平之后，清廷下令仔细调查台湾世居少数民族反乱的原因，同时也着手拟定保护台湾世居少数民族地权的措施。

为防范汉民继续侵犯台湾世居少数民族地权，激发族群冲突，清廷一方面规定汉民不得任意买卖台湾世居少数民族田地，也不准婚娶台湾世居少数民族女子，避免他们利用部落继承习惯间接进占部落。另一方面，清廷也推行垦佃联保办法，要求垦户按照垦地章程，申请开垦执照；同时在招佃开垦时，亦需负责监督佃户的起居和耕作活动，防止他们越界滥垦以及聚赌殴斗，影响地方治安。

然而，尽管清廷有意保护台湾世居少数民族地权，地方官员却难以落实政策，乃至汉民侵垦事件不断发生。首先，台湾世居少数民族地标通常以山川河流作为地界。这些地域界标通常为邻近部落所默认，但却不为汉民垦佃所遵守。许多台湾世居少数民族与汉人的争端便因汉人借口垦地为"无主之田"，大肆烧垦台湾世居少数民族祖传的草埔而起。不少部落行用汉人通事代为协调地权纠纷；有些则通过地方衙门代为主持正义。不过，早期通事通常由地方豪右充当，且其本身即为包垦的"佃人"，不免有所偏袒。其次，投诉地方衙门不仅往还官府费时耗力，而且容易招致胥吏借口清丈田园，多方需索，后患无穷。此外，归化台湾世居少数民族虽然辖免地赋，却仍保留人丁社饷。早期鹿场辽阔，不难捕捉鹿只猎物折交。等到雍正及乾隆初年（18 世纪 30 年代）汉民大量烧垦，开发水田稻作之后，原有的鹿场大幅萎缩，狩猎益加困难，乃至经常无法按时缴纳社饷。为此，许多部落通过汉人通事的媒介，利用"代番输饷"的名义，私下跟汉佃洽商生产交换条件。地方官员为求完成征饷任务，同时也顾全汉佃需求，乃奏准清廷，允许台湾世居少数民族在保留土地所有权的前提下，招请汉佃前来投资开垦。这种"番为主，民为佃"的租佃生产关系（俗称"番产汉佃"），既合乎清廷禁止买卖"番产"的规定，解决台湾世居少数民族业主土地利用以及社饷负担，同时亦满足汉民从事农业投资与就业的问题，因此广为通行。在清初移垦聚落中，这是继汉人垦户之外另一种重要的土地利用形式。

"番产汉佃"的基本精神在于承认台湾世居少数民族业主的私有地权。通行的做法是台湾世居少数民族将某一地块草埔出借给汉佃开垦耕作，双方约定耕作期限及纳租条件。早期人少地多，汉佃经常可以包垦大片草埔。到 18 世纪中叶以后，流民人口增多，而耕地成长相对减缓。台湾世居少数民族业主改以"犁份"（通常以"一张"犁份约合 5 甲，1 甲约合 11 亩）租借地块。至于每年租粟，成熟水田 1 甲抽 8 石，埔园 3 至 5 石不等（通常以银钱或实物折交）。这套租佃办法对台湾世居少数民族业主的好处，主要有两方面，一是借汉佃交租，落实业主的地权，并防止其他汉民再行侵垦。二是提供素地，交换汉人的投资与技术，分享农作成果。其中，有些台湾世居少数民族采用土地换股方式，参与汉人兴建大型水利系统，因此兼具地主和圳主的双重身份，有权抽取田租和水利租谷。

然而，台湾世居少数民族在跟汉人建立租佃关系的过程中却也付出相当代价。首先，便是部落地权普遍趋向私有化。在汉佃租耕埔地之前，台湾世居少数民族部落固然早有私人占管的观念，唯普遍把部落草埔分割成大小不等的地块，由各家户负责管理的办法，则是18世纪中叶以后才有的现象。许多台湾世居少数民族部落为配合汉佃发展水田稻作的需要，将鹿场草埔重新分配，俾让汉佃在同一田块长期耕垦。例如武劳湾社（新庄）、阿猴社（屏东）、吞霄社（通霄）和竹堑社（新竹）等大型部落，曾将全社草埔划为公口社地和私口田业。前者归由社主或通事、土目、部落领袖共管，收益作为纳饷和通事公务之用。其次，地权分割和私有化之后，既有游耕狩猎的维生方式普遍面临革命性的冲击。一方面，汉人垦佃大量砍伐林木，构筑灌溉圳道，改变既有的生态平衡，严重影响鹿只生存，危及传统的狩猎文化。另一方面，许多台湾世居少数民族在鹿场分割之后，生活资源顿然减少，逐渐养成依赖租粟过活的习惯，形成寄生性的租佃业主。

更严重的问题则是台湾世居少数民族业主在租佃过程中，接受汉人既有的"一田二主"地权观念，致使土地所有权逐渐分裂为业主（收租）权和田主（管理）权。依照早期垦户制度惯例，佃人自行出资开土辟田，通常享有永久佃作权利（俗称"开垦永佃"）。这种永佃权原是垦户在人少地多的环境下，为求吸引佃人劳动力，奖励他们长期投资开垦而设。对佃户而言，永佃权具有保障农作投资的功能，防止垦户（业主）任意中途换佃或增加佃租。稍后，由于流民人口日多，竞相寻找佃田工作，致使耕作权（永佃权）转质成为可以独立交换与买卖的商品。许多佃户自恃享有永佃权，私下将多余的地块分租给其他佃农，从而抽取租粟，成为所谓的"田主"。也有垦佃决定返回原乡，不再耕作，要求业主或下手佃农补偿过去在田地所投下的工力资本（俗称"田底工力之资"），如此一来，在同一地块便有业主（收租）权和田底（佃作）权之别。两者相互独立，各可自由顶让典卖，形成一田而有二主的地权结构。

汉人垦佃在"番产汉佃"的租佃关系中，将这套永佃观念引进部落内部。影响之一便是台湾世居少数民族业主的地权分裂成收租权（即后来的"番大租"）和田底权；后者任由汉佃独立经营与买卖，形成另一种私有地权。在分裂的地权结构下，台湾世居少数民族业主变成"租主"，只有收租权而无管理权，致使他们跟土地的关系愈形疏离。同时，由于田园地权化为"租单"，可以灵活典卖，诱使台湾世居少数民族业主融入汉人货币经济体系。有不少台湾世居少数民族业主基于生计困难或其他财务需求，将收租权抵押给汉佃或其他银主，典借资金。其后又因无力按期筹足银钱赎回典业，乃至形成空有田业之名而无租可收的窘局。

"番产汉佃"的另一种影响，乃是凸显汉人通事的"中介"地位，奠定优势的汉人文化基础。大部分平埔人到了 18 世纪中叶，仍然处于没有文字的时代。为了适应汉佃签订租佃契约的需求，不识字的台湾世居少数民族业主聘请汉人通事充当"中人"或"担保人"，由其代为拟订租佃契约，并监督业佃双方履行权利义务关系。不少通事利用中人的角色，一方面代表台湾世居少数民族跟汉佃接洽土地生产关系，另一方面则以垦佃姿态，向台湾世居少数民族包租大片草埔，再招请其他汉佃从事实际垦佃工作，从中抽取巨额租粟。按照官方的"理番"策略，通事的主要职责乃是监督台湾世居少数民族与汉人的交易活动，负责部落与官方之间的传译，兼代催收社饷。充任业佃中介人物之后，通事除了将汉人的文字、货币经济以及地权观念引进部落之外，也在部落内部建立专政的权威。清初台湾几位著名的通事，如张达京（台中市前市长张启仲家的始祖）、林秀俊等人，即利用中人的角色代替台湾世居少数民族主持田园租佃事宜，同时也运用承包社饷方式，引介汉人投资兴建水利系统，开发草埔鹿场，借此扩张私人财富与社会地位，形成地方豪族。

有鉴于汉人通事假借职权操纵部落事务，干扰社众生活，并构成地方治安的隐忧，清廷于乾隆二十三年（1758）裁革汉人充当通事的办法，改由略通汉语的台湾世居少数民族领袖充任。即便如此，台湾世居少数民族和汉佃的租佃买卖关系仍然不断进行。汉人流民也常利用垦佃方式占据"番社"以及婚娶台湾世居少数民族妇女。此外，居住在"生熟番"界线以外的高山族部落，不时杀害越界侵垦的汉佃。这些此起彼落的民"番"冲突事件，显然已非县级衙门所能负荷。清廷乃于乾隆三十一年（1766）在台湾（今台南）和彰化两地，设立台湾南北两路理番分府。其中，台湾北路理番分府负责新港溪以北所有民"番"交涉事宜，举凡社饷、通事人选荐举、编查户口、组织保甲以及派遣社丁巡守隘寮，等等，俱在分府同知"专政"范围。理番分府成立之后，代表国家势力的官僚体制逐步伸入部落内部，取代旧有传统的威权体制。其次，派驻各社催收社饷的衙门差役，经常借口台湾世居少数民族私垦以及未能有效监督汉佃行为等理由，妄加告发收押，干扰台湾世居少数民族生计。

此外，从乾隆初年（18世纪30年代）开始，以台湾道为首的各级官员经常借口修补船舰需要大型木材，招募地方有力人士充当军工匠首，再由他们召集汉民深入内山伐木。这些军工匠人在采伐林木之余，也扮演垦佃的角色，乘机私垦滥占，严重破坏台湾世居少数民族的维生资源。至迟到18世纪60年代，中部地区的台湾世居少数民族已经无法在部落附近捕得鹿只，反而必须自筹银钱向深山的高山少数民族部落收购猎物，以应付地方衙役的需索。演变至此，平埔人便普遍面临两难的窘境：一方面他们赖以为生的自然资源逐日短绌；另一方面，他们又只能依赖祖先遗留下来的租业和农作为生。这些现象逼使大多数的台湾世居少数民族日后沦为汉人社会经济体系的边际社群。

以上所述，大致勾绘 17 世纪末叶到 19 世纪初叶中北部地区平埔人共同面对的大环境。这时期，西部平原地带大致已经开发完成，移民就向丘陵和内山地带发展，于是近山地区也就逐渐布满汉人的村落。更向交通不便的内陆平原——宜兰平原和埔里盆地推进。

三、拓展时期（1788—1842）

宜兰平原由于有雪山山脉的阻隔，与台北盆地交通隔绝，移民难以到达，清廷当然也不知道有这么一个平原。乾隆五十一年（1786）发生林爽文之乱，事件波及整个台湾。十一月，林爽文败北，与余党遁入山地北逃。漳州人吴沙在北部协助清军围剿林爽文，同知徐梦麟在三貂角进入蛤仔难，清廷方才知道三貂角、蛤仔难等地名。这时候台湾知府杨廷理认定吴沙可信，且蛤仔难的"生番"容易招抚，主张把蛤仔难收入版图。可是福建巡抚徐嗣曾以经费无着，且地属界外，恐怕引起"番害"，没有答应。

嘉庆元年（1796），吴沙在淡水富户的支持下，集合 200 余人，人给米一斗、斧一把，翻过山脉，进入"番地"。在乌石港筑头城（今宜兰县头城镇北边），作为垦殖的基地。此后漳、泉、粤移民不断来附，终将兰阳平原全境开拓。

嘉庆五年（1800）以后，海寇蔡牵多次侵扰台湾。十一年（1806）

蔡牵率众入侵乌石港。第二年（1807）又有海盗入侵苏澳，都在垦民和台湾世居少数民族的合作抗击下退去。这时候，已聚集了垦民6万人。官府还没设立，而街市已经繁荣。垦民一多，和少数民族族群之间的冲突也日益增加。台湾知府杨廷理屡屡上疏建议设官经营，都不获上级采纳。嘉庆十三年（1808），詹事梁上国也奏请开蛤仔难，理由是如果把蛤仔难收入版图，不仅可以禁绝盗寇的觊觎，海疆无化外之民，而且可以使全台湾增加田土之利。至此，开辟蛤仔难之议方才受到上级的重视。嘉庆十五年（1810），清廷命令台湾知府杨廷理到蛤仔难实地勘察。嘉庆十六年（1811）十月，决定增设噶玛兰厅。嘉庆十七年（1812）八月首任通判姚莹到任。从噶玛兰厅的设置经过，我们可以清楚地看到，清代对台湾的治理，是以国防治安为首要考虑，以审慎、消极的态度来经营台湾。

这时候，台湾西部平原已经大致开发完成，垦民只好流向中部山区和东海岸地区。位在台湾中部山区的埔里盆地，乾隆年间已经有少数汉人进入开垦。嘉庆二十年（1815），黄林旺与陈大用、郭百年等人贪图这块土地肥沃，于是向官府诈得垦照，带领千人入垦埔里盆地，经过日月潭水社、鱼池，转入埔里社大肆开垦。此事终而为官府所知，清廷乃于嘉庆二十二年（1817）下令禁垦，勒令汉人撤离，拆毁所筑的土城，地归"番社"，并立界碑，严禁民"番"相互越界。

埔里社"番"经此重创，元气大伤，为了救亡图存，就在道光年间邀西部平原的"番社"入垦，台中的岸里大社就是在这种情形下移入埔里。而汉人也从来不曾放弃入垦的机会，偷偷潜入开垦者日益增多，道光末年时，以日月潭为中心的地方已经有5个汉人村落。

道光二十六年（1846），埔里"番众"自请内附，台湾道熊一本大力支持此案，可是清廷仍不准所请。咸丰年间，又有泉州人郑勒先率众潜入"番社"，改从"番姓"，以盐和布与"番人"互市。从此以后，汉人来埔里社者渐多，终而形成一个街肆，称"埔里社街"。一直到光绪元年（1875）台湾建省之际，方才正式收入版图，设置埔里社厅。设抚民通判一人，办理"开垦抚番"事宜。

在明清之际，台湾西部平原称作"前山"，东部则称作"后山"。康熙三十二年（1693），商人陈文由于船遭风浪，漂流到奇莱（今花莲），方才开始跟后山"番人"交易。康熙三十五年（1696），鸡笼通事赖科、潘冬等人前往招抚，卑南觅（今台东）的"番人"因而归附，输饷诸罗县。康熙末年朱一贵之乱，余党率众逃入卑南觅，清兵前往围剿，凡汉人都赶回原籍。道光二十五年（1845），凤山县民郑尚至卑南觅与"土番"交易，并教以农耕之法。咸丰初年，台北人黄阿凤率众入垦奇莱，却与"番人"发生冲突，垦地复归荒芜。由于东部属化外"番地"，清廷严禁汉民入垦。因此，前面所提到的几次移垦都是私自盗垦的行为。直到同治末年，清廷开始实施"开山抚番"，后山开禁之议始被采纳，于光绪元年设卑南厅。

这时期的开垦对象已经不是平原，而是山区，因此，山区的瘴气、少数民族族群的"猎头"习俗和自然灾害，时常威胁垦民的身家性命。北台湾原来就是瘴疠之乡，"山愈深，土愈燥，水恶土瘠，烟瘴疠，易生疾病，居民鲜至。"拓垦宜兰的1200多名壮丁有一半死于疾病。我们现在常说当年移民是如何辛苦，就是指这时期的开垦经验。

四、现代化时期（1842—1895）

道光二十二年（1842）中英《南京条约》签订，在次年的中英《五口通商章程》中，厦门和福州成为对外的通商口岸。西洋人并没有忘情台湾，英国人想到台湾来设立据点从事贸易。因此，在咸丰八年

（1858）的中英《天津条约》中，约定台湾（今台南）开埠通商。在中法《天津条约》中，加开淡水港。从此，台湾又步入国际贸易的舞台。西洋人在台南安平和台北大稻埕设立洋行。台湾南部以糖为主要的输出品，而北部却是以茶业为最重要的输出品。

北部所产的茶业为台湾，特别是大稻埕及附近地区的经济发展立下汗马功劳。那时的茶多半由大稻埕出淡水港，先运往厦门加工，而后再运销欧美市场。其他的河口港多半仍维持原状。自从淡水开港之后，英国人约翰·独独（John Dodd）在大稻埕设立宝顺洋行，贩卖鸦片和樟脑。约翰·独独发现台北附近的丘陵所产的茶叶质量良好，有开发的潜力。同治四年（1865），他从福建安溪运来茶苗，劝农分植，又贷款给茶农，教以新的烘焙技术。次年，约翰·独独收购所生产的粗制茶，销往南洋和澳门。同治八年（1869），试销美国纽约。由于质量不错，颇获好评，因而获利不少。这就是台湾近代茶业新纪元的开始。

那时台北所产的粗制茶都要先运到厦门去加工，而后才远销纽约和伦敦。约翰·独独深感不便，就在台北大稻埕设立再制工厂，从此奠定台北制茶业的基础。从光绪七年（1881）起，台北茶业输出的金额占全台湾外销总金额的一半以上。光绪十一年（1885）至光绪十三年（1887）连续三年，更高达70%以上。由于茶业的外销旺畅，从光绪二年（1876）起一直到光绪二十年（1894）中日甲午战争为止，连年享有高额的贸易顺差。这时候的台湾已经不再是垦荒者的天堂，而已具有现代企业的雏形。

台湾开港之后，对外贸易的发展十分迅速。同治四年进出口总值是2226436海关两，到光绪二十年增加为12694495海关两。为原来的5.6倍，年平均增长率为6.5%，远超过大陆的3.4%。造成这样快速成长的主因是出口旺畅，糖、茶叶、樟脑和煤炭是出口的大宗。

通商口岸形成后，外商纷纷涌入。他们拥有雄厚的资金、先进的交通和通信工具，并且管理严密有效率，又拥有不平等条约所赋予的特权。凭着这些优势，轻而易举地垄断了台湾的对外贸易。

随之而来的变化是经济重心北移，从光绪三年（1877）起，北部的贸易额已经超过南部口岸。光绪十年（1884）前后，南部糖的出口衰退，而北部的茶叶出口却非常旺盛，到了光绪十九年（1893），淡水港的贸易额已经是打狗港（今高雄港）的2.5倍。

早先的移民来台湾的目的是要寻找土地，开荒垦殖。因此，大多数移民上岸后，流向乡村和山区，也就是从人口密度高的地方向人口密度低的地方流动。开港之后，由于通商口岸及其附近市镇提供大量的就业机会，吸引越来越多的人。于是出现人口向通商口岸集中的趋势，台北的艋舺和大稻埕就顺势发展成为大都市，光绪二十年（1894）时，艋舺有42000人，而大稻埕也有36000人。

日本人于同治十三年（1874）曾入侵台湾南端的琅峤、牡丹、枫港等地。他们所持的理由是台湾的"土番"不属于中国管辖，是"无主之地"。清廷派沈葆桢带重兵到台湾布置防务，一面派员交涉。日军因水土不服，病死者日增，不得不接受清廷的要求而退兵。清廷同意付给"日本国从前被害难民之家"抚恤银10万两，补偿日军在台"修道建房"的支出等，付给白银40万两。日军于是年12月完全撤出。

这次事件让清廷认识到事态严重，台湾防务空虚，必须急起补救。光绪元年（1875）五月，清廷发布上谕，派沈葆桢督办南洋海防事宜。

沈葆桢就任后，第一件事就是奏请把福建巡抚调驻台湾。后来朝廷采折中方案，从光绪元年十一月起，规定福建巡抚"冬春驻台湾，夏秋驻福州"之制。同时又奏请废除三项法令：1.废除严禁内地人民渡台之旧例，让大陆人民可以自由来台湾经商定居；2.废止严禁私入"番界"之旧例，打破"山前"（指西部平原）、"山后"（指东部山地）之间的壁垒，让人民可以往来交流；3.废除严禁私开私贩铁斤及严禁竹竿出口之旧例，把防止民变改为便民措施，让货能畅其流。

沈葆桢特别注重对后山的开垦，也就是所谓的"开山""抚番"，两者相辅相成。为了开山，从光绪元年（1875）起，调派19营兵丁，分成三路，开山建路。南路分两条，一由凤山的赤山越中央山脉至台东卑南，一由社寮循海岸东行到卑南。中路由彰化的林杞埔（今斗六）越山至璞石阁（今花莲玉里）。北路由苏澳沿海岸建栈道至奇莱（今花莲）。这4条山路在一年内兴建完成，把东西海岸连成一体，有利于海防，也促进了东部的开发。不过，当时山地少数民族族群对这项措施甚为疑惧，拒不受抚，时常发生袭杀官兵和汉民的事情。地方官员在处理"番变"的时候，也发生不少流血冲突。

沈葆桢又改变台湾的行政区划，在艋舺创建台北府城，增设恒春与淡水两县，改原来的淡水厅为新竹县，原来的噶玛兰厅为宜兰县。

光绪二年（1876），福建巡抚丁日昌就开始购买铁甲船，练水雷军，建造新式炮台，练枪炮队，开铁路，立电线，机器开矿等工作。是年十二月，又建议把已拆毁的上海吴淞铁路的铁轨运来台湾，修筑旗后、凤山到台湾府城的铁路。时任两江总督沈葆桢大力支持。这批铁轨全部运到，可惜由于经费不足，未能兴建。这是清廷批准修建的第一条铁路。光绪三年（1877）又建成台湾府城至安平、旗后的陆上电线，95华里长，设台南、安平、旗后3个电报局，十一月开始对外营业。这是中国最早的国人自办的电报业务。又在基隆煤矿用机器开采，于光绪三年开始正式生产。日出煤30—40吨，工人2000人。这是中国最早的新式大煤矿。更在南部招垦，潮州一处就有2000人应募，次年更有 4000 多人，把海防和移垦结合起来。

光绪十年（1884）发生中法战争。法国把他们在北越与中国起冲突的责任完全推给中国，要求 2.5 亿法郎的赔偿。如果清廷不答应，就攻占中国的福州或基隆作为抵押品。因为基隆附近产煤，可以作为船舰的煤炭补给中心。8 月 2 日，法军攻击基隆。

中法冲突发生，清廷一方面派刘璈为台湾道台，率兵 40 营部署南部。及至法军欲攻基隆，急忙调派福建巡抚刘铭传来基隆防守。防务尚未布置妥当，法军已展开攻击，但为清军所败。后来，中法议和，清廷承认越南为法国所有，法军方才退出澎湖和基隆。

经过这次事件，清廷为了加强东南海防，于光绪十一年（1885）同意台湾建省，派刘铭传为首任巡抚。光绪十三年（1887）三月正式启用官防。同时也调整行政区域，将原来的台湾府改为台南府，台湾县改为安平县，加上原来的凤山、恒春、嘉义 3 县及澎湖厅，共辖 4 县 1 厅。在中部新设台湾府，并设台湾、云林、苗栗 3 县，合原来的埔里社厅和彰化县，共领 4 县 1 厅。北部为台北府，仍领淡水、新竹、宜兰 3 县和基隆厅。添设台东直隶州。光绪二十年（1894）更添设南雅厅。

刘铭传在台湾所实施的新政，主要项目如下：

（一）加强防务。光绪十一年在台北大稻埕设立机器厂，自制枪弹，准备继建大机器厂，制造炮弹。光绪十二年（1886）在澎湖、基隆、沪尾（淡水）、安平、旗后等海口兴修 10 座新式炮台，添购钢炮 30 尊，水雷 20 个，并且聘用外国教练训练军队，改用洋枪。在台北设总营务处，统辖全台军务。

（二）交通建设。光绪十二年在台北成立电报总局，架设水陆电线，全长 1400 余华里，在澎湖、彰化、台北、沪尾、基隆等地增设电报局。光绪十四年（1888）创立邮政制度，在台北设立邮政总局，全岛设下站、腰站及旁站 43 处，发行邮票。有南通、飞捷两艘轮船定期往来于台湾和大陆，邮路远至厦门、福州、广州、上海、香港等地。这是中国最早的邮政业务，比清廷的邮政官局还要早 8 年。光绪十三年（1887）六月着手修建铁路，台北基隆段于光绪十七年（1891）竣工。台北新竹段于光绪十九年（1893）竣工。从基隆到新竹全长 106.7 公里，耗资 130 万两。这是中国自行集资、自行主办、自行掌握全部权益的第一条铁路。

（三）工矿。光绪十一年（1885）重新启用因中法战争的破坏而停产的基隆煤矿。光绪十三年成立煤务局，安装新购的机器采煤。每天可出煤 100 吨。由富商林维源出面招股，但因清廷对商人掌管的办法有意见而陷于半停顿状态。同年，设立官办的机器锯木厂，每天可为铁路提供 800 块枕木。光绪十七年有商人引进外国制糖铁磨，用畜力牵引，供糖户使用。光绪十九年苗栗有商人引进日本的脑灶，从事樟脑的生产，开始有了民办企业。

（四）商务。光绪十二年（1886）设立商务局，派李彤恩等人到新加坡设立招商局（后改为通商局），向当地侨民募得商股 36 万两。以 32 万两向英商购买轮船两艘，成立轮船公司，航行于台湾和大陆之间，并远至新加坡、西贡、吕宋等地。同年，设立官脑总局，实施樟脑专卖，后迫于外商的压力而撤销。同年又成立硫黄总局，将各地所采的硫黄送到沪尾硫黄厂加工后运到上海，转售各地。

（五）兴市。中法战争之后，台北实际上已成为台湾的经济、政治中心。巡抚长驻台北，北部的对外贸易总额超过南部。所有的"自强"新政也都是以台北为中心。光绪十一年，富商林维源、李春生等人合资建千秋、建昌两条大街（即今日的迪化街西侧的千秋里、贵德街），1887 年落成，邀江浙商人集资 5 万两，设兴市公司。在台北城内，建石坊街（今衡阳路）。在大稻埕和艋舺装电灯，引自来水，并建大稻埕铁桥。"当是时，省会初建，江浙闽粤之人多来贸易，而糖、茶、樟脑、金出产日盛，收厘愈多。"台北的大稻埕已成为商务繁盛、迈向现代化的一座新兴城市。

（六）抚垦。光绪十二年（1886）五月设抚垦总局，以林维源为总办，分南、北、东三路，分设抚垦分局，展开抚垦工作。光绪十五年（1889），刘铭传向清廷奏称："全台生番一律归化。"一共招抚"生番"806社，男妇大小丁口合计148479人。

（七）清赋。台湾建省之后，经费严重不足，必须要积极开拓财源。清查田赋是一项重要的工作。光绪十二年五月成立清赋总局，会同保甲，清丈田地。历时两年多完成，查出许多隐匿的田地。清丈后的田赋可年征512969两，加上官租的收入共银674468两。比旧额183366两多出了491502两。

（八）教育。光绪十三年（1887）在台北大稻埕创设西学堂，先后聘请洋教习2人，汉教习4人，除西学之外，也教经史文字。务使学生贯通中西，培养对外交涉人才。第一期收20多人，至光绪十七年（1891），共培养60多人。光绪十六年（1890），在大稻埕设立电报学堂，又创立"番学堂"，培养台湾世居少数民族的骨干和通事人才。

刘铭传大刀阔斧的作为，特别是清赋一项和地方富室产生了严重的摩擦。光绪十七年五月，刘铭传解职，由邵友濂继任台湾巡抚。邵友濂面对47万两的财务亏空，只得采取紧缩政策，停止官煤采掘，裁撤西学堂、"番学堂"、电报学堂，以及煤油、伐木、清理街道等局。不过，他仍然借钱完成铁路的修建，建到新竹就停止兴建。邵友濂还设立了金沙抽厘局，扩大台北机器厂，基隆煤矿改为官商合办，并计划兴建造船厂。

清末台湾的建设是中国当时"自强"运动的一部分，但有其自己的特色。咸丰十年（1861），北京设置总理各国事务衙门，开始推行洋务，是为"自强"运动的开始。台湾的"自强"运动在时间上就比大陆晚了13年。大陆上的"自强运动"以创办军用工业为先，后来才有民生工业，可是台湾从一开始就是军用和民生工业并重。在大陆各省的近代工业大都实行官办军事工业，官督民办民生工业两种形式。在台湾，从一开始就重视民营。特别是基隆煤矿，出现两次官商合办，放手让商人去经营。

台湾在清末经过20年的经营，出现了全中国最早的自办电报业和新式邮政，全中国最早营运生产的新式大煤矿，第一条铁路、第一台电话、第一枚邮票、第一所洋学堂，更出现自己经营并且敢与外国人竞争的轮船公司，出现拥有数千工人的矿区，也出现最初的民族资本企业。许多新式事业集于台湾一省，使这个原来是偏处东南海上的荒岛后来居上，成为19世纪末全中国"自强"运动中的楷模。

参考文献

Naquin, Susan and Evelyn S. Rawski eds., *Chinese Society in the Eighteenth Century*, Yale University Press, 1987.

Rawski, Evelyn S., *Agricultural Change and the Peasant Economy of South China*, Harvard University Press, 1972.

Shepherd, John Robert, *Statecraft and Political Economyon the Frontier 1600–1800*, Stanford, CA: Stanford University Press, 1993.

王春美：《姚莹的生平与思想》，台湾师范大学历史研究所硕士学位论文，1976年。

王瑛曾：《重修凤山县志》，《台湾文献丛刊》第146种，台湾银行1962年版。

简荣聪编：《台湾近代史》，台湾省文献委员会1995年编印。

吕实强：《丁日昌与自强运动》，台北"中央研究院"近代史研究所。

李祖基：《近代台湾地方对外贸易》，江西人民出版社 1986 年版。

李国祈：《中国现代化的区域研究——闽浙台地区》，台北"中央研究院"近
　　代史研究所 1982 年版。

沈起元：《条陈台湾事宜状》，载台湾银行经济研究室编：《清经世文编选
　　录》，《台湾文献丛刊》第 229 种，台湾银行 1966 年版。

周元文：《重修台湾府志》，《台湾文献丛刊》第 66 种，台湾银行编印。

周婉窈：《台湾历史图说：史前至一九四五年》，台北"中央研究院"台湾史
　　研究所筹备处 1997 年编印。

《台湾近代史·社会篇》，台湾省政府 1995 年编印。

周玺：《彰化县志》，《台湾文献丛刊》第 156 种，台湾银行编印。

陈文达：《台湾县志》，《台湾文献丛刊》第 103 种，台湾银行 1961 年编印。

东嘉生：《清代台湾之贸易与外国商业资本》，载《台湾经济史初集》，台湾
　　银行经济研究室 1961 年版。

林满红：《茶、糖、樟脑业与台湾之社会经济变迁 1860—1895》，台北联经
　　出版事业有限公司 1997 年版。

姚莹：《中复堂选辑》，《台湾文献丛刊》第 83 种，台湾银行编印。

施琅：《恭陈台湾弃留疏》，载《靖海纪事》，《台湾文献丛刊》第 13 种，台
　　湾银行 1958 年版。

郁永河：《裨海纪游》，《台湾文献丛刊》第 44 种，台湾银行编印。

高拱干：《台湾府志》，《台湾文献丛刊》第 65 种，台湾银行编印。

庄金德：《清初严禁沿海人民偷渡来台始末》，《台湾文献》第 15 卷第 3 期，
　　台湾省文献委员会 1964 年编印。

许雪姬：《二刘之争与晚清台湾政局》，《"中央研究院"近代史研究所集刊》
　　第 14 期（1985）。

郭廷以：《台湾史事概说》，台北正中书局 1981 年版。

陈孔立：《台湾历史纲要》，台北人间出版社 1997 年版。

陈正明:《清季福建安溪大坪高、张、林三姓族人移垦台北之研究》,中国文化大学史学所硕士学位论文,1995 年。

陈秋坤:《清代台湾土著地权:官僚、汉佃与岸里社人的土地变迁 1700—1895》,台北"中央研究院"近代史研究所 1994 年版。

陈绍馨:《台湾的人口变迁与社会变迁》,台北联经出版事业有限公司 1982 年版。

陈绍馨:《台湾省通志稿》,台湾省文献委员会 1964 年版。

陈碧笙:《台湾地方史》,中国社会科学出版社 1990 年版。

温振华:《清代台湾中部的开发与社会变迁》,《师大历史学报》1983 年第 11 期。

温振华:《清代台湾汉人的企业精神》,《师大历史学报》1981 年第 9 期。

台湾银行经济研究室编:《清会典台湾事例》,《台湾文献丛刊》第 126 种,台湾银行 1966 年版。

台湾银行经济研究室编:《清圣祖实录选辑》,《台湾文献丛刊》第 165 种,台湾银行 1963 年版。

刘良璧:《重修福建台湾府志》,《台湾文献丛刊》第 74 种,台湾银行 1961 年版。

刘妮玲:《清代台湾民变研究》,台湾师范大学历史研究所 1983 年版。

刘振鲁:《刘铭传》,台湾省文献委员会 1979 年版。

刘铭传:《刘壮肃公奏议》,台北文海书局出版。

蓝鼎元:《平台纪略》,《台湾文献丛刊》第 14 种,台湾银行出版。

第 六 章

清代台湾与大陆的繁华贸易

在前面几章已经提到过，台湾自从有历史记载以来，就是以贸易闻名于世。到了清代，这种以贸易为重的情势依旧未改。最早来台湾从事农垦的主要目的，就是为了在台湾生产稻米和蔗糖，运销到大陆沿海各大都市。及至晚清，又有茶业兴起，运销欧美及东南亚各地。因此，本章讨论清代台湾的贸易时，分成岛内贸易、对大陆的国内贸易和对欧美的国外贸易三部分。

一、岛内市场

清代台湾岛内的市场大致可以分成两类，一类是普通市集，贩卖鱼、菜及日用百货；另一类是牛墟。

普通市集大多在交通要道或寺庙附近。当时人们经常要去寺庙烧香礼佛，因此，寺庙周边通常都会发展成为市集。寺庙就会向摆摊的商人收取定额的租金，称之为"抽钱"，是为寺庙重要的财源之一。这种以寺庙为市集的情形直到现在仍然如此。

又依照市场的设备，分成店铺和露店(摊贩)两种。拿大目降(台南新化)的妈祖庙来说，在庙前设有"夯量"(公秤)，替附近店铺买卖双方计算货物的轻重。每担（百斤）收取手续费 4—8 个铜钱。这原是大目降七庙的特权，后来有人承包，称为"夯量人"，每年向妈祖庙缴纳承租费用 100 个西洋银元。米和豆是以"斗"来计算。在妈祖庙内设有"斗牙"，作为店铺交易时的计量之用。每斗收取手续费 8 个铜钱。

至于露店，也就是摊贩部分，拿竹堑街（今新竹）来说，在北门、北门外和南门备有"公斗"，斗上刻有"奉宪示禁"字样，表示这个公斗已经官府的检查，是可以信任的。所有谷类的买卖都必须以这个公斗为准。清代台湾的露店市场以贩卖的内容区分成鸟兽、鱼肉、蔬菜、米谷和薪炭等市场。

牛墟是很特别的。《彰化县志》记载："凡贩牛，必至牛墟。台地无设墟为市者，惟卖牛必到牛墟。墟有定日，率以三日为期。"凤山、大目降、湾里、斗六都有这种牛墟。

总之，当年凡有街的地方必定有市场。在这些市场里，除了有公定的度量衡设备外，一切悉听人民自由交易。交易的东西主要是各种农产品和手工制品。

市场内开设店铺的商人往往组成同业公会，称之为"内郊"。目的是互相团结，各谋利益，并且尽力做一些公益事业。见诸记载的内郊有米郊、布郊、绸缎郊、丝线郊、纸郊、药材郊、杉郊、苎仔（苎麻，做麻绳麻袋用）郊、油钉铁郊、磁仔（瓷器）郊、茶郊等。

二、对大陆的贸易

清朝初年规定，鹿耳门是台湾唯一的对外贸易港口，而且只能跟厦门港贸易。所有航行两地的船只必须要有厦门商行的保证，方才可以在厦门从事贸易。清廷特许一些厦门的商行从事跟台湾的贸易，同时也负责把台湾的米运来大陆，作为军粮，称之为"台运"。由于是独占性质，获利至丰。在嘉庆元年（1796），这种特许商行有 20 家，商船千余艘。

到了道光年间，鹿耳门港逐渐衰落。这是因为：（1）港口逐年淤浅，不利大船出入。（2）通航的港口增加。乾隆四十九年（1784），泉州的蚶江与彰化的鹿港开始通航。10 年后，福州的五虎门与淡水的八里坌也开航。（3）走私盛行。（4）从咸丰八年（1858）起，西洋商人东来，安平、淡水、打狗、基隆开港。19 世纪后半期，台湾的对外贸易完全为西洋人所掌控。

自雍正以后，来台湾的移民大增，于是就有商人从事进出口批发生意。以台湾为根据地，营业范围扩及闽南、闽北、广东、江浙和山东等地。他们从台湾输出糖、油、米，从大陆输入绸缎、绫罗、纸、杉木、烟草、棉花等物。各个港口的这种进出口商人组成同业公会，称之为"郊"，或"外郊"。最早的郊是雍正三年（1725）台湾府的"三郊"：北郊、南郊和港郊。

北郊的营业范围涵盖上海、宁波、天津、烟台、牛庄等地，由 20 多家商号组成，共推"苏万利"商号为首，输出白糖、鹿肉、樟脑、硫黄、煤炭等，输入绸缎、火腿、罗纱、纺葛、棉花、绍兴酒、药材以及北方的日用杂货（称之为"北货"，与来自南方的杂货合称"南北货"）。

南郊的营业范围是金门、厦门、漳州、泉州、汕头、广州、南澳、香港等地，输出苎麻、青糖、豆饼、米、干笋、菁仔等，从漳州进口烟草、药材、丝线、杉木、杂货等；从泉州进口棉布、瓷器、盐鱼、砖瓦及杂货；从福州进口杉木、烟丝；从龙岩进口纸；从广东进口鸦片和杂货。有 30 多家商号，共推"金永顺"商号为首。

至于港郊，是在台湾各个港口采买贩卖各种货物，以通有无。有 50 多家商号组成，共推"李胜兴"商号为首。

乾隆四十九年（1784），彰化的鹿港开辟，与泉州的蚶江通商。《彰化县志》记载："鹿港大街，街衢纵横，长三里许，泉厦郊商居多，舟车辐辏，百货充盈，台自郡城(指府城，今台南)而外，各处百货，当以鹿港为最。"还提到："远贾以舟楫载米粟糖油。行郊商皆内地殷户之人……正对渡于蚶江、深沪、獭窟、崇武者，曰泉郊。斜对渡于厦门者，曰厦郊。间有糖船，直通天津、上海等处者。"

乾隆五十七年（1792），淡水厅的八里坌开港。商船可以溯淡水河而上，到艋舺街（今台北万华）。盛极一时，于是有"一府、二鹿、三艋舺"之说，是18世纪台湾的三个大城市。艋舺有北郊、泉（顶）郊与厦（下）郊。顶郊由泉州的晋江、南安、惠安3县的商人组成，厦郊则由同安县和厦门以及漳州的商人组成。

咸丰三年（1853），艋舺发生"顶下郊拼"。双方为了抢码头大打出手。住在龙山寺附近的顶郊人进攻住在今台北市小南门一带下郊人的聚落，放火烧下郊人的聚落。迫使同安人和漳州人逃到大稻埕，建立新的聚落。由于当时的大稻埕港阔水深，又近淡水河口，10年之间，以霞海城隍庙为中心发展成为巨市。大稻埕的商人共同组成"厦郊"，名曰"金同顺"，与原有的泉郊"金晋顺"和北郊"金万利"，称"淡水三郊"，合称"金泉顺"，推林佑藻为"三郊总长"。后来又有"香港郊"，专门从事与香港方面的贸易。"鹿郊"则是专门从事与鹿港的贸易。

台湾的郊原本是依照相同的贸易地点或相同的贸易商品所组成的同业公会。后来因为势力扩大，不但掌握商业经营大权，而且发展成为县之下的一级行政机构，担负起保甲（负责地方的治安）、冬防（年关将近时，偷盗抢案激增，地方人士出面组织巡防队，谓之"冬防"）、防疫（夏天举办义诊、施药）等任务。由于办公处所通常设在妈祖庙内，因此也要负责筹办妈祖庙的各项祭祀活动。

外郊是进出口贸易商。台湾在清咸丰年间，对大陆的贸易完全为外郊所掌握，其下有"行商"，也就是大批发商，把从大陆运来的货物买下来，转卖给中盘商和零售商；也收购台湾的货物，卖给出口商。这种商人所组成的郊，称之为"行郊"。直接把货物卖给消费者的商人，是为"文市"，也称作"门市"或"下手"。更有一种"割店"，可说是中盘商人。一家行商通常可以有四五家割店，一家割店可以有100个门市顾客。

此外还有"贩仔"，别名"走水仔"，从割店或行郊买入少量的杂货，转卖到偏远的小村小街的店铺，自己不设店面。更有"小贩仔"，挑着一些日用商品，手摇小鼓，沿街叫卖。自古以来就称之为"货郎""摇鼓"。

从行郊到小贩是一个完整的货物流通结构，用图6-1可以清楚地表示这个商业流通系统。这个货物流通体系到今天依然在有效地运作。

图6-1　货物流通结构

三、国外贸易

清廷领台之初，台湾的主要国外贸易对象是日本，其次才是南洋。主要的贸易商品是砂糖和鹿皮。康熙年间，郁永河的《裨海纪游》记载："又植蔗为糖，岁产二三十万，商舶购之，以贸日本、吕宋诸国。"《赤崁笔谈》所引用的《诸罗杂识》提到与日本的贸易情形："日本之人多用皮，以为衣服包裹及墙壁之饰，岁需之。红夷（指荷兰人）以来，即以鹿皮兴贩。"《台湾府志》也提到乾隆年间台湾与日本长崎之间的贸易情形："长歧（长崎）最爱台货，其白糖、青糖、鹿獐等皮，价倍他物。"

至于对南洋的贸易，在清康熙年间原本是开放的，可是有人从台湾私自运米去吕宋、噶喇吧等地，也偷卖造船的材料到南洋去，于是在康熙五十六年（1717）清廷下令禁止台湾和闽南对南洋的贸易。10年后，也就是在雍正五年（1727）又接受闽浙总督高其倬的建议而开放。从此以后，未再有所禁绝。台湾和闽南商人普遍使用的蕃银（西班牙银元），就是来自南洋各地。

到了咸丰八年（1858），台湾开港对外通商之后，香港的英商Jardine Matheson 和 Dent 两家公司就开始从事跟台湾的贸易。随后外商纷纷来台湾设立洋行。随着外贸的需要，就有一批"买办商人"应运而生。他们四方奔走，替外商推销洋货、收购土货，成为外商在台湾不可缺少的帮手。许多买办利用职务之便，自己也经营商业，在短短几年之内累积了相当可观的财富。著名的买办富商有李春生、陈福谦、沈鸿杰等人。

晚清台湾最主要的输出商品是茶叶。同治四年（1865），英国人约翰·独独就到台北来调查茶业。次年，在台湾收购了一批粗茶，加工后，于同治六年（1867）试销澳门，大受欢迎。于是，约翰·独独又从福建安溪引入两万株茶苗，分给台北附近的茶农种植，教授新的制茶技术，更贷款给茶农。同治八年（1869），约翰·独独向纽约输出 2131 担（合 283000 磅）乌龙茶，销路不错。这就展开台湾近代的茶叶外销事业。这段时间，外销主要是由 Dodd、Tait、Eilles、Browns、Boyd 5 家洋行所掌控。同治十二年（1873），外销不振，改销福州，制作包种茶后运销南洋。

晚清的乌龙茶是一种重发酵的茶，近似红茶。闽粤人士不习惯喝重发酵口味的茶，乃另行制作发酵程度较低，而且经过熏花手续的包种茶。今天台湾所流行的乌龙茶，发酵的程度已经很低，包种茶则接近未发酵的绿茶。

中国人制茶外销始于光绪七年（1881）。是年，福建泉州府同安县源隆号茶商来台湾从事制茶。不久，又有安溪县人王安定、张古魁合组建成号，专门从事茶的销售，拓展销售的通路，逐渐与洋行并驾齐驱。

台北大稻埕是当时最大的茶业集散中心。同治五年（1866）时，台湾乌龙茶的输出额是18万磅(1359担,1担为133磅)，价值1300元。此后逐年增加，到了光绪二年（1876），输出7854000磅（59128担），价值190万元，量增加了40倍，价值增加了100倍以上。光绪十二年(1886)，增至1617万磅，价值4586413元。台湾割日之际(1896)，再增加到2147万磅，价值6230747元。这样的收益也难怪日本人要眼红而想占台湾为其殖民地。

当时制茶的资金都是来自厦门的英商汇丰银行，由外国银行提供资金给洋行，洋行提供资金给"妈振馆"，妈振馆提供给茶商。当时市面上的利息是年息12%，此种贷款年息只有6%，大受洋行欢迎。至于妈振馆的地位和角色是介于台北的茶馆和厦门的洋行之间，一方面接受洋行的委托贩卖制茶；另一方面融资给制茶者。妈振馆的经营者以广东人为最多，厦门人和汕头人次之。

在日本强占台湾之际，台北有妈振馆20家。每户资金最多者有5万元，最少者亦有5000元。他们先融资给茶馆，再由茶馆借钱给茶农。所谓"茶馆"，就是收买粗茶再制的商家，分成"乌龙茶馆"和"包种茶馆"。前者称为"番庄"，后者称为"铺家"。

茶农和茶馆接受了妈振馆的融资，他们所制作的茶必须要卖给妈振馆。妈振馆在金融上又受到洋行的束缚，所订制的茶必须卖给洋行。于是洋行垄断了台湾的茶业，操纵台茶的价格，最大的利益为洋行所享有。

后来又有买办制度兴起，台湾商人以定额的"身份保证金"存在洋行，以此换得低利的贷款，再以高利转贷给茶馆，从中谋利。由于这种买办对于洋行和茶馆都很熟悉，也熟悉当地的商业情形，所以他们的存在对于洋商来说更为便利有效。

台湾建省后，巡抚刘铭传鉴于茶业为洋商所控制，曾经想要另组本地的茶郊，取名永兴。可是终因资本不够雄厚，不敌洋商而失败。

台湾茶业的勃兴，也开了台湾依靠女工的先河。在茶叶的制作过程中，粗重的工作由男工担任，其他工作则由女工担任，因此需要大批女工来揉茶、挑拣茶梗以及包装。每逢新茶上市的时候，大稻埕各洋行和华商所雇用的女工，平均每天需要 12000 人。由于都是临时招雇，每天天未亮就有大批女工在茶厂前面排队，等候招雇。

清代对外输出的商品，除了茶叶之外，还有樟脑和糖。

最早来台湾买樟脑的洋行是香港的美商 W.M.Robinet，他在台北设立代办店，包揽樟脑的输出，时间是在咸丰五年（1855）。6 年后，英商 Jardine Matheson 和 Dent 两家也来台湾经营樟脑生意。同治二年（1863），实施樟脑专卖制度，政府直接向制脑业者收购樟脑，然后卖给外商。当时政府收购的价格是每担 6 元，卖给洋商的价格是每担 16 元。洋商再以 18 元在香港卖出，且需负担运费。因此，洋商不断抗议，引起种种纠纷，甚至兵戎相见。同治八年（1869），台湾道与洋商订立樟脑条约，允许外商可凭通行证深入内山自由收购樟脑，只是不能直接从事制脑而已。从此以后，台湾的制脑业落入洋商的手中，产量大增，可是价格下降。

当时，樟脑是供药用和防腐之用，全部输往欧美。每年的出口额大约是在 120 万磅至 130 万磅之间。台湾建省后，在北部的大嵙崁和中部的彰化设立脑务总局。脑务局以每担 8 元的价格收购各地生产的樟脑。中部的樟脑卖给德国的公泰洋行，北路则卖给广东商人蔡南生，每担 12 元。光绪十四年（1888）、十五年（1889）樟脑价格大涨两倍，脑务局提高樟脑价为 30 元，其中 12 元为制作和运输的费用，18 元为政府的收入。

当时，香港的樟脑价为每担 70 元，上海是 100 元。外商获利之厚显而易见。但外商并不以此为满足，往往勾结制脑业者，给予贷款，直接收购。因此，脑务局与外商时有冲突。最后，迫于外商的压力，于光绪十六年（1890）取消了专卖制度。

外商介入砂糖业始于咸丰六年（1856）。美商 Robinet 公司于是年从打狗港向华北输出 16 万担砂糖，值墨西哥银洋 47 万元，以后逐年增加。同治九年（1870），旗后商人陈福谦开始每年运糖两三万担到日本横滨销售，获利颇丰。

光绪二年（1876），由于东印度群岛的甘蔗和法国的甜菜都歉收，欧洲的糖价大幅攀升，同时日本也增加了对蔗糖的需要，因此使得台湾的砂糖大量输出。是年输出 117112618 磅，此后连续 9 年为清代台湾砂糖输出的黄金时期。光绪十年（1884），台糖丰收，价格大幅滑落，外商竞来台湾抢购，那一年输出了 128632014 磅。光绪十二年（1886），台糖产量不足 40 万磅，又开征厘金，英商就撤出台湾。以后，台湾的糖产量大致稳定，都销到日本去了。

在输入方面，以鸦片为大宗。鸦片在富裕地方才可以消费得起。台地当时比起大陆各省来诚然要富裕很多，吸食鸦片的人当然也就多。据估计，大约有 50 万人吸食，从同治九年起，每年输入 40 万斤左右，主要是英国人在经营。

参考文献 ▶

［日］井尻秀宪著，邱荣金等译：《台湾经验与后冷战的亚洲》，台北政大国
　　际关系研究中心1995年版。

周宪文：《日据时代台湾经济史》，台湾银行经济研究室1957年版。

周宪文：《清代台湾经济史》，台湾银行经济研究室1957年版。

林满红：《茶、糖、樟脑业与台湾之社会经济变迁（1860—1895)》，台北联
　　经出版事业有限公司1997年版。

林钟雄：《台湾经济发展的基础》，载《台湾命运的回顾与展望》，台北自由
　　时报社1996年版。

高希均、李诚主编：《台湾经验四十年》，台北天下文化出版公司1990年版。

涂照彦著，李明俊译：《日本帝国主义下的台湾》，台北人间出版社1991
　　年版。

陈介玄：《协力网络与生活结构——台湾中小企业的社会经济分析》，台北联
　　经出版事业有限公司1994年版。

陈介玄：《货币网络与生活结构——地方金融、中小企业与台湾世俗社会之
　　转化》，台北联经出版事业有限公司1995年版。

魏启林：《百年来台湾产业的国际导向》，载《台湾命运的回顾与展望》，台
　　北自由时报社1996年版。

第 七 章
日本占领台湾时代的反殖民运动

一、总督府的殖民政策

日本明治维新时,有两项发展策略深深冲击到往后100多年的中日关系。最重要的一项策略是由福泽谕吉所提出的"脱亚入欧论",要求脱离古老落后的亚洲文明,投入进步的欧洲现代文明的怀抱。日本军阀在这种理念下,肆无忌惮地攻击东亚文明的母亲——中国,甚至扬言要改造中国及其文化。从光绪二十年(1894)的甲午战争一直到民国二十六年(1937)的全面侵华战争,都是这种观念下的侵略行动。其次是建立殖民地。这项策略是根据前项策略而来。既然厕身于欧洲现代文明,当然也要仿效西方列强,掠取殖民地。所谓的"南进""西进"都是这种策略的具体表现罢了。"西进"的目标是夺取朝鲜半岛和中国的东北;"南进"的第一步目标就是夺取台湾,下一步是攻占东南亚。无论是"南进"或是"西进",最后的目标都是要征服中国,由日本来领导东亚,这就是所谓的"大东亚共荣圈"梦想。

自明治维新以后,日本一直认为经营台湾就能将华南收归掌握,进而控制南洋各地。如此一来,日本的势力可以从日本海延伸到中国沿海和南海,就可以夺取西太平洋的霸权,与西方列强竞争。同时,台湾近代发达的商品经济,诸如茶、糖、樟脑等农林物产和各种矿产,对于缺乏天然资源却急于"殖产兴业"的日本来说非常重要。所以日本在同治十三年（1874）借口有日本的"漂民"（海上漂流的难民）在台湾被杀，出兵征讨南台湾的牡丹社，显露出觊觎台湾的野心。光绪二十年（1894），甲午一战打败中国。次年，在中日《马关条约》中，强迫清廷割让台湾和辽东半岛。从此展开帝国主义"富国强兵"的扩张。

但是日本接收台湾之后，立刻就面临汉人的武装抵抗、"蕃害"、鸦片与疾病肆虐的困扰。对于没有统治殖民地经验的日本来说，唯有通过强大的国家权力才能扫除各种障碍，掠夺经济资源，进而引导日本资本完成独占台湾市场和资源的目的。因此，日本统治台湾完全实行高压手段，强行重建台湾的经济体系，并依靠武力来维持政治体制与推动施政。

在以武力为后盾的殖民统治之下，台湾成为日本帝国主义者的原料供应地和产品销售的市场，并且提供"南进"的人力和物力资源，使得日本得以不断扩张它的势力范围，进而有能力发动全面性的太平洋战争，争夺西太平洋的霸权。

日本军阀想要完成"南进"的梦想，就必须要先妥善经营台湾。日本统治台湾的政策前后可分武官统治和文官统治两期来说明之。

二、武官统治时期

1895 年日本根据《马关条约》接收台湾。6 月 17 日，日本首任驻台湾的总督桦山资纪在台北主持始政仪式，开始长达半个世纪的殖民统治。为了确立它的统治权，从 1895 年 8 月 6 日至 1896 年 3 月底，实施"军政"统治，用军事手段推展统治，直到全岛完全置于日本控制之下。

日本内阁设立台湾事务局，由首相伊藤博文、参谋总长川上操六分任正副总裁，1896 年 3 月，台湾被划归拓殖省管辖，同时发布"台湾总督条例"，规定台湾总督在台湾的主要权力有三项：

一、统率陆海军，掌管辖区内防备事宜。

二、在必要时可任命民事长官，独断处置判任以下各级文官。

三、可在职权或特别委任范围内发布府令。

随后又颁布"法律第六十三号"——"关于在台湾施行法令之法律"（简称"六三法"），在第一条中明确地规定："台湾总督得以在其管辖区域内发布具有法律效力之命令。"这项法令使得台湾和日本成为两个不同的法域。在日本国会讨论时，曾引起很大的争议。结果是加上"三年立法时限"作为妥协而通过。此后，每 3 年就要经日本国会讨论而延长一次。从 1907 年起，改行"法律第三十一号"（简称"三一法"）。两者在本质上没有什么改变，主要是增加了台湾总督所发布的律令不得抵触在台湾施行的日本法律这一条。

不管是"六三法"还是"三一法"，都是为日本总督的独裁统治提供了法源的基础。台湾总督根据这个法令发布了一系列律令，包括"匪徒刑罚令""土匪招降策"等，残酷屠杀抗日志士。台湾总督集立法、行政、军事大权于一身，又掌握人民的生杀大权，成为日本殖民时代的一大特色。

从 1896 年 4 月开始"民政"之后，各地的反抗仍然不断发生。总督府虽然采取各种严刑峻法和军事镇压，可是各地的反抗却愈来愈烈。造成汉人与山地少数民族族群前仆后继抗日的主要原因是总督府的"殖产"政策。日本占领台湾之后，为了增加税收与拓展产业，迅速颁布法令，占夺全岛的经济资源，这个举措造成原来的生产结构与财富的重整，势必引起民众的不满。加上日军对于汉人的武装抗日采取"杀光""烧光"的手段，更增加了民众的反感。为了避免两面受敌，日本人在这段时间所采用的办法是一方面强力镇压汉人的反抗，另一方面则是绥抚占有大部分林地的"生番"。等平地汉人解决了之后，再来收拾山地。这种"先汉后番"的武力镇压策略，必配合独立的财政和完备的警察制度才能奏效。

日本总督府为对付汉人的反抗，首先设法割断台湾和大陆的历史文化上的联系，将留在台湾的清兵迅速遣返大陆，在法律上以"台湾住民"来称呼被统治的汉人。1896 年 9 月实施将汉"番"隔离的"隘勇制度"，防止抗日的汉人逃往山区。1898 年实行保甲制度，以便监视民众行动、侦查是否有抗日行为，以弥补警察制度的不足。随后总督府运用"匪徒刑罚令"与"土匪招降策"等威胁诱骗的手段，大量屠杀我抗日志士而达到所谓的"治安靖定"。

日本占据台湾之后，立刻面临财政短绌的困境。为了达成财政自主，总督府采取一系列措施。1903 年，日俄战争的前夕，台湾宣布戒严。民政长官后藤新平趁着这个机会完成土地调查，废掉有 200 多年历史的"大租权"，完成地租改革，并且稳定了 1900 年成立、当时陷于经营不善的台湾银行。接着将盐、樟脑、鸦片收归专卖，增加米和茶的产量，总算在 1905 年财政状况好转，不再需要日本国库的补助了。

当汉人武装抵抗受到压制，以及财政状况好转之后，总督府就全力"理番"。在平定北部的"凶番"的同时，大量没收各少数民族部落所拥有的枪支，也顺势取得资源丰富的山地。于 1910 年进行全台湾的林野调查，让日本商社进入台湾山地从事伐木、采矿。

为了加速开发台湾西部平原，将纵贯铁路从新竹往南延伸，同时也加速了基隆和高雄的建港工程。

三、文官统治时期

"内地同化主义"（把台湾同化于日本，合成一体）和"殖民地自治主义"（台湾是日本的殖民地，不能享有同样的地位）从日本据台之后就一直争论不休。从第一任总督桦山资纪到第六任总督安东贞美都是实行"殖民地自治主义"。这种情形从第七任明石总督开始就有了变化。一方面日本内部"同化主义派"逐渐得势；另一方面美国威尔逊总统于1918年所提出的"十四项宣言"中的"民族自决"原则，激发全球各个殖民地要求独立或政治改革。如果台湾继续实行"殖民地自治主义"，就会面临要求独立的压力。因此，当主张"同化主义"的原敬首相上台后，立刻宣布实行"内地同化主义"，要把台湾改变成为日本的一部分。

从1919年起，台湾改隶民政部管辖，不再有类似警察本署等压制台湾人民的行政机构。同时，日本的法律也删除台湾总督必须为陆海军中将或大将的规定，开始为"文官统治"铺路。这时候，因为第一次世界大战的关系，台湾的工业生产和对外贸易快速成长，1919年成立台湾电力株式会社，开始进行日月潭水力发电工程，以增进经济开发与产业升级。台湾总督府在政治和经济方面的发展都需要从长计议。因此，"文官统治"势在必行。

田健治郎是首任文官总督，于1919年10月就任。他废除了民政部，设立台湾军司令官制度，开始军民分治。改台湾总督的律令为天皇的敕令。废除专门用来羞辱台湾人的笞刑，并且分散总督的权力，将原来的"中央集权"改为"地方分权"。地方行政制度由"总督府—厅"二级制改为"总督府—厅—州"三级制。1921年在总督评议会增设官派的民间成员，更提倡"内台一体""内台共学""内台共婚"，并有意创立综合大学，但对民选的议会制度则坚决不肯实行。

这时候，台湾人的抗日运动已转成以文化启蒙和台湾议会设置运动为主，抗拒日本的"文化统治"。日本为了加强思想控制与防范共产主义，不但设置"高等警察"（即政治警察），而且制定"治安维持法"

和"治安警察法",钳制台湾人民的思想和政治活动。所以,内地同化主义的实施并不是真正给殖民地人民平等的地位,而是为了日本的统治需要,不得不在殖民体制身上披上一件日本国内制度的外衣,使台湾民众一时无法觉察到日本更深入的经济掠夺。

日本总督府的同化政策以教育文化和经济开发为主。由于1931年在中国东北发动九一八事变,益加需要加强在台湾的经济建设和对台湾人民的文化洗脑。在教育方面,于1926年设立文教局,1928年创办台北帝国大学,特别注重与"南进"有关的南洋史学、土俗人种、热带农学和热带医学的研究。连横在1920年出版《台湾通史》,以"排日"和中国民族主义为主要要求,激起台湾人民很大的回响。总督府为了掌握历史诠释权,于1928年成立史料编纂会,从事有关台湾史料的首次编纂工作。同时,创立台湾广播电台来加强思想教育。1935年4月,进一步实施地方自治,议员一半民选,一半官派。借此收编自1934年台湾议会设置请愿运动取消后的台籍政治人物。

至于少数民族族群方面,由于原先的"抚育"政策实行15年之后,发生了1930年的雾社事件,显示这个政策是失败的。总督府于1931年改以"教化"为重的"理番"政策,要把台湾少数民族同化为能够为日本帝国效忠牺牲的臣民。

在经济建设方面,于1926年完成有利于东部开发的东部海岸铁路,也开凿可以灌溉嘉南平原的台南运河和嘉南大圳。同时加强茶叶、米、糖、香蕉等的生产,以供外销和日本国内的需求。把山地森林收归国有,并确立以"殖产"为目的的官营林业。

为了"南进"和侵略中国,于1930年成立华南银行,着手调查南洋的日资企业,协助台湾银行给予贷款。1931年,开始利用台湾的经济能力侵略大陆。1935年设立"热带产业调查会"和"台湾拓殖株式会社"两机构。前者负责调查华南和南洋各种产业、交通、贸易与文化现状，目的在于促进台湾与华南、南洋更密切的经济关系，以期实现"工业台湾、农业华南与南洋"的构想。后者是日本负责供应南方拓殖产业所需的资金，指导开发计划。

经过多年的推行，台湾逐渐成为日本"南进基地"的重要角色，透过文化面和经济面的统治政策，台湾无论在人力、资本还是物资方面都成为日本帝国的一部分。所以一旦日本发动侵略战争，台湾就能在"皇民化"政策下迅速编入战争体制。

日本"南进"必须要征调台湾的各种资源，来供应战争时人力物力的大量消耗。所以总督府特别注重"皇民化"的执行，使台湾人民能够彻底服从日本的命令与要求。

1937 年总督府下令废止报纸的汉文栏，开始推行"国语"（日语）普及运动。1940 年更修改台湾户口规则，要求台湾人民改为日本姓名。也设法收购民间的祠堂，或者拆除，或者改奉神宫大麻，就是祭祀天照大神的伊势神宫对外颁布的神符。进而有"寺庙整理""神像升天"的举动，要彻底切断台湾人民跟大陆在文化上的联系。

1941 年更成立"皇民奉公会"，一方面动员青年参加军队，送往南洋作战。日据时代的最后 8 年，一共有 207183 人参与日本的侵略战争，有 30304 人阵亡。另一方面动员各种战略物资，以供战争之所需。通过颁布各种法令，管制稻米、糖、钢铁等物资。更控制货币、鼓励储蓄。加强食品制造、纺织、肥料等工业生产。直到 1944 年，美国空军轰炸台湾，各种工厂严重受损，"工业化"才告一个段落。

综观日本在台湾所实施的统治政策，从最早的武力镇压，到后来的同化政策，其实都是在它一贯的"南进"方针下，因应时势变迁而进行的阶段性演变而已。

四、反殖民地运动

台湾遽遭割让，对台湾同胞而言，无疑是一个晴天霹雳的大变局。日本占领台湾的 51 年，大致可以分成前后两期。前期是 1895 年至 1915 年。这个时期主要工作是投入大量的军力来削平各地方的反抗行动，以致没有多余的能力来从事改革，也就保存了原来的风貌。日本人对于台湾社会习俗很感兴趣，留下很多记录，也用素描的方式记下当时各种社会风俗习惯。后期是从 1916 年至 1944 年，日本在台湾改行文官统治，台民的抗日也改为议会请愿运动，试图在日本的政治体系之内争取平等的待遇。

（一）前期的武装抗日

台湾被割给日本之后，各地的武装抗日运动在这一时期从未间断过。1895 年 11 月，总督桦山资纪向日本政府报告："今本岛全归平定。"但是，北部各地的武装抗日力量秘密会商，决定利用元旦发动攻击。在陈秋菊等人的率领下，袭击各地的宪兵屯所，包围宜兰、直指台北，有两万多人起来响应。在中部，柯铁等人同时发难，歼灭日军侦察队，围攻南投，进攻斗六和鹿港。嘉义地区在黄国镇等人的率领下，在温水溪、十八重溪等地起事，袭击各地的派出所。凤山地区的林少猫、魏开、陈鱼等人也起而响应。同时还有很多大陆的青年从福建过来参加义军。所揭橥的大都是"此次征倭，上报国家，下救生民""奉清征倭"等口号，使用光绪年号，要求重回中国的领域。

日人火速从本土调派军队，并颁布"匪徒刑罚令"，作为镇压台湾人民反抗的法令依据。同时加强警察体系。从 1898 年到 1902 年的 4 年时间，一共屠杀了台湾汉人 11900 多人。

1912 年，辛亥革命成功，建立民国。同盟会员罗福星回台湾，在苗栗、台北等地发展秘密革命组织，以"驱逐日人、光复台湾"为号召，有 1500 多人参加。但为日本警方查获，罗福星及其他 5 人被害，261 人被判刑。

1915 年，又有台南的焦吧哖事件，又称西莱庵事件。余清芳、罗俊、江定等人利用西莱庵为据点，用送善书到各寺庙的机会，联络各地志士，筹集军费，打算成立"大明慈悲国"。被日方发觉后，仓促起事，攻击甲仙、焦吧哖（今台南玉井）市街，被日军打败。有 1400 多人被捕入狱，有 866 人被处死刑。这是日本最为残酷的镇压行动。从此以后，不再有大规模的武装抗日行动，改以柔性方式继续抗日，直到日本退出台湾。

至于山地的抗日也是可歌可泣。起因是日本人对台湾山地的觊觎和强占。

赛璐珞（Celluloid）是人类发明的第一种合成塑料，可以制造器皿。发明于 1869 年，在 1890 年以后，开始大量使用樟脑作为原料。在第二次世界大战之前，赛璐珞在欧、美、苏、日等国的工业中占有极重要的地位，用来制造梳子、纽扣、玩具以及各种日常生活用品。另外，由诺贝尔发明的无烟火药也采用樟脑作为主要原料之一。因此，樟脑成为工业用品，需求量大增。

台湾和日本盛产樟树，于是就成为当时世界上最主要的樟脑产地。清末台湾开港通商后，外商到台湾搜购的对象之一就是樟脑。台湾的樟脑外销一直控制在外商的手中。在人造樟脑出现之前，台湾出产的樟脑占世界总产量的百分之七八十。因此，日本据台之后，就刻意要垄断樟脑的国际市场，把樟脑收归公营，成立专卖机构。

在日据时代，平地的樟脑早已砍伐殆尽，日本人就大力开发山地，种植樟脑。

1896年台湾总督府民政局长水野遵就曾经指出："今后樟脑之制造、山林之经营、林野之开垦、农产之增殖，以至日本人之移住、矿山之开发等，无一不涉及蕃地，台湾将来事业，尽在蕃地，今欲在蕃地经营事业，首先须使蕃人服从我政府。"在这种观念和指导原则下，日本人用武力征服了山地各部落。

台湾总督府沿袭清朝的隘勇制，建立隘寮，不准山地少数民族族群下山。同时又以军队和警察对山地发动一次又一次的"大讨伐"行动。1896年，出兵镇压高雄的阿斯本社和台中的丘则卡斯社。1898年，镇压花莲的太鲁阁社。但都遭到猛烈的抵抗，日军被迫撤退。

从1910年起，实施"五年讨番计划"，出动全岛大部分军警分路合击。一方面强制收夺枪支，另一方面用很残酷的手段镇压反抗者。1911年攻灭马里可宛部落，1913年血洗奇那济部落。经过这样的血腥镇压，终于让日本警察在山地站住了脚跟。

武力征服山地之后，随即颁布"官有林野实施规则"，将山地收归公有，少数民族族群因此失去了世代所有的采集狩猎的场所。接着又颁布"樟树造林奖励规则"，让日本公司可以无偿取得土地，种植樟树。于是日本公司在山地大批种植樟脑、茶、咖啡和热带作物，开发矿产，砍伐木材。更在深山发现了珍贵的桧木林。日本人酷爱用桧木，于是大量砍伐，运回日本，造就了阿里山林场和大雪山林场。

为了开发山地，日人用极低的代价雇用少数民族修筑公路、铁路、桥梁和水渠。日本警察又从中克扣薪饷，营私舞弊，引起少数民族族群不满。为了防止反抗事件发生，在山地派驻大量的警察，大约20名少数民族群众即配有一名警察。山地警察集军、警、政、教大权于一身，人称"草地皇帝"。这些日本警察往往在家里有妻室，但又娶山地头目家女儿为"内缘妻"（字面的意思是说"与内地（日本）人有缘的妻子"，是法律不承认的妻子）。这样的婚姻往往不得善终，女方被抛弃，使得族人愤恨不已。

1930 年 10 月 7 日，日本巡查吉村克己等人经过雾社的马赫坡社头目莫那·鲁道家门口。当时，莫那·鲁道家正在为族人举行婚礼。莫那·鲁道的儿子邀吉村入席，吉村嫌酒宴不干净，双方大打出手。日本警方迟迟不处理此事。莫那·鲁道担心日本人会对他有所不利，于是联合其他 8 个部落在 10 月 27 日趁日本官员参加雾社的联合运动会之际下手攻击。有 139 名日人遇害。日本军警随后赶到，大肆杀戮，经过两个月的战斗，有 644 名泰雅人战死或自杀，546 人被捕。当时盛传日军使用国际禁用的毒瓦斯。日人又唆使与雾社泰雅人有仇的陶渣部落劫杀被捕者，仅剩 298 人生还。雾社泰雅人几乎绝灭。

经过这些大大小小的战役，日人决心要彻底了解山地各部落的实际情况，派出学者到山地各部落从事调查。主要的学者有鸟居龙藏、浅井惠伦、千千岩助太郎等，为那个时代的台湾少数民族族群生活情形留下了完整的记录，更在台北帝国大学成立"土俗人种研究室"，专门从事这项工作。

（二）后期的抗议请愿运动

1."六三法"撤废运动

1896 年 3 月所发布的"法律第六十三号"（简称"六三法"）和 1907 年所发布的"法律第三十一号"（简称"三一法"），都是赋予台湾总督有权立法，使得台湾被摒弃在日本国内各种法令之外。

对于台湾人民而言，"六三法"是一切恶法的源头，像"保甲条例""匪徒刑罚令""罚金、笞刑处分例""台湾浮浪者取缔规则待律令"，都是依据"六三法"而发布的。这些律令授予警察极大的权力，可以干涉人民的日常生活，甚至可以监禁，最多可以到 89 日。

1918 年夏天，林献堂在东京保神町中华第一楼宴请 20 多位来自台湾的留学生。席间，林献堂指出，"六三法"是台湾人的枷锁，应该力求早日撤废该法。这个提议获得与会人士一致同意。即席推举林献堂为会长，成立"六三法撤废期成同盟"，主要的要求是取消特别立法，将台湾纳入日本宪法的治理之下。这个组织没有维持多久就解散了。

1920 年 1 月，东京的台湾留学生另组"新民会"，"六三法"的撤废仍是"新民会"主要关切的问题。是年 11 月 28 日，"新民会"在东京富士见町教会集会，与会人士一致赞成设立台湾议会。明治大学毕业的林呈禄在 12 月 15 日出版的《台湾青年》上发表《六三问题的归着点》一文，主张台湾要设置民选的议决机构，奠定台湾议会设置请愿运动的理论基础。

2. 台湾议会设置请愿运动

1921 年 1 月 30 日，在林献堂的领导下，有近 200 名台湾留学生和有识之士完成联署，向日本国会请愿，要求设立拥有特别立法权和预算审议权的民选台湾议会。此后年年请愿，到 1934 年，一共提出 15 次请愿。

第一次请愿，日本的参众两院都不接纳。林献堂本人一时对是否要继续下去颇为犹豫。但不久京都大学教授山本美越撰文大加赞扬，为此运动带来意外的鼓舞。与此同时，在台湾也引起热烈的反映，认为不但能激发台湾同胞的政治觉醒，更可以促使当局检讨它的政策。因此，当林献堂等请愿代表回台时受到热烈的欢迎。1921 年 10 月，台湾文化协会成立，表面上标榜"促进本岛文化"，实际上就是议会设置请愿运动的幕后单位。

1922 年有 512 人参加联署，由林献堂领衔，向日本国会作第二次请愿，但仍未被采纳。台湾总督府对这个运动的疑忌加深，逼迫林献堂等 8 人退出。

1923 年，蔡培火、蒋渭水等人筹组"台湾议会期成同盟会"。一方面作第三次的请愿，另一方面在东京正式成立"台湾议会期成同盟会"。返台后积极招募会员，作第四次的请愿。这时候，台湾总督府极为恼怒，是年 12 月 16 日对于请愿分子进行全岛性"大检肃"，共有 99 人被搜查或扣押。结果，蒋渭水等 18 人被起诉。有 7 人分别被判 3 或 4 个月的徒刑。其余 6 人被判 600 元罚金，5 人无罪。

这次事件激起民众关心政治的热潮，林献堂再出来领导，通过文化协会在全台各地办演讲会，大事宣传。第六次请愿时，有 700 多人联署。第七次请愿时更有几近 2000 人联署。第八次更有 2500 人参加联署。不过日本国会依旧不予理会。

1927 年，文化协会左右两派分裂。受共产主义影响的左派控制文化协会，公开声明反对台湾议会设置请愿运动。右派成立"台湾民众党"，继续全力推动台湾议会设置请愿运动和地方自治改革运动。

尽管人事上有所变动，台湾民众对于请愿运动的支持并没有改变，第九次到第十二次请愿都有一两千人签名。而且出现要求制定台湾宪法及设置自治议会的论调，参与者对于请愿运动的前景充满信心。

1931 年 2 月，台湾民众党被禁。8 月，蒋渭水去世。情势逐渐对请愿运动不利。不久，九一八事变发生，法西斯主义抬头，一时之间，所有的自由主义、民族主义统统都被压制下去。在第十四次请愿时，日本众议院就有人指称请愿运动的动机是出于"民族自决""希望台湾独立"，不但极力反对，更要求总督府压制取缔。

林献堂等人在第十五次请愿后，鉴于时局动向和国会对请愿案的敷衍，对请愿运动的前途大感失望，于 9 月 2 日在台中召开会议，会中无异议通过决议，决定中止请愿，并登报正式宣告中止这项运动。

这个运动长达 14 年，虽然失败，但是对台湾社会有很大的影响。

其一，这个运动唤起台湾同胞在政治、社会乃至于文化方面的意识，像是三权分立、议会政治、国民权利义务等近代民主政治的基本观念，在台湾社会上广泛流布；其二，这个运动所揭橥的自治主义，肯定台湾的特殊性，有助于台湾同胞拒斥日本的同化主义政策，也奠定了此后的政治运动以台湾为本位的基本立场。

3. 政治结社组织运动

文化协会成立之初，标榜以文化启蒙为宗旨，以致无法名正言顺地从事政治活动，于是蒋渭水、蔡培火、陈逢源等人另组"新台湾联盟"，但被日本警察取缔。等到文化协会分裂，蒋渭水等人先后成立"台湾同盟会""台政革新会""台湾民党"等组织，最后才组织"台湾民众党"。其纲领是：1. 确立民本政治；2. 建设合理的经济组织；3. 改除不合理的社会制度。其政策内容包括：实施普选制度、废除保甲制度、改善司法及实施陪审制度、改革专卖制度、援助农工及社会运动团体等项。

总督府同意台湾民众党的成立，是基于以下几点考虑：1. 若骤加禁止，恐怕迫使该团体与共产主义色彩浓厚的文化协会合流；2. 有不少"稳健派"人士参加，可以通过他们诱导该党的方向；3. 该党纲领和政策都比台湾民党温和，只要严密监视即可，不必立即取缔。

由于台湾民众党成分复杂，政治走向愈来愈激进。1931年2月18日，总督府以该党的主张违反"治安警察法"为由，将它解散，并逮捕16名重要干部。

4. 地方自治改革运动

1920年台湾总督府宣布改革地方制度，宣称实施"地方自治"。但是又借口台湾一向没有实施地方自治的经验，民众的知识不足，社会情况有所未逮，因而暂时实施所谓的"变通的自治制"。将全台湾分为5州、47郡、3市、5支厅、363街庄、18区。但是没有明定州、市、街庄为法人。州知事、市尹和街庄长都是官派,在上级的监督下办理交办的事。州、市、街庄各设协议会,议员都是官选,任期 2 年。各级协议会分别由州知事、市尹、街庄长召开,议员只能对咨问案提出意见,以及附议各项预算,没有议决权、行政监察权和建议权,即使协议会有任何决议,行政官员可以任意变更。这样的议会只是徒具形式而已。

台湾民众党成立之后,将地方自治制度的改革列为主要的要求,一年之间办了 100 多次"政治讲演会",主题大都是民主政治的基本概念,最常讲的题目有:要求真实的自治制度、假自治与协议会、普选与台湾自治、自治制度与民权,等等。尽管每场演讲都有大批日本警察到场监视,可是民众仍是踊跃听讲,少则数百人,多则数千人,几乎是场场爆满。

由于民众党日渐左倾激进,党中"稳健派"人士于 1930 年 8 月 17 日另外成立"台湾地方自治联盟"。继续办讲演会,听众累计约有两万人。同时也写信给各个协议会的议员,劝他们不再接受官厅的委任,也鼓励并联系各地的成员和民众到协议会旁听其开会情形。

民众党也多次向总督府提出改革建议,起初都遭拒绝,但是随着时局的演进,终于让总督府在 1935 年 4 月正式发布命令,改革地方制度:明定州、市、街庄为法人;扩大自治立法权范围;废除州、市预算认可制度;街庄长及其助理人员改为有给职;改设州、市会作为议决机关,街庄仍设协议会作为咨询机构;确立选举制度,市会和街庄协议会的议员半数民选,半数官派,选举方式采有限制选举,州会议员半数官选,半数由市会和街庄协议会员间接选举,任期 4 年。这样的制度跟改革运动的要求相去甚远,自治联盟发表声明表示遗憾。是年 11 月,举行第一次选举,自治联盟有多人当选。1938 年 8 月,在举行第四次全岛联盟大会之后,台湾地方自治联盟宣布解散。

尽管总督府非常顽固，坚持殖民主义，没有顺应改革运动的要求实施完全的地方自治。可是在整个运动的过程中，通过演讲和文字宣传，把地方自治、普选、参政权等民主政治的基本观念普及于一般民众，可以说是近代台湾社会相当重要的民主政治的启蒙教育及训练。当新的地方自治制度实施之后，通过民选部分，为各级议会注入不少新血，受过新式教育的社会精英成为议会的主干，略为拓展了台湾人民的参政管道。可以说是改革运动所获得的实际成果。

▌参考文献 ▶

不著撰人：《日本统治下の民族运动》，载《台湾总督府警察沿革志》，东京台湾史料保存会 1969 年版。

[日] 井出季和太：《南进台湾史考》，东京诚美阁 1943 年版。

王晓波编：《台胞抗日文献选编》，台北帕米尔书店 1985 年版。

[日] 矢内原忠雄：《日本帝国主义下的台湾》，台湾银行经济研究室 1964 年版。

[日] 竹越与三郎：《台湾统治志》，东京博文馆 1905 年版。

吴文星：《台胞对日本统治的拒斥与调适》，载简荣聪编：《台湾近代史·政治篇》，台湾省文献委员会 1995 年版。

[日] 杉上靖宪：《台湾历代总督之治绩》，东京帝国地方行政学会编印。

周婉窈：《日据时代的台湾议会设置请愿运动》，台北自立晚报社 1989 年版。

周婉窈：《台湾历史图说——史前至一九四五年》，台北"中央研究院"台湾史研究所筹备处 1997 年版。

周惠民：《资本主义下殖民地的社会变迁》，载简荣聪主编：《台湾近代史·社会篇》，台湾省文献委员会 1995 年版。

林满红：《茶、糖、樟脑业与台湾之社会经济变迁：1860—1895》，台北联经出版事业有限公司 1997 年版。

［日］高滨三郎：《台湾统治概史》，东京新行社 1936 年版。

涂照彦：《日本帝国主义下的台湾》，台北人间出版社 1990 年版。

张正昌：《林献堂与台湾民族运动》，台北益群书店 1981 年版。

盛清沂、王诗琅、高树藩：《台湾史》，台湾省文献委员会 1977 年版。

简荣聪编：《台湾近代史·政治篇》，台湾省文献委员会 1995 年版。

许世楷：《日本统治下的台湾》，东京大学出版会 1972 年版。

连温卿：《台湾政治运动史》，台北稻香出版社 1988 年版。

陈孔立：《台湾历史纲要》，台北人间出版社 1996 年版。

黄昭堂：《台湾总督府》，台北自由时代出版社 1988 年版。

台湾省文献会编：《日本据台初期重要档案》，台湾省文献委员会 1977 年版。

台湾总督府警务局编：《台湾总督府警察沿革志》，台湾总督府警务局 1933
　年版。

蔡培火：《台湾近代民族运动史》，台北学海出版社 1979 年版。

戴国辉：《雾社事件与毒瓦斯》，《史联杂志》1986 年第 8 期。

简炯仁：《台湾民众党》，台北稻香出版社 1991 年版。

［日］藤井志津枝：《一九三〇年雾社事件之探讨》，《台湾风物》第 34 卷。

［日］藤井志津枝：《日据时期"理番"政策》，载简荣聪编：《台湾近代史·政
　治篇》，台湾省文献委员会 1995 年版。

第 八 章

日本对台湾的经济剥削

日本占领台湾作为它的殖民地，在意识形态上是要跟西欧白种人相竞争，加入殖民者俱乐部，要跟欧美老牌的殖民帝国平起平坐。因此，在 1905 年，也就是占领台湾的第 10 年，竹越与三郎在写《台湾治绩志》时，在序文中把这种思想表露无遗：

> 拓化未开之国土，被及文明之德泽，久矣白人自信为其负担。今则日本国民起于极东之海表，欲分白人之大任。不知我国民是否果有能力完成黄种人之负担？台湾统治之成败，不能不说为解决此一问题之试金石。

战后，曾经出任东京大学校长的矢内原忠雄，在他的名著《日本帝国主义下的台湾》一书中指出，日本在占据台湾的时候，没有足够的资本，也没有任何政治上的准备，因此，国际并不看好日本可以完成殖民地事业。可是，在 1896—1905 年的 10 年间，由于向中国勒索了 2 亿两白银的战争赔款，外债募集顺利、日本国内的储蓄存款大增，以及台湾经过儿玉源太郎总督和后藤新平民政长官的血腥镇压，殖民政权逐渐站稳。再加上日俄战争的胜利和第一次世界大战，世界的经济活络，也连带使得日本的国力陡然大增，使得日本的商社有能力在台湾投资，剥削台湾的物产、资源和人力，形成了殖民地式的资本主义，以完成日本的"黄种人之负担"迷梦。

欧洲国家的殖民工作是由民间组成"垦殖公司"（colonial company），得到国王的特许状，招募劳工，来从事殖民垦殖工作。这样做的先决条件是公司要有很雄厚的财力。可是，日本在占有台湾的时候，根本没有什么资本，战争虽然打胜了，可是自己也已精疲力竭。于是，在殖民政府的大力扶持之下，运用各种政治手段，设法建立起一个完全由日本商社独占的市场，排斥欧美各国的势力，方才得以形成日本人心目中的帝国主义事业。

在台湾，经过儿玉总督和后藤新平民政长官的血腥屠杀和镇压，地方上反抗势力被彻底摧毁，现代化的殖民建设方才得以展开。作为近代殖民地有三个基本任务：第一，要为宗主国提供原料；第二，要替宗主国推销商品；第三，要为宗主国容纳过剩的人口与资本。这也就是日据时期台湾经济的基本任务。日人据台之后，为了充分利用台湾的天然资源，以强化本国的经济实力，采取"农业台湾、工业日本"的政策。在这个政策下，日本人一方面大力发展基础工程，另一方面又全力推动农业投资。

以下分项来谈日本人是如何在台湾拓展他们的殖民事业的。

一、土 地 调 查

在讲清代的开发时，已经提到过清廷为了保护少数民族族群的地权，一直不许汉人私垦少数民族族群的土地，设下"土牛"地界来隔离汉"番"。可是，利之所趋，汉人不断地涌入，原来"番社"之间的土地很快就开垦完了，晚来的汉人就通过种种关系向少数民族族群租借土地。先来的汉人也把他们开垦的土地租借或典押给新来的开垦客。于是，逐渐形成了大租户和小租户、地骨主和地皮主这种一田多主的土地制度。大租户和地骨主是土地的所有者，小租户和地皮主是土地的实际耕作者。原来的"番社"就发展成为"番大租"。这种一田多主的制度经过 200 多年的发展，不断地转租转佃，终至搞不清楚土地的所有权究竟属谁。大小租户之间很可能彼此不相识，土地权力关系陷于混乱。

"番大租"虽然以土地为根据，实际上只是一种收取田租的权力，既非物权，也不是债权，对现代财税制度而言，实在是一件怪物。同时，又有许多不缴纳租税的"隐田"。豪族在开垦的过程中，必然有许多没有在官府登记的土地。这是因为清廷为了奖励开垦，招徕移民，不作土地丈量，而默许"隐田"的存在。

清末刘铭传在台湾推行新政的时候，一方面大力推行土地丈量，清查"隐田"，同时确定大租户的地权。另一方面又规定小租户是业主，是纳税义务者，同时也少向大租户摊派租税，仅为先前的 40%。对大租户来说，解除了纳税的义务，可是收入也只有以前的 60%。这就是所谓的"减四留六"法。整个丈田清赋的工作花费 3 年半完成，成果极为可观。台湾田地面积比清赋前的 7 万余甲（甲为荷兰时期的制度，相当于 0.96997 公顷），增加了 4 倍，共约 30 万甲。清赋不但使过去相当于地下经济的"隐田"数目大幅减少，去除了 100 多年来大租户与小租户之间包揽欺瞒的积弊，也使当时台湾官府的税收增加大约 3 倍。可是这样的举动大大得罪了地方的豪族，引发反抗，终至刘铭传挂冠求去。

日本据台之后，不但清丈田地，更清查人口。1903 年制定"户口调查规则"，以 1905 年 10 月 1 日零时为基准现状，做了台湾有史以来第一次人口普查的工作。

在土地方面，1898 年设立临时土地调查局。实行地籍调查、三角测量和地形测量。调查结果，一方面承认"大租权"，另一方面又规定自 1903 年 12 月 5 日以后，不许新设大租户。1904 年，对大租户业者发给价值 3779479 日元的公债作为补偿，消灭他们的权利。确定小租户为业主。

土地调查的结果，一是明白了地理地形，获得治安上的便利；二是整理"隐田"，土地甲数增加，又因"大租权"的消灭，土地收益增加，政府因而可以增加田赋的收入；三由于地权清楚，土地权行义务关系明确，使日本资本家得以顺利来台湾投资。

二、林 野 调 查

土地调查只是处理了水田和旱田，没有涉及山林。1895 年，日本在占据台湾时，就颁布了"官有林野取缔（施行）规则"，第一条就明确规定，无法证明所有权的土地，统统列为官有。从 1910 年起，凡 5 年之间，实行林野调查，分别确定哪些是官有，哪些是民有。调查结果，官有的林野为 916715 甲，民有的林野为 56961 甲。已经在官有林地上开发利用者，仍然保留他们的使用权，只是征收一定的费用。

由于资本主义以私有财产为基本前提。当台湾土地的所有权通过土地丈量、"大租权"的取消和林野调查等步骤，确定大部分的林地都是官有的，于是对于土地、田园、林野的拨用就有了法源依据。这是台湾土地用来发展资本主义企业的必要前提。剩下来的地区就是台湾世居少数民族部落所在的地区。总督府从 1915 年起，提出"十五年继续事业"的森林开发计划。基本的原则为：1. 根据森林治水调查，决定治水和"国土保安"的施行细则；2. 根据分区调查，由治水、"国土保安"、产业、公益及军事的需要，决定是否需要保留林野；3. 根据测量来决定保留林地的面积和地形；4. 根据产业的需要，编成调查，来决定施行方案。不久，由于日本企业行用台湾山地的需求孔亟，又把期限缩短为 10 年。

官有的林地有 916000 甲，因林地整理而拨给或出售的林地有 266000 甲。根据"官有森林原野预约卖渡规则""官有财产管理规则""樟树造成奖励规则"和"官有森林原野贷渡规则"，对于企业的需求预作处置，面积大约是 10 万甲。再加上保管林 9000 甲、大学实习林 13 万甲，使得官有林地实际可以利用的面积只有 40 万甲。不能满足产业经济发展的需要。全台湾的山林总面积是 256 万甲，其中 172 万甲是"番界"（少数民族各部落所在地）。因此，开发"番界"就成了新的任务。在前一章已经提到过日本人是如何用残酷的手后来"开发番界"。

除了用武力和警察力量来控制山地各部落之外，就是让原先散住在高山顶上的部落搬迁到较低平的地方，开始过聚居的生活。过去是在广大的地区从事狩猎或刀耕火种式的游耕，现在则是逐渐定居下来，改行农业和养猪的生活。这样一来，空出来的土地全都被收归官有，使得种菠萝、采收林产品（如伐木、造纸等）的企业得以兴起。结果，资本征服了台湾全境。

三、统一度量衡与货币

台湾总督府所出版的《台湾情事》（1928）提到："过去本岛所用的度量衡，都是中国式的，种类繁多，器物的制作与修理亦任民间随意为之。地方不同，其器及其量亦异。所以一定发生种种弊害。日本占领台湾以后，总督府即着手改正，1895 年 10 月，开始日本式度量衡的输入与贩卖。"从 1901 年起，要求使用日本式度量衡，截至 1903 年底，禁止使用旧式的度量衡。1906 年 4 月起，有关度量衡的制作、修理及贩卖都归官营。这种统一度量衡的工作意味着由从前的中国式向此时的日本式变化。

在货币方面也是如此。原先在清代，台湾的货币极为复杂，除了中国的制钱、银两之外，也通用西班牙的银元，货币种类有近百种之多。日本据台时，由于军事上的需要，大量的日本银行钞票、一元银币及辅币运入台湾流通，使得台湾的货币更加复杂。

日本从 1897 年开始实施金本位制度。在占领台湾之初，就要实行金本位制度。可是，一时窒碍难行，方才决定台湾暂时一面以金币计值，同时仍像过去那样流通银币。

这种双轨制对于台湾一般人民来说没有什么不良的影响，不论价格的标准还是交易的媒介都是使用银币。可是总督府的收支、日本人彼此之间的交易、日本人跟台湾人之间的交易，却是以金币计价而以银币支付，因而记账和计价都很麻烦。更由于金银之间的兑换率经常变动，使得债务和债权关系容易混乱，助长了投机行为，台湾银行为此苦恼不堪。1903 年台湾银行建议总督府改行金本位制。1904 年 6 月，日本财政部允许台湾银行发行金币兑换券，除了纳税之外，禁止使用银元。1909 年更禁止用银元纳税。1911 年 4 月，实施新的货币法，完全与日本国内相同。

四、驱逐他国资本

台湾自 1858 年因《天津条约》而开埠通商以后，英、德、美等国的资本家就相率进入台湾，纷纷设立洋行，进而垄断台湾的对外贸易，控制台湾的外贸和金融。这些洋行以厦门为根据地，贸易对象主要是大陆和香港。及至日本据台，就要设法改变这种情势，让商权归于日本资本家的控制，贸易方向也转为日本国内。

（一）砂糖

1858 年美国的 Robinet 公司到打狗（今高雄港）从事砂糖的输出。1873 年大洋洲的 Melbourne 公司也曾来打狗从事砂糖贸易。在日本占据台湾时，德记、句记、庆记、美打、海兴、东兴等洋行利用买办制度，一方面向制糖业者放款，另一方面包购糖产。在外销时，如要用到轮船，一定要得到洋行的同意，否则只好用中国的帆船来运输。当时台湾的轮船由英商 Douglas 船公司独占。因此，在清代，台湾的砂糖贸易几乎为外商所独占。

日本三井物产于 1898 年开始在台北设立分店。1903 年开始收购红糖。面对强大的外商势力，三井利用较优惠的放款办法，吸走了大部分外商专属的买办。

1905 年，横滨增田屋也开始经营台湾的砂糖贸易，打破以前在打狗、安平港口交货的习惯，改在火车站交货，以方便制造者。从此以后，其他外商就不敌日本商社的竞争。三井又进一步废掉买办制度，直接与制造者交易。

1907 年至 1908 年神户的铃木商店、汤浅商店以及大阪糖业会社，开始在台湾批购砂糖。1909 年已出现日本的糖业俱乐部。外国人和台湾本地的糖商完全没落，或者完全退出，或者投资于制糖业，或者改投资米业。各洋行中只有怡记和德记继续营业，怡记自动放弃了砂糖贸易，德记则是彻底关闭了"砂糖部"。有关糖业的其他外国资本完全被铲除。

（二）茶业

1869 年英商约翰·独独从台北输出 21 万斤的茶叶到纽约，销售情形良好，于是促成台北茶业的兴起。洋行以厦门为基地，独占台茶的输出。德记洋行和其他的洋行，一方面在厦门接受英国汇丰银行的融资，转手贷给妈振馆，由妈振馆贷给茶馆，再由茶馆贷给茶农，这样就包办了台湾茶的生产和买卖。洋行同时兼为金融机构，势力强大，台湾茶叶的买卖价格由洋行决定，制茶的利益也为洋行所独占。也就是说，台湾茶叶落入了英商的势力范围之内。

起而挑战的是三井物产和野泽组。他们从 1907 年起开始贩卖茶叶，结果是剩下 3 家英商和 1 家美商仍在从事茶叶贸易，原因是其他的产业都可以转向日本，唯独茶叶一直是以欧美为主要的销售对象，无法完全转移到日本国内。

（三）樟脑

台湾的樟脑向来都是英国商人的走私品。在 1858 年《天津条约》尚未签订的时候，英商怡和洋行和德记洋行，曾经勾结台湾的官吏输出樟脑，获利巨大，以致外商趋之若鹜，垄断樟脑的输出。清末"自强"新政时期，曾经两次想改为官业专卖，都因为外国洋商（主要是英国商人）及领事抗议而未成。外国资本在樟脑业有牢不可破的独占势力。等到日本占据台湾后，当然不会放过这块肥肉。1895 年颁布"樟脑制造施行规则"，1896 年颁布樟脑的税则，固定课税。当然，这必然会引来别国洋商的抗议。1899 年实施樟脑专卖制度，由业者竞标。结果由英商 Samuel 洋行中标，樟脑贸易仍旧控制在别国洋商的手中。1908 年总督府改变办法，改由总督府直接经营，委托三井物产会社贩卖。这么一来，樟脑业方才落入日本商社的手中。台湾的樟脑商权一直是外国资本家的堡垒，这个商权转移到日本人的手中是出于总督府的强权蛮干。

（四）鸦片

鸦片在日据时代一直是重要的输入品，而且是价值最高的商品。原先都操控在别国外商的手中，自从专卖制度实施后，为三井和其他的日本商社所垄断。

（五）米

米业一直是由台湾本地和大陆商人所掌控的行业。1901 年三井物产开始插手台湾的米业。1904 年由于日俄战争的缘故，台湾总督儿玉源三郎出任日军的参谋长，命令三井物产要缴纳 30 万石台湾米，以供军用。据说这一举动带有奖励开拓台湾米外销的用意在内。他国外商逐渐离开米业，但是台湾本地的米商一直半控着台湾的米业。这是由于台湾的米不合日本人的口味，在日本国内销路不广，日本商社也就不太有兴趣染指。直到 1925 年适合日本口味的蓬莱米问世，台湾米方才大量输往日本。

（六）航路

台湾对外的轮船航运一直为英商 Douglas 公司所独占。1899 年台湾总督府对大阪商船会社发给补助，开辟所谓的"命令航路"。在这种不平等的竞争下，英商 Douglas 公司于 1905 年完全退出台湾航路。

综合说来，日本据台之后，用 12 年的时间，在总督府的强力运作之下，逐次赶走欧美洋行，以日本的商社取而代之，形成独占台湾市场的局面。矢内原忠雄指出：台湾的代表产业，也就是糖业，由三井、三菱、藤山、铃木等大资本家所独占。这些大资本家的独占事业是全面的，不是只限于糖业，这些大资本家不但在台湾，更在日本国内有庞大的独占势力。

五、独占事业的完成

日本人在台湾的独占事业，是靠国家权力直接间接的支助而成。

资本与权力的结合，方才可以完成真正的独占。有哪些独占事业是靠权力而来的呢？

（一）依据特别法而成立的独占企业

台湾银行和台湾电力株式会社是这一类型的代表。台湾银行成立于 1897 年，是由总督府赋予发行货币特权的殖民地银行。在整个日据时代，台湾还有 4 家本地的银行：台湾商工、华南、彰化及台湾储蓄。另外，日本国内的银行在台湾设有分行者，只有日本劝业银行和三十四银行两家而已。这 7 家银行的资本总额是 9940 万元，台湾银行占 4500 万元，劝业银行分行为 3300 万元。剩下的 5 家银行共有资本额为 2040 万元。存款总额为 492500 万元，台湾银行为 389400 万元。总放款额为 442500 万元，台湾银行为 391900 万元。由此可见，台湾银行在台湾金融界的独占性。

台湾电力株式会社是依据 1919 年 4 月的"台湾电力株式会社令"而成立的，资本额 3000 万元。日本殖民当局把原先官营的几个电力事业单位的全部资产折成 1200 万元，其余的 1800 万元由民间募集。目的是要建设日月潭水力发电厂。但是工程拖拖拉拉的，耗用了 3600 万元，于 1927 年决议停工。电力会社只经营由总督府接收过来的基隆、台北、高雄和彰化等 4 个电厂。全台湾的 8 个电力会社的总发电量为 27000 千瓦，总资本额为 4387 万元，台湾电力株式会社占其中发电量的 63% 和资本额的 68%。

（二）官业与专卖

专卖制度是官营事业赖以生存的基本条件，也让一些民营事业寄生其中。鸦片的制造由官方独占，输入由三井物产所独占。在盐业方面，日晒的盐场开放给民间，煎制盐的制造由 1919 年成立的台湾制盐株划会社所独占。工业用盐（粉碎洗涤盐）由专卖局所独占。台盐的输日由日本盐业株式会社一手包办。

山地制造樟脑由台湾樟脑株式会社所独占。这个会社成立的目的就是要统一以前的樟脑业。大部分再制樟脑则由 1919 年成立的再制樟脑株式会社所独占。山地制造及再制粗制樟脑的委托贩卖，以及精制樟脑的制造和贩卖，由 1918 年成立的日本樟脑株式会社所独占。樟脑最大的用途是制造人工合成塑料赛璐珞。台湾赛璐珞制造由日本于 1919 年设立的大日本赛璐珞株式会社所独占。烟叶的制造是在专卖局的工场，外国烟叶的输入是由三井物产负责，日本烟叶的输入由专卖局经手。

至于酒的专卖则是从 1922 年开始的。日本殖民当局强迫原有的 200 家民营制酒厂一律停业，另行建立专卖局工厂 15 处。

专卖制度开创并促进了日本国家资本和私人资本的独占事业。同时，在台湾岛内的贩卖则由指定的商人所独占，这些被指定的商人主要是台籍人士。

（三）受总督府特别监督的特别企业

受总督府特别监督的特别企业主要是台湾青果株式会社和嘉南大圳。

青果株式会社的成立是由于香蕉输往日本的数量在 1922 年、1923 年急剧增加，于是在 1925 年成立台湾青果株式会社。香蕉的主要产地是以台中州（今台中县、南投县）为主，其次是高雄和台南两州。总督府的政策是"不经过青果会社，不能从事贩卖或运输"。

嘉南大圳是一大水利工程，可是灌溉的面积有 15 万甲，占全台湾耕地面积的 1/5，受益农户 40 万，占全台湾农户的 1/7。在嘉义和台南的平原地带独占供水和排水事业。1917 年总督府开始计划在台南的乌山头建立大型水库，然后建立圳沟，引水灌溉台南和嘉义的农田。1920 年设立公共埤圳组合，以资经营。总督府取消一切官设的埤圳，拿其预算余额 1300 万元，全部补贴这一组合。后来因工程费用大增，当局的补助款也增加了一倍。

六、向外部发展

台湾在日据时代没有什么特殊的对外关系，只是日本帝国主义的一个殖民地，是日本"南进"东南亚的基地，也是日本农工原料的供应地，为完成日本帝国主义的梦想当牛做马，这个梦想被称为"大东亚共荣圈"。这个名词出现得很晚，要到 1941 年方才开始流行。其主要的内容是，日本、中国、中国台湾、满洲（中国东北）、朝鲜和东南亚等 5 个区域，在政治上以日本为"盟主"，在经济上做到物资"互通有无"，以实现"共同繁荣"的梦想。

日本所要建立的是一个"殖民帝国"。这种殖民帝国的特性就是以经济为主。矢内原忠雄描述台湾在这个殖民帝国内的角色和地位时指出，日本的资本进入台湾，促成台湾的资本主义化，经过一番努力，驱逐了原先在台湾的外国资本，让日本资本主义的力量在台湾发育、成长、积蓄，终而形成独占的局面。把台湾所有的一切生产事业都掌握在日本商社的手中，然后再以台湾为基础，推广事业至台湾以外的地区，扩大这些商社在东南亚和大陆的支配能力。由此可见，台湾作为一个殖民地，要被日本敲骨吸髓般地压榨，贡献出一切，为的只是满足日本帝国主义者的需求。

台湾银行就是个很好的例子，可以说明台湾在日本殖民帝国内的角色和功能。

日本占据台湾之后不久，就设立了台湾银行。1897 年公布的"台湾银行法",很清楚地说明该行的设立目的为"在对商工业及公共事业融通资金,开发台湾的富源,以谋经济的发达,并进而扩展营业范围至华南及南洋群岛,对于这些地方的商业贸易机关调剂金融"。当时,更有人著书指出:"现在台湾落于我手,恰给我以扩张的机会。如果统治就绪,拓殖有功,则台湾为日本发展之根据地,那是必然的形势。南望,则菲律宾已在咫尺之间,南洋群岛有如卵石之相联,香港、安南、新加坡亦不远,皆为邦人可以试其雄飞之地。"

因此,台湾银行的使命就是以台湾为根据地向外发展。一方面是加强跟日本本土的联系,在开业之初就在日本神户设立分行,以后陆续在日本各地设立分行,形成一个网络。另一方面是加强与华南和东南亚各地的联系。1900年在厦门设立分行,1903年成立香港分行,以后陆续在华中、华南、南洋各地,以及伦敦、纽约和印度的孟买设立分行。

分行的设立,代表着台湾和某地方有大量的贸易活动。例如,在1910年,台湾糖业生产过剩,必须要向大陆增加输出。总督府用补贴的办法,命令大阪商船会社开辟从高雄经福州、上海、青岛、大连到天津的航线,称之为"补助命令航线"。台湾银行同时奉令于1911年成立上海分行,以补贴性质的低利贷款给予台湾的糖业会社,以利在商场上的竞争。

第一次世界大战期间,糖是一项很重要的军需物资,日本商社奉命在爪哇大肆囤积爪哇糖,并购爪哇的糖厂和橡胶厂。总督府一方面用补贴的办法开辟南洋的航线,另一方面命令台湾银行在苏腊巴亚(1915年)、三宝垄(1917年)、巴达维亚(1918年)设立分行,对日本商社提供各项补助性贷款。1918年,爪哇禁止外国的茶叶输入,台湾银行巴达维亚分行把当地的华人茶商组织起来,游说爪哇政府,终于放松了对台湾包种茶的禁运。

同时，台湾银行奉令在平时也要贷款给日本商社。1927 年铃木商社倒闭时，它的债务有 4.5 亿元，其中台湾银行的贷款就有 3.5 亿元之多，几乎让台湾银行连带倒闭。当时受到各方的责难。可是就台湾银行来说，它只是忠实地执行日本政府和总督府交付的"日本对外贸易发展援助"任务而已。

从这个角度来看，日据时代的台湾银行不仅是台湾的殖民地银行，更以是台湾为基础的日本帝国主义向南发展的工具。台湾在日据时代的对外关系也可从这个例子中得到清晰的解剖。

七、农　业

日人在台湾所实行的农业开发方式，基本上还是模仿欧美各国在它们的殖民地上所实行的"庄园"生产方式。这种方式主要是利用台湾的自然资源与低廉的劳力，配合殖民地政府和日本民间财团的资本投入，来推动近代化农业的开发，以实现帝国主义下资本主义化的农业生产。这一时期重要的农业开发项目，有全岛土地山林调查、水利工程开发、新式糖厂的兴建、农民组织的建立、作物品种的改良与引进、农业技术的试验研究与推广等。这些措施成为现代台湾农业发展的基础，特别是组织和制度部分，如各种农民团体组织、水利组织、土地组织、试验制度，等等，使得台湾光复后农业得以顺利发展。

日据时代的农业发展大致可以划分成四个阶段，以下分别说明各阶段的特色。

（一）糖业改良时期（1895—1911）

日本据台的前 16 年，由于日本国内对于糖的需求大增，而日本本身糖的产量只够所需的 20% 左右，大部分的糖仰赖进口，因此急切希望能由台湾供应。

1896 年，日本人开始着手改良甘蔗的品种。1898 年，儿玉源太郎总督就任后，积极推行"在台（原有的）糖业改良事业"，公布"台湾糖业奖励规则"，奖励糖业生产，设置"临时台湾糖务局"，负责执行各种试验研究、培养技术人员、更新蔗苗、改进整套的生产技术、改良制糖的方法。1905 年公布"制糖取缔（日语"取缔"的意思是"执行""实施"）规则"。为了调解各新式糖厂之间相互争夺原料，建立了"原料蔗采收区域制度"，就是说划定各糖厂的蔗作区域，在区域内的蔗农必须将他们所生产的甘蔗卖给指定的糖厂，价格由糖厂单方面决定，剥削蔗农的利益，同时也限制了台湾人经营糖业的机会。

台湾总督府以优厚的政策补助日本资本家来台湾当农庄的庄主，接着成立多家糖业公司。1903 年时，台湾的糖产量是 3 万多吨，1911 年时，增加到 27 万吨。为了防止价格下滑，业者组成台湾糖业联合会，以决定生产额度、收购的价格和过剩的糖如何义务输出。

糖务局由于过分偏向糖厂，忽略蔗农的利益，引起不少纠纷，1910 年奉令撤销，糖业政策的推行改由殖产局负责。殖产局新设糖务课来承办这项业务。于是，糖业政策奖励的重心由糖厂转移到甘蔗的生产部门。在做法上，改成大笔经费补助品种的改良、蔗苗的繁殖，以及加强灌溉排水设施。

原来台湾人所经营的糖业大都为日本糖业公司所吞并，形成日本资本家独占的局面。甘蔗的收购价格操纵在日本糖业公司的手中，蔗农由于先向糖公司借款，在收成后，扣除借款已所剩无几，只得继续借，于是，蔗农实际上沦为糖业公司雇用的"农奴"。

（二）在台米改良时期（1912—1925）

日本人在台湾所推行的稻米政策是要培养出适合日本人口味的稻

米，以补充日本米不够吃的困境。第一步是先要增加台湾稻米的生产。要增加稻米的生产，就必须要改善稻米的生产环境，特别是水圳的改良。1901 年颁布"公共埤圳规"。自清代以来由私人经营的埤圳，因其有"公共"的特性，于是被指定为"公共埤圳"，在殖民当局的监督下继续经营。同时，总督府也开始修建新的水圳。1916 年北部的桃园大圳开工，1920 年南部的嘉南大圳开工。由于水圳的整修和兴建，全台湾的农田灌溉面积不断扩大，有利于水稻和其他作物的增产。

日本急需大米，不断地增加台湾的输出（日本公文上为"移出"，"输出"是指对外国的贸易），以致造成台湾岛内米价上扬，一般升斗小民的生活日益窘困，总督府意识到如此下去不利于日本的长期殖民统治，在 1919 年颁布"米谷输出限制令"，规定非经特许不得输出。但是统计数字显示，台米对日本的输出是有增无减，1900 年时只有1400 吨，1925 年时已高达 335000 吨，占该年全台湾稻米产量的 38%。

（三）蓬莱米发展时期（1926—1936）

从日本占领台湾开始，为了达成台湾米粮供应日本国内需要的任务，基于日本人喜欢吃黏性较高的米，于是就积极试验种植日本品种的稻米。经过 30 年的育种试验，终于在 1925 年 5 月 5 日正式命名为"蓬莱米"。是年种植的面积为 68697 公顷，到了 1935 年更增加到 295811 公顷。输日的蓬莱米在 1934 年时更高达 721000 吨的最高纪录。

台湾农民广种蓬莱米的理由，并不是因为蓬莱米的米质比在台米好，而只是因为日本人喜欢吃蓬莱米，身处殖民地的台湾人民不得不牺牲本身的需要改种蓬莱米，以满足日本的需求。周宪文在《日据时代台湾经济史》中指出："我们说：'台湾农民是为日本人而辛苦'。严格说起来，这话还不够深刻。当年台湾农民绝非'有余输出'，而是'饥馑输出'，说明白些，他们一方面以其辛苦所得的蓬莱米供给日本人消费，而同时自己则改以甘薯果腹，并由海外输入质量较差的米粮以资补充。"

（四）农业多角经营时期（1937—1944）

这个时期由于日本发动全面侵华战争，台湾进入战时经济统制时期。为了因应战时军事的需要，各种有特别用途的农作物都被迫加强生产，致使台湾农业的结构发生重大的变化，走上多角化经营。

日本为了侵略大陆，把台湾作为军粮的补给地，1939 年设立米谷局，由总督府直接控制米粮的输出。1941 年日本偷袭珍珠港之后，更公布"米谷生产奖励规则"。由于各种农作物都在奖励之列，造成台湾农业大量增产。但是在战争的末期，由于物资的消耗过巨，以及美军的大肆轰炸，整个农业乃至于工业都受到极大的创伤。

八、工　业

到了日据时代的大正年间，由于有了电力供应，就开始有了使用动力机械的小工厂。根据总督府的统计，在 1915 年时，使用动力或雇工 5 人以上的工厂有 1323 家，其中使用动力者有 642 家。到了 1936 年，使用动力的工厂有 6150 家，占全部工厂的 78%。

日据时代的工业结构，初期由于承继前清的经济体系，偏重米、糖、茶的加工业，尤其是制糖业，在日本总督府的大力扶持下，一直占整个工业产值的 6 成以上。这种农产品加工业受自然条件的限制较大，产量比较不稳定。一旦土地条件和种植面积达到饱和，就没有办法增产。

到了 1934 年日月潭水力发电工程完工之后，由于廉价的电力充足供应，相当耗电的化学工业随之勃兴。主要项目是酒精、化学肥料、碱酸、氮等。金属工业也慢慢地开始发展，最早是以镀锌的铁皮（俗称"马口铁"）为主，用来制造罐头食品的罐子。后来因为日本重工业的需要，日本资本家纷纷到台湾投资设厂，从事各种轻金属(铝、镁、镍）和钢铁工业。机械工业原本是以修理制糖机械为主，1930 年以后，由于军国主义的缘故，在总督府的奖励下，开始有了造船、汽车修护、火车头修护、工作母机、耕耘机、通信器材等工业。另外还有水泥、造纸、樟脑、制革、制盐等工业。这些工业的规模不大，资本额也只有数百万元，但它们却是以后台湾工业的基础。

至于轻工业方面，以印刷、帽子和纺织品为主。可是日本本土不需要这些产品，更认为这些轻工业的发展将不利于日本产品的输入，因而一直不曾加以奖励和扶助。

在战争的末期，美军飞机大肆轰炸，这些工业设施几乎都被摧毁。

▌▌参考文献 ▶▌

王益滔：《台湾的农业经济》，《台湾研究丛刊》第 75 种，台湾银行经济研究室 1962 年版。

江荣吉：《台湾近代农业之发展》，载《台湾近代史》（经济篇），台湾省文献委员会 1995 年版。

吴田泉：《台湾农业史》，台北自立晚报文化出版部 1993 年版。

周宪文：《日据时代台湾经济史》，《台湾研究丛刊》第 59 种，台湾银行经济研究室 1958 年版。

柯志明：《"米糖相克"问题与台湾农民》，载《台湾经验（一）历史经济篇》，台北东大图书公司 1993 年版。

柯志明:《殖民经济发展与阶级支配结构——日据台湾米糖相克体制的危机与重构 (1925—1942)》,载《台湾经验 (一) 历史经济篇》,台北东大图书公司 1993 年版。

张汉裕:《日据时代台湾经济的演变》,载《经济发展与农村经济》,台北三民书局 1974 年版。

黄富三:《台湾近代经济发展史的分期及其特征》,载《台湾近代史》(经济篇),台湾省文献委员会 1995 年版。

边裕渊:《日据时代台湾经济发展之分析》,《台湾银行季刊》第 23 卷第 4 期,1972 年。

第 九 章

从回归祖国时的喜悦到失望

——二二八事件的原委及其消极影响

在近 100 多年间，中国和日本有两次战争，起因都是日本侵略中国。一次是 1894 年的中日甲午战争，一次是从 1931 年九一八事变开始，长达 14 年的抗日战争。在前一次战争中，日本攫取了台湾，作为它的殖民地。在后一次战争中，却因日本战败而让台湾重归中国的版图。

台湾与大陆乖违已历半个世纪，在日本人的统治下，有了相当程度的变化，对于大陆的实情也相当隔阂。当光复之初，台湾人民以满腔热情来迎接祖国，可是，看到来接收的军队衣衫褴褛，形同乞丐，军纪又不佳，再加上贪官污吏横行，很快就失望了。终于在 1947 年 2 月 28 日，在台北市爆发了著名的二二八事件。

一、重回祖国怀抱时的喜悦

1945 年 8 月 15 日，日本军国主义终于宣布无条件投降。中国人民的抗日战争和世界反法西斯战争宣告胜利结束。可是，对中国来说，历经日本军国主义蹂躏领土长达十几年，军队伤亡数百万人，人民死伤上千万人，全国精华地区沦陷殆尽之后所获得的胜利，充其量只能算是一种充满血泪的"惨胜"。虽然如此，全中国包括台湾在内的人民依然欣喜若狂，兴奋异常，到处鸣放鞭炮。

美国《时代》周刊驻华自由派记者白修德在他的名著《中国暴风雨》中描述当时重庆的情景：

当胜利降临重庆时，正是炎热的夏天。那是在一个夜晚——城里的少数几个无线电传来了胜利的消息，这消息又从一个电话到另一个电话，从一个朋友到另一个朋友地传了开来。重庆就立刻爆发成为一个欢呼和爆竹的城市，起先还是零星的、错落的，但是一小时之内，就成为一个爆竹响和狂欢的火山了。

在日本沦陷区的北平（现在的北京），当日本天皇无条件投降的"玉音"放送（1945 年 8 月 15 日正午）之后，人们立即涌向街头，城里顿时万头攒动，人潮汹涌，高声呼喊着"胜利"！当天下午，青天白日满地红的国旗便飘扬在北平的上空……

在上海，日本无条件投降的消息在 8 月 15 日晚上就由苏联侨民（白俄）传出，第二天早晨，全市停业，爆竹之声整天不绝于耳，热闹市区有几千人的游行，狂呼"中华民国万岁""中华民族解放万岁"……

在台北虽然也是一样的热烈，可是由于直接受到日本人的统治，那种反应就不同于大陆，在热烈中带有几分谨慎。戴国辉在《爱憎二二八》一书中对当时台湾的情形有这样的记述：

1945 年 8 月 15 日，天气热得叫人发昏。然而，通过前一天的无线电台广播预告，知道中午会有"重大放送"的中坜街（今桃园县中坜市）的朋友们，聚集在街上最多不超过十来台的收音机旁，集中精神聆听质量不高的收音机放送出来的低沉而又充满杂音的"玉音放送"。天皇的"玉音"究竟在说什么实在很难听懂，不过，我们大概可以猜到战争是结束了。日本接受中、美、英三国在 7 月 26 日所签的《波茨坦宣言》(苏联于 8 月 8 日补签)，宣布无条件投降。

一直要到 10 月 25 日，陈仪以中国台湾省行政长官公署兼台湾警备总司令之职，作为受降代表，在台北市中山堂（日据时代的公会堂）接受日本帝国的末代总督安藤利吉的降书之后，台湾的治权才正式归还中国，由当时的国民政府接受。10 月 25 日就成为台湾的光复节。

从 8 月 15 日到 10 月 25 日的这段过渡期间，就我（戴国辉）当年的所见所闻，整个台湾社会只能用一句话——狂欢——来形容。大家都处于一种兴奋的状态中。其实这两个月又十天的期间，整个社会心态也有一定的发展过程。开始的时候，台湾老百姓还不敢乱动，密切注意着日本军队和日本人的动态。毕竟，日帝占领台湾的初期头十年（1895—1905），先屠杀平地的台湾人，然后再镇压山地台湾人，并且继续以警察特务强权政治的恐怖统治。大家心有余悸。

经过了日本人 50 年的统治后，显然，台湾一般老百姓在面对日本人的时候，心理是不太健康的。他们怕日本人，因此，对日本人竟有一种非常复杂的自卑感。他们虽憎恨或恐惧日本及日本人，但是一方面却又认为日本的一切都进步、高级，男人英俊，女人漂亮。然而，战争结束以后，事情就有了变化。到了 8 月底 9 月初的时候，街头上渐渐看到一些日本军人出来开理发店，还有卖点心的。事实上，因为征兵制的缘故，日本军人里头是各行各业的人都有。当他们一旦脱离军队体制的束缚之后，经营理发生意时，他们比台湾师傅还要客气、干净，赢得台湾顾客的偏爱。至于那些昔日耀武扬威的日本警察，情况变了，为了害怕报复，只好拼命逃躲了。

一般说来，当学校老师的日本人则受到保护。同样的，那些当日本走狗的台湾人，特别是警察，也难免挨揍而迅速地隐藏起来。

虽然，尚存一知半解，毕竟"日本鬼子"是战败了。他们再也不能骑在我们的头上作威作福了。当时台湾老百姓的想法非常单纯。大家都在时代潮流中自我陶醉，我们中国是四强之一，我们的未来是辉煌而且灿烂的。似乎没有人想过复员建国是一条艰难而坎坷的道路。更没有人去想，究竟光复对自己是怎么一回事？回归中国又是怎么一回事？日本战败后又会怎么样？大家都在恋母情结心态下，一心一意只想回到慈母的怀抱。我记得，我的父亲当时曾经对我这么说过："把我们抛弃的是清朝，是满洲人；但是孙文先生和阿石伯（蒋介石）则不同，他们是汉民族，是好人。"

且看中部开明大地主、属于中间偏右的民族主义者、曾经领导过全台湾抗日运动的林献堂先生一伙人的动态。林的老秘书亦昔日战斗伙伴的叶荣钟先生给我们留下了贵重的原始资料。特此以原文公布如下：

欢迎国民政府筹备会公告

台湾光复全岛额手，有心者莫不同深感慨也。

兹为国府接收委员不日驾临，同胞俱皆翘首以待，顷为磋商欢迎事宜起见，敢烦先生为筹备委员，希予快诺，爰定明十号下午三点钟起在台湾信托台中支店楼上开筹备委员会，伏乞拨冗光临，共商一切。端此奉达并候。

崇安

（一九四五年）九月九号

（中略名单）

这一份名单是可贵的。除了台共谢雪红以外，可以说，全中部有头有脸的名士都被网罗在内。杨逵也以真名杨贵列上。至于杨肇嘉（日据时代台湾抗日右派领袖，抗战时在上海经商）尚在大陆，没有来得及赶上。近几年来活跃于党外运动（即以反国民政府为主要要求的"台独"运动）的老伯伯（伯伯，前辈）张琛瑀、巫永福以及值得人人缅怀但在"二二八"牺牲的陈炘也参与其中。另外，文中虽带些日本风味的"汉语"表现，其实胜利初期未开始正式接收前期来言，已甚为高水平了。

时序进入 10 月，"祖国"的影子终于在台湾出现了。5 日，台湾省行政长官公署及台湾省警备司令部的前进指挥所在台北成立。17 日，国府所属的第七十军分别搭乘美国军舰，在一片旗海飘扬的欢呼声中登陆基隆。我记得，当家母听说国军就要经过中坜火车站时，因为胃癌长期卧病在床的她，还特地换上一身不知藏在哪里的旗袍（日帝警察在晚期禁止台人穿布扣中国式衣衫），要家人到街上找辆人拉的黄包车，赶到火车站去迎接国军。在欢迎国军的人群中，我看着她穿上那身我从来没有看过的旗袍（尽管她因罹患胃癌开过刀，而使得旗袍宽松了些），手里挥舞着一面不知从哪里来的青天白日满地红的国旗，像其他人一样热烈地在欢迎国军。

事实上，当陈仪长官两度改变抵台时间而于 24 日飞抵松山机场时，台湾老百姓的欢迎热情不但没有衰退，反而达到最高峰。现在看来，当时台湾老百姓的那种狂热，里面并没有任何阶级性、地域族群性或其他因素，可以说只是一种素朴的民族情感流露的中华民族主义吧。

从戴国辉的这段描述中，我们可以清楚地看到，在台湾重回中国版图时全台湾人民的心情和感受。文中提到他的母亲不顾屡弱的病体，换上珍藏已久的中国衫去火车站迎接国军的情景，是何等地感人！当时，全台湾的人民都认为自己是中国人。反观现在台湾社会所流行的"非中国化"思想，则是后来因国民党当局施政不当及其他因素引发的。

二、陈仪与台湾行政长官公署

早在 1943 年 11 月，中、美、英三国首脑蒋介石、罗斯福和丘吉尔在埃及召开开罗会议，会期从 1943 年 11 月 22 日至 26 日，27 日签署《开罗宣言》。翌年 1 月公布了《宣言》。在《宣言》中明白地规定，日本投降后，日本必须把中国东北和台湾、澎湖列岛归还中国。

1944 年 10 月，国民政府在重庆成立了台湾调查委员会（简称"台调会"），开始做接收台湾的准备。台调会隶属于中央设计局，有委员 9 人，台籍 3 人，即谢南光（国际问题研究所）、游弥坚（财政厅）、黄朝琴（外交部）；浙籍 3 人，即陈仪、沈铭训、钱宗起；另 3 人是国际问题研究所所长王芃生（湘籍）、夏涛声（皖籍）、周一鹗（闽籍）。由陈仪出任主任委员，夏、周、钱兼常委。

陈仪，1883 年（清光绪九年）生，浙江绍兴人。曾名陈毅，字公侠，又改名公洽，自号退素。1902 年考上浙江省官费留学，进入日本陆军士官学校。在去日本的船上，结识鲁迅、许寿裳、邵明之（铭之）等人，成为知己莫逆。

1907 年毕业回国，在陆军部从二等课员干起，后来出任陆军小学堂监督。1911 年辛亥革命，浙江起而响应，1912 年浙江都督任命他为督军府军政司长。1914 年应召北上，在北京北洋政府担任政事堂统率办事处参议。1916 年袁世凯窃国，不久，陈离职。

1917 年，北京陆军部派他去日本，入日本陆军大学，为第一批留学日本陆军大学的中国学生。1920 年回上海，无事可做，曾在垦殖公司、上海丝绸银行工作。

1924 年孙传芳入据浙江，委任陈仪为浙军第一师师长。1925 年，率军攻打奉军，击败张宗昌的部队，因此被擢升为五省(浙闽苏皖赣)联军徐州总司令。

1926 年，南方的国民革命军北伐，势如破竹。陈派他的第一师参谋长葛敬恩向国民革命军输诚，蒋介石任命他为国民革命军第十九军军长。但为孙传芳的部将孟昭月识破，出其不意，率师进入杭州，把陈仪看管起来，旋又押送南京，软禁于五省联军总部。由于蒋百里向孙传芳说项，让陈仪大难不死。

由于蒋介石留学日本士官学校的期别较低，像陈仪、蒋百里这样的留日前辈对他并不倾心，一直持观望的态度。除了因局势不明之外，多少也有不愿屈就于后辈麾下的缘故。1928 年初，南京的国民政府派陈仪赴欧洲考察，接触了许多留德的学生。1929 年，由于张群调任上海市市长，他的军政部兵工署长位置就由陈仪接任。任内他聘用了俞大维、陈介生等留德精英，树立了有关的制度，又准备扩厂大量制造大炮、机枪等武器，逐渐确立国产武器生产体系的雏形。陈仪廉洁且新颖的作风和不凡的建树，颇受蒋介石的赏识，第二年陈仪受命兼任军政部常务次长。不久，再升为政务次长。兵工署长由俞大维接任。从此，陈仪在国民政府中日渐受到尊重。

1933 年 11 月，曾在"一·二八"淞沪抗战英勇抵抗日本人的第十九路军将领蒋光鼐、蔡廷锴、陈铭枢等人，在福建成立中华共和国人民政府，公开宣布要抗日反蒋，史称"福建事变"。第二年 1 月旋即倒台，于是国民政府派陈仪为福建省政府主席。

1935 年陈仪奉国民政府之命令，率团参加日本台湾总督府所办的"台湾始政四十周年纪念博览会"。10月10日至11月28日,陈仪等一行在台湾参观了日月潭水电站、嘉南大圳、基隆港等设施,也参观了矿山、糖厂、台北帝国大学、气象台等机构。回到福建后,由沈仲九主编了《台湾考察报告》一大册。同时,考察团也获得台湾总督府所赠送的《台湾法令汇编》等有关资料。

陈仪主持闽政7年多。先后延揽不少人才,也尝试一些新政,以强悍的作风推行政策,得罪了奸商与土豪劣绅。他创立收购粮食的"公沽局",成立生产局以及管制货运的运输局,实行经济管制,以致奸商趁机囤积居奇,贪官从中渔利,米荒严重,物价飞涨,民怨沸腾,遭到闽籍侨领陈嘉庚的激烈抨击,南洋各地的华侨也多有怨言。终使陈仪于1941年9月黯然去职。

此后,历经一些闲差,直到台调会成立,他才又回到政治舞台。1945年8月15日,日本宣布无条件投降,29日,国民政府任命陈仪为台湾行政长官。9月1日公布了"台湾行政长官公署组织大纲",7日任命陈仪兼任台湾警备总司令。

1944年台调会成立后,陈仪即利用他兼任中央训练团教育长的机会,在该团设立了台湾行政干部训练班,招收120名各机关的在职人员,施予4个月的训练。训练内容以三民主义、《建国方略》、《建国大纲》为主,更重要的是研讨日本人编的《台湾法令汇编》。这个训练班只办了一期。另外在福建永安也设立了一个台湾警察干部训练班,由胡福相主持。这两批人后来都成为长官公署的中下级干部。

台湾省行政公署设秘书长1人,其下设8个处,陈仪指派的第一批人选名单如下:

秘书长葛敬恩、秘书处长钱宗起、民政处长周一鹗、财政处长张延哲、教育处长赵乃博、工矿业处长包可永、农林业处长赵连芳、交通处长徐学禹、警务处长胡福相。

不久又改动了其中部分名单，秘书处长钱宗起改调善后救济总署台湾分署署长，由夏涛声出任秘书处长。徐学禹由于在招商局总经理的任上，不能离开，改由严家淦出任交通处长。教育处长改成了范寿康。警备总司令部参谋长由柯远芬出任。

10 月 2 日，台湾省长官公署及台湾省警备总司令部前进指挥所成立，由长官公署秘书长葛敬恩兼任主任。

这样的一个接收的班子，是以陈仪在福建省主席任内的老干部为主，加上两个训练班的学员。在这些班底干部里面，不乏曾经出现操守问题的人，再加上陈仪在福建的一些施政最后弄得民怨沸腾，尽管陈仪个人操守廉洁，知人善任，可是，他却对部下很为护短，以致他在台湾长官公署的任内短短 900 多天竟然重蹈覆辙，引发更大的动乱，终而黯然去职，转任浙江省主席。1950 年初，国民党当局在大陆上兵败如山倒，陈仪想投向中共，结果被蒋中正发觉，押回台北枪毙。这又是他当年背叛孙传芳弃暗投明事件的翻版，只是当年有蒋百里相救，这一次就没有人可以相救了。

三、长官公署官员的种种贪污劣迹

国民政府在抗战胜利后，在接收工作上出现了重大的瑕疵，不但引发严重的金融危机，更引起广大人民的愤怒，其结果就是被扫地出门，失去了在大陆的统治权。同样的，这种有重大瑕疵的接收工作也出现在台湾，结果就是引发了二二八事件。因此，我们在讨论二二八事件因何发生的时候，不能把焦点只放在事件的本身，而是要看当时的政治、社会等各方面的条件。正是这些条件共同促发了事件的发生。

长官公署到底有哪些劣迹？一般的书上大多语焉不详。戴国辉在研究的过程中，发现当年中共地下组织在上海发行的《文萃丛刊》第2期刊载两篇有关二二八事件的报道，对当时的情形有相当客观的描述。一为张琴所写的《台湾真相》，二为雪穆所写的《我从台湾活着回来》。经戴国辉考证，张琴就是当年中共派在陈仪身边卧底的人员胡允恭，而雪穆是何许人则查不出来。

胡允恭的这篇《台湾真相》，可以使我们清楚地看到当时台湾长官公署是如何的贪渎腐败。胡允恭自编自答了三个问题：

第一，台湾人与外省人何以竟会成了对立的名称？

台湾接收后，国内同胞渡海前去的渐渐多起来了。良莠不齐，自然是难免的事，原也不足深怪。无如台湾在日本帝国主义压迫下数十年，人民被日本人镇压得不敢不守法，因而在日常生活上的守法，已变成人民的习惯了（对日人守法，在某种意义上说，原是要不得的奴隶行为。但从另一角度来看，人民与人民相处，能互相守法，原也是需要的事），一旦看到国内同胞中有少数毫不守法的人，便夸大其词，因而引起台湾人民对国内来人的误会，甚至无例外地视国内来人为不守法，这也是事实。

起因大半因为小事，例如台湾的脚踏车店常备有10辆8辆车子，租与客人使用，取费很廉。出租既无担保更不需先付车资，客人多是在约定的时间内送还原车，并缴纳租费。国内同胞初到台湾，向车店租车，店主为表示亲爱，往往不肯收受租费，不料后来有少数败类竟然不守信用，把车子骑出永远不再送还，有的三五天后才送还。于是车店主人也就毫不客气，对国内来人一律不肯租车。再如旅馆中的主人也常备普通雨衣三五件，挂于旅社门首，以备无雨衣的客人出外穿用，在台湾早习以为常了。国内的同胞少数不良分子，往往借着看友人，把旅社雨衣穿去永不送还，于是旅社中为客人常备的雨衣便一齐收去，不再挂置门口。凡此等小事，在下层社会中传播最快，且迭次相传，又不免故意夸大事实，不加分析，以真传讹或以讹传讹，遂使台湾人民有轻视国内来人之不正确的意念，这是一。

此外，在各机关中不独首长皆为国内同胞（绝少机关是台湾人），且秘书、科长、股长一律皆为国内同胞。台湾人民自然不免有嫉妒的心理（或许台湾人民不肯承认，但这是事实）。国内同胞又不知台湾同胞的心理，往往颐指气使，官架子颇大。且因台湾同胞不懂"等因奉此"，便视为无工作能力加以轻视。以致在机关中常常发生台湾人与外省人的派别，甚至发生磨擦争闹，这是二。

最为台湾同胞所憎恨的是，在同一机关中担任同级工作，待遇相差过巨。例如邮电局国内同胞在原薪外每月有 6000 元台币的津贴，台湾同胞则一文津贴也没有。一面花天酒地，一面衣食不济，因而台湾同胞极仇视这些国内同胞，这是三。

综合这些原因，台湾同胞常说国内同胞为外省人，国内同胞也常常公然说某人是台湾人，大有不认同中国人的意思。台湾人与外省人遂因此在台湾成了一个对立的名称。开始虽不致有深大的仇恨，但台湾人与外省人的界限是因此划定了。可是政府对这些事视为小问题，一向不予注意，任其发展下去，遂闹成初步的内外省人的不协调。

第二，台湾人民为什么仇恨台湾省政府？

台湾人民对长官公署开始是存着极大希望的，但他们的希望也是平淡近于人情，可以说并没有奢望。他们希望生活安定，物价不要太波动，政治上轨道，社会秩序安宁。可是事实都违反了他们的心愿，由于工厂不能开工，接管工厂的小职员以及技术人员多用大陆人，失业人民增多，生活不能安定。物价波动厉害，生活日趋困难。政治腐败，日益显著，没有上轨道的希望。不独偷窃之风甚炽，人民不能安居，且省会所在地的台北，白昼常常发生大规模的抢案。人民对政府由希望到了失望。然而政治腐败更糟糕下去，负政治全责的陈仪长官天天坐在长官公署大楼的第一层，受着葛敬恩（秘书长）、包可永（工矿处长）、严家淦（财政处长）、周一鹗（民政处长）等包围，耳中所听到的是政治如何上轨道，人民如何歌功颂德，京沪的舆论如何的赞美，他老人家真有点飘飘然。

台湾的士绅（如蒋渭川、林献堂等）也有人看到政治太腐败了，贪污横行，不得已向陈仪略略谈到，他脸一红，极不客气地说：你所谈的有什么证据呢？语气挺硬，拒人千里之外。其实证据全有，但谁人肯当傻瓜呢？即令硬将事实指出，办不办还未可知。但四凶（葛、包、严、周等，台湾人称之为"四凶"，一般贪污官吏多是他们的爪牙）的势力是炙手可热的，因此台湾士绅便也不敢再多事了。

其实台湾的贪污有没有证据呢？我们举出几件事在下面，请看，这能不能算证据？

（1）省专卖局长任维钧因贪污被《民报》揭发。任大怒，在各报大登启事，限《民报》3日内举出证据，否则依法诉究。《民报》在第二日即在报上公开举出有证据的贪污有500万元台币之多，并云尚有若干证据不完备未举，坚决要求任维钧打官司，任不敢置答。陈长官见报大发脾气，把任维钧叫去，要他打官司，任迟迟不答，陈看出他的心虚，大声斥他说：既不能打官司，便不应该登启事，迫人家检出证据，丢自己的脸呀！糊涂！你回去自杀吧！任退出后，请假两星期！又回到局内办公，不但未自杀且不肯辞职。此事闹得满城风雨，无人不知。

（2）葛敬恩的女婿李卓芝在任台湾省纸业印刷公司总经理时，把几部大机器（当时值千万元台币）廉值标卖，暗中自己以40万元台币买下来。迨改调台北市专卖分局长时，被继任总经理查出，拼命向他追索，他不得已行贿台币5万元。后任收下写一报告，连同5万元贿款送与长官公署，事被葛敬恩知悉，把5万元贿款批令缴交省金库（省会计处有帐），报告按下不办。李卓芝若无其事。后来被陈仪长官查知，仅骂了李卓芝一顿，仍准他做分局长，直到他荷包刮满后才离开台湾。

（3）贸易局、专卖局贪污舞弊，既为台人所愤恨，有凭有据（《民报》于去年8月间举出甚多），陈仪皆不肯办，台人虽哗然不服，惟毫无办法奈何此辈。幸好中央清查团刘文岛等来了，各报（除李万居的《新生报》）要求打老虎，刘也表示，苍蝇太多，不管它，只打老虎。大家举出千万的贪污证据，刘清查后认为贸易、专卖两局局长于百溪、任维钧贪污证据确实，遂备公文附证据移送长官公署办理。并公开招待记者（去年9月的事），声明至低限度要求陈长官先把于、任撤职，即刻移送法院审理。后来刘走了，于、任迟迟不撤，依然花天酒地，台北人民几次想捣毁两局。直到刘文岛在上海发表谈话，希望陈长官迅速将两局长撤职，以免遗憾。陈不得已才把两局长撤职，移送法院。法院认为案情重大，即予拘捕。长官公署反出来替他们说话，说移交未办，不能即予拘捕。于、任因此遂得具保释出（直到现在还在办移交，未审）。于、任在释放后，以为靠山有力（于为严、包私人，任为沈顾问铭训太太的私人），不但不悔过，又于移交时大舞其弊。一面把日人移交他们的清册销毁，说没有清账，以便抵赖。一面又把仓库里的存货，以多报少（如任移交案中，列报食盐被人民抢去1万担，红土好鸦片土被白蚂蚁吃掉70公斤，糖损失数十万公斤，等等。公署人员全体大哗，认为如果食盐被抢，在何时何地？1万担需若干人才能抢去？多少白蚂蚁才能吃掉70公斤鸦片？且蚂蚁吞食鸦片，亦待研究。开始大家主张彻查，后来一想，他们来头太大，不敢多事。因此，于、任移交文案，无人敢负责查，现在仍搁在长官公署。）又大发其财。好在于百溪的后任局长于瑞喜是他自己的主任秘书（戴国辉按：应该是于瑞熹，为副局长，非主任秘书），任维钧的后任局长为陈鹤声，都是同路人，自无不了结的手续。

（4）轰动全国的台北县长陆桂祥贪污5万万元台币的案子。长官公署起头说要派大员彻查，结果台北县政府起了一次大"怪火"，先把会计室的账簿单据烧得一干二净，再把税捐处烧光，县政府的一切接收、税据等原始证据都被火神收去了。怎么彻查呢？台北人民街谈巷议，县参议会也忙着开会，像煞有介事地在讨论"怪火"，但结果如何呢？永远没有下文了，长官公署查了没有？只有天才知道。

陆县长听说在福建也做过县长，与严家淦、包可永为徐学禹先生的三大干部，手段是够高明的。他在台北有没有贪污虽未查确，但据他在台北县政府招待记者席上报告，台北有贪污的人员则是事实。如他说，外面传他贪污都是区长裘某的造谣，实则裘某在台北区长任内确确实实贪污60余万元台币，被他查出，正要拘办裘某，然而裘某已逃走了。事实如何，外面不能详知。即令陆县长不曾贪污5万万元，裘某贪污60余万元，经过陆县长查明则为事实（此事在去年10月底发生，台北各报皆有登载）

这不过略举几件大的贪污案，其余贪污案件层出不穷，不胜举例。政治如此，人民安得不怨恨政府？台湾人民怨恨政府是由于贪污政治所激成。我们如果武断地说，台湾人民受奴化教育太久了，他们的思想根本仇恨中国，这未免太不合客观事实，谁都不肯承认。

第三，台湾省政府是怎么对待台湾人民的？

讲一句天地良心话，陈仪长官自到达台湾一直到"二二八"事变前，他个人对待台湾人民是相当善良的。尤其是他个人不贪污不舞弊，台湾人民都能深深了解。可是他不是以个人资格侨居台湾，他是台湾的行政首长，政治上逼着人民不能照旧生活下去，个人对人民表示亲善，人民是不会感激的。台湾的省政府是否有妨碍人民生活的措施，我们且看以下事实：

（1）工厂大半关闭，失业人数增加

台湾在日本帝国主义统治下50年，殖民地式的工业是相当发达的，固然日人由此吸食了千万亿台人的膏脂。然而台人都有工可做。他们可以维持最低限度的生活。到了接收以后，所有的工厂几乎全部停闭了，经过数月，若干工厂虽开了工，然而仅是部分的开工，用人不及从前的五分之一，而且技术人员以及厂中的职员百分之八十是国内来的，因此失业人数剧增，省政府始终没有办法解决这个问题。

（2）各业统制，斩断人民的生计

例如，在日本帝国主义统治时代，准许人民开矿，因此，台湾私人石炭矿场是极其发达的。胜利后，人民私营矿场依然开工，炭产极富。省政府以为有利可图，要加以统制了。他们组织了一个燃料调剂委员会（戴按：正式的名称应该是台湾省石炭调整委员会，以下同），以工矿处长包可永为主任委员（这是专卖局之外的专卖机构）。所有私人炭场产炭统统规定要卖给调剂委员会，不得私人买卖，价格由官方规定。据我所知，去年春夏每吨石炭官价是500元台币（合法币17500元），包可永先生转一下手，卖给上海市燃料委员会（闻系徐学禹负责），价格是10万元法币。去年冬天，收购私人石炭每吨价格是1000元台币，他们卖到上海的价格是法币30万元。今年春天闻已略予提升，但每吨不及1500元台币。即此一项获利，据私人统计约有2亿至3亿元台币了。但利润到"二二八"事变发生并未解送省金库，此项巨款到哪里去了呢？此是台湾人民的膏脂，所以台人时时关心不忘（若说获利是贴补公库，何以年余仍不缴库？以此款存银行，拆息也很可观）。

此外，人民生产的食糖政府也统制专卖，定价不及成本。有许多人民因此把蔗田犁毁。长官公署为表示自身生产有进步，廉价收购食糖15万吨，赠送中央，更有糖业公司某要员勾结商人，私运食糖3500吨装台安轮运沪。在基隆被查获(去年11月的事)，各报及人民皆有反对之声，以为人民种制食糖不能自由运货，反让这般贪官借以发财，要求严办。闹了一阵，以为至低限度可以打击他，使他不能运走。可是事竟出人意料，某要员不知凭借什么力量，居然把船开走了。台人简直恨得发疯，大毁蔗田，表示不再制糖。

上所举例，仅指其大者而言，小的方面也是如此。例如日常用的毛笔、文具、教科书等统统由教育处主办的台湾书店专卖，各机关团体不向台湾书店购买此项文具书籍，会计处不准报销用款，并限制私人经营此项用品。总之，与民争利是无所不用其极。

（3）大量走私，米粮外溢，引起粮食恐慌

台湾是有名的产米省份，且一年数熟，米粮充足，但因走私之风太盛，以致米粮外溢，引起民食恐慌。走私的并不一定是商人，各报即大登武装走私消息，其实官吏也在走私。如花莲县政府本年 1 月即有 4 只大汽船走私，由财政科长黄某出面，不料太大胆了，一只在高雄被海关扣留，一只到了日本被盟军扣留，一只被花莲民众扣留，一只开到上海，后来没有下文，此案发生后轰动全台，全台报纸及人民皆要求把主犯县长张文成撤职送法院审办，但张也是有来头的（听说是周一鹗的同乡），不但未撤职，且官运正红，据闻仅把财政科长撤职了事。

到了 2 月中旬，全台米荒发生了，公务员食地瓜，市民食地瓜，1 斤米要 45 元台币（合法币 1575 元 1 斤）尚无处可买，以致全台骚然。于是政府也着慌了，但他们有他们的政治八股，一面说是奸商囤积居奇（假使食米不外漏，吃不完，何人作傻瓜来囤积呢？），到处搜查米商，结果并没有大发现，一面评定米价为 22 元 1 斤，勒令米店以米应市，结果还是没有米，终至全省陷入粮荒状态。

（4）限制进出口商，使商业停顿

黄金风潮到了台湾，经济大恐慌笼罩全台。政府不了解恐慌的原因，硬抓住一个片面的理由，说这是游资作祟，游资之所以能作祟，完全是商人捣鬼。于是限制进出口商的办法来了，明令规定：进出口商须向基隆交通管理处登记，把所有货物先移存指定的仓库中，候财政处估价后，自由出卖或由政府收买。存货租金既贵，日期又不限定。出口商须缴纳全货总值百分之二十保证金，到了上海，把货物全部售清后，须由台湾银行上海分行汇回百分之四十到台湾省银行（这是硬性的剥削商人，盖台币系由政府规定 1∶35，仅公务员可由薪俸中抽出三分之二以此比例汇出，商人汇款，仅能以 1∶24 汇出，且手续极多，由上海汇回台湾，则以法币 35 元作台币 1 元），百分之六十款子购货，然货到基隆，仍须受进口商办法限制，这个办法公布以后，正当商人均惶惶不知所措。

（5）烟、酒、印刷业的统制

台湾在日人时代，虽然烟酒是专卖，但是私人小规模的经营并未废止。胜利后台湾长官公署则完全废止私人经营，即台人向日所存的烟酒也不准私卖了，必须到专卖局去登记，把旧的牌号上重贴"台湾专卖局出品"字样才准出售，不仅取费过重，且须加上额外需索，手续尤其麻烦。此项旧货售完后，各店家以及小贩须向专卖局领购烟酒，该局出品极坏，如纸烟霉辣不能入口，酒则清淡如水，一般人皆不愿吸食。

桂永清司令前此在台北遇到长官公署科长两人，皆食美国烟，桂问他："你们何以不吸专卖局纸烟呢？"答道："那种纸烟拿来作戒烟药品是可以的，吸食则不可以。"桂从口袋拿出一包纸烟，反驳他们说："这就是专卖局的出品，真正是物美价廉，你们看，不好在什么地方？"该二科长看了一下，笑着说："不错，这是专卖局出品，但是这种纸烟是为长官特制的，作为长官招待贵宾之用，而且以此欺骗长官，至于卖的纸烟则就不是这样了。"于是桂司令才恍然大悟。

桂返回台北见了陈长官，把这件事淡淡地谈了一下。桂走后，陈长官在纪念周上大骂这两个科长说："你们是明明的反对我的政策，专卖局的内幕情形，如何可以向贵宾说破，究竟专卖局送予我的纸烟是不是特制的，我还要查，如果不是事实，政府要严办你们。"后来此事便搁下了，大概这两个科长尚非造谣。纸烟是这样，酒也是坏到不能饮，一般的酒等于白水加火酒，既要专卖，又以劣品害人，所以专卖局在台湾是无人不骂，无人不恨。

此外，台湾的印刷是相当发达的，私人经营印刷业的极多。

长官公署明令各机关学校，所有的一切印刷的东西皆须送到工矿处经营的台湾印刷公司去印，否则不准报销，因而各私人经营的印刷业皆受到绝大的打击，许多印刷厂歇了业。

烟、酒、印刷大半是小有产者所经营，靠此业吃饭的人数也最多，政府这样一统制，千万人的饭碗完全打得粉碎了。

胡允恭的报道一针见血地点出了长官公署的恶政带给台湾绅民的困苦、愤怒和怨怼，同时也认为一些外省籍人士所云"台湾人民因受奴化教育太久，所以他们的思想根本仇恨中国"的看法是不对的，"未免太不合于客观事实，谁都不肯承认。"戴国辉也指出："没有担当、欠缺见识的官僚以及短视的新闻官，最善于玩诡辩术，又最会找借口，责任及原因永远向外找，找出替罪羔羊既好交差，又可偷安。他们遭到台民指责时，会套上一句陈腔烂调说：'台民受了五十年的日帝统治，奴化教育过深，没有我们抗日，我们的牺牲，台湾哪里来的光复。'哎呀！真是天晓得，说这些大话者，往往非但不曾抗过日，很可能还是与日本人合作过的汉奸狗腿子，混进台湾来避风头的大坏蛋。"

对于接收后行政长官公署的种种乖违的施政，乙未年割台时，率台湾民众抗日的英雄丘逢甲的儿子丘念台也有相似的记载。1947年6月，丘念台筹组台湾光复致敬团，立意疏解台湾上层士绅与大陆国府领导层间的隔膜。我们可以借其回忆来重新呈现当时的情况：

台湾的接收工作，于民国三十四年(1945年)11月1日开始，至三十五年（1946年）4月底完成，虽然接受经过还算顺利，但是由于最初接管期间，各种措施未尽适当，以致造成上下隔膜，甚至引起台民的蔑视与抱怨，那是十分遗憾的事。

台湾光复之初，民间热烈拥护政府，为什么在长官公署接管政务的初期阶段，会和民间发生不很融洽的现象呢？就我个人当时的观察，不外基于下列两个因素：

自然因素方面：（1）新旧法令转变时期，省民不明祖国各种法律，实时要遵照去实行，难免不很习惯，遇到做不好、做不通的事，就发出怨言来，这在当时是很普遍的现象。（2）中年以下的台胞，大多不谙国文，不懂国语，以致和外省同胞感情隔阂，且有因语言上的阻碍而发生误解者，这是一时无法补救的不幸事情。

人为因素方面：（1）派来接收人员素质不齐，间有少数人员违法逞蛮，引起台民侧目，在不安定的环境下，大众舆论往往是以偏盖全的，他们看到接管机关中的一些"害群之马"，却不分黑白的讽责政府人员个个都不好，传说日久便形成一种反感。（2）当时驻台部队中有一部分是由大陆新补充的壮丁，没有经过严格的纪律训练，到了台湾这个新环境，竟得意忘形地做出许多越轨的行为，也招致了民间的蔑视与埋怨。

在上列的人为因素中，我不妨略举一二事例，以供参证：有些单位接收了日人移交的现款，竟然托辞留用，不肯登账，以后便转弯抹角地括入私囊了。又乡间商店看到驻军初次光顾，为了表示欢迎而不收钱。但他们却从此有了优越感，往后常去该店买物便不给钱了。这些笑话传播开来，对于政府官吏和驻军的名誉是有很大影响的。

这一时期，陈仪长官在用人上标榜所谓"人才主义"，不管所用的人来历如何，在施政上保持其军人作风，但又表现出颇有"民主自由"的倾向，坏就坏在这一尴尬的态度。他对于地方实情既不尽了解，而其周遭的干部又各凭一己主观，没有完全对他说实话，自然要蒙蔽了。

另一畸形的现象，就是大小报纸的出版有如雨后春笋，新闻报道和评论都很自由，不过在我个人的感觉，除了一二家大报能够保持平稳立场外，其他类多超越"新闻自由"范围而趋向于"滥用自由"，他们平时夸大报导，用刺激性方言作标题，借以吸引读者，在评论上更是随便攻击政府。他们表现出这样的态度，自然有其个别的立场与目的。还有由日治（据）时代传来的习气，以为敢用言论攻击政府就是能干，没想到光复后的政府，不能和从前相比了。

但是报纸滥用自由的结果却逐渐给社会形成一种轻重不分、是非不清的公众舆论。因为大众面对某些问题，有时是盲目的，容易接受外间影响的。握有宣传武器的报社主持人，若本客观而公正的立场，应该在某一重大问题上为读者剖陈利害、比较得失，以引导公众舆论走上正途、纳入正轨。尤其当群众心理失常，情绪激动的时候，惟有报纸可凭其在读者群中间已建立起的信心与地位，运用言论以发聋振聩。然而当年台湾的若干报纸，却意图刺激读者，使群众心理日趋不安，这无异是制造乱源，给政府添加困难。

我自回台后，由于党务与监察工作的需要，对于政府施政和民间动态特别注意考察，尤其当社会心理日趋反常之际，一切不良现象都随时可能发生。经过深入审查的结果，发现上下不了解，内外有隔膜，以致误解愈深怨愤愈大，自上看下，认为故意撒野，而由下看上，则诋其自私无能，这样对立下去，那就不成样子了。

为了消除这些不良现象，我自动到各地去旅行访问，实际即从事奔走疏解，做沟通官民情感的桥梁。我在孩提时代本来会讲闽南话，后来返回蕉岭家乡就慢慢忘记了。当年回到台湾，由于工作上的需要，不得不从新勉强学习。

那时台北广播电台，每天定时用闽南语向台胞教国语，我却反而利用他们的讲授来学习闽南语，不到 4 个月功夫，我已经渐会讲一些，此后便不用日语演讲了。接见本身访客，除非遇有词不达意的时候，才偶尔说日语，否则我是不愿再讲日语了。直到民国三十七、八年（1948 年、1949 年），我已完全懂得闽南语，可以和台胞自由对谈，当然方便多了。

我到各地去进行疏解工作，多少是有收效的，最低限度已经给地方各阶层解答了许多疑问和误解，同时希望他们冷静忍耐，对人对事都要放宽心胸来看。虽然当时我们很热心地在做这份工作，但卒未能消弭往后的"二二八"变乱，内心感到极大的歉憾。

我们从以上的史料可以清楚地看到，国民政府在抗战胜利后接收沦陷区和台湾时所犯下的种种错误。这些错误让国民政府在大陆被扫地出门，丢掉了统治权。在台湾也埋下了往后政治上的种种纷扰的远因。

四、爆发冲突的导火线——林江迈私烟查缉事件

1947 年 2 月 27 日，台湾省专卖局派遣专员叶德根率领职员钟延洲、傅学通、刘超群、盛铁夫、赵子健 5 人，会同警察大队警员 4 人赴淡水查缉私烟。下午 6 时回台北后，往太平町（今延平北路东侧）附近继续查缉，遇妇人林江迈携带 50 多条私烟，叶德根、钟延洲就扣留了这些私烟。林妇要求发还，双方争执之际，群众逐渐围集，情势汹涌。在争吵之间，林妇被击受伤，围观的民众见状乃进而围殴查缉警察。傅学通逃至永乐町（今延平北路二段）鸣枪击毙路人陈文溪，群众义愤，拥至台北警察局要求交出肇事警察，予以惩办。晚上

8时，台北市宪警局将叶德根等 6 人送宪兵队看管，旋即转送台北地方法院侦办。

28 日上午，群众复拥至太平町警察派出所，围殴警长，捣毁门窗；又至台北专卖分局殴毙职员 2 人、打伤 4 人，并将局内存货及汽车、脚踏车纵火焚毁。接着又拥至台湾省专卖总局。正午 12 时许，台北市陷入一片"疯狂"之中。群众攻击的对象已不分青红皂白，完全是失去了控制的骚动。市民冲入行政长官公署，卫兵朝群众开枪，打死、打伤各 3 人。这些枪声触发了积压的民怨和民愤，宛如一座爆发的火山。政府人员开枪致市民死伤在先，事件发生以来，又动用军警一意镇压，到此地步，民众不能再信任政府。

广场上被枪声子弹驱退的人潮，惊惶地向四处奔逃。顷刻之后，马路上，街头巷尾，愤怒不能克制的人潮疯狂地寻找报复泄恨的对象。凡是穿着制服、中山装、旗袍等像外省人打扮的人，不会说闽南语或日本话的人，一概被拦下来，成为拳打脚踢的对象。

外省籍的公务员、警察、宪兵在街头挨打的为数不少，特别是在万华、太平町、永乐町(今迪化街、延平北路西侧)、本町(今衡阳路)与新公园一带。外省人的职员宿舍、商店也有受攻击的，确实的伤亡数字不详，各种报道的出入很大，从数百人到数千人不等。在本省籍人士的回忆录中，较少提到殴打外省人的事情，即使有，也多半语焉不详，外省人由于切肤之痛，记录就详尽得多。当时正率新中京剧社在永乐座戏院公演的欧阳予倩，在他的《台游杂拾》(1947 年 4 月 20 日上海《人间世》)中这样写道：

> 群众有步行的，有骑脚踏车的，还有坐着卡车的，潮水一般朝长官公署涌去。不一会儿，一连串的枪声响了(事后听说，伤数人，死 5 人)，群众退下来。
>
> 这时候，马路上已经是见着外省人就打。见穿制服的打得厉

害、税吏、狱吏、总务课长之类尤甚。那些从海南岛回去的（日本）兵，从福建回去的浪人，行动最为凶暴。女人、小孩也遭他们的毒手。群众愤怒的时候的确可怕。当时有的医院甚至不敢收容受伤的外省人。可是也有许多台胞极力保护外省朋友。到了3月1日，殴打外省人的事就没有了。

另一位外省公务员董明德在《台湾之春：孤岛一月记》（1947年4月1日上海《文汇报》）一文提到当时他的经历：

起来已10点，洗脸时，秋子（佣人名）指手画脚极为吃力地告诉我们一个可怕的消息，就在一个多钟头前，有十几个壮汉闯入我们的巷子，尽问："这里住的'阿三（山）'（外省人）好不好？"左右邻舍（台胞）异口同声的说："好、好、很好。"那些人才离去。现在想来真可怕。那时我们还在梦中，邻人们用不着说"不好"，只要说一声"不知道"，我们就不得了了。这些穷苦的邻人，3个月来进进出出未交一语，可说并无感情，而他们竟然说我们"好"，在暗中保护我们，真令人惭愧、感激。听说隔巷的林家就被烧了。那林太太在一个月里换过3个下女，平日小气刻薄，大概就是被烧的原因。幸亏全家事先躲开，人未挨打。

下午，群众拥向台北广播电台向全省广播，要求全台民众："与其饿死，不如起来驱逐各地的贪官污吏，以求生存。"这一天，台北市全城骚动，商店辍市、工厂停工、学校罢课，事态严重，情势紊乱，台湾省警备司令部遂宣布临时戒严，全省各地也随之发生暴动。

在台北市殴打外省人的情形以2月28日和3月1日为主，以后就很少听到了。基隆中学的校长钟浩东用中文写了一张文辞不太通畅的告示，贴在台北市的双连火车站："你们不要殴打外省人，而是要团结外省人，一起为台湾的政治改革而努力。"这时，台北市街头巷尾都有学生张贴的标语，内容多半是"保护外省同胞""禁止乘机抢劫殴人""我们只反对贪官污吏，不反对外省人。"3月6日，处理委员会发表"告全国同胞书"，表明事件之目标，在于肃清贪官污吏，争取本省政治之改革，不是要排斥外省同胞，并且解释二二八事件发生的当天，有部分外省同胞受殴，乃是一时的误会，今后保证绝对不会再发生这种事情。

3月1日，台籍之国大代表、参政员、省参议员、台北市参议员乃举行会议，组织缉烟血案调查委员会，议决向长官公署提出4项要求：1.立即解除戒严；2.释放被拘民众；3.饬令军、宪、警不得开枪，不得滥捕、滥打百姓；4.官、民合组处理委员会，处理善后。推举黄朝琴、王添灯等8人为代表，赴长官公署向陈仪提出要求。陈仪接受并宣布自晚上12时起解除戒严；政府发给死者恤金20万元；受伤妇人林江迈医药费5万元；组织二二八事件处理委员会。

3月2日，陈仪接见全体调查委员，并决定4项办法：1.对参加事变者不加追究；2.被捕人民可免保领回；3.死伤者不分省籍一律抚恤；4.处理委员会准予增加各界人民代表。

3月2日，处理委员会在台北市中山堂召集首次会议，商定军队撤回军营，由宪警、学生组织治安服务队，维持治安、交通，并发出军粮供给民食等项。同时该会要求解散警察大队，设置治安组，成立忠义服务队维持治安。

3月5日，处理委员会决定该会组织大纲，通过政治改革案，其要点为：1.公署秘书长及民政、财政、工矿、农林、教育、警务等处处长及法制委员会过半数之委员，应以本省人充任；2.公营事业归本省人负责经营；3.立刻实行县市长民选；4.撤销专卖局；5.撤销贸易局及宣传委员会；6.人民之言论、出版、集会之自由；7.保障人民之生命、财产之安全。

3月6日，处理委员会选举参议员王添灯等17人为常务委员，同时以台省参政员名义致电中央，正式提出改革方案9项：

1. 重用台省人才，行政长官公署之秘书长、处长等由台人担任；

2. 各级法院院长、首席检察官、各级学校校长尽量录用台人；

3. 废止专卖局，改为普通公营事业；

4. 贸易局改为商政机构，废除营利行为；

5. 日产处理应考虑人民正常利益；

6. 根据《建国大纲》立即实行县市长民选；

7. 保障人民之言论、出版、结社、集会之自由；

8. 保障人民生命、财产安全；

9. 速派大员来台处理本案，勿用武力镇压，以免事态扩大。

3月13日，处理委员会提出处理大纲计42条，其主要内容如下：

（一）对于目前的处理

1. 政府在各地之武装部队，应自动下令暂时解除武装，武器交由各地处理委员会及宪兵队共同保管，以免继续发生流血冲突事件。

2. 政府武装部队解除后，地方之治安由宪兵队及非武装之警察及民众组织共同担负。

3. 各地若无政府武装部队威胁之时，绝不应有武装械斗行动，对贪官污吏不论其为本省人或外省人，亦只应检举转请处理委员会协同宪警拘拿，依法严办，不应加害而惹出是非。

4. 对于政治改革之意见，可条举要求向省处理委员会提出，以候解决。

5. 政府切勿再移动兵力或向中央请遣兵力，企图以武力解决事件，致发生更惨重之流血而受国际干涉。

6. 在政治问题根本未解决之前，政府之一切设施（不论军事、政治）须先与处理委员会接洽，以免人民怀疑政府诚意，发生种种误会。

7. 对于此次事件，不应向民间追究责任，将来也不得假借任何口实拘捕此次事件之关系者，对因此次事件而死伤之人民应从优抚恤。

（二）根本处理

甲、军事方面

1. 缺乏教育和训练之军队，绝不可派驻台湾。

2. 中央可在台湾征兵守台。

3. 在内陆之内战未终息以前，除以守卫台湾为目的外，绝对反对在台湾征兵，以免台湾陷入内战漩涡。

乙、政治方面

1. 制定省自治法为本省政府最高规范，以便实现国父《建国大纲》之理想。

2. 县市长于本年 6 月以前实施民选，县市参议会同时改选。

3. 省各处长人选应经省参议会（改选后之省议会）之同意，省参议会应于本年 6 月以前改选，目前其人选由长官提出交由省处理委员会审议。

4. 省各处长 2/3 以上须由在本省居住 10 年以上者担任之（最好秘书长、民政、财政、工矿、农林、教育、警务等处长应该如是）。

5. 警务处长及各县市警察局长应由本省人担任，省警察大队及铁路、工矿等警察即刻废止。

6. 法制委员会委员须半数以上由本省人充任，主任委员由委员互选。

7.除警察机关之外，不得逮捕人犯。

8.宪兵除军队之犯人外，不得逮捕人犯。

9.禁止带有政治性之逮捕、拘禁。

10.非武装之集合、结社绝对自由。

11.言论、罢工、出版绝对自由，废止新闻纸申请登记制度。

12.即刻废止人民团体组织条例。

13.废止民意机关候选人检核办法。

14.改正各级民意机关选举办法。

15.实行所得统一累进税，除奢侈品税、相续税外，不得征收任何杂税。

16.一切公营事业之主管人由本省人担任。

17.设置民选之公营事业监察委员会，日常处理应委任省政府全权处理，各接收工厂应设置经营委员会，委员须过半数由本省人充任之。

18.撤销专卖局，生活必需品实施配给制度。

19.撤销贸易局。

20.撤销宣委员会。

21.各地方法院院长、各地方法院首任检察官全部以本省人充任之。

22.各法院推事、检察官以下司法人员，由半数以上省民充任。

23.本省陆、海、空军应尽量采用本省人。

24.台湾行政长官公署应改为省政府制度，但未得到中央核准前，暂由"二二八"处理委员会之政务局负责改组，用普选公正贤达人士充任。

25. 处理委员会政务局应于 3 月 15 日前成立，其产生方法由各该镇区代表选举候选人 1 名，然后再由该县市辖参议会选举之。其名额如下：台北市 2 名、台北县 3 名、基隆市 1 名、新竹市 3 名、新竹县 3 名、台中市 1 名、台中县 4 名、彰化市 1 名、嘉义市 1 名、台南市 1 名、台南县 4 名、高雄市 1 名、高雄县 3 名、屏东市 1 名、澎湖县 1 名、花莲县 1 名、台东县 1 名，计 30 名。

26. 劳动营及其他不必要之机构，废止或合并应由处理委员会政务局检讨决定之。

27. 日产处理事宜应请准中央划归省政府自行清理。

28. 警备司令部应撤销，以免军权滥用。

29. 高山同胞之政治、经济地位及应享之利益应切实保障。

30. 本年 6 月 1 日起实施劳动保护法。

31. 本省人之战犯及汉奸被监禁者，要求无条件及时释放。

32. 送与中央食糖 15 万吨，要求中央依时估价拨归台省。

此项大纲提出后，因为已经超出了当局改革的范围，行政长官公署认为事态严重，乃紧急向南京中央求援。

3 月 8 日，台北之情势更形严重。当天晚上民众自北投、松山分两路进袭台北市区，攻打圆山据点、警备总部、陆军供应局、长官公署、警务处、台湾银行等处。当天，宪兵二营由福建抵基隆，开入台北。9 日，警备总部乃重行宣布戒严。10 日，国军第二十一师陆续开到，军警开始彻底搜索。11 日，长官公署下令解散各地处理委员会，于是台北情势逐渐稳定。

据长官公署之统计报告，台北市在此次事件中，各机关公务员总计死亡者 35 人，受伤者 866 人，失踪者 7 人。公物损失价值台币 120261297 元，私人损失价值台币 151628616 元，其他簿籍、卷宗之损失，值台币 2378949 元，合计损失价值约台币 96 亿元以上。至于人民之损失，死伤 52 人，财产损失值台币 56023806 元。然而实际上或因参加动乱或为误杀而死伤者，当远在此统计数字之上。

五、骚动的蔓延

当台北二二八事件发生后，全省各县亦均发生纷扰。简单扼要记录如下。

（一）嘉义市

嘉义市是台北市之外冲突最严重的地方。3 月 2 日，群众殴打外省人，捣毁市长公馆，警察局被民众包围后缴械。次日，上午组织三二事件处理委员会与防卫司令部，下午民众就攻陷空军机械库，得到相当多的武器，声势大振。晚上，民众占领市政府，外省籍公教人员八九百人被集中在市党部、参议会、中山堂等处看管，市长及一部分外省籍公教人员随驻守的二十一军独立第一营退入红毛碑。双方激战一昼夜，死伤惨重。营长罗迪光下令炸毁红毛碑空军第十九军械库，率部退到水上机场，并向台北警备总部告急。3 月 21 日，二十一军的增援部队到达，开始反攻，展开血腥镇压，死伤或被捕的青年学生和市民相当多，人数无法统计。

嘉义地区的武装队伍，计有高山部队、海军部队、陆军部队、学生总队、海外归来总队、社会总队等，以及稍后成立的"台湾民主联军"，由张志忠和陈复志两人指挥。张志忠是嘉义朴子人，早年回大陆参加华南游击队，曾经为新四军的团长，1946 年初回台湾，是中共在台湾地下党负责人之一。陈复志，保定军校出身，是国军中校副团长，战后回台湾，担任"三民主义青年团"筹备处总干事，"台湾民主联军"成立后，为嘉义分团主任。3 月 13 日被押至嘉义火车站前枪毙。其后又陆续捕杀十多名市议员及民众代表。综观此次事件，嘉义市的冲突最剧烈，军械损失极巨。据市政府报告，计死伤人民188人，公务员69人。

另外，在嘉义附近的虎尾、斗六等地，民众于3月2日夜晚攻陷公署和警察局，取得武器。组成"斗六警备队"。由陈篡地指挥。5日夜晚，有斗六、斗南、虎尾、竹山、台中、林内等地的青年来会合，编成联军，向守备虎尾机场的守军300多人进攻。第二天，守军投降，被集中在林内国校内。3月14日，二十一军大举由嘉义出击，抵达斗六，陈篡地率领部队在小梅山打了一阵子游击就解散了。据说，后来陈篡地由他在台中一中的同学谢东闵担保"自新"。

(二) 基隆市

2月28日晚，基隆当地群众就在大世界戏院前面殴打官兵及外省人，并围攻警察局、码头、车站等地区，经宪警及要塞司令部派员驱散，随即宣布临时戒严。一些不知戒严可怕的民众出来走动，结果被军人射杀。3月4日，宣布解严。唯以当时台北日趋紧张，二二八事件处理委员会基隆分会及青年同盟成立。3月7日下午，闽台监察使杨亮功和宪兵第四团的两营宪兵由福州开赴台湾，3月8日清晨，抵达基隆港。登岸前有一番折腾，港内机枪声阵阵传来。登陆的部队预期会遭到抵抗，因而在船舰上就向岸上开枪射击，要塞司令部也向码头进击，民众受到双方夹击，死伤惨重。

据基隆市政府及要塞司令部报告，共计死伤军警及公务人员153人，公、私损失值台币6684730元，群众及参与动乱者死伤103人。

(三) 宜兰县

2月28日，群众聚集殴打外省人士，捣毁公务员宿舍，抢劫空军宜兰仓库及苏澳军需仓储武器，军械损失严重。9日，事变始平靖，计公务人员受伤者5人。

（四）新竹市

3月2日，群众包围地方法院、市政府、警察局，捣毁公务员宿舍，经宪兵及驻军出动镇压始行散去。是晚由县参议会出面调停，群众提出不追究暴动行为、市长民选、军队撤离市区、警察宪兵不得携带枪支外出等项要求。当局允其所请，新竹市处理委员会分会即告成立。据市政府报告，计损失公、私财产约值台币1000万元以上；公务人员死伤者14人，群众死伤者约30人。

（五）新竹县

3月1日，群众开始围攻县政府、警察局及职员宿舍，劫取桃园八块子机场仓库枪械，组织台湾省自治青年同盟桃园支部及处理委员会。事变中，公务员被殴伤者甚多，财务损失甚重。

（六）台中市

二二八事件发生后，3月2日群众发动示威游行，殴打外省人，抢夺军警枪支，全市秩序紊乱。外省籍公务员及眷属300余名被分别集中拘禁，市府各机关全部被占领，群众组织时局处理委员会，提出自治要求。据市政府报告，计死伤公务员56人，群众50人，损失公、私财产值台币9861963元。

（七）台中县

3月2日，群众包围警察局及县长宿舍，并组织保安队、警备队、青年队自卫队，同时劫取枪械。事变中，计公务员被殴伤者26人，公、私财产损失约值台币 3500 万元。

（八）彰化市

3 月 1 日，群众开始在车站殴打士兵。2 日，数百名群众至警察局殴打警察，捣毁公物，并向市长要求将警察局武器交其"保管"。3 日，群众将枪支全部劫去，市政府以下各机关均受其控制。11 日，国军开入，事变始告平息，损失情形据市政府报告，公务员 7 人受伤。

（九）台南市

3 月 2 日，群众开始骚动，包围警察局夺取枪械。4 日，各警察局、第三监事及保安警察队之枪械、弹药、被服、布匹悉数被劫，海关仓库亦遭劫掠，并成立处理委员会。据市政府报告，全市损失计死伤公务员 48 人，公、私财产损失值台币 9283064 元。

（十）台南县

3 月 2 日，斗金、虎尾、东石、嘉义、北港等区群众围捣警察局，新营、新化、曾文、北门、新丰等区均先后发生暴动。12 日，形势益为严重。13 日，国军出动至小梅维持秩序，情势始略告平靖。唯以该地近山区，失控群众一时不易根绝。事件中公务员受伤者 8 人，公家被劫现款台币 19 万元，其他公、私财产均颇有损失，枪支散失 50 余支。

（十一）高雄市

3 月 3 日，群众开始骚动，围攻警察局，秩序紊乱。高雄为一重要工业区，辖内有重要工厂六七家，工人六七千人。事变发生后，工人中之不稳分子亦欲有所行动。5日，成立处理委员会及总指挥部，由涂光明指挥，三青团全部成员都加入，本省籍警察200多人也带武器加入。市内军政机关全被占领，官兵700多人被集中看管，外省籍公务员大都避居高雄要塞司令部内。要塞司令彭孟缉曾经下达格杀勿论令，有一个连在副营长刘家驹的指挥下，分乘4辆卡车，架七八挺机枪，不分青红皂白，沿路扫射，许多无辜者罹难。

3月6日，青年代表涂光明、曾凤鸣、苓雅区区长林界、市议会议长彭清靠（彭明敏的父亲）及市长黄南图前去要塞司令部谈判。谈判破裂后，林界、涂光明、曾凤鸣3人当场被杀，议长彭清靠被扣押，市长黄南图被赶下山。在市府等待市长及谈判代表回来的地方士绅300多人，竟然被从要塞冲出来的军队用机枪扫射。

当3月13日援军二十一军第一四五师抵达高雄时，高雄已经很平静，也没有"暴民"可资弭平了。

据市政府报告，计死伤公务员39人，民众死伤171人，公、私财产损失值台币7000万元。事实上当不止于此。

（十二）高雄县

3月3日，群众开始骚扰。4日，于凤山召开青年大会，到会者三四千人，包围冈山警察局，夺去步枪20余支，并攻击该处要塞驻军。6日，乃告平靖。事变中计死伤公务员11人，损失枪支260余支，公、私财产损失颇巨。

（十三）屏东市

3月4日，群众开始暴动，占领市政府及警察局，制糖公司部分人员亦趁机劫夺驻警武器，掳掠外省籍员工之财物，其他省属机关同遭扰害，组织处理委员会，并于青年团成立治安本部。5日，成立参谋本部、作战本部、经理部等。8 日，事件始告平定，计死伤公务员及民众 33 人。

（十四）台东县

3 月 3 日，群众包围多处仓库，抢劫粮食。4 日，宪警及机场驻军武器被抢，乃占据县政府及邮电机关。事件中据县政府报告，计公务员伤者 19 人，财产损失值台币 165 万余元，枪械、弹药损失亦多。

（十五）花莲县

二二八事件发生后，"白虎队""暗杀团""青年大同者"召开民众大会，开始骚动，成立处理委员会，并收缴宪兵武装，组青年大同盟，接收粮食所、邮电局等机关。事件中据县政府报告，计损失公、私财产值台币 740 万元。

（十六）澎湖县

"二二八"事件发生后，虽有处理委员会澎湖分会及青年自治同盟之组织成立，但因处理得宜，故无乱事发生。

六、"清乡"

事件发生之后，在南京的国民政府于 3 月 17 日派国防部长白崇禧代表蒋中正主席到台湾来，向全省同胞表示关怀，在广播中，宣称国民政府中央对二二八事件的处理，将秉持和平宽大的原则。粗暴的军事镇压暂告一个段落，紧接着警备总司令部下令，全省各县市同时分区实施"清乡"计划，彻底追究事件的关系者。"清乡"的具体内容是"清查户口，检举歹徒，收缴民枪，奖惩等方法，全面同时进行"。其恐怖之处是在于"连坐处分"，户口清查以后，须办理"连保保证书"，令人民互取保结，由邻里户长 3 人为保结人。如被保结人有不法行为，保结人应受连坐处分。

"清乡"表面上由县市政府负责主持，实际上是由绥靖区司令指挥，会同当地的军警宪兵，并召集区乡镇里邻长办理之。全省分成台北、基隆、新竹、中部、南部、东部、马公等 7 个绥靖区。

由于当时主持"清乡"计划的警备总部参谋长柯远芬下令要用铁腕进行，虽然蒋中正曾电令陈仪不得滥杀无辜："请兄负责严禁军政人员施行报复，否则以抗命论处。"陈仪复电："已遵命严饬遵办"。其实都成了纸上作业，在台湾现场没有任何约束力。

在这段"清乡"期间，趁火打劫的、向涉事者家属勒索敲诈的事情多如牛毛。据说这些事情多为闽、台籍的各派系特工人员所为，警总参谋长柯远芬也涉嫌勒索事宜。闽台监察使杨亮功就说，柯远芬曾经借此勒索板桥林家的林宗贤。

还有许多外省籍的新闻界人士也被捕或被杀。《民报》《人民导报》《中外日报》《重建日报》等报刊被查封。

这一段文字难以描绘、后来的人也很难想象的恐怖黑暗岁月，死者不能复生，生者毫无尊严。他们是地主、士绅、医生、律师、新闻记者、编辑、青年、学生，他们是人子、人夫、人父，他们也不分省籍。幸运未被逮捕的，竞相走避大陆及海外，匿藏山上、乡下，因而连累了很多的亲友。

在这种生死交关的时刻，人性的弱点也暴露无遗。在惊恐之余，出卖别人以求自保的事时有所闻。甚至密告、嫁祸罗织、公报私仇、借刀杀人、铲除异己、卑鄙的政治诬陷等丑陋行径，以及恶人的劣根性原形毕露，也横行一时。告密者都是在日据时代的御用士绅，他们在光复以后，为了积极向国民政府表示"爱国"而求自保，并图掩饰从前的劣迹臭事。

"清乡""自新"一直持续到 1947 年底，范围一再扩大，竟追查到日据时代，任何涉有政治前科者都在追究之列。一直到 1950 年 5 月，二二八事件有关公案方才正式公布结案。

国民党跟中共的斗争在 1949 年已见分晓，台湾成了最后的基地，于是"肃匪扫红"在 1949 年底悄悄地展开。面对存亡挣扎的国民党当局在蒋中正的领导下，急切要建立在台湾的绝对控制权。5 月 1 日，实施全省户口总检查，5 月 20 日，再度发布戒严令。整个台湾在风声鹤唳、草木皆兵的情况下，跨入彻底高压的戒严统治时代。

七、深远的影响：族群鸿沟的形成

二二八事件主要的影响有四：一是促成"台湾人"这个概念的形成；二是导致本省人（台湾人）和外省人的族群对立；三是某些人产生"儿嫌母丑"的心理；四是"台独"运动的产生。这四种影响是相辅相成、环环相扣的。

在戴国煇的书中提到，在高雄的冲突中议长彭清靠在"二二八"当时的反应。二二八事件中，彭清靠担任高雄处理委员会的主席，率领几位代表到高雄要塞司令部，要求要塞司令彭孟缉撤走在市区滥杀民众的巡逻队，在处理委员会开会讨论改革事宜期间，将军队暂留在军营内，不准外出。不料，其中一位代表涂光明因破口大骂蒋中正和陈仪，惹怒彭孟缉，以致当场枪毙了涂光明等 3 人，把彭清靠捆绑监禁。第二天方才放他下山回家。

在事件发生的当时，台湾人是以他们自己可以掌握的语言、思维方式、熟悉的行为模式来表达怒意。不过，怒意所指陈的对象——贪官污吏与军警宪特，大部分是使用不同的语言的外省人，于是"日语"

就成了区别彼此的工具。尤其是用来区别不会讲闽南语的客家人与外省人。当事态激化时，穿着日本"国民服"与军装，足登日本木屐或军靴，额头上绑着白布巾，唱着日本军歌（"海军进行曲"等）的"若樱樱敢死队""海南岛归台者同盟"等队伍就出现了。

台中市"二七部队"的钟逸人，在他的回忆录《辛酸六十年》中有一段引人深省的自述。3月1日深夜，他准备到各校宿舍动员学生，参加第二天的市民大会。他先跑回家，从旧衣堆中找出多年没穿的日本学生服，"我站在母亲的化妆台前照镜子，顾影自怜。这几年，自从脱下学生服，换上军服；又脱下日本军服，换上中山装、中国军服和西装。"到了农学院，用标准的"江户腔"（日本东京的讲话腔调）向学生们演说，学生们也用日语激动地喊口号。到了台中一中的宿舍，因夜深了，学生已经就寝，于是他便依战前在日本陆军服职时的规矩，装起"前辈"的姿态，以严肃的口吻"命令"他们统统起床，到外面走廊集合。接着又命令"立正""稍息"，行军礼。学生们一一照他的口令操作。钟逸人很欣慰地认为："这实在应该归功于战时的训练。"

这种以日本话和日本式的行为来表达对贪官污吏的不满的行为，在历经14年的抗日战争、遍尝抗日的辛酸苦辣、牺牲近亲和财产的外省籍人士看来，实在是一件荒谬透顶、不可原谅的事。自然就会脱口而出地说："台湾人受奴化教育的毒害太深"。

本省人的这种用日本文化来区别人我心理又造成了心理上的认同危机。在日据时代，台湾住民的中上层虽然受到日本人的民族歧视和各种差别待遇，但只要不用武力反抗日本人的统治，在日本人可以掌握的秩序内，可以换得部分的现实利益。相对地，大陆从清末以来就饱受列强的侵凌，一直处在动荡不安的局面，也就谈不上什么法治，社会纪律也几乎荡然无存。光复后来台湾接收的官员和各色人等，除了少数人具有现代化的社会意识、识大体、顾大局的人之外，多数都是浑水摸鱼、扯烂污、缺乏法治观念之徒。这种情形对于已经习惯了日据时代严明纪律的殖民统治的台籍人士来说，自然难以接受。尤其经过"二二八"的恐怖镇压与20世纪50年代的"白色恐怖"（大举逮捕潜伏在台湾的共产党人），使得一些台籍人士认为中国人乃至中国，是野蛮的、落后的，不值得与之认同。相形之下，反而认为日本是比中国进步的现代化国家，从心底崇拜日本，终而有所谓的"台湾独立""去中国化"的政治语言和相关的行动。

由于这种怨恨，使得有一些台湾人特别厌憎大陆，不肯说普通话（台湾称为"国语"，而那些台湾人就用轻蔑的口气称之为"北京话"）。他们大都居留在日本或美国，不知不觉又把日本和美国的政治观点作为他们自己的观点，试图用来建立他们心目中所谓的"台湾人的主体性"，幻想他们可以另外建立一个"台湾国"。

这种想法通称为"台独"运动。戴国辉在他的书中毫不客气地批评说："'台独'运动的兴起，究其真正的原因，实在于光复后台胞参与政治的热望受挫之后，丧失'自我'所导致的。"目前极力鼓吹"台湾意识""台湾人意识"、怀抱"台湾人出头天"的强烈主观愿望的"台独"人士，常把主观愿望当作客观事实，以主观企图来代替客观规律。但主观愿望和企图毕竟不能代替客观事实和规律。他们把来自大陆不同省份的人统统看成是同质的"外省人"，激进的"台独"分子更否定台湾人是中国人，甚至把福建、广东的移民，操闽南和客家口音的东南亚华侨也等同于"外省人"。这么一来不就跟自己的祖先断绝关系了吗？他们的祖先不都是从闽粤一带移入台湾的吗？

"台独"人士为了否定自己与中国的关系，刻意地说，"台湾人"是汉人、西班牙人、荷兰人、高山人、平埔人等族群，经过400年的混血通婚而形成的不同于中国的台湾民族。这种说法最早是由廖文毅所提出的。近年来，又有人主张，台湾自乙未割台以来，已与大陆分开多年，形成了独特的、不同于中国的"台湾民族"。

然而，事实上，在日据时代根本没有什么"台湾人"的概念。在日本人的观念中，台湾住民只是被他们奴役的"清国奴"。说得客气一点，是"汉族系福建人"或"汉族系客家人"。一般公文书上称"本岛人"。因此，"台湾人"是光复以后，与大陆各省人士往来时才出现的一个名词。"台独"人士刻意鼓吹"台湾意识""台湾人意识"，才赋予特别的意义。由于主张"台独"的人大多是闽南人，基于"福佬沙文主义"，所谓的"台湾人"往往不包括在台湾的客家人和少数民族族群，甚至不包括澎湖人。这就大大地违背了客观的事实，也突显这种主张的荒谬性。

这种思想在"戒严"时期只是潜伏在台湾的老小区中，也流传在美国、日本的台籍人士小区。等到台湾民主化程度日渐加深时，许多政客都借这种主张来膨胀自己的声势，也就形成了台湾近 20 年来社会上的动荡不安。

尽管台湾地方政府从 20 世纪 50 年代末起努力经济建设，终而开创出傲视世人的经济成就。可是，二二八事件的污名一直挥之不去。对那些历经"二二八"苦难的人们来说，再多的经济成就也抵不上一次政治错误。为政者不可不戒惧谨慎。

参考文献

《一九四九年美国对华白皮书》（United States Relation With China: With Special Relation to the Period of 1944–1949）。

Theodore H. White（白修德），*Thunder Out of China*（《中国暴风雨》），1946.

台北"中央研究院"近代史研究所编：《"二二八"事件资料选辑》，台北"中央研究院"近代史研究所1991年版。

王思翔:《台湾二月革命记》,山海书屋1950年版。

丘念台:《岭海微飙》,台北中华日报社1973年版。

江慕云:《为台湾说话》,台北稻乡出版社1992年版。

何汉文:《台湾"二二八"起义见闻纪略》,载厦门大学台湾研究所编:《"二二八"起义数据集》,厦门大学台湾研究所1981年版。

吴浊流:《无花果》,台北"中央"日报社1989年版。

陈三井、许雪姬访问,杨明哲记录:《林衡道先生访问记录》,台北"中央研究院"近代史研究所1992年版。

劲雨编:《台湾事变真相与内幕》,当代中国台湾史研究1989年版。

唐贤龙:《台湾事变内幕记》,台北稻香出版社1991年版。

唐贤龙:《台湾事变的原因》,见邓孔昭编:《"二二八"事件数据集》,载"扫荡周报社"编:《台湾"二二八"事变始末记》。

庄嘉农:《愤怒的台湾》,见杨亮功《"二二八"事件调查报告书》,载台北"中央研究院"近代史研究所编:《"二二八"事件资料选辑》(2),台北"中央研究院"近代史研究所1991年版。

福建省县政人员训练所编述:《陈(仪)主席的思想》,台湾正义出版社编印。

《台湾二·二八事年亲历记》,台湾正义出版社1947年版。

台湾省行政长官公署人事室编印:《台湾省各机关职员录》,台湾正义出版社编印。

台湾省行政长官公署宣传委员会编印:《外国记者团眼中之台湾》,台北,1946年编印。

台湾省行政长官公署宣传委员会编印:《陈长官治台言论集(第一辑)》,台湾正义出版社1946年编印。

台湾省行政长官公署新闻室编印:《台湾暴动事件记实》,台湾正义出版社1946年编印。

刘雨卿:《台北市"二二八"事件调查报告》,载台北"中央研究院"近代史研究所编:《"二二八"事件资料选辑》(2),台北"中央研究院"近代史研究所1991年版。

刘胜骥:《共党分子在"二二八"事件前后的活动》,载马起华编:《"二二八"研究》,台北"中华民国公共秩序研究会"1987年版。

蒋渭川:《"二二八"事件始末记:蒋渭川遗稿》,台北稻香出版社1991年版。

邓孔昭编:《"二二八"事件数据集》,台北稻香出版社1991年版。

戴国辉、叶芸芸:《爱憎"二二八",神话与史实:解开历史之谜》,台北远流出版公司1992年版。

魏永竹:《抗战与台湾光复史料辑要》,台湾省文献委员会1995年版。

第 十 章
台湾的经济发展及土地改革

从 1945 年 10 月 25 日台湾正式光复后，国民政府便展开了台湾的复建工作。在第二次世界大战后期，台湾被盟军轰炸，所受到的损害不轻。国民政府接收的台湾满目疮痍，紧接着国民政府在国共内战中节节失利，大量军民渡海东迁，使原本民生凋敝的台湾有如雪上加霜，岌岌可危，几乎无法为继。

然而，到 20 世纪 80 年代后期，中国台湾因大量出口，累积起全世界第三位的外汇，仅仅次于西德与日本，不但向高科技产业迈进，更有许多科技产品在世界市场上独占鳌头，让全世界把中国台湾与韩国、中国香港及新加坡并称为"亚洲四小龙"。

在这 40 多年之间，台湾从战后的断壁残垣转变成新兴的经济实体，成功的因素大致有四项，第一是承继了日本在台湾的建设，以此作为发展的基础。第二是从大陆转移过来的人才、资金与技术，为台湾添加了许多轻工业。再配合了土地改革，使每户农民都有了完全属于自己的土地，大大地提高了生产的意愿，使粮食不再匮乏，同时地主因为释出土地，换得了大企业的股票，使工商业也得到了稳定。第三是历时长达 15 年的美援纾解了台湾财政上的困境，节省了许多摸索的时间。第四是儒家文化在台湾重新受到重视，由几位操守廉洁又有远大眼光的财经专家领导着全台湾，想要借着辛勤工作达到光宗耀祖目的的人们，共同奠定了台湾经济发展的基础。

一、日本所留下的根基

日本在占领台湾的 50 年中，把台湾视为"日本国土的延长"，选择台湾有利的天然条件发展农业，以米、糖、渔、牧（养猪）业为主，又发展全岛铁公路交通网、发电厂、煤、机械、水泥与钢铁业。

在"二战"前，日本对台湾的经济政策是要先做到自给自足，再开展输出，成为全日本经济的一支主力。到了"二战"后期，因为盟军的轰炸，许多设施被破坏，生产量普遍降低了一半，民生用品与生铁等金属品都以配给方式供应，民生困苦到前所未有的地步。1945 年国民政府来接收时，有形的资产设备都已经到了不堪使用的地步，只剩下无形的制度与残存的规模，然而对刚刚来到台湾的国民政府而言，残存的这些数据已经可以算是无上的珍宝了。

诸如铁公路网的建立、供应民生与工商业所需要的电力、国民教育设施与制度、完整的农田灌溉系统，等等，都是一个落后国家要向前迈进时所必须面临的困难与瓶颈，但是日本人在 50 年殖民统治期间客观上在这些方面都已经建立起了良好的基础。另外，为了厘定税金缴纳的标准，全台的户籍及土地都做了最详细的调查与建档，这些资料移交到国民政府手中时，成了最有价值的宝贝。假如国民政府要建立这样一套数据，至少要几十年的时间，现在却从日本人的手中得到。

其次是银行体系，国民政府在撤退到台湾之前，银行体系一直是最大的问题，法币会造成 1200 万倍的通货膨胀，除了美国总统罗斯福在 1933 年所签署的购银法案的影响之外，自身银行体系的不健全也是主要原因之一。日本人所建立的台湾银行以及第一、华南、彰化等三家行库，都对早期台湾的金融发生了很大的功效。从日本人手中得到了良好的银行系统，与后来能够得到稳定的金融秩序有很大的关系。

日本人对台湾的经济资源曾进行过详细的调查，作为计划性开发的依据，不论对都市或乡村的土地，都建立起地籍，按等则划分清楚，使全省的土地地质与矿产蕴藏都一目了然。

此外，日本人还设立了农业、林业、渔业试验所，研究改进这三种事业的生产方式，以水利会解决农田用水问题，以辅导农民建立自主性的农会稳定农村金融。

由于台湾缺乏矿产，只有少量的煤，所以日本一直以农业为台湾的主要产业，工业方面只有纺织、炼油、食品加工与农产品加工等民生所必需的轻工业。到太平洋战争爆发时，为了部署战力，增加日军的武器供应，才在台湾建立了一些重工业，但数量并不多。

日本人在电力、交通运输、国民教育、农田水利、农业推广组织、司法、金融、医疗等方面所建立的设施与制度，都远胜于当时国民政府的能力，所以虽然设备方面遭受了严重的损害，但是严谨的制度与完善的规划，都为日后的经营与管理立下了良好的根基。受损的设备可以修复，不足的人才可以依照现有的制度培养，比一切都要从头做起要简单多了。

台湾光复初期，这些有用的规模与制度以及台湾的整体建设，因国民政府在大陆陷于军事上的苦战，并没有受到重视，更无暇整顿与运用，直到1948年决定撤守台湾之后，才突然得到了重视。

二、美援使台湾趋于稳定

1946年即台湾光复后的第二年，全台湾人口数为610万人，从大陆移入台湾的200多万，占了全台湾人口的1/3。1952年时，全台人口数为 810 万人，他们所携带的金钱并不多，至于从上海及大陆其他大城市来的商人，只能携带自有的流动资金，生产设备几乎全部留在大陆，加上台湾原有的农工设备都已遭战火毁坏，物资缺乏，这 200 多万人刚到台湾时，除了为台湾增添了沉重的负担外，短时期内，对台湾而言，只是雪上加霜，更增加了民生的困难而已。

国民党政权退踞台湾后，第一要务便是快速增加粮食的供应，解决人口膨胀所带来的粮食问题。要解决粮食问题，附带地也要解决交通、工矿与电力的问题，否则没有良好的加工与运输设备，稻米生产再多也是枉然。

从 1949 年初国民政府派陈诚为台湾省主席，开始筹划建设台湾，首要之务就是先稳定经济。但是当大量军队与公务人员以及商人进入台湾后，由于物资的缺乏及受到上海金融崩溃的影响，台湾物价也跟着急剧上扬。

日据时代的"台湾银行券"在光复后从 1946 年起改制为台币，通称为"老台币"。财政部最初核定台币最高发行额为 30 亿元，但因为台湾形同废墟，需要大量资金供应重建；再加上大陆上国共内战，大陆的通货膨胀也直接影响台湾，如此一来，货币大量增加，物资又严重缺乏，物价飞涨已成了必然之势。民众有钱时立刻购买物资，以免货币贬值之后什么都买不到，完全像当时的上海一样。到面馆去吃面，前一位进去的人可能吃得比较便宜，后一位就要多付一些钱，差额竟有 1000 元左右。日本人在移交前更大量消耗财政，两个月内竟然多发行了 20 多亿元，这些浪费也要由台币去承担后果，以致台币币值随着大陆金圆券的贬值而一落千丈，发行额直线上升，3 年内，从预计的 30 亿元增加到 5170 多亿元，另外还有 12136 亿元的即期定额本票在市面上流通。

直到 1949 年陈诚从上海运来 80 万两黄金作为发行新台币的准备

金，才切断了旧台币与金圆券之间的关系。1949 年 6 月 15 日，台湾改行新台币，想要借着新币制建立起民众对货币的信心。新台币与旧台币的兑换比率为 1：4000，并规定与美元的比率为 5：1，发行限额为 2 亿元。民众用麻袋装着好几袋旧台币，银行的行员以人工一张张数，算清楚后，换成了薄薄的几张新钞，心里的感觉无法形容，希望不要再有这种事情发生，但是每个人心中还是有一些怀疑。

严重的物资缺乏，再加上外汇枯竭，而大陆迁往台湾的人口有增无减，在连让每个人吃饱饭都有困难的情况下，台湾的金融绝对不是靠着这 80 万两黄金作为准备所发行的新台币可以稳住的。正如人们所担心的，新台币甫一发行，立刻又走上了旧台币的老路，在 1949 年到 1952 年之间，物价上升了 8.3 倍，止不住飞扬的物价，连当局本身也在不得已的情况下，或明或暗地在作限额外的发行。

为了要借通货紧缩方式达到抑制物价的效果，台湾的国民党当局还不得不以抛售黄金为手段，换回市面上过剩的货币，可是以有限的黄金去对抗无限的通货膨胀，根本无济于事，黄金投入市场之后，宛如泥牛入海，消失得无影无踪。

这时台湾的国民党当局想要用鼓励储蓄的办法，一方面减少货币在市面的流通量，另一方面累积资本，银行存款利息高达年利 7%。可是在物资缺乏与通货膨胀两种压力下，一日千里的物价让民众已经不敢让新台币在手中停留太久，储蓄根本就是梦想。这时新台币几乎又完全走上了旧台币的老路，使当局收支面临了极度的困难。幸而从 1950 年底开始得到了美援，才让新台币能够得以稳定下来。

美国经援中国始于 1948 年，该年 7 月，国民政府与美国在南京签订《中美经济协定》，初期因中国内战而使经援暂停。1950 年 6 月 15 日朝鲜战争爆发，美国派遣军队进入朝鲜半岛，也宣布美国第七舰队驶入台湾海峡，同年下半年，美国总统杜鲁门恢复了对台湾的美援。

美援在美方由"援华分署"掌理,台湾则由"行政院美援运用委员会"主管。该委员会在1936年改组为"经济合作委员会"(简称"经合会",美援停止后改名为"经济设计委员会",简称"经设会",即今经济建设委员会的前身)。所谓美援并不是由美国拨出一笔固定金额的钱,由各个被援助国自行任意运用,而是要被援助国先提出运用计划,经美国同意后才能拨发,而且指定不得作其他用途。"援华分署"的人员对经合会的人员非常友好,除了经常透露各种美国援外法案的最新动态外,还不断指导经合会人员如何争取美援。在金额数量上,每年大约有1亿美元上下,这些都是针对社会民生而设。除此以外,还有军援,并不列入一般美援之内,军援的项目包括了军需用品补给品供应,车辆、武器、通信、医疗等设备的维护与保养及人员训练等。

在美援的使用上,分为三种用途,一是计划型援助,由台湾先提出经济建设计划,再由美国拨款专用。美援到达之后,几乎台湾所有的建设工程都与美援有关,早期台湾的若干基本建设也是依赖美援得以兴建完成,其中包括电力、自来水、交通、港口、铁路、农业研究发展、天然资源开发、生产设备,等等,处处都有美援的影子,石门水库的兴建与台塑公司的成立,就是受美援之助的例子。

二是非计划型援助,以非计划性而台湾又极为缺乏的民生物资为大宗,如黄豆、面粉、棉花、牛油、肥料等。1951年第一批美援物资到达,由美国在台的各地基督教会担任发放的工作,教会从各乡公所索取户籍资料,再排定贫富的等级,按名册发放。一箱箱奶粉与一包包面粉、衣物,让民众产生了很强烈的好奇心,往往要排好几个小时才能领到一些面粉、奶粉、牛油及衣物。几乎每个在20世纪50年代前后出生的孩子都吃过这些奶粉与面粉。盛装牛油的铁罐可以当作小水桶，面粉袋可以改作内衣裤，内裤的臀部上就是象征"中"美合作一红一蓝两只紧握的手。

到了美援的后期，政府把一部分美援物资出售之后，所得的新台币存入台湾银行，这等于是新台币的发行准备，也可以提出使用于文教、社会与经济等，弥补了财政的不足。

三是技术协助，针对所有重大建设工程、经济规划及社会工作，聘请外籍专家来台训练技术人才，也派遣技术人员赴美国受训。

除了这些有形的援助之外，还有一项影响深远的无形援助。在"援华分署"中设有一经济组，专门以统计方式分析台湾经济发展的情况，适时对台湾当局提出各项建议，有些是具有强迫性的建议，例如要求降低军事预算在全年当局总预算中所占的比例。当时，军事支出占全年总预算将近70％，美国方面认为这么高的军事支出必然影响民生经济的发展，甚至曾经有过台湾的军队由美国发饷的建议，但并未被蒋中正所接受，只能答应逐年降低军备预算。美国方面还不断把原先要用在公营事业的预算改为扶持民间企业。有些是不具强迫性的建议，此类的建议多为经济改革事项。这些建议对台湾经济发展有很大的帮助。

从1949年国民党当局退踞台湾开始，立即造成了台湾因物资缺乏与人口激增所引发的通货膨胀。1946年到1949年，3年内台湾的物价上涨了1000倍，到了1952年底，台湾的工农业生产已经恢复到了战前的水平，但是物价仍然上升了8.3倍，此时美援适时地发挥了平抑物价与遏制通货膨胀的功效。由于物资缺乏，必须仰赖进口。1950年全年的入超额高达8200万美元，而美援数量竟然有9100万美元，完全纾解了外汇短缺的困境，使台湾的国际收支可以达到平衡。前"行政院"秘书长王昭明说："那个时候我们一年进口还不到两亿，大约是一亿七千万，其中有一亿就是靠美援帮我们进口。美援对台湾的经济发展产生奠基的作用，如果那段时间没有美援，我们没有机会把经济的基础建立起来。"

台湾的经济策略是先发展农业，再以农业培养工业，所以农业在初期台湾经济中扮演着非常重要的角色。美援对农业的挹注，集中于"中国农村复兴联合委员会"（简称农复会）指定的目标，每年提拨中美基金利息的18%，大约4亿新台币，作为农民贷款及农业建设。

美援对台湾的资本形成也有很大的贡献，在台湾经济发展最重要的10年（1952年到1961年）间，台湾的储蓄仅占资本形成的57%左右，这个不足的缺口，要靠侨外投资与美援来弥补。在这10年之中，真正从海外汇回资金进行投资的侨资只有2000万美元上下，其余的不足部分全部都依赖美援。例如，台湾在这段时间政府实施的两次四年经建计划，全部经费即由美援支付。

美援前后使用了15年，到1965年时，美国认为台湾的经济已经到达可以自立的地步，同年6月3日起正式停止。15年间共使用了美援148200万美元。当美援即将停止时，许多人担心台湾的经济会再度陷入谷底，但是台湾的基础建设大部分已经完成，也壮大了自己的实力，国民生产毛额从1951年刚刚得到美援时的145美元提高到217美元。以后更不断提高，成为全世界运用美援最成功的典范。

三、大陆来台的官员

从1948年到1950年，国民党当局撤退期间，许多企业界人士也随之来到台湾，他们为台湾带来了一些资金，也为台湾建立起了纺织与化学工业。

这段时期主持台湾经济事务的官员，并非大陆时期掌握财经大权的孔祥熙、宋子文之流的大人物，而是徐柏园、尹仲容、严家淦、任显群、杨继曾等原在大陆属于二级的干部，尔后又加入了严演存、俞鸿钧、费骅、李国鼎、孙运璇等人。这批人都有很高的学历，而且严家淦、尹仲容、杨继曾、沈宗翰、孙运璇等主要人物都是学理工或学农出身，有着很精密的思考能力。俞国华、俞鸿钧、徐柏园与蒋梦麟等人也有很好的文法商学历背景，形成了一群技术官僚。这些人都曾经在大陆经历过抗战，其中还有几位参与过遏制通货膨胀的工作，以他们丰富的经验，加上美援的协助，使台湾的经济问题在很短时间内迎刃而解。

当时掌管台湾经济建设有两大机构，农业由农复会主管，工业则由台湾区生产事业管理委员会（简称生管会）主持。农复会成立于1948年，是依照美国援华法案在南京设立的一个中美联合机构。迁台后，台湾方面由蒋梦麟、钱天鹤、沈宗翰3人出任委员，另由美方派遣2名官员，共同主持全部事务。农复会中的主要人员多为美籍专家，针对台湾的农、林、牧、矿、渔、水利、农民组织、农业推广、农村建设、农村金融、农村卫生等方面，不断提出兴革意见。其最大的贡献是在于对台湾农村生产力的提高，加速了农村现代化以及农业作物改良与新品种的引进。

生管会由台湾省政府遵照行政院指示于1949年6月10日成立，接管经济部资源委员会已无力管辖的各级政府的公营事业，以当时的省主席陈诚为主任委员，尹仲容为副主任委员，负责主持生管会的完全责任，王崇植、张峻、徐柏园为常务委员。生管会的任务非常广泛，举凡工业、农业、交通、贸易、外汇、金融等，都是生管会的工作。

日据时代台湾人所经营的企业非常少，而且绝大多数都是农业与小型商业，大的只有林堤灶所设立的大同电机前身、颜钦贤的台阳矿业与侯家的台南纺织而已。光复后从日本人手中所接收到的工业，诸如铝、石油、金、铜、糖、电力、纸、肥料、水泥与机械，等等，都由经济部直接管辖，其他事业由台湾省政府经营。这些事业单位里，管理阶层与技术阶层中的日本人全部在1946年起陆续遣返，被经济部与省政府所派去的人员接管。但是这些并不成为严重的问题，都能在很短时间内得到圆满的解决，而且从这些经济部所属的事业单位里，培养出许多位杰出的财经与行政的人才，后来在台湾政界举足轻重的几位人物，如严家淦、尹仲容、张兹闿、张光世、李国鼎、孙运璇等人，都是从这些企业中得到了充分的历练。

此时公营事业与民营事业的产值为4∶1，公营事业成了台湾工业的主要支柱。直到20世纪60年代，民营企业方始成为台湾经济的主力。尹仲容对于台湾私有企业的提升厥功至伟，他洞见未来台湾的经济主力必定在于私有企业，但当时无论在资金还是技术方面，私有企业都难以与公营事业相提并论。于是，他想出"代工代织"的方式，奠定台湾纺织业的基础。这是因为美国深恐在美援的协助下，如果台湾纺织业发展迅速，将会养虎为患，伤及美国纺织工业的竞争力，所以在美援各种项目中，唯独纺织业受到的照顾最少。但是台湾不但穿衣问题亟须解决，而且纺织业是一个贫穷国家发展工业的第一条必经之路。尹仲容在1950年至1953年间，不顾当时各界以图利纺织业、制造资本家的舆论批评，毅然供应纺织业周转金与美援棉花，要各纺织厂代为纺纱织布，纺织业者既不需考虑原料供应问题，也不必烦恼市场在哪里以及周转金是否充足，只要开机便可赚取优厚的工资。对于损耗的计算，还采取最宽松的方式，让各厂商都能生产出额外属于自己可支配的布料。

他经常与杨继曾（尹仲容之前任"经济部长"）、严家淦等人讨论全盘性的经济策略，更指出："美援并非永久，而只是暂时，是救急而不是救穷，是暂时救助本省以促使本省达到自给自足之目标，所以我们应该尽量利用美援，使能逐渐达到自给自足，国际收支平衡的目标。"

30多年后，"行政院"秘书长王昭明说："尹仲容只管事情该不该做，而不管当时的政治人物高兴不高兴，多做不错、不做是大错、少做是少错，他的重点是要做事。"做事多的人不免容易犯错，尹仲容有勇于任事的态度，也有勇于认错的风度。在兼任台银董事长期间，为了鼓励储蓄，稳定物价，除了调高银行利率之外，更推动"将客户存款利息送到家里"的方式，这项措施由于快速吸收了民间游资，却使民营中小企业出现无法筹集资金与周转金的困境，尹仲容立刻降低银行利率，使资金重新回到市场。

四、土 地 改 革

在台湾的国民党当局认为，在大陆的军事失利主要原因是在土地政策失败，以至于失去了广大农民的支持。国民党总理孙中山早在50年前已经看出中国土地问题的严重性，才提出了平均地权的主张，但是国民党在大陆执政20年，除了8年全民族抗战时期无暇兼顾土地问题之外，其余的时间也没有对土地分配不均的问题有任何的建树。要在台湾巩固政权，必须实施确实而且有效的土地改革。1949年时台湾以农业为主，农民占总人口数60%以上，无论从安定社会还是提高人民生活以及为工业准备资本的角度考虑，都应该先让农业有长足的发展，于是设计了土地改革、农村经济建设与农业生产技术改良3个目标，大力推动农业发展。

台湾农业几百年来在租佃关系上一直非常复杂，日本殖民统治时期，虽有一些改善，但对佃农的地位并不见有明显的提升。台湾光复时，农民有300万人，其中佃农占了70%，农地的佃租约在全年土地总生产量的 50%到 70%之间，农民一年的辛苦所得，一半以上归地主所有。这种租佃关系还不能维持长久，一年一租只是口头约定，地主可以随时更换佃家，佃农为了租地而居无定所。佃农如果辛勤耕作，收成增加时，就会有别的佃农来抢这块耕地，当别人愿意以较高的租金承租时，原有的佃农如果付不起相同的租金，就要搬走另寻地租。为了确保租佃权，佃农有时不得不答应地主缴交押金，或提前缴纳地租。地租约定之后，任何天灾人祸都与地主无关，全由佃农自行负责，所以地租又有"铁租"之称。

五、"三七五减租"

土地改革分作三步骤实施，第一项为"三七五减租"，自 1949 年 4 月 14 日起实施。这项政策在抗战期间陈诚任湖北省主席时，曾经在湖北推行过，称为"二五减租"，就是要地主减收 25%的地租。1950 年重新又在台湾实施，强制规定地租不得超过主作物全年总收成的 37.5%，其余附带作物全归佃农所有，在此以前，台湾的平均地租在 56.8%左右，实施"三七五减租"确实减轻了佃农的负担。

地租的计算方式为以当时统计的最低地租比例 50%为基数，再减收 25%，计算公式为：

$$50\% \times (1-25\%) = 37.5\%$$

1949 年 5 月 25 日，陈诚以自己在湖北省境内试办"二五减租"的成功经验说服了当时的"立法委员"，通过实施"三七五减租条例"。不到 20 天时间，超过 30 万农民拿到了新的租佃契约书，由于农民能够享有自己辛勤耕作的大部分收成，生产情绪立即跃升。这一年，粮食增产了 30%，佃农平均收入也增加了 45%。

"三七五减租"的计算不是一个比率，而是一个定额，以 1947 年与 1948 年两年平均正作物（稻米与甘薯）收获总量为计算依据，所计算得到的数量，以后若超过这一固定的总收获量，多余部分全归佃农所有。

为了落实这项政策，又在各地设立专责机构，由各乡镇区公所成立租佃委员会，负责调解租佃纠纷，遇天灾时勘察灾歉，再与地主议定减租的额度。地主欲出售农地时，佃户有权优先承受。

耕地租约要以书面方式签订，租期不得低于 6 年，非因法定事由地主不得终止租约。租期届满除收回自耕外，如承租人愿继续承租，仍应续订租约。为了兼顾地主利益，也规定如积欠地租达两年之总额时可终止租约。

这项政策受益的农户有 296043 户，占总农户的 44.5%，订约面积 256557 公顷，占耕地总面积的 31.4%。

当农民的所得提高之后，生产情绪与意愿也相对提高，1948 年到 1952 年，3 年之中生产量提高了 47% 以上，每年稻米总产量从 1068420 吨增加到 1570115 吨，大约增加了 5 成。农民生活得到改善后，有能力买牛，也有能力买脚踏车，更有能力娶妻，乡间戏称这些原先不敢奢想的事都加上了"三七五"，称为"三七五耕牛""三七五脚踏车"以及"三七五新娘"，有些人特别偏爱黄金，把他们买来当作储蓄的金饰也称为"三七五黄金"。

六、公 地 放 领

第二项土地改革政策为"公地放领"，在 1951 年开始实施。将从日本人手中接收来的日据时代公有及日人私有的土地，由承租公有地的现耕农、雇农及自耕农或半自耕农承领，放领土地的地价为该土地全年正作物收获量的两倍半，分 10 年无息摊还。

公地放领的时间极长，从 1951 年到 1976 年，共放领土地 138957 公顷，承领农户有 286287 户，农户以收成作物缴纳土地费用，当局收得放领公地地价稻谷 367366416 公斤，甘薯 1254768525 公斤，全数由台湾土地银行经收后拨作扶植自耕农基金。

七、"耕者有其田"

这次土地改革最终的目的是在第三项工作"耕者有其田"。1953 年 1 月 5 日宣布实施"耕者有其田"政策，地主除保留出租耕地 7 等则至 12 等则水田 3 公顷或依一定标准折算的其他等则水田及旱田外，其余由当局征收后放领给佃农。为兼顾地主生计情形下采和平渐进方式，规定地主保留中等水田 3 甲、旱田 6 甲及免征耕地。当局征收地主超额之出租耕地，附带征收地主供佃农使用收益的房舍、晒场、池沼、果树、竹木等定着物的基地，放领给现耕农民。于 1953 年 12 月顺利完成，计征收放领耕地 139249 公顷，创设自耕农户 194823 户。

放领的地价，以耕地正产物（稻谷、甘薯）全年收获总量 2 倍半（分 10 年均等摊还）。征收方面，补偿地主 70% 为当局发行的实物土地债券（分 10 年均等偿付，并加给年息 4%），30% 为水泥、纸业、工矿、农林等公营事业股票（一次给付）。

在中国人的传统观念里，卖土地的人便是"败家子"，而且要地主把按时可以不劳而获的土地换成薄薄的几张股票，这些工厂都还在复建之中，将来能不能赚钱只有天知道，反弹是必然的现象。但是台湾当局知道，这时政治人物都是从大陆迁来，与地主没有任何关系，这时不大力推动，等到政治人物与地主产生了密切关系之后，土地改革就无法推动了。所以强行规定这项政策要在一年内全部完成。

对长时间受地主压迫的佃农来说，这却是最快乐的事。拥有自己土地的农民比以前更加努力工作。3年内，农业生产提高了21.63%，土地生产力增加21.52%，劳动生产力也提升了15.22%。

在耕者有其田之后，佃农与地主的租佃关系全部消失，农民的经济完全独立，无论在政治上、法律上以及社会上的地位完全平等。地主转移土地的资金76000余万元投资于工业，当局开放公营的水泥、纸业、工矿与农林四大公司为民营，以期能得到更大的利润，让因释出土地而掌握这些公司股票的地主能够有更多的好处。

八、农会是农村经济的要角

台湾稻米北部一年两熟，南部一年三熟，农民除了收成之后外，平时没有其他收入，向民间借贷的利息过高，又常常造成种种纠纷。在日据时代便已经设立了农会，作为农村的经济运作中心。台湾光复后，国民政府把这个农村金融中心分作农会与合作社两部分，然而工作性质相同，农民却要缴交两种会费，颇不合理。从1949年起，重新回复原来的农会运作方式，1949年12月18日新农会成立后，除了保障农民的权益、传达政令之外，又教导农业新知识，提高粮食生产水平，就成为最主要的工作。

20世纪50年代，台湾省1/2以上的人口从事农业工作，农业占总生产量的36%。此时的农会，除帮当局代征田赋并代收、代碾稻米外，为了改善农村经济，提高农业生产量，当局更通过农会，成立"四健会"及农事推广班，培育农技人才；另外，也为农村妇女办理家政班，从婆媳相处之道，到烹饪、裁缝、家庭计划，这些活动都是当年农村经济得以进步的主要原因。

以后的50年中，通过省、县市、乡镇三级共290个农会，深入台湾基层社会，一直扮演着当局与农民间的桥梁角色。农会信用部是农会组织中另一个主体，专门负责对农民的贷款。农会通过农技推广与金融贷款，在地方建立严密的人际网络，直到农村经济在生产总额比例逐渐降低时，农会功能才很自然地从农事推广转而为选举时的桩脚。而农会理事长、总干事也成为地方精英踏入政坛的第一步。

1958 年起，台湾当局开始推动农地重划，以交换分合方式，使农家的耕地集中，改善农地坵块，并规划灌溉、排水、农路的设施等综合性土地改良。原有许多土地因属于畸零地，面积太小，或因不临接水路，必须越坵灌溉与排水，不仅常引起纠纷，也使肥料容易流失。许多田地因没有农路，农具与农作物的搬运十分不便，更无法使用机械耕作，经此农地重划后，大致上得到了解决，同时又开辟了大量产业道路，衔接宽的城乡联络道路，使农田的对外联络毫无障碍。

九、土地改革的评议

这项"耕者有其田"政策对台湾经济影响极为深远，其实这项措施很类似"二战"结束，盟军占领日本后在日本所实施的土地改革方式，让所有佃农都拥有了属于自己的耕地，也实现了孙中山在《三民主义》中所主张的"平均地权"的理想。

实施耕者有其田政策最主要的目的是平均财富，初期看来的确达到了预期的目标，而且台湾当局对这项不经过流血就完成的土地重分配颇为自豪。但是事实上这项政策的成功与农业生产力的提升，并不只在于政策本身，更源于紧接而来的农业新技术的大幅改进。中国历史上曾经有过多次土地改革，像王莽时代的王田制度，北魏至唐代的均田制度，宋代王安石变法时的方田均税法，等等，全部都归于失败，原因在于那时没有快速的农业技术提升，也没有快速的经济发展，以致农田分配之后，佃农因为土地小，收入虽然增加，却还是无力应付必要的土地与耕作环境的改良，诸如灌溉水利设施的兴建，遇到天灾荒年时依然难以度日。即使没有灾变，多年的太平日子会使人口大量增加，但是土地面积却没有扩张，无法养活众多家人，许多人还是不得不放弃土地，到外地寻求更好的发展，最后土地又重新兼并，产生了新的大地主。这是每位倡导土地改革者都未能完全顾及的先天性问题。

台湾很幸运地在实施了土地改革之后，立即能有各式各样的农业改良技术可以供农民引用，像耕种的方法、新品种、新式农药与肥料，等等，都是新式农业的必要条件，可以养活更多的人。当局又以放领公地的收入，作为农民购买自动化耕作农机的贷款，而且快速发展的经济，吸收了所有农村新增的人口，这些都是古代所没有的优越条件。

另一方面，台湾原有的租佃关系并不是极端对立，部分地主与佃农宛如一家人般密切，农田水利的兴修与佃农家中生活的照顾，地主都尽了很大心力。当地主因释出土地换成了公民营企业的股票又在商场上赚到了钱之后，便想要经由地方自治的选举活动晋身政坛，他们的群众基础仍然要靠原有的佃户，原来的地主成了农民在政治上的代言人，于是政、商、农结成了一体，不仅提升了台湾的政治团结，也让当局能完全照顾到农民的权益。

然而从长远的方面来看，"耕者有其田"政策也留下了不少后遗症，每户农家只有1公顷左右的农地，因面积太小，无法大量使用自动代耕作机械，仍然要靠人力，当社会进步到以工商业为主时，年轻人因为不愿意在农地上付出一生的劳力，而任由农田荒芜，宁愿到城市里工作。

其次是因土地分散，资本不易集中，注定从此以后台湾只能往中小企业发展。这种小资本的工商企业，在国际上很难与日韩等国的大企业竞争，台湾付出了比韩国更大的心力，才能同时跻身在"亚洲四小龙"之中。

当工商业发达之后，土地价格飞涨。当年放领的土地并未规定不能改为他用，都市向四周不断扩张后，许多农地变成了建地，可以建房屋出售，造成了一批又一批的暴发户，这些农人可以开着名贵的轿车去种田。因土地用途变更而在一夜之间所得到的财富，可能比几十年辛苦经营工商业所得的利润要高出好几倍。又因为农业的产值比不上工商业，一些土地不能改为建地的农民而言，终年辛劳还永远比不上别人一个月的收入，务农成了他们心中最难以忍受的痛苦。

当年以政治命令方式，强力要求地主释出土地，铲除了旧有的地主，然而30多年后，反而又创造出一批新地主，这种现象对原来地主的后代而言，产生了嫉妒与不满的心态。

十、自 强 之 道

初期的危机在美援到达后逐渐趋于缓和，1953年，台湾展开第一期四年经建计划，以为从此可以进入积极发展的时期，但是1956年开始，台湾却又进入了另一个瓶颈时期。

几年的平静让人口飞快增加，虽然每一农户都有属于自己的耕地，可是每户的耕地都一样多，人口较多的农户却还是吃不饱，形成了大量隐性的失业人口。工业方面也仍然停留在农产品加工阶段，农业不能大幅成长，也就无太多农产品可供加工。民生经济没有明显提高，消费性产品的工业，也因市场饱和而无法进展。这就是1956年起台湾所面临的困境。

更可怕的是，美国这时竟然以为台湾已经脱离了贫困，有独立自主的能力，想要停止美援，也正式告知台湾提出何时可终止美援的说明。"美援会"立即设法说服美国当局了解"若要台湾停止依赖美援，就必须先加速经济发展，而要加速台湾的经济发展，则未来几年内美援不但不能停止还有增加的必要"。

此时台湾也已经拟出经济发展的方案，与美援会的"加速经济发展计划大纲"两相比较，竟有很多雷同之处。综合之后，成为"十九点财经改革措施"。这"十九点财经改革措施"是要通过预算、财政、金融、经济发展等方面的改革，改善台湾的投资环境，加速资本形成及吸引投资。重要的措施包括了节约消费鼓励储蓄以累积资本，筹设证券交易所与成立开发公司，减少经济管制，加速"国营"事业移转民营，简化投资手续，改进租税制度与税务行政事项，控制"国防"预算，实施绩效预算，订定合理的公用事业费率，整顿金融、放宽贸易管制与简化出口结汇的手续，等等。虽然此议案因提案单位的层级过低，引不起重视，未能全案通过实施，但是这套方案不但指出了当时经济的问题，更为日后台湾经济的发展指出了一个方向，以后每期的经济建设方案，都是以这"十九点财经改革措施"为依据的蓝本，也陆续成为各阶段的工作重点。

十一、汇率从混乱走向稳定

从 1949 年起，台湾实施严格的外汇管制，在国际货币基金组织的允许下，仿照第一次世界大战后的德国，采用复式汇率。所谓复式汇率，便是出口时以基本汇率计算，而进口货物除了基本汇率之外，还加上了给汇证、防卫捐、教育捐，等等，产生了汇价上的差额。这时的主要政策为：控制进口货物，求取国际收支平衡。对于重要的经建物资及民生必需品则给予优惠汇率，一方面借此促进经济发展，另一方面也稳定了物价，减少通货膨胀的机会。当局大宗出口或获利较多的民间产品出口，以一般汇率计算，其他出口货物则可使用较优惠的汇率，也就是不同的商品有不同的汇率，以此鼓励外销。在 1947 年与 1948 年之间，汇率发展出 36 种之多。

多种汇率的政策其实是一种变相的进出口补贴政策，例如，给予某种进口商品以较低估的汇率，就是等于对这项商品加了进口税，反之如果给予较高估的汇率，便是当局在补贴。出口恰好相反，使用高估的汇率是补贴出口，使用低估的汇率，则是抽取出口税。

举例来说，设同一时间内，新台币对美元的汇率存在着 1∶5 与 1∶8 两种汇率，而此时新台币与美元的正常汇率应为 1∶7，所以 1∶5 为高估汇率，1∶8 为低估汇率，出口某项商品时，以美元结汇，如果使用低估汇率，出口商仅能以 1 美元换得 5 元新台币，若使用低估汇率，则出口商能以 1 美元结汇得到 8 元新台币，到底使用何种汇率结汇要由当局认定，所以若当局核定为低估汇率，便是变相的出口补贴，若核定为高估汇率，则变成了对这项商品征出口税。

对于进口来说，若核定为低估税率，则进口商在结汇时每 1 美元要多付 3 元台币，等于是征进口税，如核定为高估税率，每结汇 1 元美元，便少付 3 元台币，可以看作是进口的补贴。

这种复式汇率在功能上有多种用途，当局可以对不希望进口太多的货物核定以较低估的汇率结汇，达到压制消费节省外汇的目的。也可以用高估的汇率，降低进口成本，有利于产业发展，减轻物价上涨与通货膨胀的压力。对于进出口有暴利的产品，借着汇率加以管制，同时会引导民间的生产资源，运用在当局所注重的出口产业上。这种复式汇率对一个正面临恶性通货膨胀，外汇短缺，又存在着巨额国际收支逆差的经济体而言，的确可以发挥功效。

但是从另一方面来看，这种完全由人为控制的外汇管制方式，很容易产生弊病。这一时期汇率全由"外贸会"主任委员徐柏园决定。出口汇率基本上有两种，一是 1∶18，另一种是 1∶24，至于何种商品出口用何种汇率，没有固定的模式与规定可以依据，除此之外，徐柏园又设立了一种投资观光汇率，1 美元兑换新台币 35 元，以鼓励外资来台投资观光。

这么复杂，而且汇价的差额这么大，对外贸来说，无疑是一大障碍。当初会有这样的设计是因为台湾外贸不多，只有盐、糖两样产品出口时，反正都是公营事业，最后不论差额多少，都会回到"国库"，影响不大。但是日久弊生，而且台湾的经济已经开始渐渐成长，这种汇率方式导致了资源分配不均。出口以较低的汇率结汇，代表了台币对美元高估，削弱了出口商品在国外的竞争力，也当然影响了出口产业本该具备的发展潜能。对进口而言，差别汇率也会造成某些商品过度进口，某些商品又进口得不够的现象。

最可怕的是，这种复式汇率会引起许多不法行为，例如某些厂商根本不作长期经营的打算，只生产质量低劣的产品，谋取短期利益，有些甚至根本不从事生产，钻营外汇及进口原料分配的权力，得到了外汇或原料之后，立刻以高价转卖，或联合同业抬高售价，坐享厚利。

复式汇率不仅让民间守法业者无所适从，也造成了行政当局的负担，尤其为了因应岛内外的各种多变情势，不得不随时有新的运用方式与命令，形同朝令夕改，让民间无法作长期的投资计划。最大的问题是这种复式汇率完全失去了市场机能，新台币的币值完全操纵在行政系统手中，所衍生的问题多得无法估算。想要抑制暴利，往往会因为汇率一变，反而造成了暴利，或某些商品的过度消费，某些商品却又滞销的情况，而且事前根本无法预估。这些问题又通过国际贸易，连带影响了外商，伤害了台湾方面的国际声誉。

从 20 世纪 50 年代中期开始，台湾当局便已经注意到汇率问题，当时有两派意见，一派是由经济专家学者、企业人士及部分主持工业发展的官员所组成，认为汇率的复杂，不仅妨碍了市场价格机能，也阻碍了出口工业的发展。另一派多是当局实际负责财政与外汇的官员，很务实地从财政的着眼点认为实施单一汇率，当局便失去了买卖结汇证的获利，当局要从外国采购物品时，也不能用较低的汇率，这样会使当局支出加大，也使已经不能平衡的财政收支出现更大的差距。由于尹仲容在1955年辞去"经济部长"一职，汇率问题便不得不暂时搁置，等到尹仲容在1957年复起，担任"经济安定委员会"秘书长之后，汇率问题才又得到重视。1957年底，蒋中正指定陈诚、俞鸿钧、徐柏园、尹仲容与江杓5人成立"外汇贸易政策小组"，后来严家淦也奉命加入，尹仲容无疑是这个小组中主张改革最力的人，他的主张又得到陈诚与严家淦的支持，最后决定采用单一汇率。

一个原本立意良善的制度，遭到人为的破坏，使台湾当局在1958年不得不作大幅改变，由"行政院"公布"改进外汇贸易方案"及"外汇贸易管理办法"，把复式汇率改为二元汇率，即在汇市中除了有一种由台湾银行挂牌买卖的基本汇率之外，还有一种可由市场供需情况决定的结汇证价格。另外，再把新台币已严重高估的价位贬到接近真实的汇率价格，这次重大的改变，是以后能大量出口以及台湾经济能快速起飞的直接原因。

对任何一个通货膨胀危机尚未完全解除、经济又落后的经济体而言，货币大幅贬值是一件极为冒险的行为。因为货币贬值，立即造成进口货物价格上涨，进口货物价格上涨，又会引起物价攀升，为了因应货币市场的实际需要，不得不再大量发行货币，又造成通货膨胀，于是形成了一个恶性循环。这时"外贸会"主任委员尹仲容衡量通货膨胀的局势已经完全控制，又一定要改变汇率结构，毅然决定在此时机进行改革，以免使台湾陷入经济停滞不前的困境。

经过这次改革之后，因汇率反映了新台币的真实价格，以及让市场机能得以正式发挥，生产结构也因为可以预估成本，使经济资源得

以适当地分配与运用，带来了越来越兴盛的出口贸易，最后使台湾的
经济得以起飞。

1960年7月，中国台湾改采单一式汇率，把新台币对美元的汇
率定为40：1。1979年实施浮动汇率，1987年时台湾的外汇又进一
步开放，允许个人保有外汇，1988年时，外汇储备已高达750亿美
元，仅次于西德与日本，为全世界第三位，人均收入也达到8400美
元，被世界认定为"亚洲四小龙"之一。

1953—1960年进口替代时期为了加强经济发展，并争取美援，
台湾当局在1953年提出第一期四年经济建设计划，从此展开台湾经
济发展的新纪元。

十二、确定稳定中求发展的方向

这个时间，也正是决定台湾经济发展方式的关键时刻，全世界各
国在工业革命之后，经济发展无非是选择"自由发展模式"与"目标
发展模式"两种，自由发展模式是政府没有设定很明确的方向，听任
民间自行发展。这种方式是最传统的方式，像当年英国从农业社会发
生工业革命之后，一步步走向工业化，因为没有前例可循，政府也无
能力管理，只能由民间自己选择方向。18世纪末，美国的工业发展
也是依循这个模式而来。

自由发展模式最大的特点是可以适应劳动力众多而资本缺乏的经
济环境，完全依照市场机能自然发展，慢慢从劳动力密集、技术与资
本不足的阶段累积起资本与技术，再进入资本密集与技术密集的高度
工业化阶段。唯一的缺点就是需要很长的时间。而目标发展模式大约
起源于德国与日本，为了要在短期之内富国强兵，可以不顾现实的经
济状况，全力向目标迈进，或者直接跨入资本密集与技术密集的阶

段。政府不断宣传，要全国民众配合政府的政策，暂时牺牲个人的民生福利，铲除所有足以妨碍经济发展的因素，快速建立起新的经济秩序，这种方式违背市场机能，要冒很大的风险，却可以缩短很多时间。日本在明治维新后用了30年时间成为亚洲第一强国，苏联在共产党得到政权后也以30年时间成为世界强国。

但是这种发展模式一旦失败，不仅浪费大量资源，而且会危及民生。蒋中正一心想要重回大陆，重建国民党政权，在他心目中，没有任何事能比军事更重要，也没有长期停留在台湾的打算。他不懂经济，经济事务全部委托陈诚、严家淦、尹仲容、杨继曾、蒋梦麟等人，这样一种发展模式，在"安邦定国"方面的确能让台湾在短时期内从无到有，达到民生富足的地步，可是对于要在短时期内跻身世界经济强权之林，却从来没有这样的打算。尤其在看到苏联与大陆采取目标发展模式后成果与预期相差太远，便很自然地朝向了自由发展模式迈进。

在两相比较之外，台湾喊出了一句口号："在稳定中求发展"。这个原则让台湾的经济政策有了两项最高的原则，就是稳定重于发展，顺势重于创新，以平实的态度，充分利用现有的资源，包括大量的劳动力与少量的资金与技术，脚踏实地一步步向前迈进。

十三、一般民生状况

幸运的是，在台湾经济发展最重要的10年里，由于美国的强势主导，国际油价一直保持着很低廉的价位，世界经济没有出现任何大的波动，可以说是一片欣欣向荣的气象，台湾更时时注意着"稳定中求发展"的目标，不允许任何使物价有大幅波动的现象发生，更时时留意是否有投机商人操纵物价的举动出现。尤其是对粮食的供应，不仅要求增加供应量，还要确实掌握粮食的去向。当局这时采取肥料换壳的政策，大约可以掌握住当年产量的 30%，然后再按每一户人口数配销米粮，这样一来，既可以明了米粮的去处，也平抑了米价，商人无法居间操纵。

日据时代一分地 100 元，而脚踏车一辆就要 30 元，等于是两个月的薪资，一个村里大约只有四五辆脚踏车。台湾光复后物价上涨，一辆脚踏车要 900 多元，有大东、伍顺、自由、宝马 4 家工厂生产。还有从日本进口的富士与霸王两种品牌，售价在 1000 元以上。随着经济渐渐发展，脚踏车的需要日益迫切，物资局在 1956 年以分期付款方式配售公务人员脚踏车，每辆 930 元，分一年还清。每辆脚踏车都要缴纳牌照税，一年 30 元，当局又多了一项收入。这时脚踏车是一个家庭最主要的交通工具，也是财富的象征，一家有两辆以上的进口脚踏车，很可能成为宵小觊觎的对象，脚踏车失窃率不断上升，也造成了台湾省各地二手车市场的兴起。这一年是台湾以配售方式分配民生必需品最多的一年，当局完全掌控了重要物资的流向。

十四、工业发展策略

在"稳定中求发展"的原则之下，从 1953 年开始的第一个四年经建计划中，便是以"发展劳力密集的轻工业，取代消费品的进口"为工业发展策略。这些民生必需的轻工业计有纺织、食品加工、皮革、橡胶、合板等，其中又以纺织业为最重要。也由于农业发展的需要，进一步扩大了原有的肥料生产规模。从 1953 年至 1960 年的工业政策，被称为"进口替代政策"。

这一时期的一些工业都是以大陆转来的人力、资金和设备为主要力量，特别是纺织业，几家元老厂家，如远东纺织、台元纺织、中兴纺织等都是来自上海。为了吸收外资及高级生产技术，1955 年更制定"奖励外人投资条例"。这项法规对往后的经济发展有重大的影响。

从近代工业革命以后，几乎所有经济发达的经济体都像英国一样先从纺织业开始发展。台湾地区除了从大陆迁来的一些纺织工厂外，汽车工业也在这段时间内开始发展，但是由于当时资金短绌，利息又高，要筹措成立一家大规模的汽车厂确实有困难，而且一家汽车厂之外，还要有众多卫星工厂共同生产零件，所以发展汽车工业需要很长时间。更重要的问题是，台湾的市场太小，如果以 20 世纪 50 年代台湾的经济情况作为标准，自行研发一种新车至少要 100 年才能回收全部成本，但是汽车工业是往工业化发展的必经之路，因为汽车会随着经济的提升从奢侈品变成必需品，而且一个汽车工业会带动相关的机械、钢铁、橡胶、塑料、电子、玻璃等工业，在这种不能做却一定要做的情况下，只好先选择进口零件在台湾装配的方式生产。

1953 年 6 月首先由严庆龄建立裕隆机械制造股份有限公司，跟日本的日产汽车制造株式会社合作，这算是台湾汽车工业的起步，然而种种前述原因的存在，使得此时的裕隆公司虚有其名而毫无生产之实，到 1971 年才正式成立生产工厂。这时当局的汽车工业政策没有资金的奥援，也没有技术的引进，只是不准外国汽车进口，并把零件的进口关税调低。由于有这种优惠的方案，裕隆以及日后所成立的子公司"中华汽车"，都与邻近汽车工业最发达的日本车厂签下合约，进口日本零件在台湾装配。这种经营方式既没有风险，又能在关税保护之下获得暴利，以致台湾的汽车工业一直不振。对汽车的保护政策实质上变成了保护日本汽车工业在台湾的市场。台湾业者不需要从事研究发展，也不需要考虑降低生产成本，更不必培养卫星工厂，只要把零件装配成车就可以得到超额的利润。台湾民众必须忍受高价买进低质量汽车的损失，汽车工业就在这种"无微不至"的保护下，安安逸逸地度过了 30 多年，也使台湾的汽车工业水平一直无法提高。一直等到汽车市场全面开放，世界各大厂都可以在台湾生产或销售汽车之后，为了因应激烈的市场竞争，台湾的汽车工业方才开始进步。

在这最艰难也是最富有挑战性的 10 年之中，对外关系也逐渐有了更进一步的开展。在 1959 年之前，台湾地区只有香港与旧金山两条航线，飞航班次也少得可怜，1959 年开辟了台北到日本东京的航班，一星期两次。

十五、"八七水灾"也成了经济成长的契机

这 10 年之中最大的一次灾变是 1959 年的"八七水灾"。8 月 7 日晚上，台中、南投、阿里山一带突然下起了暴雨，30 个小时内的雨量，台中 660 毫米、日月潭 523 毫米、阿里山 719 毫米、打破了台湾 60 多年的纪录，淹没了中部地区所有的农田与村庄，洪水更冲毁了桥梁、民房与学校。这次水灾的成因仅是一个经过日本南方海面的热带低气压，为台湾引进了旺盛的西南气流，挟带来大量的雨水。气象台事前的预报只认为会下一些小雨，不料竟然造成了空前的大灾难。

20 世纪 50 年代气象预报技术还很落后，没有卫星云图，没有高空观测技术，根本无从得知大雨将至，中部地区又没有水库可以蓄积洪水，因而在没有任何防范及后援的情况下，洪水一夜之间涌入中部地区，洪水退后，共有 667 人死亡，失踪 408 人，全台 43% 的农地与 36% 的农家受损，30 万人无家可归。全部的损失是台湾地区生产总值的十分之一，约为台湾省政府一年的总预算。

蒋中正立即下令由"行政院"组织一个水灾救济及重建小组，由陈诚主持，所有重要的"中央"财经官员，如严家淦、尹仲容、杨继

曾、陈庆瑜等，以及台湾省的主要行政主管，包括周至柔、袁守谦、黄伯度、马纪壮等人都是这一小组的成员，而以当时"美援会"秘书长李国鼎为执行秘书。

"行政院长"陈诚面对光复后首次大规模天灾，在 8 月 28 日下令调涨烟酒公卖价格，双喜牌香烟一包从 5 块调到 7 块，台湾啤酒从 12 元一瓶涨到 16 元，等等，通过烟酒涨价增筹财源 2 亿元，这些款项仍然不足以赈灾与复建。8 月 31 日，公布紧急处分令，从 9 月 1 日起，当局对于各项税收附征水灾复兴建设捐，例如电影票，每票附加一二元不等，同时为了节约，每周二、周五实施禁屠牛羊猪，实施时间以一年为限。

由于这次受创最严重的中南部是台湾最重要的农业心脏地带，很容易让人担心是否会引起饥荒。为了安定人心，也是防患未然，主管"美援会"的尹仲容与李国鼎立即与美国联系，争取物资救急。刚好"驻美大使馆"经济参事霍宝树因公返台，尹仲容请他尽快将灾情传到华盛顿，几天后美国便拨出 7600 吨面粉。到 10 月美国又答应供应价值 900 万美元的小麦，相应基金也拨出 26800 万台币供救济与重建之用，总计这次水灾的救济与重建经费有 1/3 来自美援。

李国鼎在察看灾区之后，提出了复建计划，一共有 28 个项目，1474 个细目，重建经费要台币 15 亿元。经费的来源除了美援之外，就要靠税收。重建所需要的人力则来自于军方及义工，整个复建计划在 14 个月内完成。

这次水灾是一次非常的破坏，李国鼎要在这次非常的破坏中得到非常的建设。原先农地因继承与分家关系，常会割裂，有的甚至还分散在几处，零散而又小面积的土地不利耕作，也不利灌溉。"八七水灾"时，田埂都被冲毁，农地的界限消失，必须重新丈量，李国鼎规划了土地交换的方式，把原来分散的土地变成相连集中，使日后耕作时方便不少。由于成绩斐然，许多未受灾地区的农民也要求土地重划，此后当局便在全省各地展开了土地重划工作。以前台湾各地的公路、桥梁与灌溉系统的工程规格不一，经过这次水灾，所有工程都统一设计，规格制式化之后，行政效率也相对提高。

在意料之外的收获是农民从此相信各地的农会，以前农民没有存款的观念，只会把省吃俭用留下来的钱放在家里，许多农民一生的积蓄就在这次水灾中全部付诸东流。水灾以后，农民不再把钱藏在家里，各地信用合作社与农会的存款因此而大增。

这次的水灾给台湾带来了巨创，但第二年随即平复，完成大部分重建工作，并没有严重影响台湾整体经济的进步。李国鼎的规划妥善，使灾变能够在十几个月中全部平复，经由陈诚的大力推荐，他得到了蒋中正的重视，为李国鼎日后的仕途增加了不少助力。

十六、建立起"香蕉王国"

在这段时间里，台湾地区最大的出口货物是香蕉，日据时代，香蕉是各地农村一定要附带种植的作物，收成几乎全部要运到日本去，农民除了要免费为日本人种香蕉之外，还要倒贴竹篓钱，一年要运出 28 万箱之多。台湾光复后，香蕉是稻米以外唯一的经济作物，从 1959 年 11 月 6 日起，依据尹仲容与日本签订的贸易协议，台湾香蕉开始正式外销日本。

日本人对台湾的香蕉情有独钟，是一种难以磨灭的台湾情结，战败前吃香蕉是一种帝国主义从殖民地搜刮的骄傲，战败后是对往日的怀念与眷恋，结果使台湾省高雄、屏东一带出产的香蕉独占日本的水果市场。从 1962 年到 1972 年是台湾外销香蕉的高峰期，每年要出口 2660 万箱，成为台湾最主要的外汇来源，也是台湾经济稳定的主力。

香蕉外销完全由高雄青果合作社主办，理事主席吴振瑞与日本商社的关系极好，他个人的谈判技巧常使日本商社无法杀价，加上日本市场有大量需求，台湾成了"香蕉王国"，吴振瑞也成了"香蕉大王"。高屏地区因香蕉而富，蕉农要交际，农会更要交际，农村里酒家林立，晚间比高雄市区还热闹。但是因为台湾香蕉生产过剩，各地蕉农与农会为了争取外销机会纷纷对吴振瑞示好，吴振瑞也必须与主管单位的官员有所往来，于是他打造了许多金盘与金碗，分送给所有相关的人员，当1972年内幕被揭露时，形成了所谓"剥蕉案"。但是这个案件并没有十足行贿的证据，吴振瑞送给"中央银行"总裁徐柏园的金盘，被徐柏园随手放在书桌上，任何人进入徐柏园的书房都看得到，显然，徐柏园并不认为这是吴振瑞在行贿，只是朋友之间的一次馈赠，唯一的疑点是这些金盘金碗的成色超过了当时饰金的成色。

这场突如其来的"行贿案"很意外地被炒作成了最热门的新闻，吴振瑞被判刑8年。而徐柏园虽然未被起诉，却被要求完全离开政坛，这样的结局不得不让人联想到事件的背后很可能有另一番不能为外人道的隐情。吴振瑞离开高雄青果合作社后，台湾香蕉的外销价格从此一落千丈，市场也被南美洲国家所夺，香蕉的风光不再。此时台湾地区已经不必再靠香蕉作为经济支柱了。

十七、重大基础建设

重大的基础性建设也从这10年里开始着手，1956年有两项重大工程开工，一是中部横贯公路，一是北部的石门水库。

台湾全岛呈南北走向的长条形，中间是高山，自古以来，东西两部分几乎被完全隔离，必须要绕道北端的基隆或南端的屏东才能联系，使东部的花莲与台东有如化外之地，一些在西部犯了案或无法谋生的人，往往会选择东部作为避难或暂时栖身之所。西部的开发已经一日千里，东部却仍然停留在几十年前的光景。为了缩小东西两地的差距，从中部兴建一条公路联络两地成了刻不容缓的工作。

这项工程由蒋经国负责，从 1956 年 7 月 8 日开工，参与这项工程的包括当时的陆军步兵、退除役官兵、临时雇员及相关工程人员等，共 11000 余人，其中退除役官兵人数最多，占了半数。

台湾岛的地质属于褶曲地形的新地块，山势高耸，而且都是岩石，在没有任何先进大型机械协助的情况下，全靠人力开凿山壁。面对坚硬的山石，任何小型机器都不适用，用空压机打一天还打不下一尺厚的岩石，只能倚仗人力，以几支钢钉与一个铁锤慢慢地开凿。开凿下来的土石也要靠人力用扁担与畚箕挑走。人在陡直的山壁下开凿岩石，看不到天空，有时好几个月都是在一块大岩石里一点一点地凿。东部地区多地震，使用过炸药之后，只要有一点点小地震，就可能引起大规模山崩，山崩时常常连人带工寮一起埋掉，在耗资 4.3 亿元，历时 3 年 9 个月零 18 天的工期里，一共有 212 人殉难，702 人受伤，是台湾地区有史以来死难人数最多的工程。

东西横贯公路从台中谷关直通花莲，全长 140 多公里，比以前绕道台湾两端要节省 6 个小时的路程。还有一条支线从梨山通往宜兰，使台湾不再因中央山脉的阻隔而分成两个不同的世界。

这条东西横贯公路除了交通上联结了东部与西部之外，还形成了一个世界性的景观，在邻近花莲的太鲁阁风景区，是在整块岩壁上开凿出上有千仞绝壁、下有无底深谷、中有山洞瀑布的公路，附近风景只能以鬼斧神工来形容，为台湾地区日后发展观光事业奠定了基础。从事开路的退伍军人有 5000 多人留在山上，开辟出一片片果园，种植从别处引进或台湾自行改良品种后的寒带水果，以及高冷性蔬菜，对台湾的经济颇有帮助。

台湾北部因灌溉工程较少，使桃园一带无法大量种植水稻，农田都是"看天田"，天不下雨就无法耕种，而且北部电力的供应全靠中部日月潭的水力发电，于是当局又决定在北部桃园县龙潭乡与大溪镇大汉溪中游兴建大型水库。石门水库在1956年动工，总工程费32亿台币，其水坝高度132米，底部宽585米，是当时亚洲最高的水坝。兴建石门水库的目的是发电、灌溉与防洪。其发电量为每天9万千瓦，为全台湾发电量的12.5%，足够5400户人家使用。灌溉部分可涵盖22个乡镇，5万多公顷农田，也使桃园、新竹一带180万人的生活不再受缺水之苦。

但是石门水库在防洪方面的效果却颇受争议，由于上游水土不易保持，使水库淤积严重，每逢台风或暴雨都要泄洪以保持堤坝的安全，常常出现大汉溪水位高涨时石门水库泄洪，把下游乡镇淹掉的事情。

十八、快速成长时期（1961—1973）

台湾为海岛型经济，以出口争取外汇方是生存之道，在经过"进口替代时期"用关税及保护政策培养台湾的民生工业并有了成效之后，如何让台湾更富足，成了这一阶段的首要工作。

（一）设立加工出口区

经过十多年的平安岁月，台湾人口不断增加，蒋梦麟等人预见到人口增加这么快，未来台湾的经济发展成果势必为快速增加的人口所抵销，于是积极倡导节育，宣传以一家两个孩子为最恰当。节育的政策与中国人一向多子多孙是福气的观念相左，只能在都市里见到明显的效果，对于缺乏娱乐与教育程度不高的乡间并没有发生很大的作用，于是本省人与外省人的比例快速拉大。农村的人口立刻呈现出大量过剩现象。这种人口过剩现象会在 10 年之后把当初土地改革的成果全部销蚀，走上历史上土地改革失败的老路。因此，必须找到一条可以疏解农村人力过剩的管道。

1961 年的第三期四年经济计划就把发展重点转向外销工业，提出"奖励出口"政策。"经济部长"李国鼎在参考了荷兰阿姆斯特丹的免税区之后，制定了"奖励投资条例"，以特别法排除所有一切不利于经济发展的限制，运用租税优惠、外销低利融资、扩大外销退税等方法奖励民间投资，也吸引外资，然后再结合国外自由贸易区与工业区制度，设立加工出口区、保税工厂以及工业区等。第一个加工出口区在高雄市前镇区设立，以后又陆续设立高雄楠梓与台中潭子加工出口区。

由于劳动力供应充足，又因教育制度完善，每个"国民"至少都受到过完整的"国民教育"，可以提供比其他东南亚国家更高等的劳动力，再加上"奖励外人投资条例"发挥了吸引外资的效用，外国的大型公司陆续到台湾设立工厂，使就业机会大大地增加。

当局预期未来发展需要高质量的人力，在 1968 年将"国民义务教育"延长为 9 年。这项改变是为了让台湾在 10 年后有更高一级的基本劳动人才，这样才能使台湾产业成功地转向高科技工业发展。

（二）为过剩的人口谋求出路

农村的孩子在"国民中学"毕业后，有一部分不再升学，其中原因，有的是家中子女太多，无法让每一个孩子都能进入高中，有的则是不想读书。田里的工作对这些孩子来说没有多大的吸引力，父母年纪也还轻，并不迫切地要求他们加入农事。从各方面得到的信息来看，他们向往城市的生活，离开家庭或是留在农村，成了这段时间里十六七岁孩子很重要的选择。

到外地谋生有两种方式，一种是进入附近的加工出口区或工厂当生产在线的作业员，一种是到台北或高雄这种大都会区去学一种谋生的技术。

进入加工出口区的劳动人口以女工为多，他们在工厂里从事着简单却又忙碌的装配工作。由外资所设立的工厂都属于大型工厂，所需要的作业员动辄上千人，一个月 600 元的薪资，对一个有 4 口人的家庭来说大约是半个月的生活费，就单身的生产线作业员而言，只要不乱花钱，每个月还可以储蓄几百元，这样的收入与 10 年前相比的确有着天壤之别。

至于男孩子则多选择到台北、台南、高雄或其他大都市里学习技艺，他们从家里出来时身上只有一两百元，买一张车票之后所剩无几，来到都市之后，白天拿着报纸到处找工作，晚上便在火车站里睡觉，大都市里工作并不难找，这种住火车站的日子只有一两天。

进入一家工厂后从学徒做起，每天一早要扫地、倒垃圾，白天跟着老员工学习工作，晚上睡在仓库里或货架下，一个月只有五六百元的薪资，有些人家里穷，还要寄一部分回去给父母。这样的收入虽然比到加工出口区当作业员要少，但是能学到一种可以终身享用的技术。

几年之后，渐渐工作熟练了，从学徒成了技师，这时心也开始大起来，他们也想当老板，于是找几个平时交情较深厚的朋友，把几年来的积蓄拿出来，凑一点资金，买一部旧机器，便成了一家新的工厂。有了工厂就需要生意，他们只知道工作的技术，却不一定学过如何做生意，于是再找以前的老板要生意，成为旧老板工厂属下的一家协力厂，旧老板本着栽培后进的心，很乐意把一部分生意交给这些孩子去生产，另一方面，这也等于是自己工厂的扩大，于是一个个由许多小工厂组合成的生产系统借由这种关系而不断出现。平时看起来都是一家家各自独立不相统属的小工厂，但是只要其中一家得到了大型的订单，立刻集合成为一个庞大的生产系统，除了质量划一、交货时间准确这些基本要求之外，这种生产系统因为平时不需要有太多的管理费用，使成本大幅降低。即使生意有风险，在大家一起分担之下也比由一家承受要轻得多。有必要时，几个人一起开会商讨，一定可以解决所有问题，要改变生产的方式以适应订单需要，也只是谈笑之间就可以决定的事，保持着高度的弹性。

（三）以中小企业创造台湾奇迹

大量的工厂就在这样的无声无息之中一家家地诞生了，生产出一批批价格低廉的产品，外销到世界各地，然后又得到了更多的订单。这段时间里，台湾岛内处处都充满了生气勃勃的成长景象，每个人都辛勤刻苦地追求着自己的梦想。无论世界市场景不景气，台湾地区出口的日常用品以低于一般价格百分之十以上的价格竞争，几乎无往不利，使外国的进口商络绎于途地来往在台湾地区与世界各国之间。

当加工出口区工厂的生产量达到饱和时，人力又出现了短缺现象。在"穷则变，变则通"的情形下，当时的台湾省政府主席谢东闵大力提倡"客厅即工厂"，要把还存留在农村的那些劳动力都用在挣外汇上，于是台湾遍地机器声隆隆，家家户户都在接受外销工厂的委托，装配一些半成品。这时台湾出口商品仍以简易的低价位产品为主，国外来台设立的工厂也只是他们跨国生产线的一个小环节，只在台湾生产一部分零件或还有待加工的半成品，这些不需要高级技术的工作正符合"客厅即工厂"的外包生产方式，像圣诞灯饰、电子零件、塑料玩具、填充玩具，等等，从工厂里一车车地把零配件送到农家，又从农家运出一车车装配完成的成品，以按件计酬的方式，使农村与工厂成了挣取外汇的工作伙伴。

这段时期也积极拓展外销，于是，中小型的制造业迅速发展，各种以出口为导向的产业，如电子、塑料制品、纺织、玩具、鞋类、伞类、藤制品、合板、成衣、建筑材料等工厂，在各地犹如雨后春笋般地设立并不断扩张。出口导向政策让台湾充满了活力，经济欣欣向荣，高速成长。这一时期每年对美国、加拿大的输出增长率都维持在40%以上，对德国和英国也有30%以上。中小企业是这一时期在国际市场上冲锋陷阵的主力，也是台湾经济发展的大英雄。

这一时期的中小企业往往没有很多的资金，只有技术和劳力，在这种"先天不足，后天失调"的情形下，大家赚的其实只是出卖劳力的辛苦钱。一旦有一家工厂因产品不良被退货，或因为贸易商以及国外进口商倒闭，往往就会牵连出一批体质不良的中小工厂关门。过不了多久，又出现另外一批同样体质的小工厂，照样运作，真可谓是"野火烧不尽，春风吹又生"。台湾地区的中小企业就是在这种起起落落中为台湾创造了傲人的经济成就，世人称之为"台湾经济奇迹"。

十九、动荡成长时期（1973—1984）

在快速成长时期，各家工厂所生产的外销商品大多是一些廉价的日常用品，在美国的商店里可能连一美元都卖不到。由于美国人称之为"劣等财货"，只能卖给美国的穷人。这时台湾出口的产品在国际上给人的印象就是"便宜，没好货"。李国鼎、孙运璇等财经官员急着要提升台湾的工业产值及产品的水平，利用各种公开场合不断地呼吁厂商要注意自己的质量，并且要提高研究发展新产品的意愿。就在这10年之中，台湾的产业在历经了几次大变动之后，得到了脱胎换骨的改变。

（一）"十大建设"在石油危机中展开

1973 年 6 月，以色列奇袭埃及和叙利亚，占领埃及的西奈半岛和叙利亚的戈兰高地。中东各阿拉伯国家以石油作为武器，对付支持以色列不遗余力的美国和欧洲各国。东亚地区，包括中国台湾省和日本在内都受到波及。由于国际油价的不断攀升，全世界经济因而大幅衰退，进口的原料价格和国内民生消费品价格跟着大幅上扬，工业发展出现了前所未有的震荡。

这次受到石油危机冲击最大的当然首推石油化学工业以及相关的塑料、化学纤维等行业，产品发生严重滞销，产品价格更因为油价的不断上涨而几乎无法估计，各厂存货堆积如山，有些工厂连员工薪资都发不出。石化相关的行业从 1973 年以前最赚钱的行业一落而为 1974 年、1975 年最赔钱的行业。以前一年可以赚一个资本额，这时一年也可以亏掉一个资本额。其他的行业也不见得能守得住昔日的好景，由于石化工业与大部分商品都有关系，任何生意几乎都无法谈下去，价格不能确定，生意不能做，在第一次油价调整后，半个月内许多行业几近于停业状态。

这一年，台湾当局适时提出"十大建设"及后来的"十二大建设"，以重大的公共工程来带动岛内的经济，同时也奠定往后重工业发展的基础。"十大建设"的项目包括铁路电气化、兴建南北高速公路、花莲到苏澳的北回铁路、台中港、苏澳港、桃园中正国际机场、核能发电厂、大炼钢厂、大造船厂，以及石油化学工业。这些基础建设的目标是要建立自己的原料工业，取代进口原料。因此，20 世纪 60 年代的工业发展也被称为"第二次进口替代"，有别于 20 年前以轻工业为主的"第一次进口替代"。

从事"十大建设"是一件极冒险的事，无论财政与技术都还没有足够的能力去应付所有的工程及完成后的维持与使用，但是当时主政的蒋经国以一句"现在不做，将来就会后悔"完整地表达了台湾急需工业升级以及他对建设台湾的看法。

"十大建设"最大的困难在于财政与技术，财政方面由李国鼎、俞国华、张继正、孙运璇及费骅5人组成"财经五人小组"，筹划所有经费的来源，以发行"政府公债"与向外国贷款的方式，充裕地支应了所有的经费。

20多年间，台湾各级教育逐步扩充，已经培养出许多人才，经过到外国留学，得到了崇高的学术地位或尖端的科技知识，这些人才成了当局重视的对象，"教育部"与"行政院青年就业辅导委员会"不断地邀请海外华人学者回台湾参加各种会议，更积极延揽愿意回台从事建设工作的学者。

"十大建设"中对台湾影响最大的是交通建设，包括了南北高速公路、北回铁路、桃园国际机场、台中港、苏澳港与铁路电气化。南北高速公路在1971年8月14日开工，当时有人认为这条高速公路是为有钱人而开，因为自己有车的人都是有钱人。事实上，在20世纪70年代以前，台湾的汽车交通流量每8年增长一倍，但是到了20世纪70年代以后，变成每3年增长一倍，联络南北的省纵贯公路汽车流量从每天2200辆，增加到21000辆，达到了高度饱和的状态，对经济发展的影响甚大。当时的"行政院长"蒋经国认为，要提升经济必须先有完善的交通。在资金与技术都不足的情况下，高速公路还是在1978年10月31日全线完工通车。

1974年7月29日，三重中坜段率先通车，一年之中，流量就高达1000多万次，远远超出了当年的预计。全线完工通车后不到3年，这条全长373公里的南北高速公路便又出现了满载现象，5年后又达到了饱和状态。每到逢年过节时，在北部工作的南部人纷纷开车回乡，把整条高速公路塞成了停车场，原本只要 4 个小时可走完的路程，要开十几个小时，再也没有人说这条高速公路是为有钱人而开的了。

另一条与东西横贯公路同样重要的交通线是北回铁路，台湾全省的铁路有两条，一条是西部从基隆到屏东的西部纵贯线，这条又延伸绕过台湾北部顶端，到达宜兰的苏澳；另一段是从花莲到台东，这两条铁路并不相连，交通联络要靠苏花公路，这也是造成东部开发落后的主要原因。为了平衡东部的发展，"十大建设"里的北回铁路就是要把这两段铁路衔接起来，其中从苏澳到花莲这一段，山壁紧临太平洋，苏花公路上的清水断崖便是因为地形险峻、风景壮阔而出名。这一带又是亚欧板块与太平洋板块的交界处，地质极不稳定，在山腹中打出的山洞经常会移位或滑动。从 1973 年 10 月 29 日开工，历史 6 年才完成 81.7 公里的路程。

（二）决定经济发展策略

由于在 20 世纪 60 年代历经了两次石油危机，大家认识到台湾地区在不产石油的情形下，无法发展耗费能源甚巨的能源密集工业，于是改而发展机械、电子、信息、电机和车辆等附加价值高、耗费能源较少的策略性工业。

这些工业需要大量的资金和高级的技术。当局一方面修订"奖励投资条例"，除了继续鼓励并引导华侨及外国人投资策略性工业外，更给予中长期低利贷款作为策略性工业融资，并且调整大专院校的科系和职业训练的内容。更于 1980 年成立新竹科学园区，鼓励高科技工业前往设厂，对策略性工业给予税捐上的优惠，更奖励研究发展，以带动全台其他工业的发展。

这 10 年里的所谓"第二次进口替代"政策是以发展重化工业为主，实施出口扩张，使工业产品的出口结构能在石油危机与保护主义压力以及劳动力成本优势逐渐降低的情况下，从劳动力密集的消费财转为以技术密集与资本密集的生产财为主。简单地说，就是台湾不能再以生产低价的"劣等财货"赚取外汇，而是要以具有前瞻性的尖端科技产品得到世界市场。

（三）电子工业的提升

1974 年，"行政院长"蒋经国有感于台湾地区工业的等级不高，很可能被其他发展中国家或地区追上。美国从 1972 年起，开放 7120 种民生用品，可以免税（进口税）进入美国市场，这些民生用品都是技术层次不高的廉价物品，大部分发展中国家或地区都能生产。美国又规定，当从某一国家或地区某项商品的进口数量超过当年美国市场批发数量的一半时，该国（地区）出口的该项商品便不能再享有免关税的优惠。这项措施公布后不到 3 年，凡是从台湾地区去的商品，几乎都从这个优惠名单中"毕业"。为了确保台湾经济的竞争能力，必须朝向科技产业发展，蒋经国指示"行政院"秘书长费骅召集有关部门开会研商对策，最后决定以最不浪费能源，最具有前瞻性，又可兼顾环境保护的电子工业为发展目标。

刚上任不久的"经济部长"孙运璇立即着手落实此一政策，并宣称："即使丢官，也要把这件工作做好。"同年 2 月，孙运璇与几位"经济部"官员在台北小欣欣豆浆店里召开早餐会议，正式决定发展半导体工业。孙运璇鉴于要发展高科技的产业必须先有研发机构，而行政机构若从事这种研发工作，不但不容易掌握时效，而且先天上已受到很多限制。于是以"经济部"所属的联合工研所、矿业研究所及金属工业研究所为基础，经过立法程序，先成立了"财团法人工业技术研究院"（简称工研院），作为带动工业技术升级的研发中心，到 1974 年，再在工研院中成立工业电子发展中心。

这时"电子半导体"才刚刚问世，世人只觉得这是一种很神奇的高科技产品，可以让复杂的数字在小型计算器里很快地运算，至于那一小块芯片里像面粉一样的东西到底是什么，还没几个人知道。台湾早在 1973 年就已经开始生产计算器，可是最主要的芯片以及显示数字的灯管都要从美国和日本进口，完全没有任何一点高科技的生产技术，成本全部控制在美国与日本手中。在李国鼎、孙运璇的理想中，竟然是要学习生产最高级的半导体。西方国家一直认为发展中国家或地区有三种工业不能做，一是完全自产的汽车工业，二是飞机工业，三是半导体工业。西方科学界认为台湾的工业研究院要生产出第一颗芯片是一项不可能的任务。

工研院成立之初，只是一个空壳，既没有设备与资金，更没有人才与技术。潘文渊、方贤齐两人在美国各地分头找人，募得了一批从台湾岛内到美国留学的技术学人愿意回台湾参加这项不可能的任务，再加上从台湾招考得到的精英，工研院觅得 43 位对台湾发展半导体工业有信心的青年，包括胡定华、杨丁元、史钦泰、曹兴诚、曾繁城、章青驹、许健、黄显雄、王国肇、陈碧湾、许金荣、蔡明介、刘英达、邱罗火等，都是二十几岁的年轻人，共同组成了以潘文渊与为首的美洲电子技术顾问委员会（TAC），每周六轮流在一个人家中开会，商讨如何从国外引进技术，如何让台湾工程师能到美国学习技术，甚至讨论将来如何把技术转移到民间。后来得到美国 RCA 公司的支持，同意台湾的工研院向该公司学习生产 IC 半导体技术。这批人在 1976 年到美国各地学习设计、制造、测试、厂务、会计、生产作业等全套的营运方式。这批人无疑是台湾半导体工业发展过程中的种子，临行前，孙运璇召见他们，特别叮咛："只许成功，不许失败，只管放手去做，有什么批评，一切责任我担。"

（四）设立新竹科学园区

1978 年，孙运璇被蒋经国任命为"行政院长"，以徐贤修为"国科会"主任委员，徐贤修预见台湾进入 IC 产业后，急需一块园区孕育半导体工业，开始起草科学园区的提案。李国鼎也认为台湾要发展电子半导体工业，必须要有一处像美国加州圣塔克拉那园区一样的专业天地，徐贤修的提案获得孙运璇及蒋经国的同意，于是选定在"清华大学""交通大学"以及工研院所在地的新竹市设立"新竹科学园区"，希望能以周边大学及研究单位的人力支持下，让半导体产业能顺利发展。

新竹科学园区成立后，管理局长何宜慈亲自带着园区的规划蓝图与照片飞往美国各地作简报，大力推销新竹科学园区，希望争取海外技术学者能到这里设厂，更希望有外国公司能到新竹投资。

有了新竹科学园区的成立，工研院的功能也得到了发挥，从海外学成的技术学人陆续归国，在工研院造就了一批批新的半导体人才，工研院也乐意把发展出来的高层次技术转移给民营企业。

工研院首先在 1976 年开始引进 7 微米的 CMOS 的 IC 制程，这是台湾半导体工业的开始，另外还从美国 IMP 及 RCA 引进 IC 光罩的制作及设计技术，这些产品和技术虽与世界先进的技术还有一段很大的距离，但是对以后的发展都已经做好了详尽的计划。

1980 年，工研院示范工厂不论在量产技术还是大型工厂管理方面都已经有了足够的经验，决定把集成电路独立出去，在新竹科学园区里成立一家民营的半导体公司，于是台湾第一家半导体专业公司联华电子正式诞生，由当年赴美学习半导体技术的曹兴诚主持。

当时台湾企业家对半导体仍然一知半解，而且不相信工研院能完

全独立生产半导体。李国鼎以"行政院"政务委员的身份极力为联华
电子招股，投资者也只是看在这是当局大力在推动的政策上，不得不
勉强答应。联华电子这时只是生产电子表、计算器、电视机所用的各
种芯片以及音乐IC，这些并不能算是高科技的产品，真正用在计算
机上的零件当时还无法制造。但是这些初级产品从1982年4月开始
量产后，联华电子便一直保持在损益平衡点之上，当年营业额1.9亿
元新台币，次年就暴增到11亿元新台币。园区内其他IC产品的工厂
也有大幅的进展，于是筹划多年的半导体工业在台湾扎下了根基，也
让全世界认清了台湾已经具有了产制半导体的能力。新竹科学园区也
因此像美国加利福尼亚州的硅谷一样，从一个位于山头上的茶园变成
了一片硅晶的沃田。

这一时期，制造业的生产结构也发生了重大的变化。1971年以
前，食品业居第一，纺织业居第二。到了这时候，食品和纺织所占的
比重逐渐下降，化学和电机所占的比重逐渐上升。在20世纪70年
代，以化学工业为主，到了80年代，电机和电子业成为最主要的龙
头工业。

在这10年之中，主导台湾经济政策的是李国鼎与孙运璇。蒋经
国对财政经济并不熟悉，这方面的工作完全授权予他们两人。

二十、转型发展时期（1984—2000）

20世纪50年代的各种经济上的难题，如外汇不足、劳动力过剩、
资金缺乏等，都在20世纪70年代逐步解决。到了20世纪80年代中
期，由于美国国内利率大幅调降，引发了大量进口需求，台湾所有产
业顿时蓬勃发展起来，所有工厂都在赶订单，每家贸易商都忙着接订
单，让海岛型经济的特色完全表露无遗。

经济快速发展的结果，使整个台湾的经济体系又发生与 20 世纪 40 年代截然相反的失调现象：劳动力不足，使得工资不断上扬，劳动力密集产业因而失去了竞争优势；贸易持续出超，导致外汇储备不断扩大；有效投资不足，造成超额储蓄不断增加，这种失调情形到了 90 年代更加严重。

台湾地区主要的出超来自对美国的贸易。1985 年，对美贸易出超已经突破 100 亿美元。反之，美国自 20 世纪 70 年代以后，商品贸易收支持续出现入超，而自 1982 年起，商品贸易入超更超过劳务贸易的顺差，美国国内许多产业因而受到相当大的伤害，于是形成一股强烈的保护主义压力。美国对台湾地区的贸易既然长期存在巨额逆差，台湾自然成为美国贸易谈判的主要对象之一。美国不断要求台湾开放市场、降低进口关税及大幅升值新台币。台湾本身也因为长期保有全世界第三位的外汇储备，无法守住固定的汇率，结果新台币对美元的汇率从原先 40∶1 的固定汇率，改为浮动汇率，并在一年之中一路攀升到 24∶1。

（一）企业转型

过去的经济发展造成严重的环境污染及生态破坏，在生活水平大幅提高之后，环保意识开始抬头。在经济发展的过程中，劳工权益普遍被忽视，政治"解严"以后，劳工运动也逐渐活络起来，要求劳工保险、医疗保险、失业保险、缩短工时及实行退休金制度，等等。这些要求都是在加重雇主的负担。当雇主觉得所得利润明显降低、无利可图时，便渐渐开始产生了出走的想法。

面对岛内外经济环境的这些变化，当局在 20 世纪 80 年代中期以后所制定的工业政策计有：继续推动 1980 年以来的政策性工业并改善其产业结构，以解决劳动力及能源不足问题；加速市场自由化及促进竞争；兼顾经济发展及环境保护；促进劳资关系之和谐。其中加速市场自由化更是当局努力的重点，且对产业造成莫大的冲击。

从 1971 年以后所呈现的一般性景象是原先曾经红极一时的劳动力密集产业和污染严重的产业纷纷外移到东南亚或大陆。台湾本身则升级转型发展高科技产业，并引进外国劳工，以弥补本地劳动力之不足。这种现象不是台湾独有的，而是全世界工业化国家（地区）在其工业发展的过程中必然会发生的现象。

就拿纺织业来说，19 世纪纺织业的重心是在英国，到了 20 世纪初，英国的工资上扬，纺织业开始逐渐转移到美国。"二战"之后，美国纺织业的生产成本也开始上扬，于是纺织工厂外移到日本，而有日本纺织业的兴起。20 世纪 60 年代，日本纺织业也因面临工资上扬等不利因素而外移，台湾顺势承接从日本移出来的纺织业，从而奠定自己的工业基础。到了 20 世纪 80 年代后半期，台湾地区也面临同样的困境时，自然要把已经不敷成本的纺织业淘汰出去。同样的道理，那些劳动力密集的产业也是在同样的情形下移到别处去。当局的职责就是帮助这些工业顺利地外移。劳动力密集的工业就像逐水草而居的游牧民族，哪边有丰美的水草，就移到哪里去，不可能永远停留在某一个环境已经变坏了的地方。

在这种情况下，台湾的主力产业在前瞻性、国际竞争力及兼顾世界技术发展与市场需求等三项原则考虑下，积极推动策略性工业政策、依据市场潜力大、产业关联性大、技术层次高、附加价值高、污染程度低、能源依存度低的产业。这些措施都是工业化国家或地区所必须经过的历程，而台湾在这方面又已经处理得具有了实质性的效果，于是在 1989 年被 OECD（经济合作与发展组织）称为"新兴工业化组织"。

1990 年以后，台湾地区除继续推动传统产业升级外，更积极推动以发展新兴工业为主的高科技产业政策，选定通信、信息、消费性电子、半导体、精密器械与自动化、航天、高级材料、特用化学及制药、医疗保健及污染防治等 10 项高科技产业作为发展之重点，期望成为未来工业的主力。

（二）半导体工业成为经济主力

在已经有了基础的半导体工业方面，工研院又在 1987 年衍生出另一家 IC 工厂——台湾集成电路公司，由工研院院长张忠谋主持，张忠谋在 1984 年被李国鼎从美国请回来主持工业研究院，1986 年时，李国鼎就一笔"国家开发基金"如何运用的问题请张忠谋发表意见，张忠谋以多年来在半导体业界活跃的经验，断定 10 年后半导体产业必然会走向专业分工模式，在不同的领域内各展所长，他的看法决定了台湾集成电路公司成为全球第一家专业晶圆代工厂。

1980 年，孙运璿在与美国德州仪器董事长海格地讨论后，成立"行政院"科技顾问组，广邀世界知名学术研究及企业高级主管，为台湾的科技产业进行先期规划及建言。IBM 公司的工程规划副总裁艾凡思在退休后便成为这个小组的成员。他见到联华电子先生产 RCA 的 7 微米 CMOS，工研院的电子研究所又自行改良为 5 微米，但是与当时世界最先进的 2.5 微米技术仍然相去甚远，艾凡思向孙运璿建议，半导体是电子产业的基础，若台湾不能建立起自主先进的半导体制造业，整体科技产业仍然脱离不了零件装配的阶段。孙运璿采纳了艾凡思的建议，大幅增加工研院电子所的研发经费，动用"行政院"第二准备金，促成了超大规模集成电路生产计划的诞生。到 1994 年工研院建立 0.5 微米 8 英寸晶圆制程量产能力，同年底衍生成立世界先进积体电路公司，带动了业界近 5000 亿元新台币的投资热潮，相继成立 8 英寸晶圆制造厂，促进国内 IC 产业建构完整的上下游体系。

1997 年全台湾高科技产业的生产总值有 2.77 兆元，占出口总值的 43.4%，1993 年光是新竹科学园区的产值就超过了 1000 亿元新台币，到 2000 年时，更超过了 5000 亿元新台币。1999 年新竹科学园区的 IC 自有产品总产值约占全球的 5.1%，仅次于美国、日本与韩国，世界排名第四；制造业产能占全球的 13.5%，仅次于美国和日本，世界排名第三。其他多项科技产品也在世界市场上占有重要的地位，1998 年时，信息硬件产品产值约达 192 亿美元，居全球第三名，仅次于美、日，其中更有监视器（60%）、掌上型扫描器（96%）、桌上型扫描器（88%）、绘图卡（34%）、主板（70%）、电源供应器（70%）、鼠标（60%）、键盘（69%）、声卡（50%）、显卡（40%）、笔记本电脑（40%）、机壳（79%）等 12 项产品产量称冠全球。这些成果让台湾稳居全球第十三大出口经济体地位。

当初要设立衍生工厂时招股十分困难，但是到了 1990 年以后，各大企业纷纷抢着投资，还唯恐慢人一步，失去了赚钱的先机，联华电子在 1980 年成立时，从工研院转移过去 36 人，资本额只有 3.6 亿元。10 年后，员工已增加到 9700 人，资本额也累积增加为 1147 亿元。另一家在 1987 年由工业研究院衍生成功的台积电成就更加辉煌，当年移转员工 105 人，资本额 55.1 亿元，到 1998 年时，员工有 14400 人，资本额也累积到约 1299 亿元。

每家工厂大量又快速的扩充，使新竹科学园区出现了水电设施来不及供应的紧急情况，土地价格比新竹市区最热闹的地带还高出 40%。当年地主不肯出让土地，现在地主先双手奉上土地，再漫天开口要价，使"经济部"碍于预算不得不缩小在新竹科学园区附近征收土地的面积，改而在台南县新市乡重新仿照新竹科学园区的方式，再开辟一个台南科学园区，继续以电子高科技产品作为台湾经济的主要命脉。

参考文献

Rainsetal ed. *The Political Economy of Taiwan's Developmentin to the 21st Century*, Edward Elgar, 1999。

王作荣:《台湾经济发展论文选集》,台北时报出版公司 1981 年版。

王作荣:《财经文存三编》,台北时报出版公司 1989 年版。

[日] 谷浦孝雄等:《台湾的工业化:国际加工基地之形成》,台北人间出版社 1992 年版。

林钟雄:《台湾经济发展四十年》,台北自立晚报社 1987 年版。

施建生主编:《一九八○年代以来台湾经济发展经验》,台北"中华经济研究院" 1999 年版。

段承璞编著:《台湾战后经济》,台北人间出版社 1992 年版。

洪骏、林聪标主编:《国际经济专题研究》,台北五南图书公司 1993 年版。

高希均、李诚主编:《台湾经济四十年》,台北天下文化 1991 年版。

高希均、李诚主编:《台湾经济再定位》,台北天下文化 1995 年版。

高长:《大陆经改与两岸经贸关系》,台北五南图书公司 1994 年版。

许介麟:《战后台湾经济史记》,台北文英堂出版社 1996 年版。

[日] 隔谷三喜男等:《台湾的经济》,台北人间出版社 1992 年版。

刘进庆著,李明峻译:《台湾战后经济分析》,台北人间出版社 1992 年版。

蒋硕杰:《台湾经济发展的启示》,台北天下文化 1995 年版。

吴聪敏:《美援与台湾的经济发展》,《台湾社会研究季刊》1988 年。

第十一章
台湾经济发展的策略及
中小企业的形成

　　半个世纪以来台湾在经济上的成就广为世人所称许，不但从废墟中营造出一片繁荣的景象，更有能力去援助其他落后的国家和地区。当西方人对"亚洲四小龙"的成就刮目相看时，最令他们深感不解的还是这个自然资源匮乏，又长期处在战争危机之下的台湾，为什么可以打破20世纪初德国社会学家马克斯·韦伯所评断的"中国不可能现代化"的预言。有人把台湾这段很难理解的成长过程称作"台湾奇迹"，也有人把它说成是"台湾经验"，不论是奇迹还是经验，它都足以让正在努力追求经济成长的发展中经济体当作一个很好的借鉴。

　　在上一章中，笔者把台湾经济发展的因素归并为四项，一是日据时代留下来的制度与规模，二是中国人的勤奋、聪明、节俭与善于经营的本性，三是从大陆迁台的200多万军民带来了知识、技术与资金，四是长达15年的大量美援。但是若以系统理论来看，这些必要因素并不能自动地组合成一个"系统组织"，发挥影响台湾的功能。美援是资金，大陆迁台人士又带来了技术，如何把资金与技术结合起来，带领着一群勤奋节俭的人在这片土地上组成一个系统组织，让台湾一步步创造出财富呢？应该还有一个可以发挥领导性的要素，去组合这些条件。在市场经济制度下，一般都是由一批企业家来担负起这项责任，然而台湾这时并没有出现这种企业家，因为日据时代日本人在台湾的企业都通过法律规定台湾人不得参与管理，面对日本人所留下来的那些残破的产业规模，要如何运用，让800万人能够得到满意的生活？这项工作只能留给刚从大陆败退到台湾的"国民政府"去执行。

当局执行的表现要靠政策。以最后的成效来评断，当年的政策无疑是正确的。这些政策中，第一步先从最重要的土地改革着手，以强制的命令方式，把佃农所要缴给地主的地租降低为全年总收成的37.5%，让农民可以先行享有大部分自己辛苦耕作的成果，再进而通过公地放领与"耕者有其田"政策，让佃农都拥有完全属于自己的农地。从此农作物收获都归农民所有，农民的所得提高之后，生产的意愿也相对地提高，于是在短短三四年之间，农民的生产量直线提升，完全解决了民生最重要的粮食问题。这是台湾能够走向富足最重要的一步。

当人民都能够吃得饱之后，才可以再进一步能谈到其他方面的发展，于是第二步政策——"农业培养工业，以工业发展农业"政策正式登场。这项政策让农业与工业得到了平衡发展。

由于台湾少有矿产，是很典型的海岛式经济，初期的工业只能依赖着农业，以农产品加工方式提升工业的水平。所以台湾不得不先以轻工业为主，要等到有了雄厚的经济基础之后才能进一步转入重工业。再者，海岛型经济必须依赖着外销市场才能维持内部经济的稳定。在这个基本原则之下，先要有可以外销的商品才能谈到外销的市场与实绩，于是如何建立外销商品一直是台湾经济发展初期最大的课题。初期台湾只有农业产品，于是不得不先从农产品加工做起，以提升轻工业的能力。其实在这段时间里，能够加工的农产品也并不多，只有蔗糖、肥料和菠萝，当时半官方的台凤公司在人们看来是可以与台糖公司齐名的大企业。

紧接着台湾开始实施进口替代的轻工业，把一般民生所需要的用品以自己境内生产的方式取代从外国进口，减少外汇的流失。首先推动的就是纺织业，"经济部长"尹仲容以代工代织的方式引进大量棉花，让台湾的纺织厂不仅有代工的机会，还可以从宽松的损耗量中织出属于工厂自己的布料，这样又解决了台湾人穿的课题。同时，货币既然已经有美援作后盾而得到了稳定，汇率也应该有所改革，1958 年改定了汇率之后，又实施贸易的自由化。这样一来，就为轻工业的产品外销开辟了广阔的空间。

表 11-1　台湾各时期经济发展策略

年代	策　略	目　的
1950	进口替代	以出口农业产品及加工品，纯以赚取外汇为工业化的基础
1960	出口扩张	鼓励工业消费品外销创造外汇
1970	内外销并重	使资本密集工业快速成长，同时使技术研究发展受到重视
1980	发展高科技产业及推动传统产业升级	解决经济成长迟缓及推动传统产业结构转型，国际贸易顺差，能源缺乏，以及农业结构转型问题
1990	发展十大新兴产业，八大关键技术	改善产业结构，提高环保意识及提升农业国际竞争力
1996	推动亚太营运中心	制造一个高度自由化、国际化的总体经济环境，持续扩大经济长期发展利基，加速高科技发展
1997	推动永续发展	调整经贸体制，以因应国际化环境，并促进产业永续发展
1998	建设科技化经济体	配合科技新形式之变迁，整合政府科技资源，建设科技化的经济体

资料来源：台湾工研院。

一、从数字上看台湾的经济成就

这一连串的措施到底得到了什么样的成效，可以从一些实际的数字上来看。1952 年到 1980 年之间的国民收入毛额每年的平均增长率是 9.2%，这是当时世界上最高的增长率，每人平均生产毛额在 1952 年是 196 美元，到了 1980 年是 2344 美元，所以被世界银行评定为高中等收入地区之一。

这个高增长率是得自出口的畅旺。1957 年到 1960 年间，平均输出额占国民总生产毛额的 9.7%，1971 年时，国民生产毛额增长率为 13.3%，这是历年最高的成长，当年的输出总额已经占国民生产毛额的 38%。

台湾所有的生产原料都要靠进口，当输出增加时，输入势必也随之增加，但是台湾还是保持着大量的贸易顺差，这些顺差的金额便是来自于人力对原料的加工。

发展工商业首先要有足够的资金，在美援时期，像台塑、新竹玻璃等大型工业的初期资金都靠美援协助，但是台湾自己本身也需要累积资本供应其他中小企业。1960 年，台湾发起了一波全民储蓄运动，以一人一天存一元的方式作为号召，连蒋中正都率先到银行开立存款账号。经此大力推动，1966—1980 年间，国民储蓄毛额都占国民生产毛额的 20%，有几年还高达 30%。民众储蓄习惯养成，又加上每年有大量的贸易顺差，自然不会有国际收支不平衡的状态出现，也就是外债大量减少，以至于到 1980 年时，外汇存底已经高达 70 亿美元。

随着经济发展，产业的结构立即出现了变化，以因应新产生的多样化需求。台湾刚刚光复时，工业的产值低得几乎难以计算，

1952 年，农业的产值占国民总生产毛额的 32.3%，工业产值占 16.7%，但到了 1961 年时，农业产值已经降到 25%，而工业产值则上升到 23.7%。从 1962 年起，农业便不再是国民生产毛额中最重要的部分，工业渐渐占据了主导地位，成了经济发展的主力。而在工业的范畴中，各项产业所占的比重也急剧地出现了变化，从原始的以农产品加工为主的形态，逐步改为以其他附加价值高的工业为主。工业产品中，也渐渐由粮食与纺织品变为电子、机械与石油化学工业的中间产品，这代表着台湾从农业导向的经济转变为工业导向的经济。

表 11-2　台湾制造业主要行业结构　　　　（单位：%）

	食品加工	纺织成衣	塑料化学	石油煤品	基本金属	金属制品	机械	电子电机	运输工具	其他
1956	43.87	17.19	6.19	3.60	3.36	0.52	0.77	1.92	2.01	20.57
1966	29.19	14.12	10.12	9.80	2.89	2.04	3.33	5.40	4.11	19.00
1976	17.56	16.09	11.59	6.81	4.23	3.07	3.53	10.63	5.04	21.45
1986	11.05	14.38	15.54	6.66	5.74	4.35	3.16	13.03	5.56	20.53
1996	8.75	8.16	15.35	6.96	7.24	7.32	4.64	21.16	7.45	12.97
1999	5.09	7.69	15.07	7.62	6.88	7.73	5.67	25.94	6.70	11.62

资料来源：计算自台湾地区统计数据。

至于外在的客观因素，也被营造成一个对台湾极为有利的发展环境。美援使新台币的币值一直十分稳定，物价也没有出现大幅的波动，直到 1973—1974 年与 1979—1980 年之间的两次能源危机才出现剧烈的变化。如果这两次因国际石油价格所引起的突发性物价上涨不计入在内，消费者物价指数每年平均只上涨 5.39%，趸售物价指数每年平均增加 4.3%。

　　农业在土地改革之后得到了稳定的发展，粮食产量直线上升，再加上社会安定，人口增加也极迅速。以日据时代的计算方式，台湾人口是每28年要增加一倍，但是由于实施节育政策，台湾人口并没有按照这个速率增加。20世纪50年代，台湾的出生率为4%，以后陆续下降，到20世纪80年代时，出生率已经下降到0.7%以下。1958年时，台湾人口有1000万，10年后又增加200万，为1200万，这些新增加的人口原本会抵销掉农业发展的成果，使土地改革政策最后不得不走上历史上其他土地改革措施一样的老路，无法避免失败的命运，然而由于台湾不但改革了土地政策，也改革了农业技术，大幅提高了单位面积产量，同时还发展劳动力密集的轻工业，完全吸收了农村里过剩的人力，人力成了台湾最大的资源，也使失业率一直维持在2%到3%之间。

　　由于台湾在一开始着手整顿经济时，便已经决定要以"稳定中求发展"为最高原则，以后台湾经济无论是内在与外在的条件完全都符合这一原则，所有新兴的企业都是很自然地衍生出来，共同享有这个自由的空间，大家各凭本事赚钱。如以传统的基尼系数来测定财富分配的情形，1964年到1980年之间的基尼系数从0.321下降为0.277，这是每个国家和地区在高速经济成长时期都不曾出现过的现象。当时每个经济体，收入与财富分配不均的现象都随着经济的成长而加大。

　　台湾的经济可以以1980年为界，在此以前是基础稳定期，所有重要的公共设施都在这段时间里完成，开创出一个很理想的发展空间，像几座灌溉用的水库、"十大建设"、九年制义务教育、税务改革，等等，都是在为以后经贸发展开出一条坦途。

　　1980年以后是台湾突飞猛进的发展期，在电子电机方面，高科技技术的学习与研发已经有了初步的成绩，其他产业也摆脱了以前只能生产低价品的窠臼，朝向高等产品方面努力。市场方面也不再局限于单一的美国市场，把欧洲也纳入了市场开发的范围之内。每年大量的贸易顺差逼得新台币不得不升值，从 40：1 一路上升到 24：1，这样大的升值幅度，却没有为台湾带来任何外销的滞碍，反而使贸易顺差的金额越来越大。

在这段时间里，新台币对美元的汇率一天数涨，早上押汇与下午押汇，差额的损失可能就相当于一部全新的轿车。唯一减少损失的方法是接到订单就赶快出货，那时每家工厂的老板都恨自己的亲戚朋友太少，没办法找到更多的帮手，不管大人小孩，只要能工作的都来帮忙，至少也可以协助包装。

高科技的计算机产品这时逐渐成了台湾最主要的输出品，又黑又小的半导体芯片一点都不起眼，却会创造出难以估计的财富。以前要靠着推销员到国外挨家挨户推销的模式，此时一变而为外国客户要到台湾排队的现象。从这时起，外国进口商不再用歧视的眼光把所有台湾的产品看作是价格低廉却不耐用的次等货。台湾的经济到了这个时候才算是真正地得到了世界性的地位。

当外销量越来越高时，台湾经济与世界经济的关系也越来越密切，由于台湾地区土地面积小，人口少，内部需求量根本无法满足已经世界化的外销生产设备，当世界经济 5 年一个循环进入不景气时，台湾的产业也要跟着艰苦度日。1984 年是世界经济景气的一个谷底，第二年美国突然宣布调降利率，一个月之后，台湾各家工厂都涌进了大批订单，贸易公司更是拿着订单四处找工厂生产。于是新台币对美元的汇率，从原来的 40：1 开始直线上升，3 年之内升到 24：1，新台币成了国际货币市场上的强势货币，许多贸易公司开始对外国进口商要求以新台币报价，进口商在无可奈何的情况下只能勉强同意。东南亚国家的货币都盯住美元，随着美元升降，唯有新台币不断在升值，为了赚取汇差，他们宁可舍美元而要新台币，台湾观光客到东南亚旅游时，可以不带美元，新台币到处都可通用。

当经济大幅进步时，人们的生活水平也明显提高，享受起中国人自古以来从未有过的富足生活。想要出国观光，随时可到任何一个国家，庞大的消费能力，让外国人更惊讶于台湾的经济成就。一般家庭都买得起轿车，农民会开着汽车去种田，只有不怕塞车之苦的人才能在假日带着全家人出游。越高级的房子越有人买，再贵的餐厅也一样天天高朋满座，以前贫乏的内需市场这时也热络起来。为了平衡贸易逆差，当局费尽心思，一方面欢迎外国厂商到台湾举办商品展售会，也把以前要有两年出口实绩才能办理进口的规定取消，宣布任何人都可以保有外汇，还不断地鼓励人们出国旅游，消耗一部分外汇，但依然避免不了新台币大幅升值的命运。从表 11-3 中可以很明显地看出台湾经济在 40 年里进步的实际情况。

表 11-3　台湾地区经济与民生进步比较情况

项目	单位	早期	1995 年		
			实绩	成长倍数	世界排名
一、总体经济					
国民生产毛额	亿美元	12.0（1951）	2630	219	19 位
每人生产毛额	美元	145.0（1951）	12396	85	25 位
失业率	%	4.4（1951）	1.8		
消费者物价平均上涨率 *	%	13.0（1960—1961）	3.8（1991—95）		
外汇存底	百万美元	82.0（1959）	90310	1101	2 位
贸易总额	亿美元	3.0（1952）	2152	717	14 位

续　表

项目	单位	早期	1995 年		
			实绩	成长倍数	世界排名
出口	亿美元	1.2（1952）	1117	931	14 位
进口	亿美元	1.9（1952）	1036	545	15 位
二、生活与住宅					
出国观光人数	人次	575537（1981）	5188658	9.0	
每千人出国观光次数	次	15.7（1981）	244.0		
每人每年用电量	度	26（1953）	1261.9	48.5	
每千户电视机	台	14.3（1964）	1285.4	89.9	
每千户录放机	台	11.0（1980）	656.3	59.7	
每千人汽车数	辆	1.1（1953）	220.0	200.0	
自来水普及率（供水人口占总人口比率）	%	28.2（1953）	88.0		
供电住户普及率	%	72.5（1960）	99.7		
每人居住面积	平方米	6.94（1965）	31	4.5	
三、教育					
识字率	15 岁以上人口，%	58.5（1953）	93.8(1996)		
高中、高职以上程度者占15岁以上人	%	14.8（1966）	54.1		
四、保健					
出生时预期寿命	岁	59.8（1953）	74.9	1.2	
每人每日蛋白质摄取量	公克	53.4（1953）	97.6	1.8	

续 表

项目	单位	早期	1995 年		
			实绩	成长倍数	世界排名
每万人病床数	床	3.5（1955）	52.6	15.0	
每万人医生数	人	5.5（1963）	11.5	2.1	
社会保险人数占总人口比率	%	3.2（1953）	96.1（1996）		
社会安全支出占各级政府支出比率	%	6.7（1955）	20.7（1996）		

从总体上来看，1986 年，英国的《经济学人》分别以经济、政治及社会三方面评估，台湾被列为全球投资风险最低的经济体的第五位。美国《财政杂志》在 1986 年 9 月的全球经济体债信评估中，把台湾评为第 17 名。Comparison Country Risk & Economic 比较了中国台湾、韩国、新加坡、中国香港、印度尼西亚、柬埔寨、泰国等东亚地区的政治风险，中国台湾仅次于中国香港与新加坡，居第三位。

表 11-4　台湾地区经济发展概况

年	经济成长率（%）	全球经济成长率（%）	国民生产毛额		人均地区生产总值		消费者物价上升率（%）	失业率（%）
			新台币亿元	亿美元	新台币元	美元		
1990	5.4	2.6	44120	1641	218092	8111	4.1	1.7
1991	7.6	1.8	49278	1837	240909	8982	3.6	1.5
1992	7.5	2.5	54598	2170	264338	10506	4.5	1.5
1993	7.0	2.7	60281	2284	289141	10956	2.9	1.5

续　表

年	经济成长率（%）	全球经济成长率（%）	国民生产毛额		人均地区生产总值		消费者物价上升率（%）	失业率（%）
			新台币亿元	亿美元	新台币元	美元		
1994	7.1	4.0	65571	2478	311726	11781	4.1	1.6
1995	6.4	3.8	71109	2684	335182	12653	3.7	1.8
1996	6.1	4.3	77671	2829	363155	13225	3.1	2.6
1997	6.7	4.2	83965	2926	389135	13559	0.9	2.7
1998	4.6	2.5	89867	2686	412667	12333	1.7	2.7
1999	5.7	3.0	93804	2908	427330	13248	0.2	2.9
2000	6.7	3.5	99376	3237	449378	14636	1.8	—
平均年增率（%）	6.4	3.2	8.5	7.0	7.5	6.1	2.8	2.1

资料来源：全球经济成长率数据源为 World Economic Outlook（IMF）。

附注：2000 年为预测数。

说明：1.自 1951 年以后，平均经济成长率达 8.4%，为全球经济成长速度最快的地区。台湾以仅约全球万分之三的土地，千分之四的人口，却能创造出全球百分之一的产值，整体表现相当亮眼。近十几年来，平均经济成长率亦达 6.4%，为全球经济成长率 3.2% 的两倍，显示台湾经济仍维持高度成长活力。

2.由于世界经济展望乐观，美国新经济外溢效果显现，2000 年台湾国民生产毛额达新台币 99376 亿元，较 1979 年增加 1.3 倍，折合 3237 亿美元，首度突破 3000 亿美元，经济增长率 6.7%，全球排名第五，"亚洲四小龙"中仅次于韩国之 7.5%。平均每人国民生产毛额 14636 美元，已属于高收入地区。

3.近十几年来，中国台湾消费者物价平均每年仅上升 2.8%，高于日本 1.4%、新加坡 2.0%，略低于美国 3.0%，但较韩国 5.7%、中国香港 6.6% 及大陆 8.4% 明显为低；另中国台湾平均失业率亦仅 2.1%，与新加坡相当，但较美国 5.9%、日本 2.9%、韩国 2.9%、中国香港 2.8% 及大陆 2.7% 为低，显示台湾经济呈"高成长、低物价、低失业"的优质表现，为经济发展的典范。

表11-5 历年"各级政府"净支出对国民生产毛额之比率

（单位：美元）

年度别	国民生产毛额	"各级政府"支出净额		"中央政府"支出净额	
		金额	对国民生产毛额之比率	金额	对国民生产毛额之比率
1952	17247	3576	20.73	1918	11.12
1953	22951	3745	16.32	2309	10.06
1954（上）	12600	2270	18.02	1603	12.72
1954	27589	5356	19.41	3785	13.72
1955	32191	6534	20.30	3895	12.10
1956	37261	7551	20.27	4226	11.34
1957	42452	8906	20.98	5408	12.74
1958	48231	10670	22.12	7019	14.55
1960	57079	12193	21.36	7885	13.81
1961	66220	14068	21.24	8714	13.16
1962	72907	15414	21.14	9719	13.33
1963	82532	16457	19.94	10133	12.28
1964	95407	18486	19.38	11688	12.25
1965	106665	22391	20.99	15010	14.07
1966	117420	23836	20.30	15157	12.91
1967	134843	30727	22.79	20034	14.86
1968	155882	33002	21.17	20773	13.33
1969	184161	41869	22.73	26787	14.55
1970	210260	49153	23.38	30667	14.59
1971	245425	54829	22.34	34948	14.24
1972	289041	63668	22.03	39828	13.78
1973	349966	79856	22.82	48229	13.78
1974	499173	89934	18.02	53121	10.64

年度别	国民生产毛额	"各级政府"支出净额		"中央政府"支出净额	
		金额	对国民生产毛额之比率	金额	对国民生产毛额之比率
1975	554142	126436	22.82	74830	13.50
1976	642537	149994	23.34	86976	13.54
1977	759540	192493	25.34	107289	14.13
1978	896098	226900	25.32	130077	14.52
1979	1093349	254711	23.30	153046	14.00
1980	1334257	345396	25.89	201793	15.12
1981	1634120	433221	26.51	272381	16.67
1982	1838429	310445	26.86	493741	16.89
1983	1986885	498159	25.07	319518	16.08
1984	2244953	519049	23.12	316192	14.08
1985	2449539	563729	23.01	353871	14.45
1986	2680483	632661	23.60	405721	15.14
1987	3134828	662135	21.12	418962	13.36
1988	3442690	751930	21.84	470255	13.66
1989	3801819	1239554	32.60	549200	14.45
1990	4227304	1166747	27.60	673201	15.93
1991	4635911	1416625	30.56	804558	17.35
1992	5199918	1696117	32.62	945225	18.18
1993	5744339	1859294	32.37	1031131	17.95
1994	6291937	1913742	30.42	1024255	16.28
1995	6840051	2074929	30.33	996698	14.57
1996	7451364	2005897	26.92	1085077	14.56
1997	8078304	2066751	25.58	1151762	14.26
1998	8753450	2204658	25.19	1187011	13.56
1999	9209327	2217845	24.08	1626726	17.66

年度别	国民生产毛额	"各级政府"支出净额		"中央政府"支出净额	
		金额	对国民生产毛额之比率	金额	对国民生产毛额之比率
2000	14654901	3460841	23.62	2234769	15.25
2001	10624179	2367157	22.28	1608147	15.14

说明：1999年度（含）以前"政府"支出含债务还本，"政府"1999年度以后含省府。以下各表同。

附注：

(1) 1952—1953会计年度于每年1月1日开始，至同年12月31日终了。

(2) 1954—1958会计年度改于每年7月1日开始，至次年6月30日止。更改前后所余半年（1954年1月1日至同年6月30日），单独称为1954年上半年。

(3) 1960—1999会计年度改以次年为其年度名称，故1959会计年度之名称未使用。

(4) 2000会计年度以后改于每年1月1日开始，至同年12月31日终止，以当年年次为其年度名称。更改前后所余半年（1999年7月1日至同年12月31日），则与2000会计年度合编一次一年六个月之预算，称为1999年下半年及2000年度。

表11-6　台湾制造业生产指数（依技术人力密集度分）

	1986	1991	1992	1993	1994	1995	1996	1997	1998	1999
高等	34.66	55.59	62.48	70.36	78.27	90.91	100.00	115.38	124.60	143.46
中等	71.33	96.85	99.44	97.86	102.08	102.47	100.00	104.63	102.90	106.14
低等	98.08	101.12	100.08	98.69	98.87	98.44	100.00	104.69	103.71	106.68

资料来源：制造业现况月报。

二、台湾中小企业的形成

在台湾的电子工业兴起以前，除了王永庆的台塑公司以外，几乎没有一家可以算是世界知名的大企业，然而每年上千亿美元的贸易额，却是由数不清的中小型企业所创造的，它们在国际上无惧于日本、韩国等国大型企业的竞争，以"蚂蚁雄兵"的姿态，在世界各地以鲸吞蚕食的方式到处争取订单，不仅囊括了所有其他经济体大企业所不愿意接的小数量订单，也可以接下无论多大的订单。无限大的伸缩弹性，让其他经济体的竞争者伤透了脑筋，台湾会出现以中小企业为主体的经济结构，有很多特别的因素。首先从历史上来看，清代中期以前，台湾是大陆沿海地区移民垦荒的对象，只想在这里种植作物，收成之后，带回内地销售，只作短期农业投资的考虑。后来渐渐发展出了商业，经商的范围可以从日本一直延伸到南洋各地，其中包括了大陆沿海各重要的港口，但是这些商业都没有得到政府的协助，个人各凭本事，这样的商业经营模式正如马克斯·韦伯所说的，无法发展成像西方国家一样的规模，也无法具有像资本主义一样的影响力，也很难发展出具有影响力的领导人。

到了清光绪年间，台湾被割让给日本，多年来逐渐形成的领导性大家族立刻受到了日本人的注意，日本以国营方式所建立的企业想要取代原有的民营企业，先要得到大家族的支持。基隆颜家、雾峰林家、板桥林本源家、高雄陈家以及鹿港辜家，在当时号称"五大家族"，是日本人刻意笼络的对象，借着他们的号召力与财力，建立起糖业、盐业、航运、樟脑等企业，但是背地里仍然在大力地裁抑这些家族，所以等到50年后日本人撤走时，这些大家族都已经因为分家以及不能主导与日人合办的企业而没落。

其次，"耕者有其田"政策施行以后，原有的大片土地都被分割成小面积的耕地。"耕者有其田"政策在实施之时有其必要性，但是它阻碍了大企业出现的事实，是当初所没有想到的。

台湾刚光复时，并没有受到国民党当局应有的注意，再加上国民党当局在大陆上的军事失利，以及退踞台湾后的财政危机，根本无法以自己的力量累积起足够的资本。一些生产民生必需用品的工厂大多是靠美援成立的，以这种方式成立的企业，开始时只能从事单一目标的经营，无法多元化经营。直到1960年前后才开始有累积资本的能力。

台湾的经济政策从一开始就往"均富"的方向规划，因为孙中山先生所作的《三民主义》中，特别强调中国经济问题是"不患寡，而患不均"。国民党当局一直想在台湾落实三民主义的理想，把台湾建设为一个"三民主义模范省"，所以特别注重"均富"思想。中小企业的形态，刚好符合这个理想。

中国人都有宁为鸡头不为牛后的观念，再加上传统光宗耀祖的想法，形成了出人头地的压力。所谓出人头地，便是要有一番事业，自己的事业不能寄托在别人的事业之下，不论大小或好坏，总要有个能让自己的才能有所发挥的机会，于是即使是成立一间只有一两个人的公司，也让自己满足了当老板的欲望，自以为光宗耀祖了。这个观念让台湾的企业永远都在不断地分化，不但外人无法进入决策的核心，连自家人之间在稍有成就时也会像蜜蜂分房一样地分裂出几家小公司。于是公司越开越多，有句笑话说，如果台风吹落一块招牌，掉下来会砸死好几个董事长。

（一）家族企业是中小企业的代名词

中国人传统思想里出人头地的观念，造成了台湾企业一直回转在"分"的情况之下，与日本长期保持在"合"的情况截然不同。日本的旧社会以"武士道"的精神为出发点，认为"老板能给我这份工作，让我有饭吃，便是大恩大德"。在老板身边做事，等于是一个武士，保护老板是天生的职责，所以他们愿意终身为一家公司服务，到了垂垂老矣时，从老板手中拿到一份优厚的退休金，然后再在全公司同人泪眼相送下一一握手道别，这是日本人心目中人生的最终目的。但是中国人总是在想："我什么时候也可以像老板一样地意气风发，一呼百诺。老板是靠着我赚钱，如果哪天我当了老板，所赚到的钱就全都是我自己的了。"

中国的儒家思想中人与人的关系，其实都是以自己为一个圆心，用各种不同的距离作为半径，画出许许多多大小不等的同心圆，半径越小的圆里面的人就是最亲密的人，也是最值得信赖的人，像是父子、兄弟、亲戚、同学，等等。这样一层一层地向外扩张，一直到两人之间的关系无法用距离来表示时为止，那些与自己找不出关系作半径、画不出同心圆的人就是与自己毫无关系的人，可以不去管他。成立一个企业不是件容易的事，很可能是一个家庭或一个家族所有的财产，也是这个家庭或家族未来希望之所系，所以要兢兢业业地经营，处事特别谨慎是必然的选择。到底哪些人是最值得信任？当然，半径最小的圆里面的人便是第一人选，这种观念造成了台湾家族企业的盛行。

在家族企业里，父亲是董事长，长子是总经理，以下的职位顺着家族里的排行依序排下来，并不一定是以个人的能力作为职位安排的考虑。外人进入了这种企业，即使能力再高也很难成为最高决策层的核心人物。于是经年累月地被忽视，最后只能选择离开这家企业，自行另闯一片新天地。这样分出去的企业，仍然还是走着家族企业的老路，一样地排斥着外人。所以家族企业就是中小企业的另一个名称，家族企业最大的问题是资本技术都不足，除非有一位特别精明干练的人出现，才能改变这个先天上的缺陷。

（二）中小企业如何生存

几乎每家中小企业都是从几十万元或几万元新台币开始经营，正如同前面曾经提到过的小工厂里的几个人跳出来开一家公司，然后再回过头去向原来的老板要生意，以"代工"方式做起，虽然利润不高却十分稳当。过些时候，这家新的小工厂也会有属于自己的生意来源，这包括了从以前老板那里用杀价的方式抢来的客户。

这样成立的小企业开始时只能做一些现有的成品，没有什么发展的余地。过一段时间之后，会有一些比较有野心、有理想的人，想到应该可以凭着多年来的工作经验去改良现有的产品或制造出新的产品。

有些人因为资金不足，技术能力也不够，只是开一家更小的厂，为以前的老板提供一部分加工或供应一些零件，在这种趋势下，台湾工厂的协力网络越分越细，几乎每一项加工的工作就是一家工厂。

这么细的分工，从表面上看来，似乎是浪费了时间，也因为运输来往过多而增加了成本，其实这正是台湾中小企业最坚韧的生命力所在。因为每一家工厂不可能只有一个客户，于是通过每一家下游工厂可以联络到更多的同行，当遇到大型的订单时，只要打几次电话，在一两个小时内就可以联络到区域内所有的同行以及下游的加工厂，大家联合起来便成了一家大工厂。其次，每家工厂都有一定的风险承受能力，遇到不景气或大型的倒闭风波时，一家分担一点，大家都能挨得过去，再努力几个月，一场风波便消失于无形。

由于企业越分越小，又有很多商业习惯跟着日本走，台湾便很自然地确立了"产销分离制度"，工厂只管生产，做出来的产品交由贸易商去卖，甚至在早期时，应该说是贸易商有了什么样的订单，工厂便生产这些商品。

不仅是工厂里的人天天在等待着创业的机会，贸易公司里的职员也一样伺机而动。许多大学毕业生懵懵懂懂地进入一家较大的贸易公司，做过几年之后，学到了一些本领，也与境外的进口商以及自己经常在往来的工厂建立起良好的关系之后，便会带着客户离开，去设立自己的公司。甚至有人白天在别人的公司上班，晚上在自己家里也积极地联络客户，当公司派他到境外接洽生意时，往往会把较好的订单留下来自己做，直到无法再混下去时才会离开。

（三）靠仿冒起家

中小企业的老板会被严苛的环境培养出过人的能力，第一代中小企业老板大多没读过什么书，却有永远都用不完的脑筋与什么都难不倒他的智慧。在国际知识产权还没受到重视时，往往当一家小工厂老板看到一件在国外刚刚问世的新产品之后，便立刻知道该怎么仿冒，几天之后，就做出一个功能完全相同、外形有些不同而价格却只有原来外国产品 1/2 不到的产品模型，让贸易商去推销。

"仿冒"已经成为一个经济落后国家或地区想要迎头赶上的必经之路。当日本在战后积极寻求经济复苏与大幅成长时，仿冒西方国家产品就是其重要途径，他们不仅仿冒，而且花尽了心思去改良，然后以低廉的价格与优质的性能抢占国际市场。日本的大企业都有很充裕的研发经费，很快就有能力借着改良西方产品而建立起自己的产品形象，之后，仿冒工作立刻转移到了台湾。而台湾能够借着仿冒大赚外汇，美国人功不可没，他们经常不管别人研究了多久，花了多少心血与财力，只要是市场上能热卖的产品，就会尽快地要台湾的贸易公司找工厂依样画葫芦地仿制，同时为了确保市场不被别家公司抢得先机，他们还会挑选生产速度最快的工厂下订单。

1986 年时，一家德国公司到台北展出一部地毯剪毛机，台湾一位铁工厂的老板在这部机器旁站了很久，前前后后看了又看，他并没有上前去触摸机器，更没有要求外国公司为他展示设计图，只是远远地一边看一边想，一个多小时后，他对陪他来的人说：这部机器我应该也可以做。回到工厂，他随手画出了一个草图，既没有尺寸，也没有规格，就带着这张草图到专卖拆船零件的旧货商店（当时台湾的拆船业为全世界第一，凡是工厂林立的城市里，都有商店专卖从船上拆下的零件）去寻找他所要的零件。一星期后，他所做的地毯剪毛机开始动了。把一块通过了很多关系才找到未经修剪的地毯送进了机器，修剪后的地毯表面竟然呈现出很规律的波浪状，在一旁观看的人觉得有些失望，而老板却很自信地说，只要再换两个齿轮就可以剪得完全平整，但是地毯公司派来的人却兴高采烈地说：我终于找到可以剪出波浪形地毯的剪毛机了。这部剪毛机正式生产的价格只有外国厂牌机器的1/4，经过了内销与外销，这家铁工厂凭着这部地毯剪毛机而发了一笔财。

在日韩的大企业中，每年都编列了高额的研发预算，而台湾在这方面的费用大多是由工厂负担，而且金额绝对无法与日韩相比，但是在成效上却并不十分逊色。

三、计算机业在台湾的根源

1945年，世界上第一部可以称之为"电子计算器"的东西在美国费城宾州大学工学院诞生。这部机器占地200多平方米，计算的容量却只有2K左右。1972年，台湾开始自行研发电子计算器。有两组人马同时在做研发工作。新竹有一家叫"环宇"的半导体包装厂，最先研发出台湾的第一台电子计算器。稍晚一些时候，台湾大学电机系毕业的林百里和温世仁也在实验室中做出一台电子计算器。他们两人找了一家叫"三德"的石棉瓦工厂合作，开设一家叫"三爱"的电子厂，开始进行正式生产。

环宇所做的电子计算器质量有问题，键盘功能不稳定，按一次键可能跳出好几个数字，而且台湾所生产的集成电路板经常短路。第二年，环宇老板的三子林森出资开了一家专门做电子计算器的工厂，叫"荣泰"。把环宇的工程师统统网罗过去，总工程师就是后来赫赫有名的施振荣，他自称不是第一个开发电子计算器的人，但却是首先把它商品化的人。

这时也有其他的厂家如东元、长城等投入电子计算器的生产行列，不过后来因为各种原因而退出。

在环宇停工、荣泰没有成立之际，三爱是台湾唯一的一家电子计算器生产者，拥有 12 位台湾大学电机系出身的工程师，利用台北县二重埔三德建材厂工人宿舍的一角，开始生产电子计算器。一开始就获利丰厚，第二年，其中 6 位离开三爱，成立"金宝"。于是台湾的电子计算器市场就成了荣泰和金宝对决的场面，荣泰获得前几年的胜利。

1975 年，又有叶国一和郑清和从三爱出来，成立"英业达"。三爱则转向音响方面发展，退出电子计算器行业。1976 年，荣泰也因老板家族事业的拖累而倒闭。施振荣带领荣泰的工程师创立"宏碁"。于是电子计算器行业成为金宝和宏碁竞争的局面。到了 1979 年，金宝成为这行业的龙头，英业达成为第二大生产电子计算器的企业，宏碁转向计算机发展。到了 1997 年，金宝和英业达拥有全世界电子计算器 40%的产量，不过生产基地已经外移到泰国、马来西亚、中国大陆去了。

（一）民间从仿冒中建立计算机业

台湾最早的信息工业是从做电动玩具开始。各家工厂，包括宏碁在内，专门供应半导体给制造电动玩具的工厂。由于林林总总的电动玩具大都涉及赌博，造成不少社会问题，"内政部长"林洋港下令取缔电动玩具。这么一来，这些电动玩具工厂立刻濒临倒闭的窘境。在

"穷则变，变则通"的情形下，这些工厂转向制造苹果二号计算机的仿冒品。

苹果二号计算机由于没有保护线路，很容易抄袭，台湾模仿的能力又很强，一时之间大为畅销，结果引起美国苹果计算机公司的控告，罪名是侵犯知识产权。苹果计算机公司的最大竞争者IBM公司在1981年方才推出第一台计算机，由于采用开放政策，内部电路设计图很容易得到，很快就成为计算机业界的生产标准。台湾这些计算机厂家在仿苹果的过程中慢慢地累积了相当丰富的经验和财富。当IBM开放生产兼容机种的时候，这些计算机公司很自然地就转向与IBM公司合作，从而发展出今天规模宏伟的信息工业。

这一时期有三位关键人物。在当局方面是李国鼎与孙运璇，他们以官方的力量大力倡导和支持信息工业的重要性。在民间，就是宏碁的施振荣，以无比的毅力创造出与IBM相容机种的工业。

（二）两湾策略

计算机做出来之后，如何销售？在过去，台湾卖出去的产品都是几美元、十几美元的廉价劣等货。现在要卖价值几千美元的高级产品，怎么建立起美国人对台湾产品的信心是一个很令人发愁的问题。当时的信息业者想出了一种很特别的策略，名之为"两湾策略"，就是在台湾制造，由美国旧金山湾区的华人来销售。

位于美国旧金山湾区的硅谷，是美国半导体工业的大本营，很多华人在这里的美国公司上班，他们利用下班时间去卖台湾做的计算机。美国人慢慢地发觉，这些中国人不但会卖计算机，会做说明，价格低，还会维修，操作上发生了问题还可以去向他们请教，这样无微不至的服务，让美国人很乐意买中国台湾制造的计算机，于是中国人逐渐在湾区的计算机业界有了地位。不少中国人卖计算机所赚的钱比在美国公司上班所赚的还多，最后干脆辞职，自己开起计算机专卖店，这样便打出了台湾计算机在美国市场上的一片天地。

（三）协力网络和自创品牌

美国是世界上最大的计算机王国，握有各种关键的技术。在20世纪80年代，要想把台湾做的计算机整部整部地卖给美国人不是一件很容易的事，只有另辟蹊径。第一步是先在美国周边的国家卖起，建立据点，然后再进军美国市场。计算机业界戏称这种策略是"乡村包围城市"。第二步就是发挥台湾中小企业的看家本领——"协力网络"的优势，把计算机各个主要零件拆开来卖，键盘、主板、显示器、外壳、随机内存、鼠标、电源供应器以及各种功能的PC板等零件都由不同的公司生产，再一起供应美国各大厂家。没有多久，美国人发现他们变成了台湾零件的组装工厂，因为所用的零件大都是由台湾厂商供应，连商标都是在台湾印制。美国人能拥有的只剩下计算机的心脏，那颗中央处理器（CPU）而已。而且，台湾生产的零件可以随意拆卸组装，非常方便，赢得了美国客户的信赖。

1984年，施振荣有鉴于"两湾策略"还是在打游击战，力量分散，不如组成一个大的团队去卖计算机，于是提出"自创品牌"的概念，并且付诸实行，宏碁就以Acer作为商标，营销全世界。

台湾的计算机信息工业一路走来，备尝艰辛。一直到1988年新竹科学园区可以供应各种自制的计算机零件以后，格局方才愈来愈大。当大陆在20世纪90年代快速崛起，吸走了台湾大部分的劳动力密集工业时，半导体工业便成为台湾经济命脉之所系。台湾的计算机公司可以与世界级的大公司平起平坐，并且立下宏愿：在21世纪台湾要像瑞士一样以单一产业闻名于世。当世人提到瑞士，就会想到手表；提到台湾，就要让他们很自然地想到计算机。

（四）靠着勤奋建立"台湾奇迹"

计算机是多种零件组合的高科技产品，需要大量研究人员，还要有较大的组装场地，所以厂房的面积不能小。至于一般性的产品则不受到这种限制，这里可以看出中国人刻苦耐劳的特性。越小的企业便越是"家族化"，甚至"家庭化"。很多小工厂只有夫妻两人带着几个刚从农村来的青年在工作，他们租下一间大约100平方米的厂房，既是工厂也是住家，再买几部旧工具机便开始想办法接生意。同时，在像台北这种大都会区里，也有很多夫妻两人合作的小贸易公司存在。贸易公司里只要能赚钱，客户要什么就找工厂生产什么。工厂凭着纯熟的技术，生产出多样化的商品，于是贸易公司业务的范围也越来越多样化。

一家小工厂为了要生存，常常压低价格与同行抢生意，他们都有一套自己计算成本的方式，利润大致上会比到别人工厂里上班要好一点，但是不但要冒一些风险，还必须夜以继日不停地工作才能得到应有的利润。为了节省成本，厂房里的电灯能不开就不开，生产用的材料在不影响产品质量的原则下尽量减少浪费，甚至连废料都不能任意丢弃，收集到一定数量时还可以卖钱。他们说这样的日子是以生命换取时间，再以时间换取金钱。

每个都市里都有当局所划定的工业区，区里早期所建的厂房都很小，大约100平方米，而且租金较高，于是一些属于公有的河川地便成了较大工厂的集中地，他们用轻钢架搭起了厂房，就在这么简陋的空间里为台湾赚取外汇。相对地，在都市里也有面积只有三四十平方米的小办公室出租，这是专为只有几个人的小公司而设的。

其实，生意的多寡与实力的强弱，并不是完全由公司或工厂的规模大小来决定，每个老板在学习、创业与成长过程中都有一些相关的同行朋友，遇到较大的生意自己一家应付不了时，可以呼朋引伴地找这些朋友一起来合作。几家小公司或几家小工厂联合起来，无论什么样的订单都可以应付裕如。

属于工厂的人终日与机器为伍，一天工作十七八个小时，一星期工作 7 天被认为是天经地义的事。坐在办公室里的人也不见得有多轻松，为了迎合美国与台湾的时差，经常要工作至深夜，白天又不停地穿梭在大大小小的工厂间，去检查商品的质量与进度。在 1999 年以前，台湾的工厂每个月只有两天假期，每月的第二个与第四个星期日就是所谓的"大礼拜"才是休假日，平时所有的假日都一样要工作。这不是当局所规定，而是由业界自行约定的规则。

工厂里靠着辛勤与劳力赚钱，贸易公司的人员更是放下了尊严像苦行僧一样在世界各地游走。温世仁在他所写的《台湾经济的成长与苦难》一书中，把中小企业推销产品给外国客户的方式，称之为"野鸡式推销"，也有人称这时期的推销工作为"一只皮包闯天下"。

温世仁提到当时的推销情形："我们自己笑自己是野鸡（"野鸡"意指在街上拉客的妓女），因为我们就像野鸡一样，拿着样品和一大沓目录到机场，看到老外出来，就跑过去问他要不要买东西。第二个办法就是到旅馆的大厅，看到老外进来，就跑过去向他推销东西。那时候到台湾的散客不多，只要是老外就拉。"

更有不少勇敢的台湾商人，像宏碁的施振荣初做外销时那个样子，讲一口破破烂烂的英文，用一只皮箱装着样品和产品目录，买一张单程的飞机票，飞到美国去推销产品。打听到哪里有展览会，就赶去摆摊；要不然直接闯到各个连锁商店的总部，向老板和采购人员介绍自己的产品。买单程机票的意思是表示如果货品卖不出去他也就不回台湾了，实际上也根本没钱可以回台湾。在这种破釜沉舟的冲刺下，台湾商人终于打开国际市场的大门。

除了辛苦地到处闯荡之外，还有辛酸的一面，温世仁说："有一次我到美国参加电子展，事实上，我们没有资格参加电子展，只是站在门外看。然后去找那些展览的客户，拿样品给他看。买主看了喜欢，就跟你买。不喜欢，就把你赶出去。台湾的厂商每个人手里都拎着大包小包的样品排队。刚好在我前面有一个厂商进去，里面坐着一个犹太人，是大买主。那个台湾商人拿一个电子时钟，就是那种用灯管做成的数字时钟，拿进去不到一分钟，我看到那个犹太人把它往地上一摔，摔得整个时钟都裂开了，这不打紧，还用他的鞋跟把灯管一支一支踩破，同时满口骂'狗娘养的'。我看到那个台湾商人欲哭无泪。这是我亲眼目睹的事。我听到的悲惨故事很多，电子工业还算好一点，有些卖杂货的贸易商更惨，他们说自己是皮条客，常常需要带着客户去花天酒地。"

（五）皇帝选妃式推销

等到台湾的产品渐渐多了，就有一些欧美及日本的公司在台湾设立采购办事处。台湾的厂商拿着样品和报价单闯到这些采购办事处去推销。台湾籍的采购人员看了满意，会把样品摆在办事处的展示橱窗里，等外国买主来的时候让他们看看，如果看中意，就有机会把产品卖给他。

每次外国买主来的时候，台湾的厂商就在外面走廊排队，没有椅子可坐，全都是站的。里面的买主好像皇帝点妃一样，点到谁，谁就赶快跑进去解释给他听，示范给他看。一旦被叫到，就表示有一点希望。

在国际贸易的来往关系中，买主就是上帝，哪个买主肯下订单，他就比财神爷还伟大。在台湾的产品多样化及高级化之后，买主还是高高在上。每年德国与美国总要举办几次世界性的商品展览会，全世界所有一年内刚上市或即将上市的新产品都会在展览会上陈列，来自全世界的买主一家家地看，台湾的贸易商在拥有了自己开发出来的新产品之后，才有资格去参展，派去负责参展的人员不断地向客人解说，如果客人留下一个饭店的房间号码或是办公室的地址，约定晚上再详谈，会让人觉得这真是美好的开始。但是事情往往并不是像想象的那么美好，晚上准时赴约，才知道已经有几十个人在门外等，如果是约在饭店，还有个大厅可以休息，如果是办公室，只能在户外痴痴地等，等四五个小时并不少见，万一遇到大雪天，在零下十几摄氏度的天气里，真会教人想要放弃这个机会，但是看看别人也在等，忍不过就什么希望都没有了。然而在屋里的买主，并不会因为卖方等得辛苦而稍发一点慈悲心，还是百般地挑剔，最后最好的结局很可能只是一张数量少得可怜的试验性订单，这已经可以让贸易公司的推销员高兴得跳起来，因为把这张订单做好，让客户满意，后面可能会有大数量的订单接踵而来。但是这也只是一厢情愿的想法，很可能下一个推销员进去一谈，以更低的价格或更优厚的条件把以后的生意都抢走。

（六）善于适应环境的能力

贸易公司的存在价值是他们比工厂更熟悉市场的变化，也与国外客户有经常性的联系，国外客户也会因为有这样一家公司的保证，对商品的质量有较高的掌握性，所以贸易公司最重要的任务是为工厂与国外的买主做沟通的桥梁。

美国人的偏好很容易改变，一样新产品经过大量的广告宣传，很可能一窝蜂地抢购，然而快则半年，慢者一两年之后便又销声匿迹，无人问津。这样的生意常常苦了生产的工厂。为了赶订单，往往不得不增加设备，等到设备添够了，生意也走下坡路了。但是这种情况对像"蚂蚁雄兵"一样的台湾中小企业来说已经司空见惯，不以为奇，他们总是能以不变应万变，随时都能适应国际的市场。

20世纪70年代末期，美国家庭还不流行用电暖气，北方家家都有取暖用的壁炉，不知是什么人想出了一种花招，设计出一套五件式或六件式的壁炉工具，式样做得很精致，不但可以整理壁炉，还可以当作客厅的装饰品。这股风潮让台湾最初做翻砂的铁工厂赚足了钱，一星期要出好几千个货柜。但是好景不长，一年半之后，壁炉工具便不再流行，这些铁工厂立刻都没生意可做了。

台湾的贸易公司想到，壁炉工具是卖到美国北方的，现在应该动动美国南方人的脑筋，于是想到美国家庭都有很大的庭院，到了节假日，一家人在庭院里烤肉野餐，再呼朋引伴地招来左邻右舍一起同乐，应该是一种很高尚的社交活动，于是要铁工厂制作了一批烤肉架的样品送到美国，果然正如所料，美国人疯狂地迷上了庭院烤肉，而且这股风潮还延烧到了美国北方，这种便宜的烤肉架用过一次便丢掉，消耗量大得惊人。原先那些做壁炉工具的翻砂铁工厂不必改变任何的设备，马上改做烤肉架，日夜赶工，又赚了一大笔钱。

一种商品不能永远卖下去，有了这次的经验，台湾的出口商知道如何掌握与引导美国人的喜好，于是在一年后，又开始设计另一种新的花样。这时美国正兴起了一股"中国热"，一般人不一定有兴趣去研究中国人的思想与哲学，但对中国饮食都有浓厚的兴趣，台湾的出口商想到美国人可能已经吃腻了烤肉，应该让他们换换口味，吃一些其他的中国菜，于是设计出一个很简单的锅，配上几双筷子，再加上一些炒炸的配件，最后再放进一本介绍如何炒饭和炒菜的简单中国食谱，就成了一套组合的中国锅，而且还有多样化的配件组合可供选择。这种锅没有经过防锈处理，用过之后就会生锈，只能丢弃，在这种情况下，数以万计货柜的中国锅涌进了美国的超级市场。铁工厂只要多增加一部油压机便可以每天生产出几千个锅。

中国锅热卖了两年，美国又掀起了一股"运动热"，哑铃、杠铃几乎成了家家必备的运动器材，台湾的铁工厂一方面还是一样夜以继日地忙着铸造哑铃和杠铃，另一方面也开始警觉到自己不能永远只做这种粗活，应该往更高的生产层次发展，于是一年之后，各式各样外表精美的运动器材一件件地出现，外国进口商每次在与台湾贸易商的传真中，总不会忘记问一声是否有新产品出现，就怕晚了一步，得不到台湾的新产品，失去了一次赚钱的机会。

除了铁器类的工厂之外，其他如塑料制品、玩具、文具用品、小礼品、圣诞灯饰、凉椅、太阳眼镜、网球拍、成衣、运动鞋，等等，也都随时设法引导国外市场的流行趋势，而且台湾这些商品都曾经成为全世界数一数二的产量。国际客户都随时注意着来自台湾的新产品，台湾的贸易商与工厂也时时在动脑筋想要设计出各式各样的新东西，只要有新产品，就能赚到不少外汇。

（七）代工

等到台湾产业的规模再大一点的时候，开始接受外国的"原厂委托制造"，就是买方提供一份图纸，或者是一个样品，授权台湾的厂商照样子做，买主通常会报个价钱，把材料成本都列得清清楚楚，最后明白地说，让台湾厂商赚多少钱。双方同意之后，就开始加工生产。这种情形已经比前面野鸡式的和选妃式的推销要好得多，也比较有人性的尊严。

直到20世纪90年代末，台湾的半导体工业已经在世界上有一定的地位，仍旧难脱这种代工模式。像台湾集成电路公司就以代工的方式为外国工厂生产晶圆，渡过从1996年开始的东南亚金融风暴，而且还在国际上扬名。

（八）血汗、耻辱与光环

在经济发展的过程中，除了销售方面的艰难辛苦之外，生产方面更是痛苦，大多数的厂商都是日以继夜、夜以继日地加班。温世仁书中提到他所经历的一个血淋淋的例子。他说："有一天晚上，我们一个加工铭板的冲制厂的老板在长期赶工中，太过疲倦的状况下，不小心将自己的手指冲掉了。紧急送到医院去。我们的采购人员向我报告时，我非常着急，叫他马上赶到医院去。到医院时，那加工厂的老板已经包扎好回工厂去了。采购人员又赶到他的工厂去。我们的采购人员到他工厂时，看到他吊着一只手，用没有受伤的手，将机床拉开，夹出被冲断的手指和碎肉，正在用喷水枪冲洗机床。他告诉我们的采购人员，一定不会耽误明天早上的交货日期。采购人员在电话中向我报告：'老总，他已经从医院回工厂了，他已经冲洗好冲床了，明天早上的交货一定……'我一向脾气很好，听到这里，再也忍不住，大拍着办公桌，打断他的话，对着电话狂吼：'哎呀！我不是叫你问这个啦！是他的身体状况！'丢了电话，百感交集，想起这些年来台湾的经济发展的苦难，升斗小民的牺牲和付出，不禁悲从中来，嚎啕大哭。到底我们还要付出多大的代价？"

温世仁《台湾经济的苦难与成长》中这样的例子在中小企业里多得不胜枚举。看看那些小工厂，在昏暗脏乱的厂房中，老板夫妻俩带着几个工人日夜不停地赶工。空气中充满各种有毒或无毒的化学制剂的气味，熏得人快要窒息。三餐不定时，加上疲劳工作，人焉得不病？身体强健者还可以忍受一阵子；身体羸弱者说不定就英年早逝。台湾的中小企业就是在这样恶劣的状况下生存和发展。所以当我们头戴"台湾奇迹""台湾经验"的光环去向其他国家和地区炫耀时，我们要记得，这些光环是当时这些小人物用"客厅即工厂"、野鸡式营销、血汗、泪水，甚至是牺牲了尊严，用耻辱所换来的。

（九）世代交替培养新生命力

40多年的辛劳，让第一代的中小企业主在付出了无限心力之后渐渐地老去，从20世纪80年代开始，便出现了世代交替的问题。这个问题并未发生在随时能够跟得上时代脚步的都会区公司行号里，只发生在工作情况很恶劣的工厂。第一代的企业主因为自己没读过什么书，知识程度不高，只好认命地陪在机器旁，终日在昏暗混浊的环境里为生活拼命。但是他们时时想到自己因为没读过多少书，才会要这么辛苦地工作，于是不论自己有钱没钱，总是想尽办法让子女受到最好的教育。然而他们的子女，也正因为读了较多的书，加上个人的志向不同，很多小企业主的第二代不愿意再在机器旁像他父亲一样度过这一生。他们向往着能坐在灯光明亮、装潢华丽的办公室里，享受着四季如春的空调，谈笑间做成了上千万甚至上亿的大生意。在这种情况下，台湾的产业渐渐开始出现空心化的趋势。

第一代的小企业主眼看着自己辛劳一生所建立起来的工厂不久之后便会因为后继无人而不得不停止营运，复杂的心情不言而喻。他们仍然发挥创新的本能，构想出延续企业的方法。

工厂的价值是在于生产的技术与经验，一家工厂在不能继续经营时想要卖掉，凭着几部旧机器卖不了多少钱，而技术与经验都会随着人的老去凋零而消失于无形，任何一个企业主都不愿意让自己辛苦了几十年才建立起来的基业最后走上这么凄惨的绝路。他们所想出的方法要既能保存工厂的光辉，也不会让工厂平白地落入不相关的人手中。他们想到以前家族企业的观念仍然维持，但可以扩大。他们把追随自己几十年的工作伙伴看成了企业家族的一分子，无偿地释出一部分股权，让付出多年心血的员工也能享受自己的努力成果，有一份属于自己的事业。有些企业主甚至在所有老员工的家庭中寻找下一代的接班人，也有一些企业主直接让被自己所赏视的年轻员工入股，这种方式并没有改变家族企业的形态，而是以"企业的家族"融入"血统的家族"之中。

另一种方式是中小企业主把自己的工厂按工作性质的不同分作几家工厂，让几个跟随自己多年的老伙伴去独立经营，自负盈亏。由于相互之间的工作有关联性，所以在业务上仍然还是等于一家工厂，形成了类似集团式的经营模式。因为工厂都要求生存，而且做了几十年的工人并不见得一定会是个理想的老板，于是人事就必须重新安排，从各方面去寻找适当的人才，也会把自己下一代的亲人带进工厂。人事改变了，业务的发展就出现了多元化，这些新进人员如果受过职业教育或高等教育，便都拥有了足够的新式生产技术的知识。每家工厂各自进行业务与管理方面的改革，接到了生意又互相支持，经过几年相互的激励与学习，这个集团便改头换面成了一个能合乎时代需要的新式企业。

历经了这几种改变，企业主与老员工能很顺利地把自己几十年的宝贵经验传承下去。而且在新一代的加入之后，新的生产技术与观念也很快地被吸收采用，逐步地完成了企业的现代化。近 30 年来全世界产业最大的冲击是来自于计算机与数字化生产技术的不断更新，老一代的生产者学不会这种新科技，仍然相信自己从经验中所锻炼出来的技术。而新一代的生产者没有经验与技术，不得不依赖计算机，而且计算机支配生产的精确度与速度又远超过手工技术，于是生产技术的世代交替往往成了一个企业中最大的争论点。为了配合计算机化的生产，管理技术也要改变，人在经由计算机设定的生产过程中，变成了只会按照工作程序去操作机器的工具，几乎完全失去了人的价值，也否定了从经验中所锻炼出来的技术，这种全面式的改变等于是另一次产业革命。老一代的生产者往往会害怕自己的地位与价值会被计算机所取代，总排斥着这种产业革命的发生，形成了许多冲突，但是这种冲突在台湾却因为这种经营者世代交替方式而消弭于无形。

每家工厂都一步步地走向数字化与计算机化，生产力大为提高，在国际上的竞争力也增强了许多。这种旧的经验与新的观念结合在一起所激荡出来的新经营模式，正是台湾新一代企业的生命力。

四、"台湾奇迹"的文化背景分析

在第二次世界大战结束后，美国为了维持世界经济的稳定，也要扶持自己的盟友，采纳了马歇尔的援助计划，对全世界100多个国家和地区展开了美援，协助它们发展经济，其中也包括台湾。但是事隔40年之后，这100多个援助的对象中唯有台湾等少数几个经济体能够真正地脱离了贫困，达到完全自主性经济的程度，成了全世界经济学者都极为关心的研究对象，于是有人认为台湾的成功应该归功于美援的帮助，而且长期以来都依附着美国的经济而成长。但是为什么其他接受美援的国家和地区却不能像台湾一样地成功，例如菲律宾，30年前的经济力量曾经凌驾于中国台湾之上，而今大量的劳工争着涌向台湾当"菲劳"。其他像中南美洲国家，更是债台高筑，到了难以为继的地步。所以美援当然是台湾摆脱贫穷的一个重要因素，但是这只是必要条件之一而已，还应该有其他的充分条件来配合。

1905年韦伯的《新教伦理与资本主义精神》一文中，认为基督新教是促成资本主义勃兴的原动力。韦伯所说的"基督新教"，其实指的只是起源于法国的基督教加尔文派，这一派的主张是"天堂的席位是有限的，只有被上帝所选中的人才能上天堂"。这种人在政治上一定会是良好的牧民之官，在经济上一定会是成功的商人，在家庭里一定是很有权威的大家长，在教会里一定是领导宗教仪式的长老。能成为一个上帝钟爱的"选民"，往往在这四方面都有很好的成就和表现。

加尔文派的教义强调，人们为了"证明"自己是上帝钟爱的"选民"，产生心理上的压力，于是就拼命工作，努力追求这四方面的成就。如果成功地全部做到，或是做到其中的一两项，就显示他赢得了上帝的恩宠，成为上帝的"选民"，可以得到最后的审判时的救赎，进入天堂。因此，加尔文教派强调，信徒应该不择手段地去争权夺利，追求财富，但又要过节俭禁欲的生活。正因为西欧国家的人们致力于争权夺利，终究形成所谓的"资本主义社会"。

资本主义能够横扫全世界，当然也有其所凭借的特殊之处。从中古时期开始，欧洲就存在着一种基尔特（Guild，行会或公会）制度，基尔特是欧洲商业的控制中心，对各行各业都保持着很强的管制力，不仅商品的价格要受到基尔特的限制，连学徒是否可以出师，个人是否可以开店，也要经过基尔特的审定，其他像质量的管控与供应数量的控制，也一样要听命于基尔特。

韦伯又很细心地研究了印度与中国这两个拥有悠久历史的国家，想要确定这种历史久远的国家可不可能也像西方世界一样，出现代表着现代化的资本主义？他对中国的结论是"不可能"出现资本主义，因为中国没有像基尔特那样有效的经济组织，其次，"家族"与"孝道"的观念太重，以致没有外出远行发展理想的冲劲，再加上交通不发达以及城市因为缺乏自主权而不能发挥商业的功能，这些都阻碍了商业的发展。然而这些还不是最主要的因素，中国人就是因为缺少了像基督新教一样的宗教压力，才导致中国永远不可能实现现代化。

韦伯归纳了中国各种宗教的教义，认为儒家太过于注重家族观念，又把商人列作了"四民"之末，一般有知识的人，都希望自己或孩子经由读书，通过科举制度能够做官，等做了官以后，再去聚敛财产，所以中国的富豪之家大多不是经由做生意致富，而是借着做官才发迹。佛教要人注重心性的修养，不鼓励人们去争取在事功方面的目标。儒家与佛教都在追求人与宇宙的谐调，而不是像基督教那样要改变宇宙。这两教派只重思想而不尚技艺，终致工商业不能发展。至于道家，更是只知道画符念咒，对于人世间的事功没有一点帮助。最后韦伯认为："中国宗教中的理性主义是指对世界做理性的调适，而基督新教徒是要理性地征服这个世界。"所以缺乏了基督新教那种终极的压力，便确定了中国不可能现代化。

韦伯的理论从 1905 年发表以后，便成了西方帝国主义侵略东方的借口，他们甚至于把侵略东方当作是一种"拯救"行动，自诩为以资本主义侵略其他落后地区的人是"白种人的负担"。然而，在 20 世纪的末期，包括台湾在内的"亚洲四小龙"打破了这个理论。

从 20 世纪 70 年代起，美国人又有"依附理论"来解释"亚洲四小龙"的兴起。这套理论是把那些曾经得到过美援的经济体经济发展看作是美国经济的附属体，美国打喷嚏，这些经济体马上都感冒。然而这种说法并不能解释为什么其他接受美援的经济体在美援停止之后又落入了贫穷的循环之中。

这套理论是起源于解释 20 世纪 70 年代中南美洲的几个有"美国后花园"之称的国家，如阿根廷、巴西等国，在先前接受美援时，大量输出天然资源与劳动力，换得一切美国式生活的奢侈品，人民的生活舒服得让人羡慕，但是长期地以低价输出原料或半成品，高价输入各种机器设备和民生用品的局面，终致入不敷出而债台高筑，根本无法摆脱欧美工业国家的控制，最后只能变相地沦为美国的附庸国。等到美援一停，人们已经习惯了以前那种安逸的生活，也发现原来以前只会输出天然生成的原料，却没有学得任何一点技术，顿时便失去了经济的重心，从此一蹶不振，背负天文数字的外债。

可是，台湾经济发展的结果不是像南美阿根廷、巴西那样的债台高筑，而是富裕繁荣。显然，"依附理论"对台湾来说是不合适用的。照这样看来，台湾的经济能有所成就，应该还有一个更重要的理由存在。

（一）儒家文化圈的影响

"亚洲四小龙"有一个无法否认的共通点，就是它们都属于"儒家文化圈"，中国台湾、中国香港与新加坡都是华人社会，一定抹不去浓厚的儒家色彩，至于韩国几千年来的文化交流，也一样脱离不了儒家的影响。从外表上来看，儒家似乎并不鼓励人们汲汲营营地去追求财富，但是却着重在个人对家族的责任。一个人必须能够光宗耀祖，才"无忝尔所生"，不辱没了自己的祖先。

1985年11月，费景汉在"美国中国研究学会"的年会上，发表了《传统中国文化价值和现代经济发展之关系》一文。他指出：战后"东亚四小龙"经济发展的奇迹，使人自然想到一个问题：为什么这些自然资源贫乏的国家和地区，经济发展会这样的成功？一个合理的解释，是他们极为优秀的人力资源，包括工人、农人、企业家和政府官员，足以弥补其自然资源的不足。进一步说，他们地理位置邻近中国，足以说明他们有优秀的人力资源，也许和"中国传统文化"大有关联。因为这"四小龙"都处于中国文化影响所及的地区。

费景汉在这篇文章中充分肯定了中国传统文化对于现代化经济发展所能发挥的正面作用，并且对于在此以前那些鄙弃中华传统文化的态度大加挞伐。他恳切地说：我们现在确实应当重新评估自60年前五四运动以来，一直被中国人自己所"自贬自渎"的传统文化。战后经济发展的经验显示，在和平的情况下，中国传统文化价值整体而言并不足以构成现代化经济发展的阻力……中国传统文化的某些构成成分，可能非常适合现代化经济生活和经济发展的要求，而压制传统中国文化就会付出经济发展停滞的代价。

费景汉的文章很短，当然也就不可能详细地分析个中细微之处。余英时教授为此文作跋时指出："如果他（指费教授）能把韦伯有关新教伦理和这学说在东亚的适用性也考虑在内，那么费教授的文章可以更丰富、完整、充实。"因此，余英时仿照韦伯的研究方式，写了《中国近世宗教伦理与商人精神》一文，发表在美国纽约出版的《知识分子》杂志上。

余英时在文中详细地讨论了儒家伦理的新发展。他指出，宋明理学是继承新禅宗的入世精神而发展出来的，到了明代王阳明学说兴起，才使得新儒家（理学）伦理可以直通社会大众。新儒家经济伦理的要旨，大体类似新禅宗和新道教，强调勤劳做事（敬贯动静），要以天下为己任。余英时以之与韦伯所说加尔文教派的"选民前定论"做对比：

> 新儒家并没有"选民"的观念，更不承认世界上大多数人是命中注定要永远沉沦的。但是从另一个角度去看，新儒家也未尝没有与卡尔文教派共同之处。这便是他们对社会的使命感。新儒家不是"替上帝行道"，而是"替天行道"；他们要建立的不是"神圣的社群"，而是"天下有道"的社会；他们自己不是"选民"，而是"天民之先觉"；芸芸众生也不是永远沉沦的罪人，而是"后觉"或"未觉"。正是在这种思想的支配下，新儒家才自觉他们必须"自认以天下之重"（朱子语）。

余英时的说法虽然不尽理想，例如他以中国的僧侣与西方俗人新教徒做比较，便失去了对等性。其次他没有说清楚中国人以什么来取代基督新教伦理中的宗教压力，以及他因为太过于注重宗教形态的比较，而忘了儒家思想在一般平民百姓潜意识与日常生活中的影响。但是无论如何，费教授和余教授的这两篇文章，都已明确地肯定了中国传统文化中的某些要素，对于中国社会的现代化经济发展，可以发挥积极的正面功能。他们的论点不仅点醒了自五四运动以来部分国人一心西化的迷梦，也为台湾经济能有傲人的成就找到了最翔实的根由。尤其他们两位大声地呼吁不要再对中国传统文化"自亵自渎"和推翻了韦伯的理论，更是值得我们推崇和重视。

（二）儒家文化所形成的压力

在中国的历史上，一个家族的盛衰有着很明确的轨迹可寻，一般的说法是富不过三代，也穷不过三代。这条轨迹总是沿着一个固定的模式在进行：富裕的家庭，因子弟不肖，不肯上进，只知道吃喝嫖赌，最后不出两代，便家财散尽，流落街头成为乞丐。但是过了一两代，子弟中总有一两个人知道努力向上，发奋读书，最后终于通过了科举考试得到了官爵禄位，重振家门，或者努力经商，博得万贯家财。不论是经商还是先读书再从政，一旦有了成就，第一件事便是重修家里的祠堂，让别人知道这个家族又重新兴旺了起来。但是再过一两代，又会把从前的那种循环再演一遍。能够振兴门楣、重修祠堂的人会被别人称作"孝子"，人人尊敬。而败尽家财的人当然就成了"败家子"，受尽奚落。

虽然每个家族都脱离不了这个循环，但是当一家族兴旺时，做家长的人总希望能够长久地维持着这个荣景不坠，而且家族的兴衰根本问题还是在于自己子弟是否能够上进，于是有成就有名望的人，便把一些基本做人持家与刻苦励志的原则书写起来，挂在堂上，让自己的子弟能够时时警惕，这张挂在堂上的教条，便是中国家庭所特有的"家训"。家训虽然只是短短百来字左右的一篇短文，却是中国儒家修身、齐家思想具体而微的表现。

在西洋人的心目中，个人眼前的事业成就，是因为忠谨事奉上帝所得的报酬。对中国人来讲，眼前的事业财富都是家族的阴德和个人累世功德而来，不是个人一己之力所能单独得到。一旦德行败光，这些事业财富也都化为乌有。因此，每一个人最重要的事，就是不断地累积功德，以免自己和整个家族受到伤害。所以明清以至现代，在家庭里，有父兄的家训；在社会上，有各式各样的劝善书籍。

在中国的家族主义里，个人只是绵延不绝家系中一个不可缺少的环节。列祖列宗的功过福德累积起来，就会影响到现在家世的昌盛或者衰败。今天个人能有一些成就，不过都是托庇于祖宗的余荫而已。现今个人的行为是否积功累德，也会影响到自己和子孙未来的命运。这种观念在明清时代就已经相当盛行。在一些家训的集子里，都选录了类似的语录。例如：

> 人家门祚昌盛，皆由修德砥行，世代相承，故能久而勿替。若为祖父者，不能积德行以贻子孙，为子孙者复不能积德行，以继其祖父，未有不立见倾覆者矣。(《梁氏家训》，《课子随笔抄》卷五)

> 子弟何德何能，不过借祖宗之力挣得基业。居此现成之势，自反实属可愧，若不倍加勉励，积德累行，公然居之不疑……岂不可羞？天道乘除，数有一定，而作善降祥，作恶降殃，人事感召，理尤不爽。……吾自今惟知止知足，守理守法，以上培先德，下启后人，即神佑可延，家声不坠。(沈鲤：《垂涕弃言》，收入《课子随笔抄》卷一，沈鲤是明嘉靖进士)

从这几则家训中，可以很明显地看出，明清时国人把个人的成就都看作是祖上的余荫庇佑所致，中国人为什么要努力工作？答案就在于中国人都想要当一名人人称赞的"贤孝子孙"或是社会上人人尊敬的"善人"。最终的目标就是要成神成圣永恒不朽。

（三）家训在台湾社会中的影响

台湾是个很奇怪的社会，从前清开始便很注重孩童时期的教育，有钱人家会延请老师到家中授课，一般家庭也会把孩子送到附近的私塾里去上学，可是一旦等到孩子学会了算数、记账及写信，便算是学业完成，不再上学，要去帮忙家里的生计。这是一种很典型的商业化教育，配合着商业社会的运行。

在商业社会里，人们最怕自己的子弟因为自幼享受着安逸的生活而忘了刻苦勤俭的美德，于是家训成了最主要的家庭教育教科书，即使家长或族长没有上过学，或者自己不会写，也要去街上买一张，请人装裱之后挂在墙上。日据时代，日本人想尽了办法要消除中国传统文化，却忘了家家户户墙上的那一张家训，正传承着中华传统的儒家文化。勤俭、奋斗、努力、进步的观念就靠着家训，时时刻刻、点点滴滴地输入了每个人的潜意识里。

台湾一向是个富足的社会，只因为战争一切都改变了。日据时代后期以及台湾刚刚光复时，绝大部分人都过着难以为继的生活，为了生存，人人不得不想尽了办法谋生。在脱离了贫困之后，接踵而来的又是快速的经济发展，让每个人都极尽所能地想要改变自己的经济环境，这样更加强了勤奋的观念，有些人稍稍得到一些成就便立即成了大家钦羡与学习的对象。不仅功成名就的人觉得光荣，他的家人与族人也与有荣焉。

由于日据时代对台湾人的社会地位作了很严格的限制，不准台湾人学习法律与政治，学医是当时最高的等级，于是能够成为一名医生便算是当时很有成就的人了。台湾光复后，这种观念仍然维持着，学医的人是社会上的才智之士，至于因经商而致富的人，社会地位还不及医生。等到台湾的教育渐渐有了成效，每年有人可以出国去留学，几年后得到了博士学位，这种人才算是出类拔萃的顶尖分子。学成归国时，整个村子会像过年一样燃放大量的爆竹，还有人会抬着匾额前来祝贺，博士的家人要开十几天的流水席招待所有前来道贺的宾客。这种荣耀几乎等于在科举时代中了状元一样。在别人的口中，并不只是夸赞这个有理想、有抱负、肯上进的年轻人，更会替他的父母高兴，认为是父母教育有方。于是一个人的成就造成了整个家族的光荣，以前光宗耀祖的想法又在现代社会中重现。

能够学有所成的机会不多，于是大部分人只能转而从商，希望能在商界里挣得一片天地，以企业家的形态让别人也投射过来羡慕的眼光。

马克斯·韦伯当年发表他的看法时并没有来过中国，也不懂中文，他只是依据着别人所传说的种种中国社会现象而作出那么武断的评论，他完全不了解中国社会里中国人与西方人一样承受着一种类似宗教的压力，而且中国人并不祈求那个遥不可及的天堂，取而代之的是现实生活中对自己祖先与家族的那份"孝心"。从实际的情况来看，中国人所承受的压力，要比基督信仰中的终极目标更大，而且是如影随形地时时跟在身边。

我们可以将新教伦理约化成"人如何依凭自己的事功去荣耀上帝，以求得在最后审判时的救赎"。在这个命题之下，人生的最大意义就在于"用自己的事业成就来证明上帝的伟大和慈爱"，财富就成了"因为忠谨的事奉上帝而得到的报酬"。这个信念的背后，是西方盛行千年而不衰的"个人主义"。

中国一直实行"家族主义"，因此，在讨论台湾如何可以达成目前的现代化成就时，不妨依仿韦伯的方式，而提出一个全新的命题："中国人是如何依凭自己的事功来荣耀家族，进而求得在家族内部，甚至整个社会上永恒不朽的地位。"也就是说，人要如何维持他的事业财富，使别人能够因为对家族的尊敬，造成对个人社会地位的认同？

如果再作更进一步的探讨，在传统中国社会里，"富人"的社会地位还远不及"善人"，一个人富有之后，如果不知道如何去帮助别人，只知道自己享乐，便是为富不仁，还是要被人看不起。为了要让家族的名声不染一点尘埃，便要不断地从事着各式各样的公益事业，修桥补路，施衣送食。一旦一个人成了别人口中的善人，也就建立起了个人的信誉，他要做什么生意都会变得更得心应手，于是财富越聚越多。几千年来，凡是官府做不到的慈善事业，都由这些善心人士来做，这等于是社会财富的重新分配。中国就以这种松散的方式维系着社会经济。

当年韦伯的理论已被打破，这是韦伯当时所无法想象的事。但毕竟台湾是靠着这个观念而成功。在从无到有的过程中，充满了各式各样的传奇，也代表了传统儒家文化如何因应现代社会的变迁。然而这种观念也造成了台湾要以中小企业为经济主干的命运。

参考文献

孙中兴：《从新教伦理到儒家伦理了解、批评和应用韦伯论点》，《知识分子》1986 年。

陆先恒：《世界体系与资本主义》，台北巨流出版事业发展公司 1988 年版。

[美] 费景汉：《传统中国文化价值和现代经济发展之关系》，《九州岛学刊》1986 年。

黄光国：《儒家思想与东亚现代化》，台北巨流出版事业发展公司 1988 年版。

温振华：《清代台湾汉人的企业精神》，《师大历史学报》1981 年第 9 期。

蒋硕杰：《台技湾经济发展的启示——稳定中的成长》，台北经济与生活出版社 1985 年版。

萧欣义:《儒家思想对于经济发展能够贡献什么?》,《知识分子》1986 年。

戴宝村:《清季淡水开港之研究》,《师大历史研究所专刊》1983 年第 6 期。

瞿宛文:《出口导向成长与进口依赖——台湾的经验,1969—1981》,《台湾社会研究季刊》1989 年第 7 期。

第 十 二 章
台湾的教育与中国人的人生及社会价值观

一、清代的教育

（一）基本认知

任何一个社会都有其特定的人生和社会价值观，要求它的成员一定要达到某种标准，方才成为那个社会所称赞的对象。在一个渔猎社会中，能打到凶猛的野兽并与族人分享的人，才可算是那个社会中的精英分子。在一个游牧的社会往往以比武的方式来决定一个人的社会地位。在一个农业社会又往往以累积财富的能力来评断一个人社会地位的高低。任何一个社会也都有一定的办法来训练它的孩子，以达成这种社会价值观的要求。这些训练的方法就是教育。教育绝不是只有课堂、书本和考试。

谈到台湾的教育，就必须先要明白中国人的人生和社会价值观。简单地说，中国人传统的人生和社会价值观是要求每一个人都成为"孝子"。在古代，一个人可以凭着自己的努力参加科举考试，或者经商务农，获得相当成就，提升家族声望。当他达成这种要求时，就会被社会大众赞誉为光宗耀祖的"孝子"；反过来说，一个人如果做了一些让家族蒙羞的事甚至把家产败光，就成了败坏家业的"不孝子"。这种社会成就和地位不能传给子孙，只能及身而止。因此，每一个人除了自己的努力外，还要用心地教育自己的孩子，让他们也能达成社会的期望和赞许。

在明清两代，通过科举考试而做官是社会大众最为艳羡的对象。因此，读书成为通往社会上层的最佳途径。一般的家庭总是要先有一两代人努力工作，累积一定财富之后，才有能力让孩子去读书，在第三代如果有一两个子弟通过科举考试，整个家族的社会地位也就随之上升。这样维持两三代之后，富裕的家境就会出现纨绔子弟，败坏门风，散尽家财，家族因此而没落。明清时代中国人家族的兴衰就是循着这个轮回轨迹在运作。居于轨迹的前半段者就是"孝子"，落在后半段者就是"不孝子"。

明清社会的变动比较慢，兴衰轮回一次需要好几代。现代社会的变动很快，很可能在一个人的一生中就可能历经几次兴衰轮回。眼看他楼起，亦看他楼塌。因此，更不可以不谨慎。

在这种流动的社会结构下，人们是如何看待他们所获得的社会地位和财富的呢？明清时代的家训经常训勉子弟：小子何德何能而能有今日之富贵，不过托庇于祖宗之余荫耳。

换句话说，个人所得到的功名富贵都是因为列祖列宗累世积德而来。这个德行的基础越大，所能享有的富贵也就越多。如果败坏了这个德行基础，富贵也就跟着破败。因此，要成为一名"孝子"，必须也要有很好的德行来相配。所谓的德行，包括对国家尽忠、为官时造福社会、平时散家财以济贫、个人讲求孝悌忠信，乃至于乡里家族和睦相处等种种"善行"。人生在世，既然享受了祖宗累积下来的德荫，自己最起码的责任就是要维护住这个德行基础，最好还要能把这个基础加以发扬光大。

这种传统的人生和社会价值观，在现今台湾的教育体系中已经被淡忘了。有些娴熟西方现代社会学和教育学理论的社会学家和教育学家甚至还嘲笑这种传统的社会价值观，认为它陈旧落伍。其实是他们犯了自民国初年以来那种"崇洋、灭己"的反中国传统的错误。实际上，传统的社会价值观依旧在我们日常生活中不知不觉地代代相传，支撑着台湾社会的进步与繁荣。

（二）教育机构及相关的措施

从明郑时期开始，中国传统的教育制度就在台湾生根发芽，设立孔庙，科举取士。自康熙统一台湾以后，台湾的教育设施有"官学"与"乡学"之分。官学分作"府县儒学"、"书院"、"义学"（或称"义塾"）；"乡学"则有"社学"和"民学"。而"民学"通称为"书房"。

1. 儒学

儒学是地方最高学府及教育行政机构，负责指导及监督地方上的生员，举行士子月课，并掌管文庙释奠典礼。"府儒学"由教授掌管，隶属于知府，受学政的监督，由教授和训导担负教诲的责任。"县儒学"由教谕掌管，隶属知县，也受学政的监督，教诲学生是由教谕和训导担任。许多府县儒学往往会在孔庙旁边另外设个"明伦堂"，形成独特的"庙学"的形制。

嘉庆以后，"儒学"即告不振。直到光绪年间，由于积极推行建设，地方的"儒学"方才复振。这时候由于地方日渐富庶，由原先的移垦社会发展成为文治社会，追求科举功名和重视教育成为晚清台湾社会的风气。"儒学"一方面是地方最高的教育机关，另一方面也是培育人才的摇篮，不少学子经过"儒学"的教育而金榜题名，进入社会的最上层。在被割让给日本的时候，台湾依当时的行政区划，一共有3所"府儒学"、10所"县儒学"。

2. 书院

台湾的书院始于康熙年间。此后，除了同治年间没有新的书院设立之外，各朝都有所兴建。在道光（1821—1850）以前，大都是由地方官倡建，如崇文书院、白沙书院。这种书院通常设在府会县治所在地。道光以后，由于向内山地区开拓，在草莱新辟的地方，往往由地方士绅捐资兴建书院。这种书院跟地方官几乎没有什么关系，像是兴贤书院、振文书院、登瀛书院、玉山书院、玉峰书院、明新书院、蓝田书院等。在性质上也就不像府县所在地的书院那样严谨，而是像推广教育、补习教育。

书院设有院长，担任主讲，由监院负责督导学生。每个月都要有考试，成绩好的学生就可以得到"膏火"（奖学金）。各个书院自定义章程和学规，训以修身立志之道，勉以读书作文之法，特别注重人格教育，也就是前面提到过的清代教育的基本概念。除了月课之外，更在农历初一、十五对一般民众作"善书宣讲"，内容以康熙皇帝的"圣谕"和因果报应的故事为主。

书院的正堂上一定供奉神像。台湾的书院大多沿袭福建的传统，供奉闽中大儒朱熹夫子，偶尔也供奉仓颉、韩愈以及当地有名的读书人。民间设立的书院会供奉梓潼帝君或文昌帝君，更有供奉关圣帝君（文衡圣帝）者。这是官立的书院不会出现的现象。到了日据时代，这些残存的书院都变成了寺庙，一直到今天，仍然是以寺庙的形式呈现。

3. 社学

清初，儒学和书院都设在城市，住在乡间的子弟因距离太远不能上学，于是在大乡巨堡设置"社学"。社学可分成汉人与"土著"两部分。

汉人的社学到了乾隆年间就废弛了。嘉庆、道光以降，社学变成士子推敲诗文、交结朋友的场所。在道光年间，彰化县有拔社、振文社，噶玛兰县有仰山社。光绪年间，新竹县有培英社。虽名社学，但仅仅只是定期集会，以文会友，与学校教育无干。

至于"土著"的社学，也在清初盛行过，遍设于南北两路的"熟番"处。雍正十二年（1734）分巡台湾兵备道张嗣昌建议在各个"番社"设置"社师"一人，以教"番童"。乾隆年间，台湾县有社学5所、凤山县有8所、诸罗县有11所、彰化县的17所、淡水厅有6所。每年都要派县学督导到各社查验，"番童"学生大都可以背诵四书和《毛诗》。有些学童科举考试成绩优异，更有学生可以一字不差地背诵《诗经》和《易经》，也有学生工于书法。

到了道光年间，"熟番"急速汉化，不再需要特殊对待，"熟番"子弟就近到汉人的义塾上学。这种"土著"的社学制度遂告中绝。

4. 义学（义塾）

义学源自于社学。设立的宗旨是让地方上贫家子弟可以有机会读书。有官方设立的，也有民间设立的，也有官民合办的。其经费充裕者，大多会有书院的性质，每月举行月课，定时宣讲，甚至改名为××书院。

道光二十八年（1848），分巡台湾兵备道徐宗干就任后，非常注重各地的义学，特地订立义塾规约，来规范全台的义学。各个义学以30名学生为限，最少也要有20名，都是闾里幼童。统一规定每年正月二十日开课，十二月二十日停课，不收学费。塾师由担任兵备道的长官负责考选文理清通的生员来担任。

同治年间又在府城内外建义塾14所。连同以前所建者，合称"道宪十八义学"，都归分巡兵备道管理。同一时期，淡水同知严金清也在淡水厅内设立17处义学，其他各县也都纷纷设立。

私人创办的义学，以台北士林芝山岩的文昌祠义学和板桥的大观义学规模最为宏大，成绩可观。道光以降，"熟番"急速汉化，"土著"社学废弛。"熟番"学童都到义学来上课。淡水厅的义学就变成汉"番"共学的教育机构。到了光绪年间，由于推行开山"抚番"政策，为了加强对少数民族族群的教育，先后在埔里社厅设立义塾26处，卑南厅34处，恒春县15处。宜兰、阿里山等地也有义塾多处。学杂费用及膳宿由官府供给，聘请汉儒或通事执教，授以简单的读书写字。也许是教法不对，或者教师不尽职，或者文化隔阂等缘故，"番童"多数逃避就学，随拉随逃，成果不彰。到了光绪二十一年（1895）台湾被割让之际，这种义塾几乎全部停办。

5. 书房

书房则纯由私家延聘教师，设帐授徒，作为普通基础教育及应付科举考试之用。书房的设置有三种情形：1. 由文士自行设帐授徒；2. 由邻里乡井联合延聘教师；3. 由地方士绅殷户独力延揽教师教育子弟。通常塾师是由具有贡生、生员、童生等资格者的担任，但也有部分仅略识诗书者混身其间，以为糊口生计。书房的教育目的有二：一是培养学生读书识字之能力，二是预备学生他日上进而应付科举考试之需。

对于初入学的学童，会先教容易诵读的《三字经》，然后教不加句读的四书和《幼学琼林》，进而研读五经、四书全注、古文诗赋等功课。有部分书房也会教授算数之学，只是通常被视为"商人之业"而不受重视。大体上说来，书房所传授的是儒家的义理知识。

每个书房通常只有一名教师主持教学与行政事务。富豪之家可以延揽教师，在家中授课。大部分的书房教室是在教师的家里，或者是借用寺庙的后进充当教室。教室的正面墙上一定设有"至圣先师孔子神位"，或者悬挂文昌帝君、魁星画像等。教室没有一定的管理规则。倘若有学生喧笑打闹、妨害上课秩序，或者不能背诵、写字凌乱，教师就会拿竹板或戒尺来打这些学生的手心。碰到犯过情节重大者，则用罚跪或举椅子等办法来处罚他们。

大致说来，清代官府对书房采取放任的态度，而传统书房本身也缺乏严密的组织与完备的制度，对于师资、入学年龄、修业年限、学科课程、设备及经费收支等，大多没有硬性规定。这些现象都跟现代的制式教育极不相同。再者必须提醒的一点是，书房不但在知识传授上以儒家的经典为主，同时也非常重视儒家伦理的实践。前面所讲的那些有关教育的基本概念，就是在书房中经由教书先生的耳提面命而代代相传。

由于供奉文昌帝君，以及书房教师热衷于"扶乩"和宣讲活动，凡是能够保留下来的书房几乎都发展成为寺庙，著名的例子有台北木栅的指南宫，台北大龙峒的觉修宫，宜兰市的碧霞宫、新民堂，宜兰头城的唤醒堂，淡水的行忠堂等。在下一节会仔细说明这个变化的过程。

（三）新式学堂

西学之传入台湾，可以从光绪二年（1876）算起。那一年，基督教长老教会在台南创办神学院(今台南神学院)。光绪八年(1882)，传教士马偕在淡水设立理学院大学堂（今真理大学）。这些都是以培养传教人才为主，不是正式的教育机构。光绪十年（1884），马偕又创淡水女学院（今淡水女中），招收 35 名女学生。次年，长老教会在台南开办中学堂（今长荣中学）。越明年，又办女子中学堂(今长荣女中)。这是台湾最早正式的西式教育机构，都是外国教会所办。

台湾官立的新式教育始于刘铭传抚台时期。曾先后在台北成立西学堂、电报学堂及"番学堂"，采用欧美的学制，以培养通达时务的人才。

1.西学堂

西学堂创办于光绪十三年（1887）。最初设在大稻埕的六馆街（今台北市民生西路），光绪十七年（1891）迁到城内登瀛书院西边，主要的课程是学习外国语，旁及地理、历史、测绘、理化、数学等科。聘请西洋人和留学生为教师。另外，再聘国人教师三四人，依照一般义学的课程，讲授经学及艺文，有学生61人。办学的目的是培养翻译人才，以应付通商、办理对外交涉事宜，更能研求机器、矿务、铁路等现代科技。学生同时也需要研读中国传统的经书，理解本国的文化，以免尽蹈"洋气"而有所偏废。可见刘铭传目光远大，用意周到，非后来办教育者所能及。可惜，在刘铭传于光绪十七年去职后，新任巡抚邵友濂以经费不足为由而予以裁撤，以致功亏一篑。

2.电报学堂

光绪十六年（1890）设立于台北大稻埕的电报总局内。招收西学堂和福州船政学堂的学生10名，学习有关电报的各种技术，以便将来担任发报员和制造机器的工程师。开办不及一年，也为邵友濂所废。

3."番学堂"

光绪十六年，刘铭传于台北城内创设"番学堂"，以为教育少数民族族群的模范学校。设有学监1人，教师3人，通事1人。招募北部屈尺、马武督各部落10岁到17岁的少年，以及"番社""番头目"及有势力者子弟20名。翌年，又增加10名。依照一般书房的课程，教授《三字经》、四书等，也教官话和闽南话，并且要求这些学童随时温习"番话"，俾不忘本。衣食文具都是由官府供给，一律住宿，生活起居力求汉化。每3个月由教师带到城内外各地观光，认识平地的风俗习惯，以收潜移默化之效。修业期限3年，成绩及格方准毕业，成绩特别优秀者，可以得到儒学生员的待遇，是一所非常有特色的学校。光绪十七年（1891）同样也被邵友濂裁撤。

二、日据时代的教育

（一）总督府的教育措施

日本在明治维新时就确立国家主义的教育政策。这种教育政策旨在教育日本的国民维护日本固有的语言、习俗、制度和国家体制，以奉"万世一系"的天皇为最高的荣誉。换言之，就是要培养日本国民"忠君爱国"的思想。

这种观念的主要倡导者之一是伊泽修二。他于据台之初出任台湾总督府的首任学务部长。他认为台湾的殖民教育政策是要让台湾真正成为日本的一部分，不单纯只是一个殖民地而已。因此，伊泽向首任总督桦山资纪所提出的"新领土台湾之教育方针"中指出："关于新领土之秩序的维持，以威力征服其外形之同时，特别是非得征服其精神、去其旧国之梦、发挥新国民之精神，亦即非将其日本化不可。必要改造彼等之思想界，使之与日本人之思想同化、完全作为同一之国民，因而如此征服彼等之精神亦即普遍教育之任务也。"

因此，日本人特别重视初等教育和师范教育，希望能同化台湾人民，使之成为日本天皇的顺民。这个政策主导了整个日据时期的教育方针。

1895 年日本刚刚占据台湾，为了培养通译人才，先后创设芝山岩学务部学堂、台北日本语学校、宜兰明治语学校、新竹竹城学馆及基隆日本语速成学校，招收台籍青年教授简单的日语会话和写作。这些学校都是临时性质的，当"国语传习所"成立后即先后撤废。

1896 年，在全台湾成立"国语传习所"14 处。分甲乙两科。甲科招收 15 岁以上，30 岁以下台籍人士，修业半年，懂得日语会话和简单的日语写作。乙科招收 15 岁以下，8 岁以上的幼童，修习日语、算术等课，修业 4 年。目的是在培养通译人才。两年后，这 14 所"国语传习所"全部废止，为公学校所取代。

1898 年，第四任总督儿玉源太郎就任，以后藤新平为民政长官。后藤提出"无方针主义"的教育政策。所谓"无方针主义"，就是不预先设立目标，随时依照实际需要来作调整。也就是说，在台湾进行教育试验，在试验中不断地有所调整。目的还是以同化台人为主，只是做法上有一点改变而已。这个时期最主要的工作就是在各地设立公学校和小学校。

1. 公学校、小学校和"国民学校"

公学校是让台籍儿童就读的学校，小学校是让日籍儿童就读的学校，采取台、日分离的教育措施。表面的理由是"基本语言程度有差异，难以共学"，实际上是带有严重的民族歧视。

公学校的学制虽然屡有变迁，大体来说，它的就学年龄在 7 岁至 12 岁，修业期限为 4 年或 6 年。公学校又设有 2 年制的实业科，限 6 年制毕业的男生就读，分农、工、商科，是一种简易的职业教育。后来又设 2 年制的初习科及高级科，是公学校毕业生进一步深造的途径。

第一所日本子弟就读的小学校是台北"国语学校"第四附属学校。1898 年起在全台湾各重要城市都设立小学校，3 年内设立 12 所。

1922 年日本政府修改"台湾教育令"，规定："常用国语（日语）者入小学校，不常用日语者入公学校。"表面上标榜台日共学，事实上可以进入小学校就读的台籍儿童少之又少。同年，又把公学校的汉文改为"随意科"，也就是"选修科目"，加强其同化政策，并规定 6

年制的公学校可以附设 2 年制的高等科，以加强职业教育。

日据时期的公学校发展得非常迅速。1898 年成立第一所公学校，即台北大稻埕公学校。一年之中，全台湾成立了 96 所公学校，教职员有 337 人，学生 9837 人。到 1940 年时，增至 852 所，教职员 11015 人，学生 678429 人。

1940 年日本发动太平洋战争前夕，为了加强台湾人对日本的认同，把公学校和小学校统统改名为"国民学校"。但是在课程安排上分成三种。实施第一号表的学校，就是小学校的化身，为日籍儿童和"皇民化"家庭的儿童就读。实施第二号表的学校是原来的公学校。实施第三号表的学校是原来的"蕃人公学校"和偏远地区的公学校。修业期限一律 6 年。至 1943 年日本投降前两年，全台湾共有"国民学校"1099 所，教职员 15483 人，学生 932525 人。

2. "番人教育所"和"番人公学校"

由于台湾少数民族族群曾经激烈地反抗日本占领，日人对台湾少数民族族群的统治和同化工作也就比对平地汉人更为积极。1896 年就在各部落设立"国语传习所"及其分部，向少数民族族群推行日语。1904 年又创立"蕃人教育所"，招集"番童"，授以礼法、农耕、日语和算术等课程，修业 4 年，变成"蕃人教育所"和"国语传习所"双轨制。1905 年，将国语传习所及其分部改为"蕃人公学校"，仍然维持双轨制。1938 年时，有 29 校，学童 5000 多人。1940 年时，改称"国民学校"，课程实施第三号表，不设高等科。

"番人教育所"一直由警察机关主管。1942 年时，改成 6 年制，共有 118 所，学童 10383 人。

到了日据时代末期，少数民族族群的就学率高达 86.35%。其中以赛夏人的 94.26% 为最高，兰屿雅美人的 67.1% 为最低。少数民族族群就学率比平地汉人高的原因，除了免费供应书籍和文具之外，山地警察的强迫入学也是主要的原因。

3. 中学

最早的中学是 1901 年创立的"国语学校"第四附属学校所附设的"寻常中学科"。只限日本人就读。1907 年，改称台北中学校（今建国中学）。1914 年，又成立台南中学校（今台南一中）。台人不能就读。这两所中学的入学资格是小学校修业 5 年以上者，修业 6 年；正规 6 年制小学校毕业者，修业 5 年。

台籍同胞一直争取上中学的机会，直到 1915 年，在林献堂等人的请愿下，才有公立台中中学（今台中二中）的成立。创校的经费和土地都由台胞自行筹措。招收公学校四年级以上或同等学力的学生，修业 4 年。公立台中中学的程度，无论是修业年限还是入学资格都比日人所进的中学为低，而且毕业后不可以报考日本专科以上的学校，从而限制了进修的机会。

1919 年将公立中学改称"公立高等普通学校"，入学资格改为 6 年制公学校毕业者。1921 年又把修业年限提高为 5 年。1922 年又改回"公立中学"。修业期限跟日本本土一样是为 6 年。入学不分台胞或日人，号称"台日共学制"。实际上，台胞能就读中学的人数不多。在 1939 年时，全台湾公私立中学的录取率，日人为 61.9%，台胞为18.7%。

1937 年，方才准许设立私立中学。是年有两所私立中学成立，一所是私立台北中学，由原来的佛教青年林改组而成，即现在的泰北中学；一是私立淡水中学。次年又有台南的私立长荣中学和私立"国民中学"成立。

1942 年，又把中学的修业年限缩短为 4 年，并将课程简化，如设立夜间中学校，目的在于希望学生提早毕业，以便入伍服役，以挽救日益颓败的战局。到了 1944 年，为了配合战争的需要，更规定全台湾各级学校必须有 1/3 以上的时间从事粮食生产和军事操练。因此，中学的教育质量不堪闻问。

1943 年，全台湾有男子中学 22 所，其中公立 18 所，私立 4 所女子中学 22 所，其中公立 20 所，私立 2 所。这些公立中学到了光复以后都成为各方学子争相报考的好学校。

4. 职业教育

日据时代正式的职业教育机构是成立于 1917 年的台湾总督府商业学校，招收寻常小学校的毕业生，修业 5 年。1920 年改称台北州立台北商业学校。在 1918 年，成立台湾总督府工业学校，修业 5 年。1921 年改称台北州立台北第一工业学校。这两所学校都是专为日人子弟而设。

台湾人就读的职业学校则称为台湾公立实业学校、公立简易实业学校。公立实业学校共有 3 所：公立台北工业学校、公立台中商业学校、公立嘉义农林学校，招收 6 年制公学校的毕业生，修业 3 年，都在 1919 年成立。同年，把公学校的实业科废掉，代之以简易实业学校，分成农、工、商等科，招收 6 年制公学校毕业生，修业两年。1921 年废止时，有 28 校，学生 1132 人。

1922 年，把先前设立的所有职业学校通通废止，改成农、工、商、水产 4 类职业学校。招收小学校及六年制公学校毕业生，修业 3 年至 5 年。"二战"时改为 4 年。另外有公立实业补习学校，"国民小学"毕业即可入学。

1943 年时，全台湾共有职业学校 117 所，学生 32718 人。其中农林学校 9 所、工业学校 9 所、商业学校 8 所、水产学校 1 所，实业补习学校 90 所。

5. 高等教育

1899 年，台湾总督府医学校（今台大医学院）成立，是为日据时期台湾高等教育的开始。以后又有台湾总督府农林学校、台北高等商业学校、台北帝国大学（1927 年成立，今台湾大学）、台南高等工业学校及私立台北女子专门学校。由于实施日、台分离的差别教育，台籍学生的程度较差，很难考入这些高等学校，使得高等学校几乎成为日人子弟专属的教育设施。

（二）书房与大正时期的"儒教运动"

在前述中，我们知道书房与书院在清代台湾的教育事业上曾扮演极重要的角色。但是当台湾割让给日本之后，台湾人民被迫开始接受"同化"与"近代化"双重性质的殖民教育，传统的书院教育于焉废绝，而基础深广的书房虽不似书院那般遭遭摧毁，却也面临巨大转变，并有逐渐衰微之势。割让之初有 1707 所书房，学生29941 人。

到 1938 年底，剩下 17 所，学生 932 人。1939 年，台湾总督府明令废止书房，但是书房依旧存在。

首任学务部长伊泽在 1895 年 5 月 25 日赴台就任前，曾在《广岛新闻》发表《台湾教育谈》："关于教育之扶植，首要之务在于：输入日本语，以片假名代替繁杂之汉文字，尽可能早日致力于通言语，而后渐次着手开发其脑筋。"根据这种观念，日人据台之后，在教育方面的首要工作就是整顿和管理原有的书房。

台湾总督府在 1898 年 11 月 10 日颁布"关于书房义塾规程"，正式将书房纳入管理。该规程共有 9 条，其要点有：

1. 书房义塾之课程可依惯例，惟应渐次加设日语、算术，加设时必须经办务署长向知事厅长申报。

2. 教科书除照旧外，应采用台湾总督府核准的书籍，作为必修之教科书。

3. 塾主于每年 3 月 31 日前应将上期的学生年龄、入退学、家长职业、教学进度等之状况呈报办务署长。

4. 书房义塾由办务署长监督。

5. 教学、管理及卫生等特优之书房义塾，得给予补助费。

另外通告：凡加设日语、算术两科，教学成绩优良之书房义塾，则给予补助金。书房的主要参考用书有：《大日本史略》全二册、《教育敕语疏义》全一册、《天变地异》全一册、《训蒙穷理图解》全一册等。

总督府又责成各地方厅另订"书房义塾施行细则"，作为管理监督之依据，唯因各地方厅之实施宽严不齐，步骤不一。因此，在大正年间，各地虽开始有一些"改良书房"之出现，比照公学校之教材、学科等实施教学，并规定修业年限，但未依规定而私自开设书房仍居多数，整体说来，书房的传统性仍然十分强烈。

1922 年 2 月，新的"台湾教育令"颁布后，总督府制定"私立学校规则"，将书房纳入这个规则的管理之下。由于做法比起过去统一而且具有强制性。因此，获准设立的书房已完全变成名副其实的代用公学校。从 1926 年开始，《台湾总督府学事年报》均一致载称，书房的内容经改善后，除特别的情形外，都增加了修身、日语、算术及其他公学校所规定的科目，书院似乎成了公学校教育的辅助机关。此时获准设立的书房虽远少于大正时期，但已不再像过去一样呈递减之势了，这 10 年间，书房的数目大致维持在 130 所至 160 所，学生数亦维持在四五万人之众，占公学校学生数的 15%—20% 左右。

大致说来，日据时期书房的兴衰变化是这样的：1902 年以前，书房与公学校均呈增加的现象。此后书房增减不一，公学校则缓慢递增。在 1904 年之前，书房的学生数均超过公学校，但从那一年起，公学校学生开始多于书房。从 1918 年开始，公学校的数目方才超过书房数。此后书房锐减，书房数与学生数渐呈颓势，相反地，公学校就学情形却有渐增之势。1937 年，中日战争全面爆发，公学校正式废除汉文科，汉文书房全遭禁止。1943 年，台湾实施义务教育，总督府颁布"废止私塾令"。

书房衰颓的原因，除了总督府逐步加强其压制政策外，还有经济条件薄弱与师资素质不良等问题。

在公学校尚未设立及"书房义塾规程"未颁布前，书房学生每年平均应缴学费约 4 日元 50 钱，其后学费长期在 3 日元上下。至 1918 年才又恢复到 4 日元 50 钱的平均数。这种收费比清代要来得低，原因是受到公学校竞争的影响。公学校因有地方租税收入维持其经费开支，更可以用免缴学费的办法以鼓励儿童入学。书房没有地方租税的收入，其竞争力自然不如公学校，只有长期降低学费。但是这样一来，严重影响到教师的生计。有些书房教师迫于现实，只好改变学科与教材，以接受官方补助，变成"改良书房"。

就书房的师资而言，以传统教育出身者占绝对多数。1921 年以前，平均高达 91.97%，1922 年至 1935 年，平均也有 54.82%。由此可见，书房一直是以传统势力占绝对的优势，也因此书房的学科、教材、教法难以改变。传统教育的出身中，又以童生最多，无功名者其次。1921 年以前，前者几占教师总数的半数以上，后者虽呈递减之势，平均亦占 1/3。再加上"日语传习所"时代及公学校成立之初，有许多具有声望的书房教师及学者已为总督府当局所招聘，因而当时的书房师资素质不高。

从 1922 年起，受新式教育出身者担任书房教师的人数开始有显著的增加，而能与传统教育出身者分庭抗礼。在此之前，总督府在政策上不鼓励公学校的毕业生担任书房的教师，加上书房教师的收入不佳，自然少有人愿意担任书房教师。从 1922 年起，这种情形发生转变，主要原因有二：一、当时增加了许多接受补助的"改良书房"，其经济条件比起传统的书房要好；二、公学校不愿因申请入学儿童的增加作适度的扩充，反而为了分配新毕业的师范生而经常裁员，被裁掉的教师只好转任到书房来。

日本大正年间及昭和初年，台湾传统的士绅文人掀起一股"儒教运动"，他们组成各种团体，积极宣扬儒家圣道，鼓吹汉学振兴。这些团体包括祭孔委员会、文社、诗社、书院、书房以及当时诸多兴起的儒教团体，例如台北崇圣会、孔圣大道会、基隆的孔教会、宜兰的孔教宣讲团、彰化的崇文社、台南的彰圣会等。同时，这些儒教团体也结合鸾堂的势力，利用扶鸾著作善书，并且公开宣讲，进行他们心目中的儒家教化工作。在"儒教运动"与汉学振兴的呼声中，使得从日据以来一直倍受打压而逐渐衰弱的书房一度复苏，隐然有书房中兴的态势。到了 1937 年日本发动全面侵华战争，开始推行"皇民化运动"，强力压制汉文，书房势力遂江河日下，但也未曾完全禁绝。同时，鸾堂的善书著作依然如故。

这一时期又有所谓的"夜学"兴起，利用晚上，书房的教师在庙宇的后进或自己的家中，甚至在躲美军飞机轰炸的防空洞中，点着一盏电灯，甚至点着油灯，教孩子们读汉文。直到日本投降之日，儒教与汉学依然活力十足。

值得我们敬佩的一点是，在日本人蓄意消灭我民族语言、文字的情势下，书房尽管守旧，依然长期荷担起保存汉文的责任，甚至在日据时代中期的"儒教运动"中奋力一搏，积极提倡汉学振兴，这对于保持台胞的民族认同与保存中华文化在台湾的元气，自有不容抹杀的贡献。

三、光复以来

（一）基本概念

对一般社会大众来说，传统的那套流动的社会结构和人们凭借功德躐等而升的价值观念，又牢不可破地深入在人们的意识中。大家依旧把“读书”看成是一件可以提升个人成就和家庭社会地位的重要途径，于是把博士比拟作古代的“进士”，把硕士比拟作“举人”，把学士比拟作“秀才”。这种比拟正好说明为什么台湾社会特别注重学位。当局也从中推波助澜，特别规定有博士、硕士学位的军公教人员可以升级加薪。因此，所谓的“升学压力”，应该不是指具体的升学考试，而是在于这个传统所带来的心理压力。

国民政府收复台湾之后，极力铲除日本殖民文化的影响。可是却沿用了日本所打下的教育基础。日本人讲究身份、家世的传承、团队合作，并且用考试和学校来表示一个人能力的高下和社会地位的高低。特别是“一战”以后所发展出来的“终生雇佣制”，更是用考试把人先作能力分类，一流能力的人进一流的小学、中学和大学，二流能力的人进二流的学校。从大学毕业后，就在师长同学的引介下，进入某个适合的公司工作，一直到退休。大体上说来，一流人才进入政府机构，二流人才方才进入商社。

台湾的入学考试就是沿用日本的办法，依学习能力把学生分等级。第一级能力的学生就进入日据时代日本人就读的那二十几所高中。其他各等级能力的学生就照着学校的社会排名依序进入。这样做，刚好符合中国传统的社会价值观。

可是，几十年来，教育学界又深受美国普及教育理论的影响，反过来看日本制度时，就会觉得样样都不对，于是教育改革的呼声四起。台湾所用的美国教育理论是以美国的公立学校为主，讲求自由、开放、平等和变动。殊不知道美国的教育制度是双轨制，以财富来划分。有钱人家的子弟从托儿所、幼儿园开始就进私立学校，一路读到常青藤盟校毕业，成为美国社会的上层精英。平常人家的子女只能进公立学校。公立学校是以普及教育和生活技能为教育的目标，以应付随时变动的社会环境。在美国，上大学原来是富家子弟才可以享受的特权。"二战"之后，由于退伍军人福利法案的关系，在政府的资助下，让退伍军人可以进公立大学读书，于是公立大学成了普及教育的一部分，美国的普及教育也因此蓬勃发展。

台湾的教育专家深受美国的影响，一直主张台湾的教育应该也像美国的公立学校一样，以普及教育为主要的目标。于是，所谓的教育改革就是要拿美国公立学校的教育概念去改革日本式以人才分级为主的教育基础，也据此批判中国传统的社会价值观念。

因此，台湾社会的教育目标和政策就陷在矛盾的泥沼中。一方面希望每一个子弟都可以进大学，完成社会上的期许；另一方面又拿学校排名的先后和高等学位来衡量一个人能力和社会地位的高低。这两种期许刚好相互排斥，一种是要求普及，一种是讲究精英教育。针对这种矛盾，当局近年来大量扩充大学，以满足社会的需求，又用各种办法试着消灭学校的排名，至于成效如何，只有等待时间来做评判。

（二）具体的作为

国民党当局在台湾所施行的教育政策，一直是和国家发展所需要的人力规划密切结合在一起的。1950 年，国民党当局刚刚撤退到台湾，一方面大力扫除日本殖民文化，另一方面积极推行"国民义务教育", 大力倡导"受教育是国民应尽的义务", 并且由户籍警察来劝导一般人家让子弟上学, 尤其是让女孩子上学。到了 1968 年, 为了因应未来的工业升级所需要的技术工人和工程师, 毅然施行 9 年"国民义务教育", 提高民众的素质和工作能力。终于有了从 1971 年以后蓬勃的科技工业的发展, 成为以出口为导向的工业生产形态, 使台湾成为举世闻名的新兴工业地区, 跻身"亚洲四小龙"。

台湾毕竟地方小、人口少。要想生存下去, 要想继续保持繁荣安乐, 只有更进一步提高民众的素质, 让更多的民众有机会接受大学以及更上层的教育。在国际对于发达经济体的认定有一项不成文的界定: 每年 4 年制大学本科的在学学生人数占全国总人口的 16‰ 以上, 才可算是真正的发达经济体。大约从 1974 年起, 台湾开始陆续增设大学和独立学院, 1991 年起, 更把独立学院升格成大学, 专科学校升格成技术学院, 并且扩大各校的博士、硕士班的规模。尤其是1996 年, 一口气增加 14 所大学, 都是由独立学院改制而来。在 1997 年时, 终于达成这个 16‰ 的标准。

以下就各级学校 50 年间的发展情形做一个简单的说明。

1. "国民教育"

(1) "国民小学"

台湾光复以后, 废除日据时代末期的三种课程表的区别, 所有的学生一律平等对待, 并致力于清除"皇民化"教育内容。从 1946 年起, 依当时教育部所颁订的课程和授课时数, 来推动新的"国民教育"。从 1947 年起, 开始免费供应教科书, 以减轻家长的负担, 借以诱导学童入学。1956 年又公布"台湾省学龄儿童强迫入学办法", 作为实施强迫教育的法源依据。

从 1968 年起, "国民教育"延长为 9 年。原有的"国民学校"一律改称"国民小学"。从表 12-1 可以看出, 1950 年到 1997 年, 全台湾"国民小学"增加了一倍，就学人数增加了两倍半。从 1962 年起，小学的就学人数开始超过 200 万人，从 1969 年到 1974 年，连续 6 年就学人数超过 240 万人。此后慢慢地往下降，到 1995 年，方才跌进 200 万人之内，表示生育人口已经逐年下降，也显示升学的竞争压力并不如一般学者所说的那样严重，而是有缓和的趋势。

表 12-1 "国民学校"的发展略情

年代	学校总数	在学学生人数
1950	1231 校	906950 人
1960	1843 校	1888783 人
1970	2319 校	2445405 人
1980	2428 校	2233706 人
1990	2487 校	2354113 人
1997	2540 校	1905690 人

(2)"国民中学"

台湾光复初期，将日据时代的公立中学和高等学校全部改为省立中学，共有 36 所，分为初级中学和高级中学两部分。由于把原来的"国民学校"高等科取消，一般"国民学校"毕业生的升学管道顿然减少。为了补救起见，省教育厅在 1946 年 2 月通令各县市成立初级中学 78 所，另有私立中学 10 所。

1959 年至 1966 年，省教育厅推动"省办高中，县市办初中"政策，让各县市可以集中全力发展初级中学，以达到一个乡镇至少有一所初中的目标。从 1968 年起，实施 9 年"国民义务教育"。从 1968 年至 1973 年，增设 269 校，10095 班。9 年"国民义务教育"大大提升了民众的知识水平，对于后来的经济发展和社会繁荣有莫大的贡献。50 多年来，学校增加了 5.6 倍，学生人数增长了 17.6 倍。

表 12-2 "国民中学"（含初中）的发展略表

年代	学校总数	在学学生总数
1950	128	61082 人
1960	244	205853 人
1970	553	799223 人
1980	648	1075532 人
1990	700	1160180 人
1997	719	1074588 人

（3）高中

日据时代的教育，注重"国民教育"和职业教育，对于台湾人的中学教育和高等教育则多加限制。台湾光复以后，差别教育不复存在，台湾子弟上学的机会有了充分的发展。在 9 年义务教育实施之前，为了因应初中毕业生激烈的升学竞争，逐年增加班级。1968 年实施义务教育时，把各县市立中学高中部 264 班学生全部拨给就近的省立中学。从 1970 年起，省立中学全部改名为高级中学。

1972 年至 1974 年是高中发展的顶峰，达到 203 校。在 1973 年时，当局的教育政策有了重大的转变，为了培养更多的技术人才，决定削减高中，把高中和高职的比例调整为 3：7。高中维持在 180 校，学生人数维持在不到 20 万人的规模。这样的比例施行了 20 年，发觉台湾社会愈来愈缺乏人文气息，职校出来的学生只能担任低阶的技术人员，为了迎接高科技社会的到来，当局决定把高中和高职的比例调整到 6：4，并且增设技术学院，以为高职毕业生进修之用。因此，高中的学校和学生人数开始逐年增加，1997 年达到 228 校，29 万多人。

表 12-3　高中和高职的起落变化略表

年代	学校总数		在学学生人数	
	高中	高职	高中	高职
1950	128	77	18866	34437
1960	244	109	57512	84337
1970	185	146	178537	175.905
1980	184	191	180665	349138
1990	170	216	209010	449111
1997	228	204	291095	509064

说明：1950 年有初职生 23211 人，高职生 11226 人。1960 年有初职生 39720 人，高职生 44617 人。1970 年有初职生 255 人，高职生 175650 人。此后不再有初职生。

（4）高职

至于高职的发展，是这样的：在台湾光复之初，将日据时代的职业学校改为"三三制"的高、初级职校。分为农、工、商、海事、家事、医事 6 类。1956 年以后，曾经选定部分农、工、商、家 4 类职校试办 5 年制职业学校。从 1968 年起，配合 9 年"国教"，将初职和 5 年制职校停办，全面发展高职。

从 1973 年起，当局推动"十大建设"，加速本省经济发展，职业教育，尤其是工业职业教育的需求大增，于是调整高中和高职的入学人数比例，优先发展工业和水产职业类科，加速农职教育与农业建设的配合，加强建教合作，同时也扶植职业学校的发展。于是，职业教育蓬勃发展起来。

1981 年以后，由于职校数量已经饱和，工业升级由劳动力密集型工业进入自动化工业，信息发达，学生转向 5 年制专科以及社会需要更高一层次的文化熏陶，职校的发展趋于停顿。因此，各校纷纷革新教学内容，调整职业类科以及发展为综合性类科的职校。整体说来，40 多年间的职业教育为台湾培育了相当多的基层技术人才，对台湾的经济发展贡献甚巨。

（5）大专院校

日据时代末期，台湾有 6 所大专院校，即台北帝国大学、台北经济专门学校、台中农林专门学校、台南工业专门学校、台北高等学校及私立女子专门学校。台湾光复后，当局为了满足社会大众对知识的追求，并配合省政建设发展的需要，将台北帝国大学改制为"国立台湾大学"；台北经济专门学校改制为省立台北专科学校，1946 年 9 月再改为省立法商学院，1947 年 1 月并入台湾大学，成为法学院；台中农林专门学校改制成为省立台中农林专科学校，1946 年 10 月再改制成为台中农学院（中兴大学的前身）。台南工业专门学校改制成为省立台南工业专门学校，不久，再改制省立台南工学院（成功大学的前身）；台北高等学校则改制为高级中学。为解决师资不足的问题，又新创立省立台湾师范学院，以培养中学的师资。1948 年又创设台北工专，以培养工业技术人才。1949 年为了配合地方自治的实施，培养地方行政干部，创办省立地方行政专科学校。1950 年时，全台湾计有 1 所大学，3 所独立学院，2 所所专科学校。后来这些高等学府大都升格为大学。

私人在台湾开办的第一所大专院校是 1951 年成立的私立淡水英语专科学校，后来发展成为淡江大学。1951 年以后，部分原设在大陆的大学纷纷在台湾"复校"，例如昔日运用庚子赔款中的美国部分赔款所成立的"清华大学"得以在新竹"复校"。并且把美国做第一颗原子弹的核子反应炉买过来，成立核子工程方面的科系，培养核子工程人才。美国教会在大陆一共办了 23 所大学。这 23 所大学的基金会联合会从大陆转至台湾重新运作，于 1955 年创办了东海大学。因此，台湾公私立大学蓬勃发展。

日据时代，台湾的大学基础薄弱。因此，这 50 年间的大学教育是以美国的公立大学为发展的蓝本。由于经济建设的需要以及民国以来重视实用科学的传统，大学的科系一向是以工程、医学和商学为主，基础科学和人文科学相对就弱了许多。这是台湾科学发展上的先天性缺点。

（6）教育改革

近十几年来，教育改革的声浪响彻云霄，好像台湾的教育已经到了非常严重的瓶颈阶段，如不立刻加以变革台湾就会沉沦似的。于是邀请诺贝尔奖得主李远哲回台湾的主持"中央研究院"时，他就大声疾呼要改革台湾的教育。因此，就有一个特别的工作小组，在李远哲的主持下，开了无数次的会，商讨如何从事教育改革，最后写成了一份总结报告。这份报告的目录洋洋洒洒 12 章，从幼儿园到成人教育都包括在内。方案的项目如下：

一、健全"国民教育"

二、普及幼儿教育

三、健全师资培育与教师进修制度

四、促进技职教育多元化与精致化

五、追求高等教育卓越发展

六、推动终身教育及信息网络教育

七、推展家庭教育

八、加强身心障碍学生教育

九、强化原住民学生教育

十、畅通升学管道

十一、建立学生辅导新体制

十二、充实教育经费与加强教育研究

在这份报告中，清楚地提出了教育改革的目标究竟为何。

第一，达成现代教育目标。在迈入 21 世纪之际，为积极培养学习者有效适应现代生活，并有能力促进社会良性发展，当前教育改革更应强调达成以下的教育目标。

1. 基本能力与知识方面：除了读、写、算的能力外，应提高有效使用多种语文与计算机的本领，并加强分析、推理、判断、抉择及综合等适应变迁、解决问题的能力，也要养成手脑并用的做事习惯。现代人更应具有一定程度运用科学与技术的知能，同时培养其科学精神与科学态度。

2. 自我了解与自律方面：增进对自己的禀赋、能力、情绪及需求的了解，并且重视自我调适与自我实现能力的培养。在道德品格上，应注重养成自律性（相对于他律性）道德原则的情操。

3. 个人品位习惯方面：培养人文素养与精神，提升审美品位与格调，养成良好休闲嗜好。为适应不断变迁的社会，更应培养终身学习的意愿、习惯及能力。

4. 与他人相处方面：积极培养设身处地了解、容忍及尊重他人的意愿，以及为自己行为负责的态度。也应培养关爱他人的习惯及以人道方式对待他人的心意，以形成有情有义的社会环境。在团队生活上，更应克制自私自利的动机，增进认同与一体的感情，发挥团队合作的效能。

5. 公民职责方面：培养对社会的公德心、关怀心及责任感，并加强对民主与法治的理解，和对公民权利与义务的认识。养成以民主程序与方式处理事务的习惯，并培养法律认知与守法精神。

6. 地球村民意识方面：深切体认世界为一整体，各处人类生活息息相关，并应增进对世界各地历史文化及其差异的理解与欣赏，加强尊重世界上其他族群的态度与行为。在对自然环境的态度上，消极面应革除忽视、凌虐及破坏生态的行为，积极面则应建立关怀环境的观念，培养保护环境的习惯，使人与环境、人与世界和谐交融。

第二，满足个人与社会的需求。战后台湾教育事业的发展，受经济发展相关的人力规划观念影响甚深。因此在各种教育的数量与类型设计上，大多把教育当作手段，视之为提高生产力、增加所得的投资。在这种做法下，个人的发展方向与机会不免受到极大的限制。教育改革并非不考虑就业问题，而是将思想方向回归到替每个人创造机会，让每个人得以发挥自己的潜能。个人可以自主地因应社会的变迁与需要作适性的选择。如此一来，人人觉得自己有前途、有出路，而社会也不会缺乏所需的人才。

第三，迈向终身学习的社会。现代社会信息发达，知识领域不断扩充，学校教育不足以提供个人终身的需要。个人在各种环境及机构中学习，各种形态的学习与学校教育相互统整。个人每一阶段的学习成效只具有相对的意义，不能作为区分社会组成分子的指标。终身学习的理念认为，经由自发而有意识的选择学习机会与方式，可使个人在急速变迁的社会中，不仅具备适应环境的能力，而且能充分发展潜能和促成自我实现。联合国教科文组织从1965年起积极推广终身教育，已引起全世界的热烈回响。衡量台湾经济与社会的条件，推动终身学习的社会，是当前应积极努力的方向。

第四，促成教育体系的改造。今日教育体系的管理，最常为人诟病的现象是琐碎而活力不足。教育改革应先落实修改教育法令，使得教育行政单位能恰如其分地发挥功能。学校的设立、组织与运作，要以促进学生学习成效为依归。师资培育的多元管道要畅通，师资素质也应不断地提升。学制的设计需保留弹性，以避免过早把学生分流定向。课程内容应该由近及远，脉络相承，建立统整的认知，培养适应变迁社会的必要能力。总之，教育体系应该有一次全面的诊断，然后重新加以改造，以适应现代化教育的需要。教育的理念与目标虽然有一定程度的恒常性，但是如何用来解决层出不穷的具体问题，仍然需要不断地研究发展。因此，改造教育体系时需要建立一种机制，使得一个阶段的改革可以促进与推动下一个阶段的改革，只有在永续的改革动力下，任何教育上的偏差才能及时获得矫正。

在这份报告中也提到，教育改革虽以加强个体的发展为主，但也应兼顾群体的发展。教育的个人功能与社会功能应该获得良性的调节与合理的平衡。此外，当前教育改革虽以有效培养学习者的现代人特质与能力为重，但也须兼顾不受社会变迁影响的人类基本德行与情操。在无害于适应现代生活的原则下，应注意传统文化优良特质的保存或转化，以及传统特质与现代特质的衔接与交融。特别是中华传统文化中"有教无类""因材施教"的宝贵与光辉的教育思想，更应在整体考虑与全民参与的原则下发扬光大。

报告也指责了半个世纪以来，教育的决策与实践皆由当局主其事的不当，认为："这种由上而下的运作方式难免有其局限性。时至今日，教育已成全民的事业，民众关心教育的程度日益增强，民间的教育改革团体亦日益增多，在显示民众对官方的教育决策与做法有不同意见。今后当局进行教育改革，必须虚心听取与采纳民间的意见。如欲期许教育改革有所成效，必须激发全民的支持，建立共识才能逐步达成改革的目标。"

这份报告送到当时的"行政院长"连战的手中，竟然被束之高阁，置之不理，让李远哲大为不满。在后来 2000 年的"大选"中，李远哲力挺民进党的陈水扁，击溃国民党的候选人连战。

国民党当局知道这样的变革兹事体大，不敢贸然着手进行。但是，小规模的、部分的改革还是在做。在各级教育体系的官员和学校教师的心目中，所有的教育问题竟然被简化为"升学主义是教育问题的罪魁祸首"这么一个简单而且单一的命题。于是高中联考和大学联考就成了要被铲除的首恶分子。在这种认知下，教育改革的内容就被窄化成"废除联考"，天真地以为把每年 7 月初所举行的高中和大学的联合入学考试废除，改用多元入学方式，就可以消除升学压力，完成教育改革。

所谓大学的多元入学方式，基本上就是模仿美国的申请入学方式。一种办法是用在学校前两年半的成绩作为申请入学的依据，各校成绩在前 5％的学生可以依照个人的兴趣、能力和学业成绩，向各大学相关科学推荐。然后由各系甄选入学。要怎么做到公平甄选呢？还是要考试一次。这个办法实施了一两年，就发现各校的成绩不可信。各校都在帮助学生制造假成绩，甚至竟然出现全校应届毕业生都在推荐之列的怪事。而且从这个管道挑选出来的学生有相当大的部分进入大学后学习表现欠佳。难怪像台湾大学、"清华大学"等名校就公然宣布，不承认各校的在校成绩，一定要经过他们自己举办的考试才算数。

另一种办法就是所谓的"多元入学方案"。从 2002 年起，台湾地区大学联考正式废除，代之而起的仍是考试，有四种方案可以实行。有三种方案都是学生先要参加"大学入学考试中心"所办的考试，像美国的 TOELF、GRE、GATT 等，一年可以考好几次，学生可以选择成绩最好的一次作为申请入学的依据。这三种方式的差别是：

（甲）完全只凭大考中心的成绩，各校自行设定各学科的录取标准，不再自行考试；

（乙）除了大考中心的成绩之外，各校各系所依据自己的需要，再加考一两门专业科目；

（丙）大考中心的成绩只供参考用，各校自行再规定三至四个考试科目。

第四种方案就是不理会大考中心，自行招生。除了这四种方案之外，还有如上一段所提到的"推荐甄试"一途，主要是为一些具有特殊才能的学生，可以不经学科测验，只凭他的特殊才能就可以进入大学相关的科系。

这样的变革跟行之 40 年的联考制度比起来，根本就是"化简为繁"。学生多考几次，各校也为了招生而多办几次入学考试。从 1956 年起，各大专院校要有联合入学考试的原因，就是要"化繁为简"，同时做到公平、公正，不让高等教育沦为少数人的特权。过了 45 年，却被批评得一无是处。现在更要反其道而行，究竟会怎样发展，且拭目以待。

在高中入学方面，台北市就曾经试办过"自愿升学班"，用在校两年半的成绩作为计分的依据。为了公平公正起见，各校每一次月考都要全市统一出题，统一阅卷，统一排名，变成了 15 次联考。学生之间为了零点几分而争得不亦乐乎，严重威胁学生人格和处世能力的正常发展。同时，不可以有任何一次月考失败，因为这个成绩永远跟着学生走。不像联考时代，可以玩上两年，在最后一年发奋读书而考上第一志愿的学校。在实行教育改革以后，这种"放下屠刀，立地成佛"的情形不再出现。施行了几年，成效不佳。参加这自愿升学班的孩子，由于保证一定可以有个学校可读，普遍学习能力欠佳，根本不在乎分数，志愿升学班在各校都被看成是"后段班"。台北市政府迫不得已在 2000 年就宣布放弃这项计划。

一般家长还是重视正规的联合入学考试。有考试就有竞争，一般人总以为升学压力是来自入学的名额太少，实际上并非如此。2001 年全台湾高中高职的招生名额竟然比可以报考的考生人数多出 3 万个来，形成"粥多僧少"的局面，只要想上学，一定有一个学校可去。大学也有相似的情形，2001 年的录取率高达 64.57%。考不上要比考上难。在这种情形下，主张教育改革者就失去了原先的借口。

就笔者个人的观察，台湾教育弊病的根本是在于人的素质发生了改变。近几十年间，孩子的耐性、定性和专注力，体能和耐力、忍受力普遍变差，一点点的压力都不愿意承受。所谓的升学压力说，在笔者个人的解读中，就是学生想要进入一所好的高中或大学，可是自己却不愿付出相应的努力。我们都知道，在孵豆芽菜的时候，一定要在上面加诸一定的压力，这样长出来的豆芽才会肥肥壮壮的，如果不加任何的压力，任其发展，所长出来的豆芽就细细长长、歪七扭八的。这个理论大家都懂，偏偏搞教育的人不懂……

再者，台湾的学术界一直处在"学术买办"的地位，把他们当年在海外所读的知识、理论一五一十地介绍进来，很少有反省，更遑论有什么创新的见解。在教育改革这件事上，我们可以清楚地看到，他们是如何一心一意地模仿美国的制度。可是，台湾民众却是"上有政策，下有对策"。任何的美国制度引进来都会被改得面目全非，不得善终。原因很简单，因为这些制度往往不合于台湾的社会文化。这出教改大戏会继续地演下去，只是弄得大家都不知道该怎么办，受不了的人就会把子女往海外送，那才是台湾教育改革的绝大讽刺。

现在的教育改革者所能关注的只是有关制度、法令层面的变革。可是，如果没有弄清楚外国的教育制度，也不顾台湾民众的习性一味地抄袭，结果就会产生各种适应不良的症候群。台湾现在的中小学生已经到了不知何去何从的地步，每年都有新的花样，弄得所有的中小学生疲于奔命。

更让人气结的是，这些主张教育改革的人或是积极从事这方面工作的人，个性都非常强悍，非常主观。几乎到了不能相互讨论的地步。他们总是认为他们所说的才是真理。如果别人不予接受，就是"不民主""不进步"，立刻破口大骂，恶言相向。在这些品行有问题的人的运作下，教育改革早已变成是"缘木求鱼"的事，成为真正的社会乱源。

参考文献

[日] 井出季和太：《台湾治绩志》，台湾日日新报社 1937 年版。

王启宗：《台湾的书院》，台北"行政院"文建会 1984 年版。

王震武、林文瑛：《另眼看台湾教育改革》，台北张老师文化公司 1999 年版。

[日] 伊能嘉矩：《台湾文化志》（中译本），台湾省文献委员会 1991 年版。

吴文星：《日据时代台湾书房之研究》，《思与言》第 16 卷第 3 期，1978 年。

吴文星：《日据时代台湾书房教育之再检讨》，《思与言》第 26 卷第 1 期，
　1988 年。

李汝和：《台湾省通志》卷五《教育志》，台湾省文献委员会 1979 年版。

汪知亭：《台湾教育史料新编》，台北"商务印书馆" 1978 年版。

林玉体：《台湾教育面貌四十年》，台北自立晚报社 1988 年版。

高明士：《台湾孔庙、书院史迹探访记》，《历史月刊》第 82 期，1994 年 11 月。

张胜彦：《清代台湾书院制度初探》，《食货》第 6 卷第 3 期，1976 年。

庄金德：《清代台湾教育史料汇编》，台湾省文献委员会 1973 年版。

陈兆南：《台湾善书宣讲初探》，载"中央研究院"民族学研究所：《本土历
　史心理学研究》1992 年版。

黄秀政：《书院与台湾社会》，见《台湾文献》，载台湾教育会：《台湾教育沿
　革志》，台湾教育会 1939 年版。

第 十 三 章

台湾经济繁荣带来的社会乱象

我们经常诟病台湾人的生活太过奢侈，往往归罪于现在政治的苦闷、社会太乱、精神空虚等奇怪的原因。其实从前面所讲的300多年的历史来看，由于台湾一直是一个以商业为重的社会，在人们的日常生活上自然沾染很多商人的气息，也就是讲究排场、借宴会来笼络彼此的感情，当然，也免不了有一些像赌博之类不良的习俗。本章的重点是在讲台湾习俗的历史脉络，古今连为一体。

一、清代的社会生活情形

根据清代各种台湾方志有关风俗的记载，可知当时的社会生活风气有以下几项特征。

（一）治安

清康熙末年所撰作的几本台湾方志都提到一件事，那就是在明郑时代，由于实行严刑峻法，偷3根竹子就要剁手指，因此，人民不敢为非作歹，社会风气比较淳朴。可是到了清廷领台之后，政刑宽松，加上渡海而来的移民日渐增多，为非作歹的事情也就跟着增加。这种情形也发生在日据和国民党当局两个时期。日据时代的警察执法非常

322

严苛，小偷被捉到，跟明郑时代一样，要剁手指，社会治安当然比较良好。国民党当局也就跟清朝一样，政刑宽松，社会治安相对也就比较紊乱，以致有一些日本"皇民化"程度很深的人总是说日据时代的治安是如何如何好，其实那是以失去身家性命的自由和尊严作为代价。

（二）悍佃

在前面提到过清代的开发，一般人总以为佃户都是受到地主的剥削，生活很可怜，实则未必尽然。清代前期台湾的地主多半是漳州和泉州人，而佃户多半是潮州、汕头、惠州来的移民。方志上记载，一旦佃户人多了，常常会"引类呼朋，连千累百，饥来饱去，行凶窃盗，头家不得过问之。田之转移交兑，头家拱手以听，权尽出于佃丁"。由于早期来台湾开垦，牛只是非常重要的耕田工具，潮汕佃户常常有偷牛的事情发生。

（三）好客

由于是移民社会，先来的移民常以"主人"自居，对于晚来的移民相当照顾，提供各种生活必需品。可是，后来的移民往往视这种帮助为理所当然，进而提出种种要求，以致反目成仇的例子比比皆是。

（四）互助

早期的移民都是单身而来，没有什么亲人生活在一起，于是同村同乡来的人亲如骨肉兄弟一般，生病时相互照顾，一旦有人亡故，大家出钱出力料理后事。对于贫穷的人也合力周济，即使是很吝啬小气的人，因怕大家指责，也不敢不伸出援手。这种风气让从外地调来的地方官非常称许。

（五）不敬重老师

早期移民对于子弟的教育还算重视，通常都会在家中设立书房，聘请教师来教导子弟。可是，一旦教师对犯错的子弟加以责罚，家长就会跟教师翻脸，以致教师挂冠而去。一年换几位教师是常有的事。好几位知府知县感叹台湾人才的缺乏都是这种风气所致。

（六）生活奢侈

在前面各章都提到台湾一直相当富裕，社会生活当然也就比大陆各地要来得豪奢。人们的衣着相当讲究，鞋袜一定要用丝或锦来做的，不喜欢穿用布做的鞋子。稍有损坏就丢弃不用。宴客时，必定准备相当丰盛的菜肴酒水。酒一定要以来自浙江绍兴、福建惠泉和江苏镇江的为体面，山产海产一应俱全。乾隆年间吃一桌酒席大概要花4000铜钱。更有人比夸财富，一桌酒席花上"数十金"。

（七）喜好赌博

各本方志都记载，台湾地方的人们特别喜欢赌博。无论士农工商，贩夫走卒，皆好此道，康熙末年就已经如此。到了光绪年间，赌博的花样翻新。商人尤其好赌，赌场的规模宏大，有专人服务，更有妓女陪侍。光绪十八年（1892）台南知府唐赞衮在《台阳见闻录》中记载当时台南府城的赌场情形是："更有曲房密室，银烛高烧，艳妓列于前，俊仆随于后，呼卢喝雉，一掷千金。"清末，台湾也和大陆各地一起流行"打花会"，赌徒常有到荒郊野外乱葬岗去祈求"明牌"之事。

（八）"拜拜"极尽铺张之能事

寺庙是移民群的活动中心。每当寺庙举行祭典的时候，必先推举一些人出来主事，称之为"头家"或"炉主"。大家出钱出力装饰庙宇，极尽华丽之能事。二月初二、中元、中秋、过年以及神诞日，一定举行盛大的祭典。有各种鼓乐和迎神赛会活动。祭祀后，一定有大规模的宴客，各家所费不赀。在各本方志都记载台湾各地都有"王醮"，也就是"送王船"的活动。由于事关瘟疫，没人敢有所轻忽。

在乾隆年间，迎神赛会已经相当铺张。整个行列极为华丽，有前导，有扈从，更出钱雇请妙龄女子装扮成民间故事的主角坐在椅轿上，让人抬着游街，谓之"抬阁"。这种椅轿由于呈长条状，当时称之为"蜈蚣阁"，在日据时代末期，蜕变成"花车"，近20年又演化成"电子花车"，由几位穿着清凉的妙龄女郎在车上唱歌。

（九）喜欢看戏

清代台湾各寺庙每逢祭祀必定演戏。妇女尤其喜欢看戏，某一地方有戏上演，邻近各村的妇女都会浓妆艳抹，打扮一番，由丈夫驾着牛车陪她去看戏，甚至有驾牛车赶到十几里路外的地方去看戏的事情。

（十）好逸恶劳

台湾初开发时，地力肥沃，瓜果蔬菜随种随长，但是当时住在府城里的民众并不利用屋旁隙地种植，反而是从市集上购买。佣工的工资要比大陆贵3倍。台湾的居民宁可没工可做，也不肯降低工资。这些现象都让康熙五十九年（1720）的诸罗县令周钟瑄感到非常奇怪。

（十一）吃槟榔

槟榔是台湾的土产。在康熙时就已成为人们日常生活不可或缺的食物，也是待客必备的东西。相传可以解除"瘴气"。每当邻里间发生小纠纷时，可以用槟榔来谢罪。当时的人对吃槟榔的看法是"嘴巴会吃得红红的，牙齿会黑黑的，不甚雅观"而已。

以上是从方志整理出来的清代风俗，仔细想想，这些社会习俗其实一直延续到今天，没有什么大变化。现在六七十岁的人常说，他们当年小的时候，生活是如何辛苦。从较长的历史时段来看，那是由于第二次世界大战末期日本军阀为了支应战争之所需，把台湾人民的生活用品搜刮俱尽的结果，是历史的意外而非常态。

二、现代生活情况

20世纪50年代的生活只可用"贫穷"两个字来概括。温世仁在《台湾经济的苦难与成长》一书中，对当时台湾乡下的生活情形作如是之描述：

> 什么样子叫做"贫穷"？第一个景象就是吃饭没有桌椅。过去在乡下，吃饭的时候就是一张长的板凳。这条长板凳在家里是多功能的，大人可以乘凉，看戏的时候就搬过去当坐椅，吃饭的时候就搬来当桌子，我们是蹲着或站在旁边吃饭的。板凳上面摆着碗跟盘子。碗中没有饭，只有一些地瓜签，就像现在麦当劳卖的薯条，但是上下有很粗的皮。只有一点点的米，好像撒胡椒粉似的，那就叫地瓜粥。盘中没有菜，当然更没有肉。当时吃的是粗盐，像小花生米那么大的粗盐，也就是尚未加工成细盐的粗盐。炒很细的葱花，那就是主菜，用来配地瓜签吃的。上学没有鞋子穿。当时我还没有上学，看附近的小学都没有人穿鞋子，听说是中学以后才有鞋子穿。晚上没有灯，水电什么都没有更不在话下。晚上点一个小油灯，大概七八点钟大人就将它吹熄，睡觉去了。小孩子有时还要抓一些萤火虫放在瓶子里，怕晚上太黑看

不见。更严重的是上厕所没有卫生纸，使用平常削好的竹片刮一刮就算了事。在厨房中有一块布，那块布是浴室。要洗澡时把它拉起来，那时就是浴室。这样子的一个情况，是在台湾20世纪50年代像我这样的孩子当时所看到的一个贫穷景象。

时有美援，一年大约是1亿美元，美国教会时常会发放一些救济物资给信徒，主要是面粉。因此，那时候信基督教的人很多，可以领一些面粉糊糊口，而面粉袋的质料不错，大人常常就将面粉袋改成裤子给小孩穿。还有人特别喜欢把面粉袋上"中美合作"的握手印记放在屁股的部位。

台湾的20世纪60年代是一个出卖廉价劳力的时代。加工出口区的设立，最先是吸引大批的女工，接着就是吸引大专院校的毕业生投入阵营。一些美商设立的电子厂成为台湾后来所需电子业技术人员和工程师的训练场所。这个时期最重大的社会现象是农村人口开始外流到都市的工厂，从而引发农村劳动力不足、老化，都市急速扩张等现象。人向台北和高雄两都会区集中。

到了20世纪80年代，台湾已经相当富裕。可是随之而来的就是可怕的"富裕病"。80年代初，在台北市敦化南路上首先出现10万元1坪①的房子。当时盛传买这种价格房子的人会被当局查税，看看他的钱从哪里来的。可是以后的房价节节升高，一坪四五十万元比比皆是，到了"天价"的地步。物极必反，到了20世纪90年代后半期，天价的房价逐渐下跌。

有钱之后，原有的奢侈习俗很快恢复过来。灯红酒绿，夜夜笙歌，花样不断翻新。社会上更是弥漫着各种征逐金钱的游戏，凡是可

---

① 1坪约等于3.3平方米。中国台湾地区通常用坪做土地的单位，而大陆通常习惯用的是平方米。

以炒作、赌博的事情,从股票、投资公司、"大家乐"到六合彩,都盛极一时。许多人因而倾家荡产。

在另外一方面,"社会公平"和"社会正义"的呼声也随着社会风气的奢靡而逐渐高升。"社会福利"在欧美国家是弱势团体向政府和强势团体要求将社会资源重新分配的举动。在台湾却被政客拿来作为"期约贿选"的工具。尽管如此,总算是开始注意到如何去照顾社会上弱势的一群人。

社会上也出现像"慈济功德会"这样集合众人的力量来从事社会慈善救济工作的团体,让台湾社会在利欲熏心的情况下有一股温馨的清流。不过,这种慈善救济工作只是在有形的物质层面,至于心灵的层面,则依赖各式各样的宗教团体去发挥其所长。

三、社会问题与社会运动

当教育发达、经济发展之后,随之而来的就是对种种社会上不合理、不公平的现象进行反省和检讨,并且重新设计和规划新的制度。所谓"社会问题"是指那些不合理、不公平的现象,而"社会运动"则是针对那些社会问题而来的各种抗争行动。在台湾,社会运动最蓬勃的一年是 1987 年。这些运动的结果是促使当局修改不合适的法律,为人民提供更多的保障。

世界上很多学者认为,社会变迁的原动力是来自于技艺的进步。所谓"技艺",是指"做事和造物的能力"。但是,任何社会变迁不可能是由单一的原因所促成,人类的任何言行举措都会在往后的时间和空间里产生难以估计的影响。像汽车的发展,不仅仅是改变了代步的工具,而且对人类的家庭生活、工作方式、休闲活动、居住环境、时间利用、战争形态乃至于当局的财政分配产生连锁反应,更改变了国与国之间的关系，打破原来的世界均势。

在 20 世纪 60 年代，纺织业和电子装配业的扩张，增加了劳动市场上对年轻女工的需求量，使得农村女孩大量外移，投入都市的工业部门。她们对台湾的贡献，不仅仅是提高了台湾整体和个人的所得，同时也改变了台湾对外的经贸关系。这些女工们同时也改变了她们自己和家庭的生活，帮助弟弟妹妹们接受较高的教育，她们除了在家庭做决策时争取到发言权，也争取到婚姻自主的权利。她们自己和弟妹们教育程度的提高，又提高了台湾地区工业生产力，也为知识产业和服务产业开拓更大的需求。更重要的是，新的一代由于能够大量地接受信息，认清自己应该承担的责任和应享的权利，更能够看到原有制度的缺失，因而降低了对权威的崇拜，兴起改革的要求，让民主制度得以向前迈进一大步。

台湾到了 20 世纪 80 年代时，由于富庶，让人们可以有机会反思所曾历经的种种社会现象，台湾政治大学柴松林教授指出，这一时期的社会变迁有以下几种特性：

其一，意见多而分歧。由于分工和利益的不同，扩大了社会内部的差异，促成更多的意见，取代了过去的定于一尊的方式。连年举行选举活动，帮助了意见的形成和表达；媒体的扩散，使人有机会听到更多的意见，也因为意见能为他人知道，又鼓励更多的人提出意见。

其二，社会运动的勃兴。由于人口大量集中在都市，教育普及、职业转换快速、新思潮的引入等因素，使得台湾社会的价值观趋向多元，多年来的政治权力面临重新分配的挑战，各种社会运动因之而起，于是一时之间要求政治民主化的运动、人权运动、教育改革运动、妇女运动、消费者运动、环境保护运动等，风起云涌，波澜壮阔。

其三，匮乏蕴于富裕之中。在过去，台湾人民缺少的是物质，尤其是维持生活所需要的基本物质资料。但是在渐渐富足之后，由于生活日益复杂，人们经常找不到时间可以做自已想做的事。社会组织日益庞大，个人已经微不足道，于是无奈和无力感常常萦绕心头。

其四，信息多而知识少。由于信息工具的发达，像计算机网络、卫星通信、光纤传送等工具，提供了更方便迅捷又可靠的传输，于是信息的生产量大增，达到"爆炸"的程度。但是人们能够静下心来思考的时间却越来越少，没有经过思考的信息，即使收集得再多，也不等于有丰富的知识，遑论定静安虑而后所得的智慧。

其五，两性关系改变。无论是在农业、渔猎和畜牧社会还是在工业社会，女性由于体力的关系，其生产力不及男性，结果使得女性一直附属于男性。但是当信息时代来临之后，在新的行业中，女性可以和男性居于同样的地位，如果女性不再以性别作为借口来逃避劳苦、危险与责任，而男性能放弃偏狭固执的优越感，则女性势必成为男性共同奋斗的伙伴。

其六，新的安全保障。在过去，寻求个人安全的手段是生育许多子女，并且殷切希望子女有所回报。要累积财富，厚置家财，以备不时之需。但是由于死亡率的降低、平均寿命的延长、伤病年老之不可避免、政治风暴、经济循环、社会变迁、失业增加、家庭人口缩小等因素，越发使得人生充满了各种危机和风险。传统的安全手段在这么巨大的变迁过程中失去了原有的功能。因此，除了维持传统的安全办法之外，更需要有新的社会制度来保障生命的安全。

其七，道德内容改变。在传统的中国社会中，最高的道德项目是"孝道"和连带而来的"报恩"。可是这两种美德可以期待，但不是必然发生。于是就需要建立普遍的社会安全制度和新的道德标准，其所强调的是"个人自由"和"自我实践"。

其八，重新评估人与环境的关系。自达尔文以来，社会上盛行

"优胜劣汰、适者生存"的观念，让人类变得非常残忍。工业革命和近代自然科学的发展，又以为"人定胜天"，可以征服自然，于是利用知识与工具不断地设法提高土地的生产力，促进远距离的交通运输，大量取用自然资源来改善人类的住宅、服饰、食物，以及各式各样的活动与设备。但是现在人们却发现，当人类利用知识和工具来改变环境和自己的生活方式的时候，周遭的环境常以一种很微妙的方式来反击。注意到这种环境的反击，便成了环境保护运动的起源。在追求个人的生活改善、供应人民经济财货的种类和能量的提升、扩大它的选择范围的同时，还必须设法保全我们自己和子孙后代所赖以生存的唯一空间。

其九，追求多元目标。不论当局、企业还是个人，都要同时兼顾许多目标，当局除了富强之外，尚要实践自由、平等，增进人民的福祉；企业在追求利润之外，必须要维护自然生态、防止环境败坏、保障员工安全、承担社会责任、增进消费者利益；个人更不是只在狭窄的单行道上爬行，而要追求广阔多元的人生。

1987年是台湾近40年间发生社会运动最多的一年，无论是政治、经济、社会、文化、教育、生活方式还是心中的信念，都面临巨大的变化。特别是民进党突破"党禁"成立之后，各种社会运动像是河堤决口，洪水澎湃而下，一时之间涌起各种社会运动："解严"运动、"国会"全面改造运动、"立法院"内外抗争、二二八事件的翻案、文化运动、"台独"运动、统一运动、司法独立运动、返乡探亲运动、老兵自救运动、工人运动、学生运动、环保运动、妇女运动等，或办演讲，或走上街头，甚至包围"立法院""监察院""行政院""国民大会"，从事请愿与抗议。这一年总共有大大小小的街头抗议活动1600多次。

学者分析造成这些运动的原因，最终总要归咎于长期戒严体制下的政治不民主、特权横行、施政缺乏民意基础、司法不公正、"万年国会"不改选等因素。

有些运动的效果是立竿见影的。一旦"党禁"突破之后，"戒严令"就很难维持下去，终而有解除戒严、开放大陆探亲、开放报禁、成立劳工委员会、"国会"全面改选、"总统"直选。

从1987年到1994年，各种社会运动蓬勃的发展，也让台湾逐渐走向"族群分化"的歧途。民进党人硬生生地把台湾2000万人分为本省人、外省人、客家人与"原住民"4个族群，而且利用各种言论挑起对立。1994年的"立法委员"、台北市长、高雄市长和台湾省长的选举，让"族群分化"推到最高峰，在民众激情的演出下，台湾社会几乎濒临分崩瓦解的局面。各种对立团体立场鲜明，相互叫阵。

经过这一次激情的演出之后，社会大众警觉到族群分裂的危险性而有所改正。再加上原先的种种要求大致已经达成，也没有太多新的要求产生，于是大学校园首先沉寂下去，社会运动也跟着减少。

总体来说，台湾这十几年来的社会运动的特色，就是批判以前以"群体"为重的意识，代之以"个人"为重的意识，一切以个人的行益为最高的前提，国家、社会都不在考虑之列。

（一）金钱游戏销蚀了经济繁荣

1985年的台湾，接近1万美元的年均"国民"收入，已经是一个不能再用"丰衣足食"这种字眼来形容的繁荣社会，几乎家家都有汽车，人人都能到海外观光，台湾人走到世界各地，强烈的购买力让当地的商家无不惊叹台湾人的财大气粗。但是这就像是一个人爬山爬到了一个顶峰之后，如果不再想征服更高的山，那么无论走哪一条路都是下坡。

这一年不知从哪里开始兴起了"大家乐"签赌游戏，就像前清打"花会"一样，让无数人沉迷在数字之中。只要有人说哪一间庙里在出"明牌"，立刻大批人潮蜂拥而去，路边的石头或大树都会在一夜之间成了众人膜拜的"神明"，连刚刚被枪毙的死刑犯也成了乞求"明牌"的对象。有人为了请"鬼"帮忙找"明牌"，甚至烧掉一卡车的冥纸。

每到周二与周四开奖日，工厂会找不到运货的卡车，工人也停止了工作，大家都注视着电视上一个个开出来的数字。到后来，连老板都一起赌，生产大受影响。当局一再取缔接受签赌的"组头"，但是利之所在，依然无所不趋。3年后，"大家乐"与香港的六合彩合并，才渐渐消弭了炽热的赌风。不论是"大家乐"还是六合彩，能够吸引人加入的原因不外中奖容易与奖金高，每个人身边都不乏中过大奖的人，可是得到的奖金，不仅又在以后的历次签赌中消耗净尽，甚至还赔得更多。

有钱的人赌性更强，赌性强的人希望越赌越大。"大家乐"与六合彩是社会中下阶层的小额赌博，钱多一点的人更沉迷在股票市场中。大量的外销盈余带动了所有行业欣欣向荣，股票涨价是必然的事，这种钱赚起来要比干什么都快，只要敢下手、看得准，半天的收入就抵得上一个月的薪资。大量的游资流进了股市，即使一时疏忽买错了股票，也只是赚多与赚少的差别而已。有人说，这么热的股市，就算找只猴子去操作也一样会赚钱。于是上班族不再愿意辛苦地上班，很多人辞去了工作，天天耗在股票市场里，心情随着股票的涨跌而起伏。还有些人想要追求更大的刺激，晚间时偷偷走进还没有合法化的期货中心，拿全世界的大宗物资来赌。他们忘记了股票的价格需要大众的生产力去支撑，当大量的生产力流失在签赌与股市时，股票价格就开始下跌，台湾的经济荣景也顿时成了过眼烟云。

股市有涨有跌，就代表着有风险，还有人不敢贸然地投入，于是又有人想出了一种看起来只赚不赔的生意，出现了地下投资公司。地下投资公司的初意是集合众多小额的资金，由投资公司去经营各种生意，再把赚得的钱分给投资人。这个理论看起来没有什么不对，然而要能够吸引人，一定要有高利，于是投资公司纷纷以月息4分以上为号召，甚至有些公司喊到了比8分还高，而当局规定的银行利率连1分都不到。

要支付这么多的利息钱，投资公司当然会选择获利最高的行业，当时没有任何行业比股票更好赚，股价会在一年内涨两倍半，投资公司的炒作功不可没。他们聘请了专业人员天天分析比较，一次投入几十亿的资金，股票要不涨也难。而且当时上市公司并不多，300多只股票，分享几千亿的资金，供不应求，让投资者每星期到投资公司领利息领得笑口大开，于是退伍的老兵、退休的军公教人员都把辛苦了一辈子才得到的退休金从银行体系转入了投资公司里。

炒作股票一般人看不见，于是投资公司又要投资一些显而易见的行业作为宣传的卖点，像五星级的观光饭店、大型的百货公司以及房地产。然而正因为大家忽略了股票市场是生产力的指针，当生产力衰退时，股价便失去了支撑力，而且世界上没有任何一个经济体系能够让股票市场长期维持在高利润的状态之下。股市节节下跌时，所有行业都受到影响，造成了投资公司入不敷出的局面。为了支付高额的利息，投资公司不得不再大量吸金，用新吸入的资金去应付旧投资人的利息，这等于是饮鸩止渴，漏洞越补越大，最后只有走上倒闭一途。

偏偏这时台湾的"银行法"对这样的行为不能约束，而且已经有太多人把一生的积蓄寄托在投资公司之中，如果取缔投资公司，第一个受害的便是投资大众，投资大众势必把所有的不满全部转移到当局身上，最后倒霉的还是执政党。所以投资公司问题历经了俞国华、李焕与郝柏村3位"行政院长"，都只能听凭这些不具银行资格的公司在做银行的工作。他们期待的是这些投资公司一家家自动倒闭；吸金较少、体质较弱的先例，就会引起投资人的警惕，渐渐停止游资流向投资公司，等到只剩下最后几家大型投资公司时，再来下手取缔，这是唯一能让社会不会因为取缔投资公司而造成大型金融风波的方法。方法是对了，可是早期的投资人可能已经得到了好处，得到的利息是本金的好几倍，损失的只是原始的本金而已。而后期的投资人则血本无归，而且投诉无门。等到当局 1988 年修改"银利法"，认定投资公司是违法吸金时，大部分投资公司已经开始倒闭，虽然不少投资公司的负责人因此而坐牢，但这对于亏本的投资人而言并没有什么帮助。投资公司是取缔了，当局的威信与社会的正义又到哪里去了呢？

多年来台湾所累积的财富并没有因此而全部消失，每年 5% 到 7% 的经济增长率，让台湾的经济仍然有足够的翻身余地。但是台湾人并没有因投资公司风暴而觉醒，反而更相信"用别人的钱来赚钱，才是发财最快的途径"，别人的钱在哪里？在"资本市场"。

股票是有价证券，能够质押借钱，于是先设立了一家公司，想办法让它经营得符合股票上市的条件，股票上市时的溢价发行已经让资本主赚了一次，然后再用"借人头"方式瞒过"财政部"的金融检查，把自己的股票向银行质押借款。借到了钱，再如法炮制几次，筹足了大量资金，一举投入房地产及股票市场，也一样可以翻云覆雨地大干一场。如果运气好，没有遇上世界性的经济波动，这样操作得当，一年之后又可以赚出一个以上的资本额，那些敢作敢当的人就这样只要 10 年工夫便拥有了上百亿的身价，让人羡慕。

这种几乎等于是空手套白狼的传奇故事，让一些原本安分守己的诚实商人也起了贪念，觉得自己的做法太保守，保守得跟不上时代，于是也起而效之，走入了资本市场，借着质押股票得来的钱再大量投资。这种做法并不能算错，但是他们又都忽略了一点，台湾是个海岛型的经济体，在有限的土地与有限的人口这种先天的限制下，即使再扩大内需，仍然不能创造出像 20 世纪 70 年代与 80 年代的实质性的经济成长。台湾看起来到处都有赚大钱的机会，然而这些钱都是货币过度流通所造成的假象。连日本那么大的经济体都无法逃得过这种假象的伤害，何况小小一个台湾岛？当房地产供过于求，生产力逐渐消退，人们比以前更好逸恶劳时，经济的支柱便一根根地消失，当股票价格低过了当时质押的价格标准，银行开始催收放款，而当初用借来的钱所作的投资又不能回收时，等于是"一根蜡烛两头点"，不论是多大的财团，都经不起这样的摧残，于是像广三、瑞联、国扬这些财团，一个接着一个陷入严重的财务危机之中。广三集团可以让200亿的资金在两天内损耗尽净，每个月都有好几个知名的大财团成为新闻的焦点。

这些民间的消耗还不算是最严重的问题，自从民进党成立之后，主导民进党的精英分子以在西方国家里学法政的人居多，他们看过西方国家的社会福利政策，认为台湾也应该朝这个方面发展，于是在每次选举中不断地允诺选民只要自己当选，便会督促当局完成这些社会福利政策。他们不见得不了解台湾还没有具备实施这种社会福利政策的条件，但是为了选票，不得不故意开出这些"支票"，而这些"支票"并不要自己去兑现，因为执政的是国民党，他们只要天天朝着国民党去喊叫，就会有选民随声附和。国民党为了争取支持，也不得不随着这些漫天高喊的政策起舞。如果国民党不做，是国民党的错；国民党做了，是民进党的功劳，不管国民党做出什么反应，民进党绝对不吃亏。

等到民进党在2000年上台执政之后，为了酬庸当时支持它的一些财团，于是就大开方便之门，迫使公营机构投资于亲民进党的财团。例如台湾高速铁路公司，原先承诺当局不必出资，然而事实上变成由各公营机构和银行出资。台湾铁路局的人员表示，台湾的客运量有限，就算把台铁西部干线的客运量全部给高铁，这些收入仅刚够高铁公司支付银行的利息。因此，像陈文茜、叶耀鹏、吴敦义等"立法委员"公开在电视节目中评论："以前国民党的挥霍是用他党库的钱，而现在民进党的挥霍是用全体民众的钱。"

社会福利政策绝大部分都是想要"不劳而获"，像老人年金、农民年金、儿童年金以及"国民年金"，等等，都曾经是民进党高喊过的口号，只要具有这些身份，不需要工作，一个月就可以领到3000到5000元，民进党利用这种方式先赢得了地方选举，最后成了执政党，但是无论是地方还是"中央"，都根本没有办法完成当初所作的承诺，老人年金虽然只发了几个月，便因财政困难而停止，但是这种无谓的浪费，又让民众有了不劳而获的机会。

这时民进党又要想出种种说辞来掩饰以前的过错。政客的智慧总是高人一等，他们文过饰非的说辞，很容易让人信以为真。支持者不仅不去深思其中的是非对错，反而盲目地添油加醋，帮着掩盖。反对者在这种情况下也失去了理性，于是从过去的"族群对立"变成了"意识形态"的对立。几十年来全台湾民众共同努力的经济成果，到了这时成了政争的工具。政党很少谈及如何开拓新的经济奇迹，只会为了选票不断地消耗着社会的财富。为了筹措"国民年金"，民进党建议发行长期性的"政府公债"，这是不但用掉了自己的钱，还把子孙的钱也拿来透支掉。

（二）经济繁荣带来的社会乱象

当政的人如此居心，民心的向"恶"也"沛然莫之能御"，早在20世纪90年代，李登辉任命郝柏村为"行政院"负责人，打破了多年来"财经内阁"的惯例，为的是要以"治安内阁"来稳定台湾的社会。

早在台湾经济未起飞前，杀人案一定是报上的头条大新闻，帮派纷争也只限于学生之间的打斗，用的凶器不过是弹簧刀、竹节鞭之类。等到经济有了一些成就，以前帮派中的孩子也跟着长大，出现了真正的黑道，打斗用的武器也升格成了钢管手枪（以一支钢管作为枪管，用弹簧控制撞针击发枪弹）。等到经济成果斐然时，黑道连土制手枪也不用了，而是从菲律宾进口各种武器。最大的几个帮派还有乌兹冲锋枪，黑道的火力远强于警方。破获一个堂口，查获的武器足以装备一个警察局。

郝柏村上台以后，立刻成立了"行政院治安会报"，每星期在"行政院"召开会议，不仅时常交代任务，还时时盯紧成效，各情治单位的首长都受到很大的压力，郝柏村不止一次地说："不把坏人除去，如何对善良百姓交代？"一年内把十大枪击要犯全部铲除，投资公司问题也在郝柏村任内解决。

台湾的黑道随着经济成长也走向了企业化经营，大型的帮派都有自己经营的事业，像设立餐厅、工程公司、计算机公司等，先是规规矩矩地做生意，等到稳定之后，便以合法掩护非法，在餐厅里经营色情行业，工程公司"围标"工程，计算机公司从事盗版工作。这些非法的行为在郝柏村强力扫荡下，都销声匿迹了很长一段时间。一次"一清项目"执行下来，可以把几十个黑道上享有名气的"老大"送到外岛去管训。可是人心坏了，黑道里老大被送到外岛管训，底下的小兄弟就争着要向上爬，夺取领导的地位，他们并不以老大被逮捕而心有警惕，反而觉得"蹲苦窑"（坐牢）是一种光荣，因为太多民进党员都曾经进过监牢，回来后便能以"政治受难者"的身份高票当选民意代表或地方首长。黑道中争权夺利的盛况丝毫不亚于政坛，后来竟然演变成了"小弟敢杀老大就是英雄"，要想闯出名号，最快的方法就是把老大干掉，谁当了老大就随时都有被枪杀的可能，道上的"伦理"荡然无存。

黑道有了钱之后，可以轻而易举地渗透到各个行业，甚至于入侵校园，他们更大的利益来源是选举。各行各业只要有好的利润，总有一天会遇上黑道来上门敲诈。股票上市公司开股东会时，常常需要警方派大批的警察维持秩序，以防意外发生。到了选举时，黑道出身或与黑道有来往的候选人，就会派道上的"兄弟"找对手谈判，谈不拢时往往就暴力相向。一个县议会的议员里，往往有一半以上有黑道背景，一个敲诈勒索案件爆发，可以让整个县议会停摆，因为大部分的县议员都被检察官约谈或收押。屏东县议长郑太吉为了抢砂石生意，还带着手下到别人家中亲手开枪打死人。当他竞选时，李登辉还特地南下，在群众面前拉起了郑太吉的手，向大家"保证"郑太吉是好人，要选民投票支持郑太吉。国民党为了赢得胜选，不得不向黑道势力低头，即使为此被民进党一再攻击还是积重难返，无法与黑道划清界限，终致失去了政权。

（三）社会正义消失

黑道失去了纪律，社会上更没了正义。当民进党成立时，"戒严法"便形同失效，"解严"之后游行示威成了合法的请愿方式，从此以后，凡是某一群人感觉自己的利益受损，便集合了一大批人走上街头，甚至拦下火车，让上万人不能上班。他们的说法是"不这样做怎能引起社会的注意"。台北市的交通经常都被游行的队伍破坏，让更多人的权益受损。

郝柏村虽然是军人出身，出任行政部门负责人后也一样注重经济问题，他认为石油化学工业应该算是民生工业，如果不建立自主的石油化学工业，将来许多工业原料就要受制于外，所以特别鼓励"中国石油公司"兴建"第五轻油裂解厂"（简称"五轻"）。可是厂址附近的民众群起反对，他们明知道当局这时公布的环保标准已经超过了世界一般的程度，还是要抗争。其实他们抗争的目的并不在于环保，而是希望能够得到一些好处。自从高雄林园地区因为中油公司的污染事件让民众领过一次补偿金之后，民众已经食髓知味，希望闹得越凶拿得越多。这次郝柏村亲自到高雄与当地民众沟通，民众知道在郝柏村的铁腕作风下不可能有甜头可吃，"五轻"才得以顺利开工。

"五轻"开工后，郝柏村又鼓励台塑企业兴建"六轻"，唯一的条件是要符合环保规定，其他方面当局一定全力配合，"六轻"也顺利开工。

相对于这些社会上守法守纪的举动，有一大批人却只顾自身的利益，漠视正义的存在。台湾经济成长把土地价格抬高了好几倍，土地买卖时要课征的"土地增值税"一直是个争议的焦点，本来当局从土地交易中征收增值税并没有什么问题，以买卖的价格按照税率计算便一目了然。但是台湾多了一个"公告地价"，而这个公告地价大约只有市价的1/4左右，公告地价既然是政府所定，课税当然要按公告地价计算，这样一来财团炒地皮，在累进税率方式下所要缴交的增值税便少得只剩下一点点，这便有失公平。郝柏村"内阁"的"财政部长"王建煊疾恶如仇，行为方正，有"圣人"之称，当然不能任由这种恶例继续下去，于是他提出了改革方案，要按土地的市价课税。

这个方案在1991年提出，立刻引起了既得利益者反对，从"中央"到地方的民意代表中，拥有大片土地的人多得不可胜数，他们每次竞选的经费便是从炒作土地而来，一旦改以市价征税，等于是把土地炒作的利润全部变成了税金。于是各种攻讦的话都朝着王建煊而来，诸如"外省人的部长要抢走台湾人的土地"，"住了几代的祖产，现在要被外省人扫地出门"。地方上拥有大片土地的人都是国民党竞选时的"桩脚"，他们又一次以不支持国民党作为威胁的借口，李登辉就把王建煊看作了麻烦的制造者，有意把王建煊换掉。但是"内阁"人事权原则上应该在"行政院长"手中，郝柏村也是一丝不苟的强硬作风，他支持王建煊。但是王建煊认为他不辞职会陷郝柏村于不义，坚持挂冠求去。郝柏村一再挽留还是无法改变王建煊的辞意，并且宣称"政务官辞职不是儿戏"，希望社会大众明了他到底是为了什么而辞职。

工业的进步势必带来污染，"行政院环境保护署"一再提高环保审核的标准，而且对于窃占公有地所建的高尔夫球场严格把关，不发证照。但是李登辉喜欢打高尔夫球，经营者向李登辉一诉苦，李登辉便认定了"环保署长"赵少康也像王建煊一样是个招惹麻烦的人，主张应该让所有不能取得合法执照的高尔夫球场"就地合法"，赵少康觉得与其将来被免职不如及早离去，于是在王建煊辞职后不久也提出了辞呈。两人相继投入了当年"立法委员"的选举，得到空前的拥护，都以高票当选。从这时起，台湾南北两地政治观念的两极化正式显露了出来。

南部人觉得几百年来好不容易能让台湾人自己当家作主，即使李登辉有些地方不对，也应该对他加以忍耐与宽待。而北部人很理性地认为民主政治就是责任政治，是非对错都应该有客观的标准，大家都生活在这个海岛上，不应该再有族群分化的意识，本土化是一回事，政治又是一回事，不能把本土化与政治责任混为一谈，谁能把政治领向一个理想的境界就支持谁。这次王、赵两人的辞职与胜选，衍生出了"新党"。

虽然像"二二八"这样的惨剧已经不可能再发生，然而对立的情绪让台湾人对任何事都习惯地用"政治"的角度去解释。几个主要政党各有各的主张，也各有各的拥护者，为了争取政治上的利益，想尽了各式各样的方法，又造成了玩弄权术的风气。政客们之所以能在社会上呼风唤雨，是因为他们能够以煽动性的言辞，让人停止独立的思考，只能随着政客的思想走。正如柴松林所说的"信息多而知识少"。

缺少了知识，什么是是非，什么是对错，都失去了绝对的答案，一切价值观都陷于混淆。

"行政院"要对"立法院"负责，而"立法院"里的"立法委员"由各地方民众所选出，当国民党被"黑"与"金"所把持而又是多数党时，"立法院"的结构便出现了恶质化的趋势。前"行政院长"王昭明在他的回忆录中说："个人利益与党派利益为先的状况下，'政府'整体与长远的理想便被忽略，'民代'中专业知识不足，而个人的权力欲又强，慢慢出现了立法质量越来越粗劣的结果，造成这种结果的背景是政党对选举制度的过分迁就现实与庸俗化、物质化。我们常常担心这样下去，不但使政党完全失去了理想，而更可怕的是最后民主改革可能落空，难以跳出威权政治的窠臼，最后沦入暴民政治的危险。"

李国鼎、孙运璇都是台湾经济建设的主导者，但是到了晚年，也都重新估量他们过去40年的努力到底有什么意义。李国鼎所提倡的"第六伦"就是要消弭这种漠视群己关系的错误。孙运璇更后悔在他主持"行政院"时没有好好提倡人文科学，以致好像今天大家唯一的共识就只剩下了"赚钱"一项而已。

（四）文化与道德的教育靠宗教

由于以前行政单位都没有重视人文教育，只知道教育的基本方针应该着重在个人谋生技能与符合经济发展的需要，却忽略了人基本的善性如何美化与发扬。高度发展的经济背后是每个人心灵的空虚与对生活压力的反抗。过度重视政治议题的现象，也可以解释为个人心理压力的解放，想换个议题讨论，让天天想赚钱的心思有一些调剂的作用。只是这种解放还是没有脱离个人利益的着眼点而已。希望政治能按照自己的想法去发展，对自己更有利。

当当局成了政党竞争下的战利品之后，大部分的施政难免都为了以后的政治利益着想，当局变得比个人更"功利"，不是眼前急需要的事物，都放到了一边去。像如何教育学生做一个真正具有中华文化素养的中国人，在国族认同的意识形态作祟之下，变得不能堂堂正正地讨论。为了讨好学生，减轻学生的负担，一再把授课的内容减少，所减的都是有关于固有文化的通识课程。很难想象一个忽视了传统文化思想的社会蕴藏着多少危机，更难推测的是当台湾社会再走回五四运动的老路时，比以前还多了一份自大的骄傲。

当大陆推行"文化大革命"时，蒋中正在台湾立刻发起了"中华文化复兴运动"，但是这项运动曲高和寡，除了在阳明山建了一座中国传统宫殿式的"中华文化楼"供国民党开会之用外，在民间几乎看不到什么改变，只有"复兴中华文化"的口号喊得震天价响。

但是 10 年后，台湾的学生开始思索自己的根源到底在哪里，这一代中国人的自信心在哪里？随着美援而来的美国文化已经使台湾成了美国文化的殖民地。从 1968 年起，连续几年少年棒球得到了"世界冠军"之后，渐渐开始觉得自己不见得什么都不如外国，或许在某些方面能够以自己的能力创造出另一番新天地。虽然有了这些模糊的概念，到哪里去找出真正可以代表这一代中国人的文化一时之间还摸不着头绪，只能回过头去从中国最古老的思想里去寻找新的解释。

有了这一点觉醒，大学里出现了研究中国古典思想的社团，社会上能够讲解四书、五经的老学究，也成了青年学生衷心崇拜的名师。像前清满族皇室后裔毓老在台北市温州街家中讲四书，能够天天满座。连被当局视为"邪教"的一贯道都因为宣讲四书而能吸引大量青年学生的加入。

从这一波复古与寻根的风气中，衍生出了许多民间的新传统艺术的改良，像林怀民以中国传统故事与历史加上西方的舞蹈，成立了

"云门舞集",郭小庄改良了京剧,而有了"雅音小集",连黄海岱的台湾木偶戏与黄俊雄的木偶戏都成了青年人的新宠。在人文思想方面则是造成了宗教的勃兴。

台湾的所有宗教中,标榜以儒、释、道三教合一的中华文化为主体的教派只有一贯道(于1986年正式成为合法的宗教)与轩辕教,一贯道从1965年开始经过10年的成长,实际信徒人数已经逼近100万,但是由于不脱昔日秘密宗教的色彩,许多人在信了一贯道之后又脱离。轩辕教因为理论与组织不坚实,一直是个小教派,成长的能力很有限。当人们想从宗教方面得到对固有文化的认识时,最后只能选择佛教,造成了从20世纪80年代中期以后佛教的快速兴起。

在1985年前后,佛教除了佛光山与慈济功德会两大团体之外,又出现了四大基金会。由圣严法师所领导的"法鼓山基金会"以从事佛学理论研究为主;由慧律法师领导的"文殊基金会"以说法讲经与出版佛教读物为主;由心道法师主持的"灵鹫山基金会"以从事佛教艺术的保存与发扬为主,经常举行艺术性的活动。由悟空法师主持的"弥陀基金会"以举办佛事与斋僧大会为主。这四大基金会各拥大批的信徒,弥陀基金会一次斋僧大会能发出上亿的钱布施给来自各地的僧侣。举办一次法会,现场布置便花费500万元新台币。法鼓山更请台湾最有名的半导体业者联华电子的董事长曹兴诚、香港最有名的歌星张学友等各方知名人物,经常在全省大型表演厅里公开讨论个人对佛法的领悟,吸引成千上万的人前去聆听。再加上佛光山星云法师在电视上演讲"人间佛法",慈济功德会无微不至的善行,以及各寺庙所办的讲经活动,几乎天天都有佛教的活动。

这四大基金会成立之后,又有数不清的小型基金会出现,基督教与天主教在佛教大兴的同时也改变了做法,把全省所有的教堂划分出各自布道的牧区,借着各式各样的服务工作,阐扬耶稣基督的博爱精神。于是宗教成了台湾最盛行的社会教育。一般人的心灵因此而得到了新的启发，社会也因此而产生了一股稳定的力量。

当政党忙于政争，为了选票不断迎合民众的功利主义，而疏忽了对社会教育的责任时，社会道德与伦理教育，便交给了宗教去负责。但是这也造成了台湾民众的分裂式性格，每个人谈起政治问题，壁垒分明，喜恶各形于色。一旦谈到了相同的信仰时，又宛如亲人一般，各自抒发心中的感悟。平时可以各凭本事，极尽一切所能赚取金钱，进了宗教的庙堂，一掷千金，毫不吝啬。有人说这是"花钱买功德"，还是脱离不了功利的色彩，但是这至少表示每个人心中还有一把尺，在心中做最后的判断时，还要回归到道德与伦理的层面上。

大家都知道今天台湾的问题在哪里，只是都跳不出自己"想象"的牢笼，无法再迈出前进的脚步，什么时候会从金钱与政治的迷思中觉醒，那时就是台湾重新整装出发的时刻。毕竟几十年来所植下的深厚根基还在，只要有了觉悟，还有再现新希望的机会。

参考文献

丁庭宇、马康庄主编：《台湾社会变迁的经验——一个新兴的工业社会》，台北巨流出版事业发展公司1986年版。

林富士：《孤魂与鬼雄的世界——北台湾的厉鬼信仰》，台北县立文化中心1995年版。

唐羽：《莲溪叶氏之渡台与祭祀田之探讨》，《台湾史研究论文集》，1988年。

高信疆、杨青矗：《走上街头——一九八七台湾民运批判》，台北敦理出版社1988年版。

庄英章、陈运栋：《清代头份的宗族与社会发展》，《台湾师范大学历史学报》1982年第10期。

陈正明：《清季福建安溪大坪高张林三姓族人移垦台北之研究》，中国文化大学史学研究所硕士学位论文,1995 年。

彭犁:《激变的台湾社会》,台北联经出版事业有限公司 1990 年版。

曾月吟:《日据时期朝天官与北港地区之发展》,中正大学历史研究所硕士学
位论文,1996 年。

邓嗣禹:《城隍考》,《史学年报》1935 年第 2 期。

王昭明:《王昭明回忆录》,台北时报出版公司 1995 年版

陈国霖:《华人帮派》,台北巨流出版事业发展公司 1995 年版。

第 十 四 章
台湾文学与歌仔戏的源起及发展

"文化"有多重意义。从最广义的层面上来说，文化是指人之所以为人的一切典章制度，也就是人与动物的分野。从中间层次来说，文化是指一个人群为了适应所居处的环境所做的生活设计。从最狭窄的层次来说，文化是指文学、艺术等特殊的心智活动及其具体的表现。本书所说的文化，是指最狭窄的文化定义。

一、文 学

（一）清代的文学

一般所说的文学包含了小说、诗、散文、剧本等方面。可是由于数据多寡不同，本书主要是以小说和诗为主，偶尔兼及其他项目。

台湾最早的文学作品，是明郑时期流寓台湾的那些文人所留下来的。明朝太仆寺卿沈光文与季麒光等 13 人发起组织"东吟社"，致力培养诗人。被当时的人评为："台湾无文也，斯庵（沈光文字）来，始而有文矣。"其他的文人还有卢若腾、张煌言、徐孚远等。这些人的诗作都充满了乡愁，同时也燃烧着悲愤慷慨的爱国情操。

清代平定台湾之后的前 200 年间，由于是以移民为主的社会，再加上有不尊重老师的毛病，以致饱学之士少有，现在所看到这一时期的文学作品，都是外地前来服官者所作。《裨海纪游》是浙江人郁永河所作，他于1697年来台湾采购硫黄，从南部登陆，走到台北盆地。他的游记描写当时台湾西部海岸的风土人情，也记下台湾竹枝词和"土番"竹枝词，是非常写实主义的作品。

康熙六十年（1721）朱一贵之乱后，派黄叔璥为"钦命巡视台湾御史"，每年来台湾巡视各地民间疾苦和吏治情形。黄叔璥写下《台海使槎录》，由《赤嵌笔录》《番俗六考》《番俗杂记》三部分构成。他记载的当时台湾汉人社会的习俗如是："卖肉者吹角，镇日吹呼，音甚凄楚。冬来稻谷糖靛，各邑辇致郡治。车音脆薄，如哀如诉。"

蓝鼎元随族兄台湾镇总兵蓝廷珍来台平定朱一贵之乱，他对如何治理台湾有许多建议，为清廷所采纳。他的文集《鹿洲全集》是研究朱一贵乱事的重要资料。

康雍乾三朝来台湾为官者都不打算在台湾久住，因此即使有作品留下来，也都不能全面地反映台湾的风俗民情。到了道光、咸丰年间（1821—1861），方才逐渐有一些本地的文人出现。计有澎湖的进士蔡廷兰、新竹的进士郑用锡，以及陈肇兴、黄敬、林占梅等人，或为举人，或是生员。

到了清末，内忧外患接踵而来，地方文人逐渐认识到文学并非只是游戏应酬的工具，而应该反映本地人民的生活疾苦，也要发扬民族精神。像台北的举人陈维英的作品都是在描述平民的生活，像他的诗《乡人》就描写台湾人民生活的一些不正常现象："盗贼有钱皆是友，无钱兄弟亦非亲。俗情颠倒君休怪，当世论钱不论人。"

特别是乙未（1895）割台，让台湾地方的文人伤心欲绝。彰化的丘逢甲写下"宰相有权能割地，孤臣无力可回天"这样椎心泣血的诗句。台中举人洪月樵也改名为"洪弃生"，以志这种亡国亡家之耻痛。

清末的士人常在自己的书房中请神，从事扶乩的活动，而有一些因扶乩而来诗文，集合成书，作劝善之用，称之为"善书"。这些善书的编辑者都是地方上的读书人，像光绪十八年（1892）成书的《觉悟选新》这部善书，是由澎湖马公当地的举人和秀才负责编辑的。光绪二十年（1894）成书的《渡世慈帆》，是由宜兰的进士杨士芳和曾经在甘肃河州当知县的宜兰人李望洋共同主编的。主要内容有二：一是训勉修行，一是批判当时的不良社会风气。

这些善书的形式，有诗、有歌、有赋、有曲，花样繁多。内容可分成两大类。一类是讲究修行的好处，一类是针对社会不良风气提出批判。这些因扶乩而来的乩文主要的用途是在"宣讲"的场合作为讲题和教材之用。

这是明清官方所规定的"宣讲"活动的流变。宣讲的内容是依据明太祖的《六谕》（孝顺父母、尊敬长上、和睦乡里、教训子孙、各安生理、毋作非为）、清圣祖的《圣谕》而来。在清末成为台湾地方文人批判社会不良风气的主要力量。这股力量到了日据时代就成了反日的先锋，也成为日本殖民政府要极力镇压和拉拢的对象。

（二）日据时代的文学

日本占领台湾之后，用武力"扫荡"各种反抗的力量，手段非常残酷。当时台湾的知识分子眼见北埔事件、苗栗事件、西来庵事件等一连串抗日活动都惨遭失败。于是深刻地认识到在日本帝国主义的统治下，单独从事武装抗争无异以卵击石，因此兴起了以"文化"为主轴的抗日运动，希望借着思想上的教育，让民众得以保持抗日意识。在这样的理念下，旧有的鸾堂、诗社扮演起一种既反抗又合作的微妙角色，而新文学运动更成为抗日活动的一环而蓬勃发展起来。

1. 旧文学、新使命

日本殖民政府为了执行其同化台湾人民的政策，在改由文人出任台湾总督之后，就积极设法拉拢地方文人。而各地方的文人又都是当地的鸾堂与诗社的主要成员。在前面提到过，鸾堂是前清的文人在台湾沦为殖民地后寄托身心的地方，吟诗是他们的日常活动，这些人又都参与扶乩活动，乩文常以诗的形式出现，于是就形成了诗社。鸾堂在日据时代前期曾经发起两次大规模的抗日运动，成为日本警方必欲取缔的对象。而诗社却成为日本官方极力要拉拢的对象。

日本文人总督为了向各地地方人士示好，在各地举行"击钵吟"，来争取地方文人的好感。所谓"击钵吟"，就是在宴会中敲着"钵"（也就是"大碗"），即兴吟诗。这种即兴诗的性质类似于打油诗，没有什么意境可言，而且政治意味大过文学意味。当新文学运动兴起之后，主要的攻击对象就是当时社会上所流行的这种"击钵吟"诗体。

2. 新文学运动

日据时代后期的台湾新文学运动是从 1920 年 7 月《台湾青年》创刊开始，一直到 1945 年 8 月日本投降为止，历时 25 年。

台湾的新文学运动深受五四运动的影响。在意识形态方面，由于第一次世界大战之后"民族自决"高唱入云。在东京留学的台湾士绅子弟，联络大陆来日的留学生或朝鲜的革命青年共组社团，倾向于台湾的民族自决运动。这在台湾岛内引起广泛的共鸣，发展成为台湾议会设置运动。1921 年，台湾文化协会成立，采用渐进、温和、迂回的方式，向民众灌输民族精神，打破迷信和陋习，改革台湾社会，以造就一个拥有新知识、有近代文化特色的新台湾人社会。这个文化运动的首要工作，就是放弃文言文，改用白话文。这种主张完全承袭五四运动而来。

1920 年，在东京的留学生创办《台湾青年》，中日文并用。刊行的主旨就是要唤醒台湾民众的民族意识，以建立新思想、新文化的台湾社会，迎头赶上欧美国家。同时暗地里鼓吹台湾民众抵抗日本殖民统治。这份杂志在 1922 年改名为《台湾》，大力鼓吹白话文运动。黄呈聪在《论普及白话文的使命》一文中指出："我们的社会没有一种普遍的文体，使民众容易看书、看报、写信、著书。"所以民众不了解世界概况，愚昧落后。另一位留日学生黄朝琴也撰文呼吁台湾民众不要用日文写作，摒弃古文，用白话文写信和演讲。当时的留日学生以为，推行并普及国语（指以标准的北方官话来写白话文），以统一方言的分歧，启蒙民众，才是改革台湾社会的急务。

在大陆求学的台湾学生以张我军为首，不断向台湾介绍当时大陆上文学革命的内容和理论，要达成"建设白话文学，改造台湾语言"的目的。同时，在《民报》上转载鲁迅、郭沫若、胡适等人的作品。不久，就有赖和、杨云萍等台湾作家开始发表白话文作品。台湾新文学水到渠成。

但是，当时的社会环境并不利于以北方官话为标准的白话文新文学。由于日本人的殖民统治越来越稳固。日本语已经成为台湾中上阶层不得不接受的语言，也是殖民政府规定的官方语言，企求飞黄腾达，只得如此。然而当时台湾社会的 80% 都是一无所有的佃农，求三餐温饱都已不易，何来闲钱让子弟上学？最多只是在村中私塾读一点古文，学一点数算技术。用日本语来教化民众是台湾知识分子极不愿意的事，而且又违背民族意识。那么用古文来作为一般民众的沟通工具呢？中国传统的古文只流传在社会上层的文人圈，跟一般百姓无缘，也行不通。用白话文在理论上是最理想的，可是台湾社会的方言复杂，除了与大陆做生意的人和在大陆求学的学生之外少有人懂。因此，白话文跟古文一样，只是"文"，不是"话"，离言文一致的理想还很遥远。于是又有"台湾话文"和"乡土文学"的产生。

3."台湾话文"与乡土文学

"台湾话文"运动的基本理念是："语文是抗日民族运动中最重要的一环。要向一般民众灌输民族意识，打破陋习迷信，培养卫生常识，改革台湾社会，促进现代化，获得民族的解放，从殖民地的桎梏中挣脱出来，都有赖于普及民众的语和文。"于是，蔡培火等人用基督教传教士所引介的罗马拼音来写"台湾话文"，可是这种做法完全违背民众的民族意识，只能在长老教会中流传，无法成为社会通用的语文工具。

1931 年，黄石辉、郭秋生等人开始提倡乡土文学。他们的论点是：既然住在台湾，也都是喝台湾的奶水长大的，眼睛看的、耳朵听的都是台湾的消息，所有的经验都来自乡土台湾，那么作家描写台湾事务也就是天经地义、责无旁贷的事。文学是要触动民众的感情，不能用殖民统治者的语文（日文），不能采用属于地主阶层的古文，也不好采用贵族化了的新知识分子所提倡的白话文，而是一定要用苦劳大众惯用的"台湾话文"。"台湾话文"的文法和文字都可以用汉文来表达。这样的乡土文学必然会朝向写实主义发展。

当时也有不少人持各种理由来反对乡土文学，认为它狭隘、落后，只描述田园风光，不能跟大陆和世界的思潮衔接。其实，乡土文学最大的障碍是来自它自己。如果坚持用特有的"语"和"文字"，一旦离开本乡本土，这些语和文就没人懂得。台湾人看不懂用广东话写的香港报纸就是实例。文学本来就是要给众人看的，如果只囿限在一个小圈圈中，那么它的功用就打了很大的折扣。

（三）光复以后的文学：初期的艰辛情况

当国民党当局退踞台湾之后，带来大批文学之士，这些人为台湾的文学和艺术注入新的生命和活力。综观几十年来台湾在文学方面的表现，有两点大致可以肯定。第一，在文学的表现上，承接了民国以来的白话文运动；第二，在文学精神上，承接了中华文化的历史源头。其中在意识形态上或有争议，也或有偏失，可是总体说来，中华文化是台湾文学发展的主轴。

从1919年的白话文运动到1949年的30年之中，国家一直深陷在内忧外患的纷争和战争当中，在文学创作上只能算是摸索，谈不上什么可观的成就。1949年之后，稍有成就或稍有名望的文人鲜有来台者。因此，20世纪50年代台湾的文学界，有人讥讽为"文艺沙漠"。因此，现在我们看到的台湾文学蓬勃景象，是从沙漠中培育出来的。

另一方面，文学的读者太少。台湾由于受日本统治51年，能够读通中文的人已经不多。如何可以苛求有文学作品的读者？大陆来台的人士，恓恓惶惶，终日为衣食奔忙，也没有多少人能够有余力来购买文学作品。

由于处于"动员戡乱时期"，大部分原先在大陆时期所出版的文学作品统统被列为禁书。当时欧美及其他国家的文学作品也不容易得到。又因抗日的关系，禁绝日本的文学作品。于是20世纪50年代台湾的文学界是处在一个信息贫乏的局面。

1."战斗文艺"

国民党当局为了因应败于共产党意识形态的局面，于是就有了"战斗文艺"，由一群由大陆撤退来台湾的文艺工作者所领导，苦难的岁月使他们将整个生命融化在他们的作品里。无论是倾诉、呐喊、狂歌、抗议以及拼斗，都是他们生命力的呈现。在大陆惨痛大败之后的环境，很容易出现的失败思想却不曾具体地出现在"战斗文艺"里。

小说是"战斗文艺"中最为蓬勃发展的项目。主要的原因是各个文艺刊物需要大量的小说来充填版面，也因为有各种奖励。其他像诗、散文、剧本也都有相当数量的作品。

由于对共产党的认识不够，因此，在"战斗文艺"中所描写的共产党人，多半是因性格、权位而造成的罪恶与灾祸，要不然就是被描写成地痞流氓或汉奸、军阀。这种浮光掠影式的描述，引不起读者的共鸣。直到大陆"文革"以后的伤痕文学出来，像陈若曦的《尹县长》一书，由于细腻地描写共产党真实的一面，方在台湾的文艺文学界引起莫大的震撼。

在20世纪五六十年代，除了"战斗文艺"之外，在台湾社会上最流行的是武侠小说。有人认为，武侠小说的流行，是因为人们在战争、苦难、生活的压力下，追求心理上的麻醉。由于武侠小说不在文艺的范畴之内，文学界的人多半不予理会。直到琼瑶的小说出来，专讲男女之间的爱情故事，畅销一时，方才引起文学作家们的注意。论者以为，琼瑶小说的流行，代表着"局势渐趋安定，生活可以温饱，在工作闲暇中所需要的调剂"。

2.现代文学

人们目睹"二战"的大规模杀戮，再加上核子战争的恐怖威胁在20世纪60年代震慑着世人的心。于是，人们思索"战争的正义与非正义"到底如何分野？标榜正义一方的炮火同样的也会滥杀无辜，人存在的意义和价值也因而全被抹杀，这种情形岂不荒谬？用同样的道理来看人类所形成的一切文化观念、宗教信仰、政治制度等，要用教育、影响、管束等办法来塑造、扭曲和改变人类，使他成为某种文化理念、某种宗教信仰、某种政治制度的服膺者，完全无视于人本身存在的价值和意义岂不荒谬？

这种观念从国外引进之后，在台湾形成所谓的"现代文学"。严格地说，它是一种思潮，普遍表现在绘画、音乐、戏剧、电影等方面。它的表现内容多为情绪性的表达，如苦闷、迷失、愤怒、忧郁、彷徨等，以抗议、反对所有的现实。纯粹就艺术的表现形式来说，的确是开创了以往不敢尝试的领域，像现代诗在表象上呈现晦涩，用诗句的排列、字体的错置抒发诗情。现代剧更是自称"荒谬"，成为一时的风尚，可是对历史传承的全盘否定是有待商榷的。

3. 乡土文学

日据时代的乡土文学，在 20 世纪 50 年代沉寂了一阵子，到了1964 年方才有了新的转机。这一年老作家吴浊流创办了《台湾文艺》，林亨泰、赵天仪、吴瀛涛创办《笠》诗刊，都是以台湾本土现实情形为依归的文学。到了 1971 年以后，黄春明、陈映真、王拓、杨青矗等作家陆续出版小说，反映当时的台湾社会情形。像黄春明的小说《再见，莎约娜拉》就是在描述中小企业野鸡式推销带客户上酒家的情形。

这些文学作品出现之后，导致台湾的文学界逐渐形成正反两个阵营，争论台湾文学应该走哪一条路、什么叫作乡土文学等议题。这场争议持续好多年，一直到 1979 年发生高雄事件，王拓、杨青矗等人入狱为止。

总体来说，这场争论不仅仅是文学路线的争议而已。它关系到光复以后整个台湾的经济、政治、文化、教育各个层面，代表人民在台湾处境日益孤立的情况下，企求突破和创新，追求民主和自由的革新思想。它的根本精神是扎根于台湾人民朝气蓬勃、力求上进的灵性，跟日据时代反殖民帝国主义、反封建的新文学运动一样，也跟第三世界的被压迫民族站在同一个立场，对外反对新的殖民主义和经济侵略，对内反对腐化无效率的官僚主义，批判财阀和买办的贪婪豪夺，革新政治，欲求台湾的现代化。

4. 台湾文学

进入 20 世纪 80 年代，"乡土文学"成为历史名词，改称"台湾文学"。题材比以前丰富广阔。由于政治解严的关系，有一部分作家趁机开拓政治小说和政治诗的领域，勇于揭发政治的黑暗面和以前戒严时期的政治迫害，直接描写政治犯的狱中生活。

另外，有一批作家尽管对政治有所批判，但避免直接抨击，而是站在高处俯瞰社会百态，作客观的描写。因此，他们的题材就是民众日常生活的各种困扰：从公害到生态保育、从电视到信息、从性生活到生育、从教育到文化……无所不谈。他们的作品非常注重日常性，扬弃了作家使命感、历史性等包袱。

20 世纪 80 年代有两个重要的文学发展，其一是和电影的结合。白先勇、黄春明、王祯和、杨青矗、七等生、朱天文等人的作品纷纷改编成电影。其二是报告文学的兴起，摄影与文学的结合，呈现图文并茂的作品，于是文学的范围再度扩大，从言情小说、武侠小说扩大到推理小说、科幻小说。

二、艺　术

（一）清代的艺术风气

清代台湾的书画，基本上是由地方乡绅附会风雅而带动起来的。就目前所存的数据来说，可以见得到的书画作品可以上溯到乾隆、嘉庆年间的林朝英（1739—1816）。他是一位商人、书生，也是一位热心地方公益的乡绅，他被誉为"清代唯一台南出生的艺术家"，传世的作品有他的自画像和《蕉石白鹭》《水墨荷花》等。

清代台湾富有之家常常从广东、福建聘请文人来当教席，或者来为家中的堂庑做彩绘装饰，或者协助收藏古董。著名的文人有道光年间的吕世宜（1784—1876）和谢管樵（1811—1864），分别为台北的林本源家和新竹林占梅家的宾客。林本源家的"汲古书屋"专门收集、传摹、拓写古代的金石书帖，由吕世宜主持。谢管樵的作品主要是从18世纪"扬州八怪"遗风而来，以花鸟见长，为富豪之家彩绘。他在台湾的时间不长，可是影响深远。

清代各地寺庙的墙壁上多有彩绘，士人的书房里面也都要放上许多古董、字画。在私人园邸集会时，往往陈列许多书画，以娱嘉宾。每逢年节元宵，在庙埕经常举办灯谜活动，同时进行书画展览兼交易买卖。民众也非常喜欢在这种场合参观古玩，这种风气一直持续到日据时代。

（二）日据时代初期的传统文人书画

日据时代初期军人执政，由于忙着削平各地的反抗势力，无暇顾及文学艺术。直到1919年首任文官总督田健治郎就任后，方才开始注重文艺活动，以点缀"太平盛世"的气氛。

这时候有许多书画家坚持清末的传统，不愿迎合殖民者的新文化政策，特别是鹿港地方的文人。自道光、咸丰以降，鹿港出了多位举人和进士，文采风流，不乏其人。鹿港的士子往往应聘至台中雾峰林家及彰化各地乡绅家中担任教席，组织诗社，推动文风。以书法闻名的有庄士勋（1856—1918）、郑鸿猷（1856—1920）、郑贻林（1860—1925）等人。庄士勋为清末举人，他的行书是"杂颜柳为一炉"。郑鸿猷是前清的秀才，对于帖学颇见功夫，字体圆润舒畅。在台北则有洪以南（1871—1920），他师法郑板桥，以墨竹著称。洪雍平在石鼓文和行草有杰出的表现，两人并称"艋舺双璧"。

1927年以后，"台湾教育会"年年举行台湾美术展览会。这些传统书画家都没有参加这项展览，因而被排挤在美术的主流之外。这是因为日本当局借口这些作品是用中国的原有形式，不符合"新时代"的精神。其实就是文化歧视和消灭中国传统文化的具体做法。

1. 台湾美术展览会

1927 年，"台湾教育会"主办台湾美术展览会，分西洋画和东洋画两类。这项活动一直持续到 1943 年方才中止。东洋画在初期都是以日本画为主，而台湾人对日本画非常陌生。

第一次在台展览东洋画，共有 171 件送审作品，选出 33 件，其中台湾人的作品只有 6 幅入选。所有传统的书画全部落选。入选的 6 件作品包括林玉山 2 件、陈进 3 件、郭雪湖 1 件。林玉山和陈进都是到日本师范科学过日本画的学生，郭雪湖是自学的。这样的结果让传统画家一片错愕，也使得青年学子纷纷改学东洋画，弃传统书画如敝屣。

林玉山出身于传统的裱画店，11 岁起就临摹福建传来的书画稿，以应付顾客。1926 年至 1929 年，赴东京川端学校，先习西洋画，再转学日本画。1935 年至 1936 年在京都专心研究掌握用色的秘诀，并到图书馆大量临摹并吸收有关宋元两朝名画和日本南画的资料。

郭雪湖自小喜欢涂鸦，在日新公学校就读时碰到喜欢画画的陈英声，学得写生的基本观念。1924 年在台北大稻埕拜蔡雪溪为师，取艺名"雪湖"。1927 年以参杂临摹和写生的作品"松林山寺"意外入选台湾美展。1931 年到日本旅行，方才认识到日本当代绘画的真面目。

2. 西洋画的传入

西洋画是日据时代方才传入的新项目。主要的传播者是石川钦一郎（1871—1945）和盐月桃甫（1886—1945）。石川的画风学自英国的自然田园水彩画，这种写实风格流行于当时日本一般社会和普通学校。1924 年石川来台专任台北师范学校后全力教书，培养学生的美术兴趣。盐月是 1921 年至 1945 年在台北一中（现在的"建国中学"）及台北高校的资深美术教员。他的画风近似印象派和野兽派之间，他教的学校都是以日本学生为主，跟台湾学生的接触比较少。不过在全民族抗战后期，他独力筹办台湾美术大展的西洋画部分，也经常引进日本非主流画家的展览，对新生代的美术有一定的影响。

3. 美术留学生

日据时代中期，开始有台湾的学生到日本和欧洲去学习美术。第一个成名的留学生是黄土水（1895—1930）。他在 1920 年时以"蕃童"入选东京的第二届帝国美术展览会。消息传来，轰动台湾，被认为是留学生的文化英雄。黄土水是艋舺木匠的子弟，11 岁才上公学校，后入"国语学校"，以优异的成绩获得公费入读日本东京美术学校的雕刻科。他原本就有很好的民间雕塑基础，留学期间又非常用功地学习有关石雕、泥塑像、石膏像、铜铸像的技法，终于发展出他个人结合写实和田园叙情风格的技法。在他人生最后 3 年呕心沥血的作品《水牛群像》更成为台湾早期田园抒情风格的代表作。

陈澄波（1895—1947），嘉义人。入台北"国语学校"时，石川钦一郎教他写生和水彩技法 1 年。1924 年陈澄波 29 岁方才进入东京美术学校图画师范科。3 年后毕业，回台找不到工作，于是到上海，任教于新华和昌明两所艺术学校，1933 年返台。由于这段经历，使他决心摆脱东京美校外光派的传统，从中国的山水画中找西洋写生风景画的新路线。后不幸在二二八事件中丧生。

刘锦堂（1894—1937），台中人，1916 年入东京美术学校西画科，1920 年前往上海、北平，改名王悦之，入北京大学勤习普通话，并与同好创立北平最早的西洋画会。在北平的 16 年间，曾经担任北平美术学院的院长。

留法的学生也不少，有名的计有颜水龙、杨三郎、刘启祥、陈清汾等人。这些人的共同特色都是家境富裕，先在日本接受长达 7—9 年的美术教育，再转往欧洲游学。他们在法国都曾入选巴黎秋季沙龙，回国后也热热闹闹地举行"滞欧个展"，扩大台湾民众的文化视野。

另外，值得一提的人是李梅树（1902—1983）。三峡富商家庭出身，自小喜欢绘画，他的作品曾经入选第一、二届台湾美展，参加过石川钦一郎的美术讲习。1928年到东京美术学校入学。1934年回台湾，与杨三郎成立台阳美术协会。战后李梅树担任三峡地方民意代表，与地方农会、合作社的理事长，并自1947年起负责三峡祖师庙的重修、扩建工程。这项工程一直持续到他去世尚未完成。但是，三峡祖师庙的雕刻已经名闻中外。

（三）光复之后的变化

国民党当局退踞台湾之后，与台湾的美术思想发生了相当大的冲突。台湾画家认为台湾美术的成就超过大陆，而大陆来的画家却认为被日本殖民政策奴化了的台湾文化亟待扬弃，因而不屑一顾。经过二二八事件，台湾本土画家一时噤声，中国传统的水墨画再度成为主流。其中最享盛名的画家为张大千（1899—1983）、溥心畬（1896—1963）和黄君璧（1889—1992）3人。

张大千，四川人，19岁到上海，拜曾熙、李瑞清为师，也曾短期到过日本，40岁时组团到敦煌临摹古画两年半。"二战"后流寓国外，也常来台北，举行画展十多次，直到1978年方才定居台北。张大千书画的特色有三：

1.博学广闻，具有传统文人诗书画三绝的造诣，又有很深厚的鉴赏古画的经验，再加上自我的独特发展。

2.彻底地临摹古人，笔法精湛，从明末四僧直溯宋代的董源、巨然，在敦煌期间又习得人物画的紧劲线描和重彩设色。因此他可以伪造许多唐代以降的名家作品，连专家也不易辨认。

3.雅俗兼容，新古俱现。在复古的作品中加上浓艳的装饰和视觉的刺激性，使得他的画老少咸宜，如《春眠》《庐山高》等名画。

溥心畬是清末恭亲王奕訢的孙子，自小就玩赏临摹恭王府所藏的宋、元、明、清历代精品。他以经学家自居，自称他的诗比书法佳，书法又比绘画强，他所代表的是文人画的雅逸传统。溥心畬在台湾的15年，除在师大艺术系上课外，登门求教的人非常多。他始终坚持前清遗老耿介孤高、不问世事的态度。

黄君璧是广州人，正式入新式的美术学校"楚庭美术学院"学习西画，广泛地接触明、清绘画传统，因此能够撷取西方的写实技法，如近景透视法和光影明暗双比效果，融合浓墨与干笔侧锋滚动的笔法，取得简洁而开阔的画面。这种糅合中西画风的做法，很受重视。他担任师大艺术系教授兼系主任20年，带出学生无数。

除了这三位大师之外，值得一提的画家还有江兆申、郑善喜、欧豪年、陈其宽等人。

艺术是人类情感抒发的表现。一件上乘的艺术作品是艺术家在整合了他所得到的各种信息之后，从他的觉性和悟性之中油然产生出来的一个念头，再把这个念头具体表现在物质的层面上。这种觉性不是理性的分析，也不是感性的表现，而是从"定、静、安、虑"的境界中得之。可是，我们从台湾美术史的发展过程中可以看出，大多数的艺术家一直以"理性的分析"作为主要的学习手段，不断分析前人的作品，再一笔一画模仿，像则像矣，却很少能产生真正可以触动心灵的作品。

三、戏剧和音乐

自隋唐五代以降，福建的音乐歌舞乃至杂技戏曲都非常兴盛。当福建人移民台湾时，很自然地会把这种根深蒂固喜好音乐戏剧的风气带到台湾来。清代的台湾妇女非常喜欢看戏，康熙三十六年（1687）郁永河在《裨海纪游》的"台湾竹枝词"中提到当时在妈祖庙前演出南管的情形："肩披秀发耳垂珰，粉面朱唇似女郎。妈祖宫前锣鼓闹，侏伶唱出下南腔。"当时戏班很少有女演员，所有的女角都是由男人假扮，因此才说"粉面朱唇似女郎"。"下南腔"是指漳、泉两地的唱腔。在清代，只要碰上神明的诞庆，都要演上几天的戏。

日据时代初期的《台湾惯习记事》记录当时台湾流行的戏剧有八种：

1. 大人戏：弟子学成满 20 岁以后成为独立演员时所演的戏，完全用北管。

2. 查某戏：少女组团演出的戏，完全用北管。

3. 团仔戏：由男童和少年演出的戏，完全用南管。

4. 子弟戏：良家子弟为了兴趣和娱乐所组成的戏班，自费演出。

5. 采茶戏：一对男女对唱情歌，完全用北管。

6. 车鼓戏：由男女在台上开黄腔讲笑话的戏。

7. 皮猴戏：也就是皮影戏，用北管伴奏。

8. 木偶戏：又叫傀儡戏，多用南管，也有用潮州音乐。

音乐有圣乐（孔庙所用的音乐）、十三腔、郎君乐、南管乐、北管乐、祝庆乐、葬丧乐、后场乐、福州乐 9 种。

四、歌仔戏的源起及发展

歌仔戏是日据时代方才开始流行的戏剧。根据曾永义教授的考证，歌仔戏源自福建的"杂锦歌"，又叫"锦歌"，来了台湾之后改称"歌仔"。曲调包含了近于念诵的"杂念仔""杂碎仔"，悲调的"五空仔""四空仔"，以及来自于小调的四平、乱弹、傀儡戏等。主要的曲目有《陈三五娘》《梁山伯与祝英台》《孟姜女》《吕蒙正》《王昭君》等。

一般的说法是：在日据之初，宜兰员山乡有一位名叫欧阳来助（被日人强迫改名为欧来助）的人，以善唱"本地歌仔"闻名于乡里，大家都叫他"歌仔助"。在1910年的时候，他和好友翁南一开始教一些乡中子弟唱"本地歌仔"，内容是《梁山伯与祝英台》。后来名气越来越大，又到外地教唱"歌仔"。

事实上，由于看戏的风气比较兴盛，唱歌仔的班子当然也就很多。跟欧阳来助同时在宜兰以唱"歌仔"著称的人还有"流氓帅"和"陈三如"，他们和欧阳来助共同拜一位叫"猫仔源"的人为师。他们所教的子弟到台湾各地的庙会去演出。只是，后来欧阳来助的名气大，大家也就把功劳都归之于他了。

在日据时代，歌仔戏流行一时，也遭来许多古板卫道人士的咒骂，认为"歌仔戏的发生是出自下流社会"，是"郑卫淫声，演员人格卑劣，歌词煽情，动作浪荡"，因而要求禁演。这种论调跟日本的同化政策有密切的关系。歌仔戏的戏码都是中国传统的老故事，日本的同化政策就是要斩断台湾人民的中国文化根苗，因此才会加上许多莫须有的罪名。

（一）京戏

京剧传入台湾始于刘铭传抚台时期。他为了替母亲祝寿，特地从北京请来戏班演出。后来的巡抚唐景崧为母祝寿时也从上海请戏班子来演出京戏。因此，京戏从一开始进入台湾就流行于社会上层达官贵人之间。

日据时代的豪富之家是不看歌仔戏的，而是请自上海和福州的京剧戏班到自己家中演出，或者到戏院公开上演。连酒楼艺妲所唱的也由南管改为京戏。辜显荣是这方面最强力的提倡者，经常宴请达官富商观赏来自福州和上海的京剧演出。他更买下淡水戏馆，改名为"新舞台"，让从上海、福州来的戏班可以有一个比较理想的表演场所。

（二）霞海城隍祭典

台北大稻埕是清末和日据时代台湾的经济中心，大量的南北货物、药材、布匹和五金杂货在这里批发集散。每年农历五月十三日霞海城隍祭典始于光绪五年（1879），是因茶业外销带来巨大的商业利益而有的谢神活动。到了日据时代中期，当地的茶商、布商、药商为了促进商业、扩大销路，利用一年一度的祭典，请来各地有名的戏班子，也从上海请来京戏班子，邀请中南部的中盘商前来看戏，趁此机会结清前一年的欠账，也谈好当年的订单。在这种商业促销活动的带领下，台北大稻埕的各个商业戏馆竞相推出最好的戏码，看戏就成为当时最时髦的交际应酬活动。

这时还有新剧种出现，那就是"文化戏"。近似于西洋的戏剧，但看的人不多。

歌仔戏也在这个时候大为流行，风靡全台湾。这可能是因为歌仔戏接近一般人的日常生活，又没有固定的格式，很快融合了海派京剧和其他大戏的特色，使人耳目一新，成为当时年轻人的最爱。

（三）小说、电影、流行歌曲与社会的互动

小说、电影与流行歌曲都是在光复之后才开始有的民间通俗艺术。民间通俗艺术往往最能反映当时的社会状况，但是其中的电影要花费大量的资金，集合了声光效果，所以又最具有传播的能力，能把小说与音乐结合起来，给予观众身临其境的感受。于是20世纪的通

俗艺术表现与以前有了很大的不同。这种休闲性质的艺术，当然是在越富有的社会越有高度的成就，所以从这三者在台湾的成长与演变过程中，可以寻找出台湾社会改变的轨迹。

流行音乐之所以会流行，要有一个使它能够流行的媒介，如果像台湾刚光复时期那种一个村子只有几部收音机的情况，再好的歌曲也流行不起来。经济一步步地发展，让收音机在电视机还没进入客厅以前成了每个家庭最重要的娱乐器材，它带给流行音乐很好的发展机会。到了20世纪60年代之后，会有一些家喻户晓的流行歌曲，要拜电影之赐，一部脍炙人口的电影当然会把主题曲连带地炒作起来。而电影要有剧本，剧本最方便的来源便是小说，所以小说、电影与流行歌曲原本都是可以独立存在的艺术表现，经过了商业的串联与包装，产生了相互依存的密不可分的关系。

在日据时代末期，已经开始有人填词谱曲，成为台湾创作歌谣，像《雨夜花》《月夜愁》《望春风》等歌曲。同时，在上海也开始有人写一些流行歌曲，如《何日君再来》《毛毛雨》《凤凰于飞》等。由于日据时代采用高压统治，台湾人民的心情是非常郁闷的。因此，这个时期的创作歌谣，除了《满山春色》《四季红》这两首描写太平景致的歌曲之外，其他的歌曲都是以悲调为主，怨叹人生多舛，也暗指时代的悲情。这种悲调形成了后来台语歌曲历久不变的特色，到今天还不能完全脱离。

20世纪50年代，香港制作的电影在台湾流行，电影的插曲就成了流行歌曲，如《桃花江》《情人的眼泪》《不了情》等。台湾这时还没有足够的能力去拍摄一些比较有内容的电影，台北市几家大型的电影院大多是放映美国片，仅有的几部国语片都来自香港。每播映一部香港片就多一首歌曲在台湾流行。

这一时期台湾的小说作家也不多，金杏枝把台湾在"养女"习俗下女性地位卑微却又不肯向命运低头、努力去追求爱情的过程写成了几部小说。从日据时代就开始的贫困生活，女人在舞厅、酒家上班，认识了从大陆到台湾，能过着较优沃生活的人，两种不同文化与社会背景的人产生了恋情，经过了努力，克服了家人的反对，终于能结成眷属。这种固定模式所写成的小说，反映了人性的各种层面，也完整地描述了当时社会上人与人之间的差距，再经过电台的广播，赚了不少人的眼泪。

另一种小说是描述在大陆上的种种，并不一定是以"反共"为主，而是兼有了大陆各地的风土民情，像东北打胡匪的故事，或是某个农村里的冲突，能让从来不曾到过大陆各地的人对隔海的那一大块土地产生无限的遐想，也让从大陆来到台湾的人勾起缕缕的思念。

很显然，这两种类型的小说都完全符合了当时的政策，国民党希望能把本省人与外省人之间的隔阂尽早消除，更要让偏安在台湾的民众不要忘记了自己的老家是在大陆。

小说、电影与流行歌曲三者正式大量的结合是从琼瑶开始。20世纪50年代末期，金杏枝、禹其民的小说渐渐过时，取而代之的是能够充分表现当时台湾社会的"写实小说"。20世纪60年代初期，钟肇政等人创办了一本名为《文坛》的刊物，在这本厚达200多页的月刊里，几乎每一篇都在描述着一个个从农村到城市里谋生活却苦无学历与知识的小人物如何去适应社会的改变。他们在农村里可以随心所欲，但是一到了都市却寸步难行。

与《文坛》这种写实文学相抗衡的人便是琼瑶，她以得自于家学的深厚文学修养，加上女孩子的梦想，把男女之间的情爱以国民党政府退踞台湾前后的社会作为背景与因果关系，塑造出一个个"不食人间烟火"以及可以为了爱情牺牲一切的"梦想式"爱情故事。

写实文学免不了有过多的悲情，而这时台湾社会已经接受了很多西方的思潮，在西方古典爱情电影与小说的协助下，年轻人都幻想着自己也能有一场这样轰轰烈烈的恋爱。于是写实文学依然孤独地走着自己悲情的路，把大部分小说的市场让给了梦呓式的琼瑶。

20 世纪 60 年代是琼瑶小说的全盛时期，70 年代的后半期开始是琼瑶电影的天下，乌托邦式的爱情加上逃避、保守与滥情的特色，以鲜艳的色彩与梦幻般的场景，把看电影的观众带进一个迷离的幻境，人人都幻想随着《彩云飞》寻找《心有千千结》做起《一帘幽梦》，把生活的压力丢到一边，或者在已经够多彩多姿的求学生涯中再添加一些琼瑶式的爱情。庄奴、古月以及后起的刘家昌为这些电影所写的歌曲，由歌声委婉动人的邓丽君来演唱，不知让多少人为之倾倒。

琼瑶集小说、电影与流行歌曲于一体的风潮，虽然得到了市场，但是在青年学生的想法中还是宁愿把它当作是一种"情感的偷渡"。这个风潮对台湾的经济发展没有帮助，只是民众增加了在娱乐方面的消费而已，卫道的人士当然要把它称作"靡靡之音"，靡靡之音足以亡国，于是又有一波相反的电影潮问世。

这股相反的电影潮是一连串以抗战为背景的战争电影，1974 年的《英烈千秋》、1975 年的《八百壮士》《吾土吾民》、1976 年的《梅花》、1977 年的《笕桥英烈传》、1977 年的《强渡关山》与《望春风》等，这些被称为"军教片"，都强调坚忍不拔的中华民族精神和维护国家至死不悔的信念。

20 世纪 70 年代距离抗战胜利已有 30 年之久，为什么抗日电影还有这么高的票房？任何人都可以简单地回答这个问题，就 70 年代以来，当人们致力于经济建设时，日益模糊的民族精神也必须再巩固。这些足以让人热血沸腾的大场面电影再次唤醒了民族心，也让不少人重新建立了对国家民族的认同。

其中《梅花》这部电影的故事背景是台湾，描写一位回头的浪子，在目睹全镇人奋力协助国民政府对抗日军后大彻大悟，决心做个顶天立地的中国人。他因为不肯出卖国军的间谍，最后被日本人判处死刑，在赴刑场的途中，他慷慨激昂地唱起《梅花》，鼓舞送行的幼儿，并召唤他的民族精神。随即在路旁观看的男女老幼也开始唱着《梅花》，不约而同地加入送行的队伍。歌声由小变大，逐渐取代影像，成为叙事的主体。不论是剧中主要的人物，还是由临时演员扮成的旁观者，都一起被歌词中圣洁不屈的国族意象，引导至民族情绪的亢奋。而观众也被简洁动听的二段式曲调连带地引入类似的情绪，超越了现实与虚构的藩篱，抹去了时间与空间的差距，想象作为中国人的不幸与骄傲。这首歌因为歌词简单，含义又广，曲调采用最通俗的民谣曲式，再在当局的大力推广下，成了这些抗战电影中唯一能够广泛流行的电影歌曲。

20 世纪 70 年代的学生是台产电影与流行歌曲的"死忠"反对者。琼瑶风潮以前，那种带有一些日本味又土里土气的台湾歌曲，以及不脱上海风格的国语歌曲，都无法被学生所接受。

而这一时期，美国在越南战场上一直占不到便宜，而且在某些方面看来，这场"不求胜利"的战争师出无名。美国这时还是征兵制，当兵是义务，但是被派到越南去打仗到底是为了什么，谁也弄不清楚，于是反战的浪潮一波接着一波，人们通过各种方式传达个人的想法，其中乡村歌曲是宣泄的管道之一。美国乡村歌曲大多是一些根本没有受过正统音乐教育的年轻人的即兴创作，先在乡村比赛，得到了名次之后，再到城市里比赛，凡是得到优胜的作品，借着美国强大的宣传媒体，很快就会在全世界流行。一曲成名，名利双收的人屡见不鲜。由于这时还没有所谓著作权的问题，美国刚流行的乡村歌曲，立刻在台北市的唱片行里以一张唱片 10 元新台币的价格可以买到，价廉物美，正好迎合了对无歌可唱又大量接受着美国文化的台湾学生。

但是乡村歌曲毕竟是别人家的东西，并不能完全代表这一代台湾青年的心声。"难道读了这么多年的书，连一首真正属于自己的歌都写不出来吗？"这个问题从 20 世纪 60 年代开始就萦绕在每个大学生的脑海中。

1967 年，刚从美国回到台湾的李双泽，在淡江大学的西洋民歌演唱会上掷破一瓶象征着美国文化的可口可乐，并演唱《国父纪念歌》及《补破网》等 4 首台湾民谣，成为民歌史上有名的"淡江事件"，他要唱的歌是真正属于中国青年的歌，而不是让台湾成为美国文化的殖民地。

李双泽的这个举动震撼了许多人的心，但是谁来写歌呢？从小受到的音乐教育，已经把巴赫、贝多芬、莫扎特这些作曲家都神化了，总觉得写歌作曲不是一般人的能力所能及。每年师范大学音乐系的毕业生所写出来的歌曲，仍然停留在"儿歌"的阶段。最高级的音乐科系都只有这样的成绩，对其他学校音乐科系的毕业生就更不用寄予什么期望了。这时台湾的学生还很保守，保守得不敢表现自己，何况这些不成熟的作品还不敢发表，只有李双泽是一位孤独的"校园游唱诗人"。

美国乡村歌曲的创作方式给予了台湾青年新的启发，认识到歌曲的形式原来还可以这样改变，不必考虑那么严谨的乐理，只要用旋律与音符完整地表达出内心的想法便是一首好歌。

终于，在 1975 年 6 月，杨弦借台北市中山堂举行"现代民谣创作演唱会"的机会，为余光中的新诗谱了曲，成为"乡愁四韵"，这 8 首歌是台湾新流行歌曲的起点。接着出版《中国现代民歌集》，清新的诗文，配合一改以往窠臼式的旋律，只凭着一把吉他，唱出远方游子对故国旧地的怀念。

《中国现代民歌集》像一颗烟花弹，爆出了台湾流行乐坛满天空的烟花。经济的起飞已经为台湾塑造了一份珍贵的自信心，青年学生也渐渐敢于表达自己的想法，于是再从"现代民歌"中寻求蜕变，扔掉更多学院派的束缚，找寻更旷达自由的创作空间。校园里不再只有李双泽一个人踽踽独行，突然冒出了许多背着吉他哼唱着自己心情的同好。代表青年人心声的新歌不断出现，只要有感情就能写歌，只要有个人特色的嗓音就能成为歌手。吴楚楚、罗大佑、陈明韶、邰肇玫、韩正皓、齐豫、蔡琴、王梦麟、黄大成、李健复等人都没有正统的音乐背景，却成了这一时期通俗音乐界炙手可热的人物。从现代民歌里演变出来的校园民歌，完全取代了现代民歌的地位，成了当时流行音乐的主流，连号称"喝一杯酒，就能写出一首歌"的鬼才刘家昌都被比了下去。

1977 年新格唱片公司举办第一届"金韵奖"，针对校园民歌作奖励性的甄选。校园演唱会一场接着一场举行，在自己校园里唱不过瘾，还要联合其他学校一起举办更大型的新歌发表会。这些学生没有办大型活动的经验，可是有不怕丢脸的勇气，每场演唱会总是弄得笑话百出。没有豪华的布景，用不起鲜艳夺目的舞台灯光，也没有华丽的衣服，每个上台演唱的人除了一身牛仔装之外，就只有淳朴的歌声与空心的吉他。

校园民歌的洪流无人能够阻挡，这种原先只是年轻学生自己编写自己唱着玩的歌曲，很快地占有了绝大部分的流行歌曲市场，连成年人及老年人也投入了欣赏的行列。其中对国家民族的认同与民族情感的再现，仍然有着不可轻忽的分量。像《龙的传人》《那一盆火》这一类的歌，再一次以鲜明的民族意识鼓动起了听者澎湃的民族感情。但另一方面，从李双泽开始，就已经蕴藏了对这种"大中华民族意识"的反动。他们要歌咏的是眼前的这块土地，与已经在这块土地上生活了几百年的人们。听众要在这两种极端中自己去寻找妥协的空间，这便为民歌埋下了一个危险的因子。这时"行政院新闻局"对于公开发表的歌曲要审查，李双泽便因为《美丽岛》与《少年中国》这两首歌送审遭退而更加有名，但是不幸在不久之后（1977年）他因下水救人而溺毙于淡水。

校园民歌的兴起代表琼瑶时代暂时告终，它后来的走向也渐渐把日益淡忘的民族感情用起飞的经济来替代。有人认为这段时期的校园民歌不能用"民歌"这两个字来代表，只能称之为"校园歌曲"。因为民歌就是民谣，那是自然泉涌出来的吟唱，谁也找不出最原始写词作曲的人，同时民谣因为它代表了长时期的风土民情，所以无论是曲风或歌词，都很明显地让人一听就知道它是什么地方的民谣。校园民歌并不完全具备这些条件，所以只能称之为校园歌曲，而不应该被升格为民歌。校园民歌的确是某些人刻意完成的作品，但是不可否认它也唱出了这一时期台湾年轻人的心声，也代表了此一时期台湾的文化。

琼瑶时代告终，使小说也寂静了下来，大家的注意力似乎都被校园民歌所抢去。而校园民歌又与电影产生了关系。1979年的《欢颜》与《早安，台北》首先以校园民歌为主题曲。《欢颜》是叙述一位丧失了男友的女子与一位鳏夫相恋，不久发现怀了前男友的孩子，在众人反对下，她毅然地生下了孩子，主题曲《橄榄树》一开始"不要问我从哪里来，我的故乡在远方，为什么流浪，流浪远方，流浪"，若隐若现地表达了这个女子对现实的反叛。李泰祥以古典音乐的形式为这首女作家三毛所写的词编曲，齐豫用天生厚实又高亢的嗓音来诠释，三个人的特色加在一起，完全展现了校园民歌是集许多个人特点而成的特色，成为经典之作。

无论歌曲、小说或电影都是在表现某一时段中社会的特色，但是相对的，歌曲、小说与电影也受到当时环境的限制与压力。1981年推出的《龙的传人》又是一部强调国家民族认同的电影，它的产生是因为美国改变"外交承认"已经两年，台湾已经习惯了"外交部"一直在进行"绝交"工作，但是未来的台湾又是个什么模样？还是一个隐藏的疑问。在《龙的传人》这部电影中，使用校园民歌来刻画一个具有现代民主、科学、传统美德和坚定民族信念的新中国。著名民歌如《让我们看云去》《那一盆火》《龙的传人》等都在影片中出现。不仅让大家了解了台湾未来的形态，也代表校园民歌已经成了政治宣传中必要的管道。

在校园民歌取得主流地位之前，每个电视综艺节目中，"新闻局"规定要有 20% 的"净化歌曲"，所谓"净化歌曲"是指没有谈到男女爱情而又充满爱国情绪的歌曲，可是创作"净化歌曲"的人很少，于是刘家昌的《梅花》与描述越南沦陷后难民在南海四处漂流的《南海血泪》几乎成了每个节目必播的歌曲。可是校园民歌曲式清新，不同于古典又不流于通俗，对男女情爱的描述似有若无，这种歌到底属不属于"净化歌曲"成了疑问，连"新闻局"都不知如何分类，最后只能随着社会风气开放的脚步，取消了"净化歌曲"这个名词，不再对综艺节目有所限制。

校园民歌的先天性缺点是除了人为刻意的铺陈之外，它素材的贫乏是另一个致命伤。民谣是从生活与环境中不断地锻炼中来的作品，所以它能历久而弥新，台湾社会这时正处在多变的状态下，每一年看起来都是不同性质的时期，年轻人也还难脱多变的性格，一时的感触所能代表的东西很有限，于是民歌在流行了三四年后便也开始改变，摇滚乐的风格也渗入了民歌的领域。

20 世纪 80 年代已经进入了台湾经济的全盛时期，快速工业化的结果造成了城乡之间的差距，乡下人如何面对这个差距，乡间的年轻人又如何适应这个剧烈的变化，成了此一时期电影的主题。《海滩的

一天》《儿子的大玩偶》和《风柜来的人》都是缅怀工业化和现代化
以前的台湾社会，而真正能算是 80 年代代表作的电影则是《搭错车》。
这部影片的重要性在于它表现的现代性，也在于它对现代化的支持和
对传统的抛弃。在现代性方面，主题曲之一《一样的月光》在由吴念
真、罗大佑合写的歌词中完全表露无遗：

> 什么时候儿时玩伴都离我远去
>
> 什么时候身旁的人已不再熟悉
>
> 人潮的拥挤
>
> 打开了我们的距离
>
> 沉寂的大地
>
> 在静静的夜晚默默地哭泣
>
> 谁能告诉我
>
> 是我们改变了世界
>
> 还是世界改变了我
>
> 和你一样的月光
>
> 一样的照着新店溪
>
> 一样的冬天
>
> 一样的下着冰冷的雨
>
> 一样的尘埃
>
> 一样的在风中堆积
>
> 一样的笑容
>
> 一样的泪水
>
> 一样的日子
>
> 一样的我和你
>
> 什么时候蛙鸣蝉声都成了记忆
>
> 什么时候家乡变得如此的拥挤高楼大厦

　　　　到处耸立

　　　　七彩霓虹把夜空染得如此的俗气

　　　　谁能告诉我

　　　　是我们改变了世界

　　　　还是世界改变了我和你

　　李寿全在作曲时用了摇滚的曲式，让女主角在模仿美国赌城拉斯维加斯的布景前与庞大的舞群奋力地演唱，象征她从农村出来，到处在追寻不一样的感觉，但是找到之后又觉得意外地空虚。

　　这个女主角是个弃儿，被一位以收旧货与破烂为业的哑巴叔叔养大，长大之后，为了追求财富，她不惜出卖自己，虽然在歌坛出人头地，但是却遗忘了塑造她生命的养父。她这种嫌贫爱富的心理，被扩张成为台湾追求现代化的过程。追求现代化总要丢掉一些原来的东西，于是剧情中安排了退伍的老兵被水淹死，贫民区里好心的邻居被火烧死，而自己家因为是违章建筑要被拆掉，导致年老的哑巴叔叔病死。等到旧的都丢掉了之后，才又兴起了怀念，含着眼泪在华丽的舞台上唱出了另一首主题歌《酒干倘卖无》（闽南语"收破烂"的意思），宣泄出对养父的感恩与怀念：

　　　　多么熟悉的声音

　　　　陪我多少年风和雨

　　　　从来不需要想起

　　　　永远也不会忘记

　　　　没有天哪有地

　　　　没有地哪有家

　　　　没有家哪有你

　　　　没有你哪有我

　　　　假如你不曾养育我

给我温暖的生活

假如你不曾照顾我

我的生命将会是什么……

工业化的过程中，有多少人离开了家乡的父母，在亲情与事业的冲突下，人们为了要能向前迈进，只能选择未来，《搭错车》写出了这份无奈。

电影、校园民歌的关系到此达到了顶峰，以前不看国语片的学生已经无条件地回归了本土。原来素材不够的校园民歌也到了没有更新题材可写的地步。再加上大量的商业化，使原本朴实无华的校园民歌被污染了。为鼓励校园民歌而办的"金韵奖"也在举办了5年次后停办。从另一方面看，校园民歌已经完成了阶段性的任务，为台湾流行歌曲指明了一个新的方向，让原来没有歌可唱的年轻人有了自己的音乐。以前断然把流行歌曲定义为"靡靡之音"的人，也体认了流行音乐有不可动摇的重要性，于是又进入了一个转变的时期。

校园民歌最大的特色是突显个人的特点，这种风格被保留了下来，也影响了香港的歌坛，以后每一个歌手如果没有个人的特点根本没有生存的空间，以致造成了年轻学生迷恋歌星的后果，但是已经很少人再会沉醉在美国歌曲之中。

与此同时，电影与流行歌曲开始出现分道扬镳的状况，电影开始对20年来台湾社会只接受美国文化展开了批判，也对于自己所立足的这块土地重新加以审视。毕竟在国际上找不到适当的定位，唯有自己先珍惜自己的土地才能被人重视。于是国家民族观念开始模糊，本土意识无法遏止地抬头。1989年侯孝贤的《悲情城市》与1991年杨德昌的《牯岭街少年杀人事件》便是其中的代表。

但是编剧者以后现代主义的手法，留给了观众很大的想象空间。《牯岭街少年杀人事件》中，清楚地指明了在20世纪60年代以前，青少年对传统文化完全不能接受，美国这一时期的摇滚乐在他们心目中存在着不能动摇的地位，而社会却很直接地就把喜欢摇滚乐的青少年归入了"太保"或"流氓"之列。这样的认定是对是错，作者并没有明确地定义，只引导着人们去思考美国文化借着美援对第三世界不断地渗透，这是不是另一种帝国主义的侵略？

《悲情城市》叙述光复后二二八事件中一个不正常家庭的悲剧，二二八事件一直不能有个定论，在国民党当政时期，也一直是个禁忌，这部电影是整个事件的缩影，是是非非全留给观众自己去想象。

流行歌曲、小说与电影本来都是艺术的创作，但是也需要进行商业包装，20世纪90年代的文化生产结构是台湾社会40年间来各种不同机制和意识形态相互纠缠磨合的结果，宣布了威权体制的结束，商品文化全面占领的开始。但不可否认的是，这三种"商品"一起演化的过程，正赤裸裸地表现了台湾40年间的改变。

参考文献

王诗琅译：《台湾社会运动史——文化运动》，台北稻香出版社1988年版。

王耀庭：《日据时代台湾的传统书画》，载《台湾地区现代美术的发展》，台北市立美术馆1990年版。

"行政院文化建设委员会"编：《明清时代台湾书画作品》，台北"行政院文化建设委员会"1984年版。

吕诉上：《台湾电影戏剧史》，台北银华出版社1961年版。

林二、简上仁：《台湾民俗歌谣》，台北众文出版社1979年版。

林惺岳：《台湾美术风云四十年》，台北自立晚报社1987年版。

邱坤良：《"日治"时期台湾戏剧之研究1895—1945》，台北自立晚报社1992年版。

徐丽纱：《台湾歌仔戏唱曲来源的分类研究》，台湾师大音乐研究所硕士学位论文，1987年。

连横：《台湾通史》，上海商务印书馆1947年版。

陈世庆：《京剧在台的消长与地方戏的发展》，《台湾文献》第15卷第1期，1964年。

曾永义：《台湾歌仔戏的发展与变迁》，台北联经出版事业有限公司1988年版。

杨渡：《日据时期台湾新剧运动1923—1936》，台北时报出版公司1994年版。

温秋菊：《台湾平剧发展之研究》，台北学艺出版社1994年版。

齐如山：《五十年来之京剧》，台北正中书局1962年版。

蔡曼容：《台湾地方音乐数据之整理与研究1683—1945》，台湾师大音乐研究所硕士学位论文，1987年。

萧琼瑶：《五月与东方——中国美术现代化运动在战后台湾之发展》，台北东大图书公司1991年版。

简上仁：《台湾音乐之旅》，台北自立晚报社1987年版。

简上仁：《台湾福佬系民歌的渊源及其发展过程》，台北自立晚报社1991年版。

颜娟英：《台湾美术全集——陈澄波》，台北《艺术家》社1992年版。

叶石涛：《台湾文学史纲》，高雄《文学界》社1991年版。

古继堂：《台湾小说发展史》，台北《文史哲》社1989年版。

廖汉臣：《新旧文学之争》，《台北文物》第3卷第2期，1954年8月。

王诗琅：《台湾社会运动史——文化运动》，台北稻香出版社1988年版。

黄得时：《台湾新文学运动概观》，《台北文物》第4卷第2期，1955年8月。

黄得时：《较晚近的台湾文学运动史》，《台湾文学》第2卷第4号。

林永根：《鸾堂暨台湾圣堂著作之善书经忏考》，台中圣德杂志社1982年版。

尼洛：《文艺在台湾四十年来的发展》，载《海峡两岸四十年》下册，台北"革命实践研究院"1994年版。

尤增辉:《鹿港三百年》,台北《户外生活》社 1980 年版。

李干朗:《鹿港龙山寺》,《雄狮美术》1989 年 12 月。

李干朗:《台湾建筑史》,台北雄狮图书公司 1986 年版。

李干朗:《艋舺龙山寺》,《雄狮美术》1989 年 12 月。

徐明福:《台湾传统民宅及其地方性史料之研究》,台北胡氏图书公司 1990
　年版。

高灿荣:《台湾古厝鉴赏》,台北南天书局 1993 年版。

傅朝卿:《中国古典式样新建筑:二十世纪中国新建筑官制化的历史研究》,
　台北南天书局 1993 年版。

汉宝德:《鹿港龙山寺之研究》,台北境与象出版社 1980 年版。

刘文三:《台湾宗教艺术》,台北雄狮图书公司 1990 年版。

叶月瑜:《歌声魅影:歌曲叙事与中文电影》,台北远流出版公司 2000 年版。

焦雄屏:《台湾新电影》,台北时报社 1988 年出版。

方笛:《纵观九〇年代台湾音乐市场》,台北《前卫》社 1988 年版。

第 十 五 章

台湾的宗教信仰及民间的迎神赛会

一、清初宗教的移入

台湾的汉人社会主要是个由闽粤移民所组成的社会，它的民间信仰、宗教礼俗乃至于风俗习惯，无不源自闽粤家乡。这一点基本认识在清康熙三十四年（1695）高拱乾所著的《台湾府志》中已经清楚地说明了。

闽粤人士每当要扬帆出海跟外国贸易或移居台湾时，会把他们所信奉的妈祖、水仙尊王或其他神祇供奉在船上，作为航行于茫茫大海时的保护神。派一名"香公"日夜烧香，祈求航行平安。这种求保平安的办法并不见于航行在福建沿海或是内陆河川的船只，其原因可能是由于船只航行在气候变化不定的台湾海峡、东海、南海时，常会被台风吹翻而沉没。当危险性增高时，人们在心理上所遭受的压力也相对地增加，于是就需要用宗教的方式来祈求平安，消除心理上的恐惧。反观近海或内陆航行的危险性就相对小了很多，人们自信有能力应付各种状况，对神明庇护的需要也就相对地降低。

对 17 世纪的闽粤移民来说，台湾是个充满瘴疠疾病的恐怖地方。清康熙三十九年（1700）郁永河在他的《裨海纪游》中就说："朱友龙谋不轨，总戎王公命某弁率百人戍下淡水（按：系今高雄一带），才两月，无一人还者；下淡水且然，况鸡笼、淡水远恶尤甚者乎？""君不闻鸡笼、淡水水土之恶乎？人至即病，病辄死。凡隶役闻鸡笼、淡水之遣，皆欷歔悲叹，如使绝域。水师例春秋更戍，以得生还为幸。"

移住台湾的人面对如此可怕的环境，当然需要用超自然的办法来安抚人心。于是在登陆台湾之后，船上所供奉的神明就被请下船来，安置在临时搭建的草寮或私人的住家中，供同来的乡亲好友日日烧香膜拜之用。过些年，开垦事业有了成果，大家的经济状况稍稍好转，为了感谢这些年来神明的庇佑，往往就会筹集资金和劳力，为他们所供奉的神明建造一个永久性的砖造庙宇，以后再翻修或扩建，庙宇便这样逐渐变大。这就是台湾民间各种寺庙的最常见的发展模式。

当聚落建立之时就有了市集，这个市集的中心就是寺庙，尤其是在有港口的地方一定会有妈祖庙，同时也是"郊商"的办公处所。有清一代，台湾的情形是"幅员辽阔，官吏稀少"。各地的聚落大多没有官员治理，都是由地方人士所组成的行郊在妈祖庙中"代天行事"，自行管理。于是地方的妈祖庙，特别是港口的妈祖庙，就要扮演一部分官府的角色。每年一选，得筊杯最多的人为当年的头家炉主，他要负责这一年的地方治安、防灾、防疫、冬令救济以及调解各种口角诉讼。由于市集就围绕着妈祖庙展开，为了防止交易中的偷斤减两，地方官府会在妈祖庙前设立"公斗"和"公秤"。其上有"奉宪示谕"的标示，表示这是经由官府核准的度量衡，以取信于各方。凡是使用公斗公秤者，都要缴纳一定额度的钱两作为手续费，成为妈祖庙的经费来源之一。这些收入就充作一年之中各项祭祀、夏天防疫舍药、奉茶、冬天防火、冬令救济、防盗等事项的经费。而神前起誓也是解决各项争端的主要办法，因此，移民聚落往往是围绕着妈祖庙或其他同等级的庙而发展起来的。

综观 17 世纪到 19 世纪末年的 300 年间，闽粤移民在台湾的分布情形：泉州人由于一向擅长海上贸易以及沿海的渔盐作业，所以居住在海口地区。当泉州移民据有了这些地区之后，经营海上贸易的"郊商"便捐资兴建妈祖庙或别的庙宇，作为乡里的信仰中心，同时也是郊商办公和开会的场所。这些庙宇包括：台南的大天后宫、水仙王宫，北港的朝天宫，鹿港的天后宫，新竹的内、外妈祖庙，台北的龙山寺、霞海城隍庙和慈圣宫，基隆的庆安宫，等等。这些庙宇因为居于某个自然经济区域商业网络的核心而雄霸一方，也因而彼此竞争。

移住内陆平原地区从事农垦的人是以漳州人和一部分泉州人为主。他们也一样有迎请家乡神明为保护神的习俗，由于他们来源复杂，就出现了不同地区的人迎奉不同神明的现象，例如，同安人尊奉霞海城隍，惠安人尊奉青山尊王，安溪人尊奉清水祖师，漳州人大多尊奉开漳圣王，而广东潮州几个县的人和客家人则尊奉三山国王。至今仍然可以根据这些寺庙的分布情形来推测昔年移民聚落的分布和迁徙情形。

中国人一向尊重地方上的山川神祇。新到某个地方，一定要先祭拜当地的山神和土地，闽粤人民当然也不能例外，于是村村里里都有土地公庙。庙与庙之间有一定的疆界，反映出现实社会里的邻里关系。同时，为了防止当地的恶灵精怪作祟，因而有驱邪赶鬼的"王爷信仰""大树公""石头公"等信仰和它们的庙宇。为了不受厉鬼作祟而有"有应公""大墓公""万善同归"等祠堂的设立。为了纪念为地方福祉而牺牲性命的人，于是就有了"义民庙""老大公庙"或"义民祠"。于是崇拜的对象越来越复杂。

再者，移民社会一切因陋就简，往往几个村落里都没有一位真正的医生。人总是会生病的。一旦生病就只好到庙里求药签，或是由乩童在起乩（武乩）时开药方，或者设坛请神（文乩），用降乩的方式来开药方。

闽粤移民借着这些超自然的神力建立起一个坚强的保护网，把自己的家和整个村落甚至于更大一些的地区置于这个保护网之下。我们唯有从这样的角度去看民间各种宗教信仰及活动，才能真正了解到为什么台湾会有这么多的庙宇，而且这些庙宇并不会因科学教育的昌明而衰落。因为尽管科学如何昌明，总会有很多事情是科学无法解答的。古老的"恶灵作祟"可以由于医药进步而被人们淡忘，但是在工商业的社会中，经济或生活上面临许多无法预知的新危机，则使人们在心灵上承受更多的压力。这种危机感在本质上跟草莱初创时期的"恶灵作祟"并没有什么差别，于是信仰与庙宇仍然有着不能忽视的安定力量。

按照明清的法令规定，每个州府县都必须设立一些官方的祠庙，代表皇帝按时致祭天地、山川、社稷、先圣先贤和孤魂野鬼，以求地方上的平静安详，物阜民丰。这些祠庙和祭典都属于国家礼仪的一部分，其中最重要的是城隍庙。城隍代表天地神明鉴察民间的各种善恶功过，汇报给天帝与阎王，有奖善惩恶的功能，还隐藏着皇帝监察地方官员的作用。城隍庙内也放置天地、山川、社稷、神农、厉鬼的牌位。随着清代行政区域的调整和县治的搬迁，在台湾有20多个城隍庙。可是在台湾的城隍庙却有两个不同的系统，一种是官设的城隍庙，另一种则是民间私设的城隍庙，常以"观音亭""青山王宫"等名号出现，赫赫有名的台北霞海城隍庙便是属于此类民间私设的城隍庙。

至于佛教的和尚和道教的法师（师公），在清代都是以个人身份来到台湾，主持庙务或替人做法事，都没有发展成超越地域宗族组织的教派。

二、晚清各种教派的传入

直到清朝中叶以后，才开始有超越宗族和地域性组织的教派传入台湾。从大陆传来的教派有龙华教、金幢教和先天教（因为三者都主张吃素修行，在日据时代被合称为"斋教"），从西洋传来的有天主教和基督教长老教会。

（一）斋教的传入

所谓的"斋教"，究其根本，是明末清初一连串"救世主"运动中的三个支派。产生这些"救世主"宗教运动的时代背景是晚明在政治、社会、经济、思想、文化等方面呈现出混乱和崩解的现象，一些有心救世的人把道家和理学家所说的宇宙起源加以神格化，形成了"无极圣祖""无生父母""无生老母"或其他名号的主神，认为人都是这个宇宙源头的"皇胎儿女"，降生在东土之后迷恋红尘，以致失去了本性，沉沦苦海，回不得天上的真空家乡。在天上的父母（或老母）不忍看到他的儿女沉沦受苦，就派遣使者（"救世主"）到人间来度化众生，使众生认识本来面目和回家的途径。

在明末清初，属于这种"救世主"运动的教派有十几个，其中传到台湾来的只有龙华、金幢、先天三派。

龙华教和金幢教都是源自明朝正德年间（1506—1521）河北密云县人罗因所创的"罗祖教"（又作"罗教"）。罗因是大运河上的拉纤水手，他的教也就流传在大运河沿岸，主要基地在杭州。雍正时浙江巡抚李卫在奏折中称，罗教的庵堂是大运河水手"生可以托足，死可以埋骨"的场域。但自乾隆起，清政府一直很怕这种民间的组织，往往指控他们："此辈皆是饭馆不敢留容之人，声应气同，一呼百诺，易致乱事。"于是就依《大清律令》中的《礼律·禁止师邪巫术条》判"为首者斩监候，为从者杖一百，流三千里"。

罗教到了后世，由于传承谱系的关系，衍化成为"大乘教""金幢教""老官斋教""无为教""清茶门教""糍粑教""龙华教"等派。各教又各自发展内部的门派，这种情形宛如一个大姓中的分房现象。龙华教的"汉阳堂派"于嘉庆二年（1797）从福建省兴化府仙游县传入，到日据时代初期有13堂。但在日据时期，这一派的斋堂被日本的佛教宗派合并，以致消沉下去。

龙华教的另一个派别"一是堂派"也在嘉庆二年前后自福州传入台湾。日据时期在台中、新竹、桃园一带有68个斋堂。另有"复信堂派"自"汉阳堂派"分出，在台湾有12个斋堂。金幢教也是在嘉庆初年传入台湾，在中南部传道，日据时期有27个斋堂。

先天教则是来自另外一个源头，是道教中的"金丹道"。清康熙年间江西鄱阳湖畔有金丹道的道士黄德辉改革金丹道，另立"先天大道"。创教后百余年间，一直是鄱阳湖畔的小教派。嘉庆（1796—1820）、道光（1821—1850）年间才开始弘扬光大。在清末时，"先天大道"分化为"同善社""圆明圣道""归根道""西干堂"等教派。其中"西干堂"在光绪初年由山西传到山东，衍化成"东震堂"，再于光绪十年（1884）改名成"一贯道"，抗战胜利之后才传入台湾。原始的先天教是在咸丰年间（1851—1861）从福建传入台湾，到了日据时代末期有20个斋堂。

（二）洋教的传入

从西洋传来的教派主要是天主教和基督教长老教会。明万历四十七年（1619）就已经有天主教的传教士到达台湾传教，明末崇祯年间，天主教在基隆、淡水、宜兰、三貂等地活动。当荷兰人赶走了盘踞台湾北部的西班牙人时，天主教士也随之撤退。清代自康熙末年到道光年间，严禁天主教在中国传教，咸丰八年（1858）英法联军攻入天津，迫使清廷签下《天津条约》，宣布不论天主教还是基督新教都可以到中国传教，天主教和基督新教各派才又进入台湾。民国二年（1913），天主教成立"台湾教区"，全岛有圣堂 18 座，传道所 21 所，宣教师 8 名，教友 3438 人。民国二十九年（1940）时，教友人数为 9737 人。

英国基督教长老教会在同治四年（1865）传入台南，后移高雄，是为南部长老教会的开始。同治十年（1871），加拿大的甘为霖和马偕两宣教师到高雄。次年，马偕和李麻牧师抵达淡水，是为北部长老教会的发端。光绪元年（1875），李麻创立台东教会。到民国十八年（1929），全台湾有长老教会 160 座，信徒人数不详。

三、日据时代的宗教处境

在清代，台湾由于地处边陲，政治控制不像中原本土那么严。一些不能见容于清廷的教派纷纷渡海而来，建立他们的庵堂。地方寺庙是处理地方公共事务的主要场域。到了日据时代，这个公共事务功能被殖民政府所剥夺，只剩下了祭祀的功能，郊商也就顺势衍化成为"神明会"。可是，由于异族入侵的缘故，台湾各地的寺庙和教派的庵堂都变成保卫中华传统文化以对抗日本文化侵略的大本营。

到了日据时期，由于日本总督府强力控制台湾各个层面。在宗教事务方面，经过两次由鸾堂所主导的反抗事件之后，日人就积极调查各地的寺庙，然后宣称这些鸾堂的活动是"迷信"。另一方面则是利用台湾各地寺庙的迎神赛会来宣扬统治的成果。此外，日本总督改由文人出任之后，为了拉拢地方文人，就成立各种诗社，而这些文人又都是鸾堂的主事者。总之，中国传统文化就在这种矛盾中被保存了下来。

（一）斋堂的抗日活动

1.降笔会与戒鸦片烟运动

日本人占领台湾的前 16 年，也就是用"明治"年号的时期(1896—1911)，由于要用武力"扫荡"各种反日势力，对于各地的庵堂寺庙采取羁縻和容忍的政策。不过在这段时间却发生了因为拒缴鸦片烟税于 1905—1908 年在全台湾各地的鸾堂发起借关圣帝君之名扶乩降笔开药方，劝人戒吸鸦片的运动，成果斐然可观。

日本人要占领台湾是经过精密计算的，看准了台湾是个会下金蛋的鸡，所以才会有豪夺之举。台湾从 19 世纪 70 年代的后期开始，北部所产重发酵的乌龙茶畅销欧美，在纽约和伦敦的市场上可以卖个好价钱，轻发酵的包种茶则销往南洋各地，也大发利市。于是从 1876 年起，在淡水海关的记录上，连年享有贸易顺差，而且是一年比一年高，在 1890 年前后，每年有 400 万两银子的顺差。这在当时的中国乃至于整个东亚都是少有的富庶。因此，日本人才从中国强夺台湾这块宝地。

没想到，他们一旦拿下台湾，不但没有赚钱，反而成为赔钱坑、无底洞。因为各地的反抗军蜂起，殖民当局不得不派出重兵来镇压。有了战事，也就没有了贸易，当然也就没有税收。在无可奈何的情形下，只好加重台湾岛内的税收，以期达到少亏为赢的策略。

加税的项目主要是在田赋和消费税。为了加强田赋的征收，就大力清查地籍，同时取消原先已混杂不清的"大租权"，承认实际拥有者（地皮主）的地主权，不再承认两三百年前原先拥有者（地骨主）的所有权。

　　在增加消费税方面，主要是加征鸦片烟的吸食税。现在我们把吸食鸦片当成是犯罪的行为，在 100 多年前，吸食鸦片可是社会交际场合不可或缺的东西，就像抽香烟一样。商人在交际拉生意时，下午先是打 8 圈麻将，晚上一边吃饭，一边听戏或听曲，为了怕精神不济，就要在下午打完麻将休息时吸上两口鸦片烟泡提提神。从学者对当时鸦片销售情形的研究可以知道，中国人从 1870 年起方才自己种植鸦片，产量年年增加，主要的生产地是几个贫穷的省份，如云南、贵州、安徽、广西、陕西、甘肃等。主要的消费地是沿海富裕的省份，如广东、福建、浙江、江苏、河北等。台湾在当时列在富庶省份之列，因此也是鸦片烟的主要消费地区之一。

　　在清末和日据时代初年，台湾的人口总数大约是 200 万人，一半是女人，很少有人吸鸦片。100 万的男人中又有一半是未成年人，剩下的 50 万人中，有 16 万人是鸦片烟吸食者，可见吸鸦片是何等流行。所以日本人为了解决财政困境，自然要提高鸦片烟税。这个举动引发了大规模的抗议和抵制，主要的领导者是鸾堂，借关圣帝君之名降乩开药方来戒鸦片烟瘾。

　　王世庆在《日据初期台湾之降笔会与戒烟运动》一文中，曾经详述关圣帝君扶乩戒鸦片的起源，认为是光绪十九年（1893）曾从广东惠州陆丰县请来乩手，传授扶乩戒烟的办法，但由于不熟悉操作的办法而没有成功。光绪二十四年（1898）冬，新竹彭殿华又从广东陆丰县邀请鸾生彭锡亮等 5 人来台，在今之竹东地方传授扶乩祈祷戒鸦片烟的办法。第二年春就盛行于全台湾和澎湖。

　　但是，我们在澎湖一新社的善书《觉悟选新》里，看到卷四有孚佑帝君吕纯阳降乩写成的《戒吃鸦片文》，时间是光绪十八年（1892）三月十二日。随后在第五卷又有王禅老祖《戒洋烟歌》，时间为同年三月二十四日（书中误作二月二十四日，据前后文的时间改正）。要比王世庆所说的光绪十九年（1893）早一年。不过，大量记载有关戒鸦片的乩文是在卷七，时间是光绪二十七年（1901），很明显是受台湾本岛的影响。王世庆的文章强调扶乩戒鸦片对日本殖民政府财税收入方面的冲击，并没有详细介绍究竟为何要戒烟以及如何用扶乩戒鸦片。从当时的善书中可以看出，那时候人们所担心的并不是吸食鸦片会残害身体，而是会妨碍家庭生计，甚至会败光家产。败光家产是大不孝，也是有辱门楣的事。

林满红在研究中国人吸食鸦片的习惯时指出，中国人发展出一套独特的吸食方式，那就是一种呼朋引伴的活动。一大群人聚在一起，烧一支烟筒，轮流吸食。乾隆三十七年（1772）朱景英在《海东札记》中描述了在台湾人们吸食鸦片的情形：

> 台地无赖人多和烟吸之，谓可助精神，彻夜不寐。凡吸，必邀集多人，更番作食，铺席于地，众偃坐席上，中燃一灯以吸，百余口至数百口为率。正因为吸食鸦片是一种集体的行为，要戒除鸦片，也就需要运用集体的力量。假借关圣帝君的名义来劝人戒除鸦片正是这种集体力量的表现。光绪二十七年（1901）台湾本岛假借关圣帝君名义来戒除鸦片已经如火如荼，澎湖一新社也在五月二十九日依扶乩的办法公布戒除鸦片条例六条：

> 一、设置磁缸一大壶，排在坛前。明日卯刻大开木盖，以便和丹。三日后，准有心者乞求饮用。

> 二、凡求请之人须在前坛高声立誓，谓从此心坚意切，改绝鸦片烟，至死不变。若中途异志再吃，愿受天诛神谴，如何如何……由本堂所派执事一名督观。另一名专责登记其人何社何名，方准其举。

> 三、凡遇有人来求符沙甘露水者，由本堂另派执事一名，专责分与。依先后次序，不致错踪。

四、凡和符水之时，诸生应到齐，跪诵《普贤尊佛心印经》七遍，即焚化之。

五、凡戒烟之人，其烟具应同时带来坛前，立誓后缴交。从此一尽除清，以免日夜观望，复萌烟瘾。所收烟具另派两名执事负责登记收清，即在坛前公开打碎，使不能再用。另择日分批送到海边，尽付汪洋，以杜绝后患。

六、凡经本社立誓戒烟之人，如不终身凛遵，半途废止，再吃鸦片，而负(关)圣帝之婆心，并诸真之苦口，即上天不尔谅。神其鉴诸，必应誓诛谴。慎之戒之，勿视为儿戏也。

《觉悟选新》卷七记载，澎湖各乡用此办法而戒掉鸦片烟瘾者数以千计。在据井出季和太的《台湾治绩志》记载，到 1901 年 7 月 18 日止，有 161387 名特准吸食鸦片烟者，据 9 月底的调查，戒烟者有 37072 人，其中男子 34747 人，女子 2328 人。其中自行戒烟者 1477 人，由扶乩戒烟者高达 34370 人。换而言之，经由扶乩的办法而戒除鸦片烟者占所有戒烟者之 92.7%，占全部特准吸食者的 21.3%。由此可见，扶乩戒烟运动的效果相当可观。

日本人占领台湾之后，在 1897 年实施鸦片专卖制度。次年，鸦片收入就有 346.7 万多元，超过预估的 300 万元。是当年田赋收入的 3.4 倍。到了 1900 年鸦片收益是 423.4 万元，而当年的田赋是 91.2 万多元。由此可见鸦片收入在台湾总督府的财政收入中的重要地位。1901 年春，日本殖民政府为了解决财政上的困难，两次调高鸦片烟的售价，使台湾同胞大为反感。同时，日人据台之后，各项税捐杂沓而来，比清朝时期的税赋重很多。因此，当扶乩戒鸦片烟运动经地方士人提倡后，各地风起云涌般地响应，含有浓厚的"反日"意味。

表 15-1　1899—1903 年总督府鸦片专卖收入变化表

年代	鸦片专卖收入	鸦片制造量	贩卖人卖出金额	吸烟人所消费的数量
1899	4249578 元	218829 公斤	3720733 元	204594 公斤
1900	4234980 元	209839 公斤	4616762 元	197465 公斤
1901	2804894 元	131206 公斤	3169793 元	119325 公斤
1902	3008488 元	108197 公斤	3291106 元	128843 公斤
1903	3620336 元	152463 公斤	3922515 元	144010 公斤

如表 15-1 所示，戒烟运动的成功严重影响了日本殖民政府的税收。台南县在 1901 年的地方税收预算中，鸦片税额为 31274 元，由于吸食者人数从 924 人减少为 441 人，税收正好减少一半。麻豆地方原可征收鸦片烟税 900 元，在戒烟运动的影响下只收到 30 元。从表 15-1 也可以清楚地看到，1901 年全台湾的鸦片专卖收入比前一年少了 1430086 元，制造量少了 78633 公斤，对总督府的财政有相当大的影响。日本殖民政府于是大力镇压各个地方的扶乩活动。当时的民政长官后藤新平接获各地有关扶乩戒烟的报告后，鉴于主其事者多为前清的秀才、辨务署的参事、街庄长、保甲局长等地方领袖，下令各地的警察局以和缓的手段劝告民众不要"迷信"，并切实取缔扶乩这种"迷信"活动。同时也宣称符水是药物，用公共卫生法来管制。像台中县知事就在 1901 年宣布饮用"神水"戒烟纯属迷信，突然禁烟会导致身体衰弱或殒命，呼吁民众勿为迷信所误。

于是，这项社会改革运动就被日本殖民政府镇压下去，而扶乩也在日据时期变成非法的活动。这种观念为后来的国民党当局所承袭，直到现今，仍然把扶乩开药方或问神以治病的情事当成是迷信而反对之，更用"医师法"来钳禁之。

2. 西来庵事件

西来庵原先不是鸾堂，而是崇奉五瘟神的王爷庙白龙庵。在清末和日据初年，每年都会有开堂、绕境、出海等活动，屡屡吸引人潮，造成地方上的热闹。从王爷庙变成鸾堂是 1912 年的事。

这项转变与主事者苏有志和郑利记有关。苏有志是台南应参事，郑利记是大潭区的区长。他们在 1901 年前后就参加了鸾堂的活动。后来，郑行记把他所主持的乩堂"红瓦厝启善堂"所奉祀的八大天尊移到西来庵。在 1912 年，西来庵翻修后就设立鸾堂"启善堂"，主要的活动也从驱瘟转变成扶乩开方济世、著书劝化。当时堂中的鸾生除了苏有志和郑利记之外，还有前清的举人和书房的教师王蓝石（编纂生）、台湾最早的刻书店"松云轩"卢崇玉的后人卢乙（正鸾生）。余清芳是 1914 年由苏有志介绍而入堂服务的。

从 1914 年 4 月起，余清芳利用送善书的名义联络各地的鸾堂和斋教，积极宣扬西来庵神明的灵验事迹，并拉拢将来起事时的盟友。西来庵重修之后，每逢三、六、九日必开坛扶乩。余清芳就利用西来庵的王爷乩示来倡导抗日活动，这些宣言包括："日本据台二十五年期限既满，今年乃应撤去之期，届时如仍欲图占据，将一举扑灭。""天公将下毒雨，掀起黑风，诛灭日人及其他恶人。"

"余清芳受有西来庵王爷神示，持有一宝剑，置于某山中，一旦出鞘，即可立斩三万人之灵。"余清芳和他的徒众大力宣扬仙佛灵验的法力。这种行为很像义和团之所为。

日本宪兵警察早已注意到余清芳的行动。余的同志苏东海在前往厦门时被捕，日方解读密函，获知余清芳的密谋。余清芳得知事情败露，就投靠抗日失败而潜隐在山林的江定，抢先发动攻击，在噍吧哖（今台南玉井）一带展开激烈的战斗。日本派出守备台南的正规军和警察对国人进行种族灭绝式的屠杀，受到国际舆论的谴责。日人却完全置之不理。有 2000 多人被捕，其中有 903 人被处死，留下空前残酷的记录。

事件平息之后，日本人把鸾堂和斋堂看成是秘密机关。当时在台北、新竹两地的食菜人和鸾生，被日本警方捉拿者有 200 多人，被监视者不知凡几。战后出版的鸾书《苦海慈航》更说："自庚申年，不意台南噍吧哖西来庵余清芳事变，被日人误解，枉害善良，黑白不分，人口剿戮，实为无辜，因此被禁，犯者以秘密结社严办。自是南部鸾堂与斋堂消声匿影，神教罕见。"

西来庵事件后，日人一改以前的放任态度，设法积极介入与管理台湾各地的寺庙日常活动。首先就是进行全岛的宗教调查。由各地的公学校的校长负责调查学校所在地的寺庙，填表作成记录。这就是后来所看到的"寺庙台账"。日本总督府的宗教课利用这批调查资料，由课长丸井圭治郎整理成《台湾宗教调查报告》（1918）。在报告中，把鸾堂列入"巫术迷信"类，把龙华、金幢和先天三派斋教归成"在家佛教"之列。这么一来，扶乩就成了"迷信"的行为，是不需要审判警察就可以直接取缔的对象。

在 1918 年的调查报告中，全台湾有寺庙 3307 间，斋堂 161 间，神明会 6165 个。到 1942 年日本发动太平洋战争、全面推动"皇民化"时为止，有寺庙 3394 间、斋堂 231 间、神明会 6286 个。27 年之中寺庙增加得很慢，各地的神明会也没有多大的改变。

（二）儒教崇奉活动

20 世纪初，中国兴起一股批判儒家和传统文化的风潮。1919年发生五四运动时，"打倒孔家店"的口号响彻云霄。而台湾却因为在异族的统治下，维护孔教却成了一时的风潮，地方士绅纷纷响应，筹建孔庙，宣扬儒家思想，日本总督府为了拉拢地方人士也极力赞成。因此，儒教崇奉活动成了日据时代台湾宗教史上的一大特色。

1. 祭孔和兴建孔庙

台湾在 19 世纪由于分治设县的缘故，在县治所在地设立孔庙，也举行祭孔典礼。到了乙未割台之际，各地孔庙多遭战火波及。像台北的孔庙成了日军驻扎地，后来又在孔庙内设立"国语学校"，拆毁孔庙的建筑，再建成第一高等女学校、第一师范学校、高等法院等机构。地方人士大为不满。日本人为了平复这种不满的情绪，于是在"国语学校"里面建一个小阁楼，重新设立至圣先师、四圣、十哲等神位。然而，这种权宜措施是不能让地方父老满足的，各地耆老和儒教人士莫不以重新兴建孔庙为首要大事。日本总督府为了要拉拢这些地方耆老和宿儒，也赞成兴建孔庙。

下面以台北为例来说明这种崇儒的情形。日本据台之初，戎马倥偬，孔庙又为日军所占用，自然谈不上什么祭孔的大典。等到社会逐渐安定之后，地方儒士就开始倡议祭孔事宜。1896 年 10 月，前清秀才李秉钧、刘廷玉二人领衔，邀请日本总督府代理民政局长水野遵和立见军务局长担任主祭，于艋舺龙山寺举行祭孔大典。1897 年 9 月，总督乃木希典下令举行秋丁祭孔大典，由地方人士搜罗散失的礼器、乐器，演习六佾舞等礼仪。祭孔大典方才逐渐恢复规模。1917 年 8 月，由大正协会和台北最大的诗社"瀛社"提议举行释奠典礼，先组织"崇圣会"，推学务课长木村匡为会长，又联络大稻埕和艋舺旧科甲人士、书房教师、绅商等人，成立"台北祭圣委员会"，这是台北传统士绅文人最大的一次结合，得到日本殖民当局的大力支持，于当年 9 月 24 日在台北公学校大讲堂举行"祀孔典礼"，由安东美真总督担任主祭，文武官员多人到场。

此后几年，台北儒教人士经常在大稻埕公学校、龙山寺、保安宫等地举行祭孔大典。由于场地不固定，儒教人士深觉不便，于是重建孔庙的呼声就越来越高。1925 年 1 月，陈培根、黄赞钧两人邀集有相同理念者，在素园举行"圣庙磋商会"。后来得到富商辜显荣的支持，成立"台北圣庙建设筹备处"，推举辜显荣为主理，常务理事 8 名，董事 50 名。陈培根捐出保安宫东边的土地 2000 多坪，辜显荣再添购西边田地千余坪和东北边土地千余坪，作为孔庙的用地，于 10 月 19 日向总督府提出申请。11 月 4 日，台北州知事蒙古冈批准兴建和募款事宜，地方人士更大力捐输。

1928 年 4 月上梁，1929 年大成殿竣工，1930 年 8 月崇圣殿完成。同年 8 月 27 日举行升座和庆祝圣诞典礼。由台北州知事主祭，台北市尹和辜显荣等人为陪祭。当时在台北地区同时还有一些祭孔的团体，如大武仑书房、高山文社、淡水同善社、剑楼书房、赤诚会劝善社等单位，规模虽小，却多庄严其事，偶尔也会有日本官员和地方学校的学生来参加。

全台湾各大城市也都有类似的祭孔活动。

2. 孔教宣讲

日据时代的教育不是很普及，传播的工具也很有限，儒教人士为了普及儒学观念，也带有劝善性质，于是成立各种孔教宣讲团，定时在各地庙宇、市集、人口稠密处举行宣讲，其中最活跃者是台北崇圣会。他们联合台北的书房，于 1925 年 10 月 11 日成立"台北孔道宣讲团"，隶属于"圣庙筹备处"。他们宣讲的地方遍及中坜、淡水、汐止、大溪、大龙峒、艋舺、新竹、彰化等地。成员包括庄赞勋、陈培根、林凌霜、连雅堂等十余人，都是名震一时的硕学鸿儒，往往可以吸引几百人前来听讲。后来由于经费拮据于 1930 年停止活动。1935 年因"始政四十周年博览会"，主办单位邀崇圣会重整旗鼓，于 11 月 5 日、6 日、7 日在大稻埕妈祖庙开讲。

台湾各地都有类似的组织。基隆有"孔教会"、三峡有"同风会"、鹿港有"德育会演讲团"、嘉义有"青年会"、宜兰有"孔道宣讲团"。

所讲的题目有《入孝出悌》《忠信》《三省》《大道之行从何始》《至圣历史》《亲之道》《君子固穷》《言不可不慎》《德育》《戒贪》等传统的题目。也有配合时代的题目，如《孔子—大维新家》《孔子之卫生》《孔道与近代》等。听众总有几百人。再加上善社和鸾堂的宣讲，儒家式的社会教育对台湾社会的影响是非常可观的。

3. 发行刊物、征文

宣讲的对象是平民人众，而刊物的对象就是知识分子、社会领导阶层。目前所知的儒教刊物计有：

（1）《台湾圣教报》。该报是台北崇圣会的机关报，创刊于1925年3月。社长为辜显荣，总编辑是林述三。内容以介绍孔庙的建置、乐器、礼器、祀位人名、孝子传、诗坛和小说为主。

（2）彰化《孔教报》。创办人为彰化宿儒施梅樵，发刊时间为1936年10月至1938年12月。发刊的动机是施梅樵有感于台湾受新文化的影响，以致世风日下，人伦日坏，为了解决这个危机，唯有发扬孔子的儒家思想，才能移风易俗。

（3）台北《崇圣道德报》。发刊时间为1936年3月至1939年8月。发行人为许泽文。它的前身是《感应录》，发行人是黄赞钧。隶属于台湾道德报社。发行时间为1933年至1936年夏天。这两份刊物都以因果报应故事为主，几乎是另外一种形式的善书。

《孔教报》《感应录》《崇圣道德报》发行的时间已是日据时代末期，日本总督府大力推动"皇民化运动"，禁止一切汉文的教学，以日文为唯一的语文，也拆毁一些寺庙，以新竹州为最烈。其他没遭拆毁的寺庙，它的主持人必须要到日本京都的临济宗或真言宗的本山寺院受训，才得继续生存。在这种严酷的政治环境下，这些地方的硕学鸿儒仍能坚持理想，用汉文发行报纸，作各种宣讲，对于在日寇铁蹄下保存台湾社会的中国文化传统于不坠，功莫大焉。

同时，这时候由于书房已凋零殆尽，而社会上仍是以汉文作为日常生活和贸易记账的正式语文，因此"读汉文"是一件刻不容缓的事。既然公学校不教汉文，而私塾书房又太少，于是各地的寺庙就担负起"教读汉文"的重责大任。寺庙的前进是供奉神像的地方，后进就成了教读汉文的场所。前后进之间设有狭窄的腰门，教读汉文时，把腰门一关，一方面是不许闲杂人等来干扰，更重要的是避开日本警察的耳目。等到"二战"末期，美国空军不断的轰炸台湾各主要城市，白天要躲空袭警报，晚上在寺庙的后进点一盏电灯，就教起汉文来。这种书房称之为"夜学"。在台湾光复后的 20 年间，有许多地方民意代表就是"夜学"出身。这种在寺庙中学汉文的风气一直延续到光复以后，一贯道的几个主要支派、佛光山星云大师都是因"教人读汉文""学国语"而成功地拓展他们的教派。在"台湾本土意识"高涨的今天，回过头来看先贤前辈为了学汉文所付出的努力，自是觉得无比汗颜。

4. 热闹的迎神赛会

从 1870 年开始，台湾茶的名声和市场逐渐建立，茶价也不错，外商渡海来台设厂制茶者也日渐增加。1872 年已经有 5 家洋行从事制茶和外销。本地的商人也群起效仿，辟茶园，设茶厂，或运粗制茶到厦门加工，而后运销南洋各地。运销欧美的茶以半发酵茶为主，称之为乌龙茶，运销南洋的茶为了适应当地人的口味以青茶为主，称为包种茶。在 1865 年，从淡水港出的茶有 136700 斤，到了 1885 年则跃升为 1227 万斤。这种成长率至为惊人。当然也带动整个大稻埕的市况繁荣。连横在《台湾通史》一书中对此现象有所描述：

> 南洋各埠前销福州之茶。而台北之包种茶足与匹敌。然非熏以花，其味不浓。于是又劝农人种花。花之芬者为茉莉、素馨、栀子。每甲收成多至千元。较之种茶尤有利。故艋舺、八甲、大

隆同一带多以种花为业。夫乌龙茶为台北独得风味。售之美国，销途日广。自是以来，茶业大兴。岁可值银二百数十万圆。厦汕商人之来者。设茶行二三十家，茶工亦多安溪人。春至冬返，贫家妇女拣茶为生，日得二三百钱，台北市况为之一振。及刘铭传任巡抚，复力为奖励，种者愈多。

既然茶叶在 19 世纪下半期的台北地区的经济中扮演如此重要的角色，而且茶农又普遍地把他们约 1/3 的收入用于宗教活动，那么霞海城隍庙从 1879 年开始规模盛大的迎神赛会，必然跟茶业兴盛、地方繁荣、外销呈现出超以及连带而来的谢神还愿有必然的关系。当我们仔细检视从 1870 年到 1895 年的淡水港输出金额，就能证明这项推论完全正确。从 1868 年起，贸易逆差就不算大。1872 年首次出现顺差 5 万两。接着是 3 年逆差。但是从 1876 年起，连续有 18 年的顺差。1876 年有 2 万两顺差，翌年成长 5.5 倍，达 11 万两。再一年，顺差达 34 万两。1879 年达 54 万两。一连 3 年的顺差当然使大稻埕的茶商雀跃不已，举行盛大的酬神仪式成为理所当然的事。以后年年享受巨额的顺差，也就年年酬神，时间久了就成为惯例。

表 15-2　1868 年至 1895 年淡水港进出口情形

年份	输入金额（两）	输出金额（两）	差额（两）
1868	510000	270000	−140000
1869	490000	250000	−240000
1870	560000	400000	−160000
1871	700000	510000	−190000
1872	720000	770000	+50000
1873	790000	550000	−340000
1874	910000	610000	−300000
1875	1020000	730000	−290000
1876	1190000	1210000	+20000

年份	输入金额（两）	输出金额（两）	差额（两）
1877	1320000	1430000	+110000
1878	1300000	1670000	+370000
1879	1550000	2090000	+540000
1880	1600000	2310000	+710000
1881	1730000	2410000	+640000
1882	1450000	2530000	+1080000
1883	1200000	2340000	+1140000
1884	1230000	2400000	+1170000
1885	1760000	2740000	+980000
1886	2030000	3380000	+1350000
1887	2230000	3370000	+1140000
1888	2610000	3060000	+450000
1889	2180000	3090000	+910000
1890	2220000	3330000	+1080000
1891	2200000	3100000	+900000
1892	2350000	3430000	+1080000
1893	3090000	4770000	+1680000
1894	3420000	4880000	+1460000
1895	1900000	1880000	−20000

资料来源：Chinese Maritime Publications. 1860–1895。

另外，表15-3也显示茶的外销金额在同一时期整个台湾外贸金额中所占的比例也是逐年增加。当英人德克初次外销茶叶到澳门时，价值不过6万多两，占全台外销金额的7.33%。1876年淡水港开始享受长期的顺差时，茶叶的外销金额首次超过100万两，占全台外销金额的4成。这种变化完全显示了茶业在大稻埕发展过程中的重要性。

总括起来说，霞海城隍庙开始一年一度的迎神赛会是拜受台北地区经济发展之赐。跟传统的郊商相比，这时期的经济发展有其独特之处，那就是淡水开港，外贸及技术进入本地制造业市场，同时对外贸易的范围也从大陆沿岸港口扩大成为世界市场。从此，大稻埕的经济情形跟世界经济的起伏息息相关。在 1879 年，霞海城隍诞辰的祭典和迎神赛会初次举行时，酬神谢恩是为主要目的。

但是，这种情况到了 20 世纪初发生了很大的变化，主要是因为这一时期的台湾在日本人的刻意经营下，现代化的新式商业体系逐渐形成。这种新式的商业经营体系完全不同于前清时代的经营系统，因此如何适应新环境，如何建立新的销售管道，就成了当时台湾商人的重要课题。

到了"一战"结束后，欧美各国相继实施贸易保护政策，树立关税壁垒，引发世界性的经济风暴。那时候的台湾已经是世界贸易体系中的一环，自然也就难逃这场风暴。大战初起时，外销旺畅。到了战争后期，台湾的外销业绩大幅滑落。如何通过本地的销售管道将外销品改变成内销品，以促进地方的繁荣，成为当时商场上最大的课题。在缺乏有如现今惯用的广告媒体的情况下，迎神赛会能一下子吸引成千上万的人前来参与，于是商人就妥当利用各地著名的庙会庆典及其迎神赛会来促进地方经济的繁荣，从而导致整个台湾社会发生结构性的改变。

表 15-3　1868 年至 1895 年茶叶在台湾外销中的比例

年份	台湾外销总额（两）	淡水茶的外销金额（两）	百分比
1868	882752	64732	7.33%
1869	976004	89376	9.16%
1870	1655390	177403	10.72%
1871	1693925	301118	17.78%

续 表

年份	台湾外销总额（两）	淡水茶的外销金额（两）	百分比
1872	1965210	582872	29.66%
1873	1472482	353445	23.97%
1874	1812181	477329	26.34%
1875	1815255	620067	34.16%
1876	2628980	1060209	40.33%
1877	2757717	1253232	45.45%
1878	2788673	1502685	53.89%
1879	4125126	1947381	47.21%
1880	4874355	2156373	44.24%
1881	4160960	2231896	53.64%
1882	4050154	2402428	59.32%
1883	4113833	2235179	54.32%
1884	4165314	2330920	55.96%
1885	3819763	2711803	70.99%
1886	4449825	3333052	74.90%
1887	4562478	3286972	72.04%
1888	4543406	2914921	64.16%
1889	4411069	2873075	65.13%
1890	5255880	3083879	58.67%
1891	4735628	2712776	57.28%
1892	4959830	2929435	59.03%
1893	63636580	4050980	63.93%
1894	7245035	4083265	56.36%
1895	3423792	1552798	45.35%
Total	99683590	53319692	53.49%

资料来源：Chinese Maritime Publications.1860–1895. 淡水港部分。

在台湾被割让给日本的头 3 年（1895—1897），戎马倥偬，社会动荡不安，霞海城隍诞辰的庆典及游行活动中止了 3 年。从 1898 年开始，这项盛典逐年举行，一直到 1937 年日本人发动全面侵华战争，并在台湾厉行"皇民化"政策，企图切断台湾人与中华文化的联系，才再度停止。

到了 20 世纪初，一年一度的霞海城隍诞辰以及其他各地的迎神赛会有愈来愈盛的趋势，如表 15-4 所示。

表 15-4　《台湾日日新报》上全年刊载有关迎
神赛会消息的数量（1898—1920）

年份	件数	年份	件数
1898	51	1913	65
1900	44	1914	71
1901	45	1915	84
1902*	12	1916**	28
1903	18	1917	152
1904	3	1918	161
中　　缺			

首先，我们应该简单地浏览一下促成这种迎神赛会活动蓬勃发展的外在政治、社会环境。日本殖民政府花了十多年时间，也就是明治时期（1895—1911），投入大量的人力物力，彻底摧毁各地的反抗势力。到了大正年间（1912—1925），台湾的社会状况复归于平静。日本殖民政府在此戎马倥偬之间，无暇干涉台湾人的传统生活，使得各地的寺庙祭典及其迎神赛会活动得以保存。一旦社会状况恢复平静，宗教祭典与迎神赛会也就随之恢复。

各项公共建筑，如纵贯铁道、官衙、博物馆、新公园、动物园、植物园等，在大正初期次第完成。需要借助民间的迎神祭典人潮来达到宣扬日本帝国的建设成果。纵贯铁路于1908年通到高雄，糖厂小铁路也相继完成，使民众可以享受到便捷的交通，得以外出旅行。北港朝天宫和大稻埕霞海城隍庙在这时候都因此而香火益加鼎盛。《台湾日日新报》汉文版曾指出这种盛况：

北港朝天宫妈祖参诣者，年年皆五十万至七十万之多。往时进香皆徒步参诣。自纵贯铁道开通，南北交通为之一便，其于本线连络者，复有大日本制糖之他里雾北港间，新高制糖之大莆林北港间，东洋制糖之嘉义北港间，各私设铁道。由是岁岁参诣者益增加。近来中上流社会中，尤以妇女参诣者为甚。

至于霞海城隍庙的盛况，在1914年6月7日的《台湾日日新报》就很清楚地表达这项事实。报纸的内容是这样写的：

5月13日，稻江城隍祭典热闹非凡。历年本报皆盛为纪道其事，本年如例。

天气晴朗。数日前，旅馆即已充斥。列车满载不足，三等红票之人多有搭坐货车者。旧历十一、十二两夜，稻江各街彻夜达旦，行人如织。就中有投宿旅馆不得，转徙人家友朋亲戚寄宿。友朋亲戚亦各有相当来客，杀鸡为黍，纷如什沓。

沿淡水河本流支线附近村落，小舟往来，满载游人，稻江风月，为之忙杀。交通机关艋稻小火轮上下载客外，双桨鼓荡，厥价相等。人力车夫，狰狰蠢蠢，无厌之心，见于其面。警官日夜取缔监理，保护人民。凡路有涉稍细者，则禁止乘车，其于自转车（脚踏车）尤甚。剧场妓馆利用机会，吸引顾客。

台北城内新公园、南门外及苗圃各地、亦有田舍观光团，三三五五，爰行爰语，左右顾盼。盛进、长谷川、丸福诸商行，建筑宏壮，多有误认为官衙，一般不敢入。苗圃内之动物园及新公园鲤鱼喷水，品评最佳。又喜停足各钟表店玻璃厂前，彼此指示。观博物馆,最引人注目者为大蛇、为本岛风俗人物模型。此等观光团多着新衣,若青百永、白百永(百永是一种布)之类,未经退水者。有故披其襟,夸示内中着大小衬衣。有着邦制草履,含不二敷岛(香烟名),竟极阔绰者。

人不一方,方不一类。总而言之,皆具有真容颜,爱娇色相。南街一带布匹商人,尤为很热。洋屋店商,应接不暇。金银钿工工人,独能于百忙中,与田村女子闲话打笑,极口吻操纵巧妙,亦佳话也。

剑潭观音寺香火,因之以盛。小火轮溯江至明治桥,关渡妈祖影响尤多。

另一方面,日本人经营的商店也在这时候逐渐形成气候,在日本殖民政府的扶植下与本地商人相竞争。1899 年,日商三好德三郎在台北市内京町开设利茶铺,经营茶叶的产销买卖,与大稻埕的中外茶商一较高下。1918 年,在台的日本株式会社辰马商会宣告独立,资本额 100 万日元,经营清酒、酱油、味淋(一种调味料)、含有酒精的饮料、清凉饮料、白米以及各种食品,社址设在台北市本町。1929年其下设立麦酒贩卖株式会社,经营啤酒生意。日人在占领台湾初期(1895)在台南有日商住佳木纪纲于成立的佐佐木商店,经营杂货、木材、土木建筑,并输出砂糖至日本;高岛爱生堂,位于台南市本町,经营西药、医疗器材、化学、机械等生意;越智商店,经营和洋百货的批发并代理日本生命保险和日本火灾保险两株式会社业务;三轮养元堂,经营各种药品、度量衡等。日本殖民政府推行"地租改正"(取消"大租权"),实施樟脑、鸦片、盐、烟草以及酒的专卖制度,改革货币,设立银行,推行新地方税。到日本大正年间及昭和初年更设立公有市场,组织新的商业同业公会,以取代原有的郊商组织。面对这样的变局,台湾商人采取新的因应办法。

在 20 世纪初，台湾各地的小区域经济状况颇多变化。每当某地的市况遭遇到长期萧条的时候，就会有地方父老出面呼吁设法振兴市况。所能实行的办法不外乎两个原则：第一，创造人潮；第二，散播广告。

关于第一项"创造人潮"原则的实际运用情形，就是借名迎奉北港妈祖或别的著名妈祖以及其他神衹到当地巡幸，建醮数日，以吸引邻近各乡村镇的善男信女前来烧香顶礼，并且顺道买一些日常用品，让店家的生意呈现一时的蓬勃。这种能够带动人潮、振兴地方的醮会，有临时和常设之别。临时醮会大多是借名落成、周年或其他机缘，而常设的醮会都是神佛的诞辰，其中行之不坠、鲜有中辍又一定见诸报端者，首推台北的霞海城隍诞辰祭典。

1915 年 3 月间，台南的店家商户因市况萧条而公议要迎请北港妈祖到台南，以振兴市况。当年 3 月 29 日的《台湾日日新报》云：

> 台南市例年春间，北港天上圣母恒来税驾。时而驻辇妈祖宫庙，或普济殿、樣仔林诸庙宇。至，则各村庄男女前来晋香，顺便赴市上购买杂物，门市生意为之一振。自北港朝天宫落成以来，至今已历三年，不再南来。者番台南诸商店以迩来市况萧条，有协议于旧历三月间，向北港请迎天后，以图恢复市况。闻赞成甚多，不日将签举妥人，赴北港与董事炉主交涉。至期，当有一番盛况也。

1915 年 4 月 27 日，北港妈祖驾临台南，"各村庄之善男信女数万人、各庙宇之董事炉主等均舁神舆出迎，以旌旗鼓乐为前导，是日商况为之大振。"

同年 5 月，"台南开山神社大祭，抬延平郡王像绕境。北港天上圣母、太子宫及台南市八派出所管内各庙神像随驾。是日，各街踵事增华，争奇斗胜。艺棚多至数十台，各极其盛。台南商家因此获利。"

这种临时性的醮会能刺激市况繁荣于一时，醮会结束后市况也就又回复到从前。日本殖民政府相当注意这种情形的发展。1915 年 5 月 30 日，官办的《台湾日日新报》刊出一篇检讨这个月几次大小迎神赛会成果的文章，内容是说：

> 台南市因客月间，北港天后南来，兼以本月初开山神社大祭，一时各处游客纷纭杂沓。各商店顾客驿络不绝，酒楼旅店亦甚拥挤。即银行储款，罔不增加。市况大振，为年来所仅见者。然未几风流云散，仍归冷落。兼以近日阴雨连绵，市上顾客甚少。除日食所需而外，罕有销售。店员闲坐终日。似此市况，非至本期甘薯收成之后，想不易恢复也。

日本殖民当局也常利用这种临时性醮会的特质庆祝"国家庆典"或公共工程的竣工。譬如说，1916 年，为庆祝总督府新厦落成，在台北市举办实业共进会，曾经轰动整个台湾。为了吸引人潮，迎请北港妈祖到台北会场。1919 年 3 月，从台北到宜兰的铁路筑成，"兰市商郊及各街市，议请北港、关渡两圣母来兰，以备厅下各乡村人民乘此机会，来市参诣，亦可观览开通式，使兰市一番大热闹。于是十六坎街人民，日前先赴淡水、嘉义，迎请两天后到兰。昨日（3 月 8 日）妈祖銮舆抵兰，各界鼓乐十数阵，彩阁十余台，遍游市街。"

3 月 23 日举行宜兰线铁道通车典礼，"是日，迎请绕境，并迎兰地各处神舆绕境。当日，鼓乐彩阁不下六七十队。日下两后銮舆在市，每日夜演唱梨园，或二三台，或四五棚。歌妓弹唱多至十余所，少至五六所。村庄男女，扶老携幼来观，纷纭不绝。南北轻车，往来辐辏。市上一般商业为之一振。"

至于第二项"散播广告"原则，在 1917 年之前未尝见之。1917 年 6 月 18 日，为"庆祝日本殖民 22 周年"，大稻埕商人推出"假装"（化装）大游行。自大稻埕妈祖宫起，入城，到总督官府，而后折回。

其行列包括有辜显荣所提供的八仙过海，林本源各房之艺阁，李春生商行代办三达石油之商品广告队，台湾宝林会社鸡血藤之广告队，宝香斋之商品广告队，有49保之模拟日本军队及三大枪假炮一尊，兰莱罐头会社之兰莱灯及水族灯一队，裕源绸缎店的商品广告队，再加上旗队和音乐队，行列人员在5000人左右。由于是前所未有的创举，"附近各村之来观者不知有凡几。"

同年的霞海城隍诞辰的迎神赛会，受这次假装（化装）大游行的影响不深，因而遭到批评：

> 诗意杂阁仍旧由各保、各郊户及个人随意装出。其数与往年略相同。惟其利用广告者，徒有石田石油商会之生蕃行猎一队而已。岂皆有所为而中止乎？

这种利用迎神队伍做广告的观念，在1918年已有人大声疾呼传统的霞海城隍迎神队伍要有所改变：

> 大稻埕霞海城隍例年于旧五月十三日绕境，本年将届其期。新例公选之祭典委员长及诸委员，皆一片热诚，极力准备，务较前年热闹。多方劝诱各团体协力，各团体亦鉴台南迎镇南妈祖之盛，一致团结。茶商、布商、糖米商、什货商、干果物商、其他各商分途准备，各保团体亦分保措置。茶商每铺拟出诗意一棚，欲驾他途而上。由是以思，届期必有如荼如火之观可知。但所谓诗意者，要有古今事迹，一经装出，今人知为某人某事，且点缀棚阁之物，亦宜有广告的意味，乃见其佳。若仍用二三雏妓，发蓬似鬼，面黑如煤，扎一白头布绿头巾，披一白风披绿风披，古今事迹毫无，点缀亦没意义。碎布破纸满棚乱饰，令人观之欲呕。虽有千万棚，不值一顾。若能意匠经营、富广告的意味，点缀清淡，一棚可抵百千棚，常留后此榜样，脍炙人口。虽破些金钱，于自家商业有益，不算虚糜。

这一年的霞海城隍祭典已出现一些带有广告意味的艺阁。《台湾日日新报》的评论说：

即以出奇制胜，炫人耳目，兼有广告目的者而论，如中街捷裕参庄之缎结艺棚，南街高源发之缎结蜈蚣阁，艋舺美利之缚纸马于自转车，皆能脱去旧套。间以高源发独出一头地，捷裕参庄次之。然毕竟皆有美中不足。至于东西药房之弄人形小公子，如跳包老然。李金灿之纸糊人参，则未免近俗矣。然又有俗不可耐者，以檨叶结土车为茶山，使一男一女坐其中，以山歌互答焉。淫辞秽语，几令人掩耳欲走。而歌者尚扬扬自得，恬不知耻。是真风化攸关，且有污及大市镇之面目，不可无以为戒其后也。盖车鼓戏尚在必禁，况此不成体统者乎！

真正做到迎神队伍广告化的是 1919 年和 1920 年的台南大天后宫妈祖诞辰。特别是后者尤其值得注意。1920 年台南大天后宫邀请了台北大龙峒保安宫的保生大帝、大稻埕霞海城隍庙的霞海城隍以及基隆庆安宫的湄洲妈祖一同前去，参与盛会。这次盛大的迎神绕境活动，共有 33 个梯队，大多为郊商团体所提供。“商团中各以其所卖之物，或制成旗帜，或点缀棚阁，或装饰故事，与其营业有吻合者，无非欲昭其广告。”

这年台南的广告艺阁做得相当成功，引起嘉义、彰化、基隆等地的仿效。5 月 15 日的《台湾日日新报》更在《詹炎录》中大力鼓吹这种广告概念：

近世商战激烈，不论所营何物，所制何物，均无不竭力鼓舞，以扩张其贩路。欲扩张贩路，除频频为广告而外，无他法也。欧美人之商业，不分个人与会社，多就其资本一部，或利益几分，划充广告经费，不稍吝惜。然广告决非徒损也。广告之法不一，以报纸为最有效力，次则利用各处之赛会。其他因时因地，各制其宜。盖我之所营何业、我之所制何物，不有广告，人孰知之？谚云："买者不知卖者何处？"此则无广告之害也。

南部各种商家利用妈祖绕境之机会，就其所营之业，与其所制之物，费金钱、劳心力，编为故事，以引人目，而即以广告其所营与所制者。闻每年三月一次广告，必得几分销路。与无广告者比例，其差甚多。故人皆乐之也。

大稻埕李金灿氏，近年专售正老山高丽参，竭力扩张贩路。北中南三处报纸，时见其广告。一年之间，当有五百圆以上。就彼之资本力计，可谓多矣。又各处有迎神赛会，无不见其高丽参庄之旗帜。盖李氏深知广告之有大效力，故不吝分几分之利益，而时时为之也。

闻高丽参之贩路，比诸三四年前，多销有十倍。李氏鼓舞之力居多。而李氏又以不欺为念，故顾客多趋之也。同是售高丽参，又同是老山，而李氏所销独多者，何耶？即广告之力也！

1920年的迎神赛会广告化过程中，还包括了对与会各广告的评审与颁给奖牌，其起源也是在台南。就目前所搜集到的资料而言，"台南厅学甲堡十三庄七十二社，此番联合迎慈济宫保生大帝绕境。鼓乐阵头千余队，诗意百余阁。各匠心独造，五花十色。中有西埔内庄一阁，为渔人戏钓蚌精。铁枝高挂，踏舞自如。嫣然一笑，百媚俱生。观众大喝采。鉴定人定为优等赏。万口同声赞成。"

1920年的基隆神社祭典和庆安宫的湄洲妈祖祭典恰巧同于6月3日举行。中日商团纷纷提供艺阁或音乐团，共有44队参加游行赛会。也仿效台南，大做广告，并且聘请官员绅士评定名次，给予奖赏：第一烟草团，赏八角金牌一面；第二铁道团，赏六角金牌乙面；第三水产团，赏四角金牌一面；其他第四名到第十名，各赏褒状一纸。对于这次基隆盛会，一般的评语相当好。报载："然综其概况，比5月13

日（霞海）城隍祭典尤盛，洵当地未曾有过之盛会也。"

　　台南、基隆等地盛大而且成功的迎神赛会，深深地刺激了大稻埕的商家和居民。于是，要求举办一次更盛大，有更多广告的赛会的呼吁声，在霞海城隍年度祭典来临之前，纷纷出现。6月18日有一篇这样的报道：

　　　　近时，各地迎神赛会，其所装饰艺阁旗帜事，类皆含广告意味。分团别派，争奇斗巧。而主会务者又有以奖励之。悬金牌其他为赏。此事开自台南市，而风行于嘉义、彰化等市。近日及于基隆，如火如荼。来（六）月二十八日，即旧五月十三日，稻江依例有城隍绕境之举。南街乾元药行当事陈茂通氏创意，将由该行出资，制成金牌三面，分一、二、三等级，如有艺阁其他装饰故事，有含广告的意味者，公同评定，则以赠之，借资鼓舞。

　　　　夫稻江一市，已为全岛巨镇。而迎城隍绕境之举，向推全岛最热闹。今乃渐就退步，几不能与他处争雄长。全市体面所关，实不可无以鼓舞也。

　　6月20日，《台湾日日新报》又刊出一篇署名"稻江人"的《读者投书》。文中大力赞扬台南与基隆改革迎神赛会，使之商业化的成就，呼吁今年大稻埕的迎神赛会绝不可落人之后。

　　在这种好胜争强的气氛下，乾元药行提供大小不同的金牌三面，作为奖赏之用，并且聘请名儒林熊征（板桥林家的大房家长）、连横（《台湾通史》作者）、洪以南、谢汝铨、魏德清、林朝仪、卢晓山，加上店主陈茂通自己，共8人，为评审员。各商业团体都努力以赴，"所装诗意杂剧，皆一洗固陋之习，以发挥广告之精神，而保持'首都'之体面，一时可观者遂不少。"

　　1920年霞海城隍祭典艺阁竞赛的结果，优等赏为高源发号所装出的"天孙云锦"，取材自牛郎织女故事。一等赏为春风得意楼和高砂麦酒馆所推出的"太白醉酒"。二等赏为邮船会社荷八组（销货课）提供的"夕阳箫鼓"，并且有三名佳作"并等赏"，仔细翻读从1898年到1937年的《台湾日日新报》，发觉1920年前后，台湾各地的迎神赛会和建醮活动有特别兴盛的现象。乡村地区的建醮和迎神活动完全遵照传统的方式进行。都市地区的建醮和迎神活动则是呈现完全不同的风貌。一地的天神有庆，会邀请别地方的大神来共襄盛举。著名的例子，除了前面提到台南大天后宫邀请台北的保生大帝、霞海城隍和基隆庆安宫湄洲妈祖之外，还有艋舺龙山寺妈祖诞辰时，迎得北港朝天宫、彰化南瑶宫、新港奉天宫三位妈祖。罗东迎北港妈祖，驻6天。新竹迎新港与北港两地妈祖，也趁台南之庆，顺便邀请南下的保生大帝、霞海城隍、湄洲妈祖驾临，赐福于新竹地方人民。基隆庆安宫年例妈祖诞辰迎神赛会，邀到台北的霞海城隍和保生大帝，以及台南大天后官的镇南妈祖。金包里矿业和台湾炭矿为祭山神，迎请北港和关渡两妈祖。

除了大都市的大庙纷纷相互迎请以繁荣地方之外，世俗的官厅与公共工程的落成也起而效仿。前面提到宜兰铁路落成，迎来北港和关渡两妈祖。另外，像嘉义厅政府的官厅落成，也迎来嘉义辖内五大妈祖：南港、北港、溪北、朴仔脚和麦寮。这种现象究竟代表什么意义呢？

综观报上的记载，这种一口气迎上两三位大神，在游行队伍中大做广告的现象不会早于1918年底，到1924年才逐渐归于平淡。为什么在这段时间有这种特殊现象呢？其答案当如追寻霞海城隍祭典起源一样，宜从当时的社会经济状况来考虑。1920年6月17日《台湾日日新报》刊登这样的一则报道：

> 近时财界之风云变色，日激一日，最苦者为商家。囤积货物，多售不出。又值银行警戒，告贷无门。故除贱价发售，吸收财源外，别无他策。然多有不识时机，仍靳而不售者。顷者，大

稻埕李金灿参庄，扬大紧急广告。文中有云："将各货减折卖出、以求现金，救济银关。现谋万圆入手，至所欠用金额上。"可谓通权达变矣。是亦求人不如求己之意也。各商其速仿之。

中药、棉布、茶叶是大稻埕的三大营售项目，至今依旧如此。在中药方面，除了李金灿参庄在霞海城隍祭典期间举行大甩卖之外，中街的添筹药行也跟进。乾元药行、捷裕参庄和捷茂药行、李金灿参庄等中药店都在迎神行列中，推出极富广告意味的艺阁。

棉布商也趁此机会，举行联合大甩卖，并附有奖赠券。奖分 8 等，可以抵值换购其他物品。《台湾日日新报》上所刊登的消息如是说：

大稻埕各棉布行，将利用此始政纪念日及大稻埕城隍祭日，地方人士云集稻市之时，共为棉布小卖之事，至来月 5 日乃止。所卖预想额约 20 万匹余。此举若成功，现下积滞之货自可一扫而空，且以 20 万元之资金流于稻市，亦可挽回相当之市况。

这些现象说明，台湾商人利用迎神赛会可以聚集人潮的特性，把这种宗教活动推展到极致，是商业和宗教合作的最佳典范，也是日据时代在宗教事务方面最特殊之处。后来因为竞争过盛，引发一些纠纷，先是取消了竞赛给奖活动，后来就成了大游行。在金矿业繁荣的那几个年头，金商成了大稻埕霞海城隍祭典的主客。1935 年更有千人大乐队，用黄金打造 3 面大旗驮在马背上游行。到了 1937 年这一切都因日寇发动全面侵华战争而结束。

四、光复以来的宗教发展

在 1984 年以前，"主计处"和各县市政府所发行的各年度《统计要览》，没有任何有关宗教、寺庙、教堂的统计资料。这种情况直到 1984 年方才改变。

在 20 世纪六七十年代，基督徒可以堂而皇之地在大型公共场所举办布道大会，各地方当局都要出钱补助。而佛教和道教则处于被排挤打压的惨境，像办布道大会那样的大型集会是不可能获准的，更别想得到当局的补助。

可是到了 1986 年以后，这种情形彻底扭转过来。基督教不再办大型的布道大会。教内的说法是"效果不彰"，也就是没有办法借此吸引更多的信徒。而佛教却乘势而起，大型的"护国祈福法会"不断举办，有的场合更是冠盖云集，好不热闹。

总体说来，基督教徒占台湾总人口的 2.3% 左右，天主教徒占总人口数的 1.6% 左右。两者合起来，共占全台湾总人口的 4%。这种情形大约已经维持了近 30 年。可是，这两个教派在社会救济事业方面做得最多，社会名声也最好，可就是吸引不了台湾的人民去皈依。究竟是台湾的人民太绝情了呢，抑或是基督信仰本身在台湾乃至于整个东亚有它格格不入的地方呢？且看以下的分析。

首先来看这 50 年来各个主要的教派实力的消长情形。

（一）寺庙教堂总数的变化

国民党当局退踞台湾时，大陆几乎所有的宗教都跟着来到台湾，但是各教派的主要人物大多留在大陆，同时国民党当局为了政治安定而对宗教有所抑制，以致宗教活动难以展开，更缺乏宗教活动的记录。表 15-5 中，1960 年、1966 年、1975 年和 1981 年的寺庙总数的是利用刘枝万的《寺庙调查表》、《台湾省通志》中的《寺庙概况》、仇德哉的《庙神传》以及台北市的《寺庙概览》等数据，1990 年以后方才是利用"行政院主计处"发行的各年《统计要览》中的《各宗教教务概况》综合整理而成。

表 15-5　1960 年至 2001 年台湾地区寺庙、教堂统计

年份	佛教	道教	基督教	天主教	理教	夏教	轩辕教	天帝教	天德教	一贯道	回教	巴哈伊教	天理教	其他	总计
1960	838	2947												55	3840
1966	1103	3322												351	4786
1975	1231	4084			6	2								13	5338
1981	1279	4229			6	2								21	5539
1984	1710	6955	2403	848	368		20						101	23	9177
1985	3261	7116	2403	442	368		20						63	28	10856
1986	3265	7224	2285	859	368		20						101	27	11005
1987	3265	7353	2346	859	368								105	23	11128
1988	3345	7461	2422	818	368		14						105	27	11320
1989	4011	7959	2437	1151	49		15						109	47	12250
1990	4020	8044	2.386	1794	99	0	16	33	16	64	5	2	118		16597
1991	4020	8084	2422	1761	113	0	19	35	34	64	5	2	126		16676
1992	4020	8095	2680	1796	103	0	18	40	3	85	5	5	145		17025
1993	4020	8134	2683	1796	108	0	21	50	3	85	5	4	121		17020
1994	4020	8292	2683	816	117	0	21	51	3	86	5	2	125		16220
1995	3938	8292	2683	816	125	0	18	1	4	87	5	—	140		16158
1996	1834	7289	2374	748	5	0	7	1	4	85	4	2	14		12367
1997	1846	7367	2.368	741	5	0	7	1	5	91	4	2	14		12450
1998	1852	7414	2359	736	5	0	7	1	5	91	4	2	16		12492
1999	1858	7446	2.370	743	5	0	7	1	5	91	4	2	16		12548
2000	1904	7415	2245	707	5	0	6	1	5	93	4	2	18		12414
2001	1966	7741	2415	730	5	0	6	1	5	108	4	2	17		13000

说明：1.1984 年到 1986 年的"其他"项目包括回教和大同教。

2.1987 年和 1988 年的"其他"项目包括回教大同教和天帝教。

3.1989 年的"其他"项目包括回教、大同教、天德教和天帝教。

再以神职人员数目来说，其变化情形如下：

表15-6　1984年至1989年台湾地区各教派神职人员统计表

年份	佛教	道教	基督教	天主教	理教	天理教	轩辕教	一贯道	回教	天帝教	天德教
1984	7000	19501	2236	1173	66	482	154		8		
1985	5122	21405	2236	2031	66	87	156		8		
1986	5328	22332	2355	1925	66	482	156		8		
1987	5860	23430	2252	1921	66	494	156		8	1290	
1988	6360	24832	2399	2043	66	494	156		10	6	
1989	8905	27499	2939	2471	252	502	90	115904	10	12	169
1990	9130	28278	2257	2078	443	520	108	116532	6	13	169
1991	9130	29150	2399	1958	467	630	113	118620	10	17	169
1992	9155	29580	2562	2.081	479	630	175	74300	6	22	103
1993	9210	30649	2562	2081	558	182	156	74530	14	32	46
1994	9310	31950	2549	2822	605	178	146	74801	30	180	46
1995	9360	31950	2549	2822	617	420	109	74946	30	200	24
1996	—	—	3775	1296	—	661	—	—	6	—	—
1997	—	—	4001	1353	—	25	—	—	10	—	—
1998	—	—	3795	1313	—	175	—	—	7	—	—
1999	—	—	4478	1351	—	260	—	—	8	—	—
2000	—	—	4283	1252	—	26	—	—	8	—	—
2001	—	—	4498	1364	—	28	—	—	6	—	—

资料来源：1985年至2001年各年度台湾《统计要览》。

综合来看这两个表格，有一些矛盾的地方，也有不可信之处。首先，表15-5与表15-6这些数字是"内政部"依照各教总会所填报的寺庙和信徒人数而直接刊布，并不曾做过检覆和求证，以致有些数字自相矛盾。例如，理教部分的统计数就相当不可靠。理教又称"在

理"，创立于明朝末年。在清末民初时，因劝人戒食鸦片而宏展于华
东地区。1949年时传入台湾。到台湾后，因吸食鸦片的人大幅减少，
以致失去原有的着力点而一蹶不振。这个教派在20世纪70年代就已
经很衰微了，在前20年里一直只有6间寺庙，不太可能在70年代突
然出现368座寺庙。而且这个数字跟表15-2的同一时代该教的神职
人员数目66人不能匹配。

在佛教的资料中也有相当奇怪的地方。1995年时佛教有寺庙
3938间。可是到了1996年却突然下降到1834间，少了一半以上。
但佛教在1996年并没有发生什么大事，因此，数字的变化只是显示
从前的数字在登录时有"灌水"的迹象。在1996年做了一次比较翔
实的调查，才发觉实际上并没有那么多。其他各年的数字变化都是同
样的原因。

夏教是明万历时闽南人林兆恩所创的教派，流行于闽浙一带，清
朝中叶以后传入台湾，至今在台北市农安街附近还保留3处夏教的寺
庙。轩辕教是1960年前后王寒生在台北新创的教派，它的仪式是糅
合了一贯道和孔庙的祭典，以崇拜中华民族的始祖黄帝公孙轩辕。原
来在台北市林森北路的市场内。这个市场是一片违章建筑，直接压在
日本明石总督的墓园上。1990年台北市政府决定把这片违建户拆除，
把墓园清除，改建为公园。夏教的总部就拆掉了，以后就不知所终。

1987年，天帝教首次登录在官方统计资料中。他们的神职人员
数目高达1920人也是不可相信的。因为往后两年的数字就少了很多，
照常理推断，神职人员是一个教派的基本干部，不可能一年之间就少
了99%以上，否则就会面临全面瓦解的局面。

一贯道在1987年1月正式获得"内政部"的认可。次年，一贯
道报给"内政部"的统计数也有可议之处。表15-5的寺庙60座，是
指建筑得像一般寺庙样子的大型公共佛堂。在一贯道总会于1989年

所编的《一贯道简介》中记载着可供信众聚会的家庭式佛堂 2000 间。表 15-2 所列的神职人员数高达 115000 人，相当惊人。事实上，一贯道内可以主持正式仪式的"点传师"人数并不很多。在报人数时是把可以上讲坛讲课的"讲师"这一级也算成神职人员，才有 115000 人之多。

值得注意的是，根据表 15-5 和表 15-6，我们看到佛教和道教在 1980 年后的两三年，都出现了一种寺庙大幅"跃升"的现象。在佛教方面，表 15-5 佛寺从 1981 年到 1984 年增加了 431 间寺庙；从 1984 年到 1985 年的一年之中更增加了 1551 间，其后又是呈缓慢增加的趋势。

在道教方面，由于传统的小区寺庙都归入道教的范畴，以致它的寺庙数量一直超过佛教很多。在 1981 年到 1984 年，突然增加了 2726 间寺庙。其后的 4 年间则呈现稳定的上升状态，一共增加了 843 座。

面对这样佛道两教共有的"跃升"现象，值得研究的是这种"跃升"现象究竟代表什么意义？在找寻这个问题的答案时，有几方面需要注意：

第一，建庙是件集腋成裘的事。佛教僧尼是要靠"化缘"的方式，或是利用"赶经忏、做佛事"的办法来广结善缘，慢慢地累积资财，然后动工兴建。僧尼若是不能达成这个目标，就只好在大庙里"挂单"。因此，佛寺数量增加至少表示是有相当数量的僧尼可以独立拥有属于他们自己的寺庙。道教寺庙的兴建大都由地方上头面人物出面号召乡亲父老兄弟出钱出力，头面人物的号召力愈强，神灵愈显赫，则所能募得的资财也就愈多，连带地也更强化地方头面人物的声望和影响力。在这种情形下，一个私人神坛很容易在地方头面人物的支持下逐渐发展成为一座大庙。

第二，建庙是件耗日费时的事，从发起到建成需要经过一段很长的时间。20 世纪 70 年代初期的寺庙剧增现象，是要靠前面一二十年的努力和累积。因此，要想分析这个跃升现象，就必需要注意前面十多年的社会经济环境。

第三，民间有"佛道不分"的现象，以致佛教和道教的分野日趋泯灭。一般民众常是逢庙就拜，见神就磕头，心中所祈求的无非是个人或家庭的平安吉利。比较明显的差异是，超度亡灵常用正统的佛教仪式，平时搬家、安座、除煞、改运、开张、结婚，甚至出殡、入土等"人生大事"常是由道士来做仪式。因此，佛道两教已经跟一般人的日常生活打成一片。在这种情形下，讨论佛道两教的信徒人数有多少就变得没有什么意义了，寺庙数目的消长反而可以表现出社会上宗教的实际状态。

我们对这种跃升现象的解释，主要是从社会经济的角度入手。20 世纪 70 年代，是台湾由贫入富的转型期。1971 年时，台湾地区平均 GDP 是 443 美元。1978 年时为 1577 美元；1979 年为 1920 美元；1980 年为 2344 美元；1981 年为 2669 美元。10 年之间，台湾地区的平均 GDP 增长了 6 倍。在 1981 年到 1985 年之间，呈缓慢成长，随后又是 5 年的快速上升。

20 世纪 70 年代，台湾的经济发展迅速，使得人们有足够的财力去建庙。这些寺庙在 1981 年前后相继落成，造成 1981 年至 1985 年间的寺庙数量跃升的现象。但是，1981 年到 1985 年，在经济发展上出现缓慢成长的现象。人们捐资建庙的意愿随之降低，在 1985 年到 1988 年寺庙的兴建数量就明显降低了很多。从 1986 年起连续 6 年在经济上呈现飙涨的态势，寺庙数量也在 3 年后（1988 年）呈现上扬趋势。

面对这种经济发展与寺庙数量增加的对应现象，代表经济发展带给社会和人们的是在商场上极大的竞争压力和心理上一种莫名的恐惧，恐惧失败，害怕丢面子；反过来说，就是要求成功，要求扬名立万。要想达到成功的境地，防止失败，除开借重现代的学问知识与个人的能力之外，更会依照祖先留下来的老办法，用超自然的力量来驱除恶灵，确保公司、工厂能在吉祥的环境里顺利运作，不致发生差错。于是，阳宅风水盛行起来，除了请地理师指点阳宅风水之外，人们更常到他心目中认为是灵验的神坛或寺庙去烧香许愿，祈求保佑事业成功。当经济愈发达，公司行号也就愈增加。一旦所开设的公司赚了钱，人们也相信是由于神明庇佑的缘故，那么还愿谢神就必不可免。而且，人们又相信捐钱造庙是件有功德的事，功德一旦累积多了，就会有"诸事顺遂"的感应。在这种情形下，各地寺庙以及私人的神坛都是香火旺盛，许多家庭神坛就在这种情况下发展成为大庙，当然也就出现更多的家庭式私人神坛，这就是目前台湾各地神坛林立的根本原因。

1996 年以后，台湾的经济总体上进入一个衰退时期，虽然"主计处"公布的人均收入超过了 1 万美元，可是在实际的生活面上，工厂不断关门和外移，大量的劳工失业，外资因投资环境恶劣而不再涌入。再加上大陆经济全面发展，吸引了世界上 1/4 的流动资金，台湾各大厂商基于成本和利润的考虑也纷纷跨海西进，利用大陆超高的行政效率、廉价的劳工、广大的市场等有利因素来赚钱，而台湾的工厂由于工资高昂、生产成本大幅上升、成品的单价高而市场的价格低，以致连年赔钱。有良心的老板会"在大陆赚钱来养台湾的工厂"，斤斤计较的老板就会把台湾工厂结束掉。这种经济不振的状况也反映在佛教、道教的发展上，从 1996 年起，这两大教派的寺庙也有逐渐减少的趋势。

相对于佛道两教的蓬勃发展，回教、天主教、基督教、轩辕教、理教等在这 40 年中的发展就显得"相形见绌"。回教一直是一个相当封闭的宗教团体,他们的信徒绝大多数是 1949 年前后从大陆来台湾的老教友。40 年间,回教一直维持 5 个清真寺,信徒人数在 5 万上下。到了 1991 年以后,由于阿拉伯国家来台湾工作的人日渐增多,于是回教清真寺方才有新的活力。

天主教方面,在光绪二十一年(1895)有信徒 1300 人左右;到了民国二十七年(1938),增至 9000 人。根据 1945 年的统计,全台湾的天主教堂,连同布道所在内,共有 52 处,传教士 20 人,教友约有 10900 人。

当台湾在 1945 年光复之后,天主教开始有相当快速的发展。1948 年,教友人数增加到 13000 人。次年,开始划分原先的台湾宗座监牧区为台北和高雄两个监牧区。1951 年,增加台中监牧区。1952 年,由于信徒人数增加到 2 万人,于是教区又重新分配,划分为 5 个监牧区。从 1952 年到 1969 年,天主教在台湾的发展可以说是突飞猛进。1956 年有教友 80000 人,到了 1969 年达到 305793 人,是为最高峰,以后就一直维持在这个数字的上下浮动,1996 年大概做了一次大清理,发现实际的信徒人数只剩下 17 万人,如表 15-7 所示。

表 15-7　1984 年至 1989 年天主教概况

年份	教友人数	教堂数	神职人员
1984	291598	848	1173
1985	326676	442	2031
1986	291592	859	1925
1987	291592	859	1921
1988	289231	818	2043
1989	289303	1151	2471

续　表

年份	教友人数	教堂数	神职人员
1990	290249	1794	2078
1991	304432	1761	1958
1992	295742	1796	2081
1993	295742	1796	2081
1994	304446	816	2822
1995	304000	816	2822
1996	179000	748	1296
1997	177000	741	1353
1998	178000	736	1313
1999	179000	734	1351
2000	178000	707	1252
2001	183000	730	1364

资料来源：1985 至 2001 年《台湾统计年鉴》。

基督教在这 40 年里的发展模式跟天主教的模式差不多。根据《台湾省通志》（1971）所记载的数据，台湾地区在 1945 年以前，有基督教堂 238 间。随后，每 5 年的成长状况如下：

表 15-8　1946 至 1964 年每 5 年基督教堂增加情形

成立年代	教堂数目
1946—1950	130
1951—1955	314
1956—1960	358
1961—1964	108

资料来源：《台湾省通志》卷二《人民志·宗教篇》。

台湾大学教授瞿海源根据《台湾基督教长老会总会年鉴》（1963）、

《真耶稣教会台湾传道三十周年纪念刊》(1965)、《台湾省通志》(1971)、《台湾圣教会年鉴》(1976)、《华人基督教会名录》(1980)以及 Swanson 的《台湾教会面面观》等资料,整理出 1949 年、1964年和 1978 年台湾地区的教会实际数目。他指出:"在从 1949 年到1978 年的 30 年间,基督教呈现出先盛后弱的趋势。就教堂总数而言,在 1949 年时,全台湾约有 350 个教堂,平均每万人约有半个教堂。到了 1964 年的时候,全台湾有 1796 个教堂,每万人平均约有一个半教堂。但是,到了 1978 年时,每万人教堂数略为下降至 1.3 个,教堂总数虽增加到 2303 间。这个教堂总数的增加情形说明了 1949 至1964 年间基督教教堂的兴建有实质性的增加,而 1965 年以后却有减少的趋势。"

依据 1984 年至 2001 年《台湾统计年鉴》上所刊列的基督教统计数字整理成表 15-9,这一时期出现信徒日减而神职人员日多的现象。

表 15-9　1984 年至 1989 年全台湾基督教发展情形

年份	教堂	神职人员	信徒
1984	2403	2236	253030
1985	2403	2236	476059
1986	2285	2355	477650
1987	2346	2252	417519
1988	2422	2399	421605
1989	2437	2939	428162
1990	2386	2257	488019
1991	2422	2399	421605
1992	2680	2562	421641
1993	2683	2562	421648
1994	2683	2549	421666
1995	2683	2549	422000

续　表

年份	教堂	神职人员	信徒
1996	2374	3775	365000
1997	2368	4001	379000
1998	2365	3795	378000
1999	2370	4478	406000
2000	2254	4283	390000
2001	2415	4498	382000

资料来源：1985 年至 2001 年《台湾统计年鉴》。

在台湾光复初期，日本的基督教会撤走，只剩下天主教与来自英国和加拿大的基督教长老会。及至国民党当局退踞台湾，大陆上的基督新教各派也随之来台。后来在台湾又有许多新创的以"耶稣基督"为名的教派产生，使得"基督教"这个阵营变得相当复杂。1977 年，据基督教牧师董芳苑统计，基督教阵营有 86 个支派。1991 年 5 月时，他认为已经不止 86 个，而是应该在 100 个以上。这 100 多个教派共同拥有不到 40 万的信徒。其中，基督教长老会占去将近一半，约 22 万。那么，整个基督教阵营中，应该有一半以上的支派是人数很少的。

综上所述，关于佛教、道教、天主教和基督教在这 40 年中的发展情况，我们可以清楚地看到，本土的佛道两教随着经济的发展而日益昌盛；外来的天主教和基督教在台湾经济最困难的 20 世纪 50 年代有长足的进展，可是当社会经济逐渐好转时，它们却遭遇到发展上的瓶颈，不能像本土宗教那样与经济起飞共舞。其中最主要的因素是在国民党当局退踞台湾之际，由于政要大多是崇奉基督信仰，而美援时期许多民生物资是通过教会发放，于是为了赶时髦与得到美援物资，很多人在这段时间里信仰了天主，尤其是在军人的眷村中，这种风气尤其为盛。等到美援停止，社会逐渐开放，人们便又回过头来从中国传统的信仰模式中去寻求精神上的慰藉。

（二）宗教与社会工作

1. 教育

1860 年中法《北京条约》规定，允许基督教和天主教进入中国传教。这两个教派因袭欧洲的传统，以兴办学校作为传教的接口和手段。在大陆时，一直是天主教办幼儿园和中小学，而基督教偏好办大学。这两大教派随国民党当局退踞台湾之后，依旧以办学校为它们主要的社会活动接口。在台湾的这几十年，由于实行"国民义务教育"的关系，小学和初中都是由当局办理。私人兴学只能办高中、高职、大学，要不然就是办托儿所和幼儿园。天主教办幼儿园、高中和高职为多，基督教则是办大学和专科为多。依旧是当年在大陆的态势。

20 世纪 70 年代以后，佛教在台湾日益兴盛，也就步其后尘，开始办大学。1989 年，晓云法师兴办的"华梵工学院"（后来改名为华梵人文技术学院，1998 年再改为华梵大学）开始招生。接着有慈济功德会兴办的慈济医学院（1994 年创办，1998 年改为慈济大学）、佛光山兴办的南华管理学院（1996 年创办，1998 年改为南华大学）、"中国佛教会"兴办的玄奘大学（1996 年）和佛光山的佛光人文社会学院（2000 年）相继成立。台湾的佛教团体一共办了 6 所大学。一贯道总会正在拟议兴办崇华大学，其他的教派目前还没有能力办大学。当年，西洋教士来中国设学校的目的很清楚，一方面是把"科学"传入中国，另一方面是为了传教。当中国自己的教派也兴办大学的时候，由于是依样画葫芦，目的就不清楚了。科学已经普及，而且到了该要深切检讨以求突破的时候；至于借教育来传教早已行不通。那么佛教、一贯道等本土教派要办教育的着力点在哪里呢？这是值得国人思考的问题。

表 15-10　台湾各教派兴办幼儿园统计表（1984 年至 2001 年）

年份	1984	1986	1987	1988	1989	1990	1991	1992	1993	1994	1995	1996	1997	1998	1999	2000	2001
佛教	86	82	82	72	73	70	70	70	70	70	70	87	95	94	86	91	82
道教	0	20	26	26	34	36	41	49	51	53	53	44	84	80	75	85	70
天主教	338	370	370	310	310	299	296	251	251	271	271	200	201	201	174	161	157
基督教	79	80	53	8	8	5	8	8	8	7	43	224	209	199	167	150	149

资料来源：《台湾统计年鉴》（1984 年至 2001 年）。

表 15-11　台湾各教派兴办小学统计表（1984 年至 2001 年）

年度	1984	1986	1987	1988	1989	1990	1991	1992	1993	1994	1995	1996	1997	1998	1999	2000	2001
佛教	0	0	0	0	0	0	0	0	0	0	0	0	0	0	0	0	1
道教	0	0	0	0	0	0	0	0	0	0	0	0	1	1	1	1	1
天主教	10	10	10	10	10	10	10	10	10	10	10	7	7	7	6	5	9
基督教	1	1	0	0	0	0	0	22	12	12	2	3	3	9	1	5	

资料来源：《台湾统计年鉴》（1984 年至 2001 年）。

表 15-12　台湾各教派兴办中学统计表（1984 年至 2001 年）

年度	1984	1986	1987	1988	1989	1990	1991	1992	1993	1994	1995	1996	1997	1998	1999	2000	2001
佛教	8	8	8	8	8	8	8	8	8	8	8	1	1	1	1	1	2
道教	0	0	0	0	0	0	0	0	0	0	0	1	1	1	1	0	1
天主教	35	27	27	27	39	36	36	28	28	27	27	21	21	20	18	15	14
基督教	5	5	7	7	7	7	7	9	9	9	5	6	6	6	10	5	4

资料来源：《台湾统计年鉴》（1984 年至 2001 年）。

表 15-13　台湾各教派兴办专科学校统计表（1984 年至 2001 年）

年度	1984	1986	1987	1988	1989	1990	1991	1992	1993	1994	1995	1996	1997	1998	1999	2000	2001
佛教	0	0	0	0	0	0	0	2	2	2	2	1	2	2	3	2	1
道教	1	1	1	1	1	1	1	1	1	1	1	0	0	0	0	1	1
天主教	1	3	3	2	1	1	1	11	11	15	15	0	0	1	0	0	0
基督教	2	2	6	10	10	6	10	10	10	10	10	0	0	0	3	0	0

资料来源：《台湾统计年鉴》（1984 年至 2001 年）。

表 15-14　台湾各教派兴办大学统计表（1984 年至 2001 年）

年度	1984	1986	1987	1988	1989	1990	1991	1992	1993	1994	1995	1996	1997	1998	1999	2000	2001
佛教	0	0	0	0	0	0	0	0	0	0	2	3	3	2	2	2	5
道教	0	0	0	0	0	0	0	0	0	0	0	0	0	0	0	1	0
天主教	2	2	2	1	2	2	2	2	2	3	3	2	2	2	2	2	2
基督教	3	3	3	6	6	3	6	6	6	6	6	5	5	4	6	6	6

资料来源：《台湾统计年鉴》（1984 年至 2001 年）。

2. 医院和诊所

基督教长老教会清末传入台湾时也是从医疗入手，靠替人治病来争取民众的信任以及向民众传道的机会，先后成立慕德医院（1865）、二老口旧楼医院（1869）、淡水马偕医馆（1879）、大社医院（1890）、彰化医院（1896）、新楼医院（1900）、马偕纪念医院（1912）等。

有关 1984 年以后台湾的教会医院和诊所的发展情形如表 15-15、表 15-16 所示。佛道两教只能办办诊所，在规模上，无法跟基督教和天主教相比，直到最近几年，才有慈济功德会的慈济医院和台北行天宫办的恩主公医院、北港朝天宫和中国医药学院合作的北港医院。在全民健康保险制度之下，这些宗教医院都纳入健保体系，也就不再有积极的传教作用。在表 15-15、表 15-16 的统计表上，1996 年、1997 年的统计数字诡异，其中的原因是由于全民健康保险实施以后，医疗费用与药价都有一定的标准，规模较大的医院能凭着使用量较大的优势压低药品的进价，而小医院便没有这种能力，造成营运成本提高，终而经营不善而关门或被大医院所兼并。

表 15-15　台湾各教派兴办诊所统计（1984 年至 2001 年）

年度	1984	1986	1987	1988	1989	1990	1991	1992	1993	1994	1995	1996	1997	1998	1999	2000	2001
佛教	0	3	3	3	3	3	3	3	3	3	3	21	4	4	4	4	5
道教	5	7	7	7	10	13	16	16	16	18	18	23	2	1	4	4	5
天主教	22	24	24	31	31	19	17	17	17	17	17	7	6	6	7	4	4
基督教	4	4	12	12	12	12	12	15	14	14	14	6	2	2	3	2	2

资料来源：《台湾统计年鉴》（1984 年至 2001 年）。

表 15-16　台湾各教派兴办医院统计（1984 年至 2001 年）

年度	1984	1986	1987	1988	1989	1990	1991	1992	1993	1994	1995	1996	1997	1998	1999	2000	2001
佛教	3	6	6	6	6	6	6	7	7	7	7	12	3	3	5	5	5
道教	1	1	1	1	1	1	1	1	1	1	1	10	0	0	0	1	5
天主教	22	16	16	17	16	14	16	16	16	15	15	18	14	13	12	21	31
基督教	9	9	12	12	12	12	12	12	12	12	12	25	10	11	12	16	24

资料来源：《台湾统计年鉴》（1984 年至 2001 年）。

从以上的社会工作来看，主要都是基督教和天主教做的，佛教到 1986 年以后方才起而仿效。道教由于是以神坛为主，平时的做法就以"消灾解厄"为主，可以看成是另外一种形式的行医。只是这种行医的方式不为现在的医疗主管机关所承认而已。

▎参考文献 ▶

丁仁杰：《社会脉络中的助人行为：台湾佛教慈济功德会个案研究》，台北联经出版社 1999 年版。

[日] 井出季和太著，郭辉译：《日据下之台政》，台湾省文献委员会 1956 年版。

仇德哉：《台湾神庙大全》，台北自印本，1985 年 10 月。

王文颜：《台湾诗社之研究》，政治大学中文研究所硕士学位论文，1979 年。

王世庆：《日据时期台湾降笔会与戒烟运动》，《台湾文献》第 37 卷第 4 期。

王志宇:《儒宗神教统监正理杨明机及其善书之研究》,《台北文献》直字120
　　期,1997年。

王志宇:《儒宗神教之研究》,"中国文化大学"史学所博士学位论文。

朱允恭:《王凤仪年谱与语录》,台北若水善书流通处1967年版。

江灿腾:《台湾佛教百年史》,台北南天书局1995年版。

吴文星:《日据时代台湾书房之研究》,《思与言》第16卷第3期,1978年9月。

宋家珩:《加拿大传教士在中国》,东方出版社1995年版。

李世伟、王见川:《台湾民间宗教与信仰》,博扬出版社2000年版。

李世伟、王见川:《台湾的宗教与文化》,博扬出版社1999年版。

李世伟:《日据时期台湾儒教结社与活动》,文津出版社1999年版。

李世伟:《台湾宗教阅览》,博扬出版社2002年版。

李世伟:《台湾妈祖庙阅览》,博扬出版社2000年版。

林文龙:《清代台湾鸾务概略》,《圣贤杂志》第68期,1979年。

林文龙:《台湾最早的鸾堂小考》,《圣贤杂志》第82期,1984年。

林永根:《鸾门暨台湾圣堂著作善书经忏考》,台中圣德杂志社1982年版。

林满红:《清末社会流行吸食鸦片研究——供给面的分析(1773—1906)》,
　　台湾师范大学历史研究所博士学位论文,1985年7月。

林学周:《台湾宗教沿革志》,台北佛教月刊社1950年版。

[日] 酒井忠夫著,张淑娥译:《民国初期之新兴宗教活动与新时代潮流》,
　　《民间宗教》1995年第1期。

梁其姿:《十七、十八世纪长江下游之育婴堂》,载《中国海洋发展史论文集》
　　(二),"中央研究院"三民主义研究所,1984年。

梁其姿:《明末清初民间慈善活动的兴起——以江浙地区为例》,《食货月刊》
　　第15卷第7、8期合刊,1988年。

梁其姿:《清代惜字会》,《新史学》1994年第6期。

梁其姿:《清代慈善机构与官僚层的关系》,《"中央研究院"民族学研究所集刊》第 66 期，1988 年。

梁其姿：《施善与教化——明清的慈善组织》，台北联经出版事业有限公司
　　1997 年版。

郭沫若：《关于处理接受美国津贴的文化教育救济机关及宗教团体的方针的
　　报告》，1950 年 12 月 29 日在政务院第 65 次政务会议上报告，并经同次
　　会议批准，《新华活页文选》第 445 号。

陈支平、李少明：《基督教与福建民间社会》，厦门大学出版社 1992 年版。

陈国镇：《又是人间走一回》，台北圆觉文教基金会 2003 年版。

杨天宏：《基督教与近代中国》，四川人民出版社 1994 年版。

杨曾文：《当代佛教》，东方出版社 1993 年版。

荣锋：《台北孔子庙事略》，《台北文物》第 2 卷第 2 期，1953 年。

台湾省文献委员会编：《台湾省通志人民志宗教篇》，台中台湾省文献委员会
　　出版。

台湾基督教长老教会年鉴编辑小组：《台湾基督长老教会设教一百二十周年
　　年鉴》，台湾基督长老教会总会 1985 年版。

蔡锦堂：《日据时期台湾之宗教政策》，《台湾风物》第 42 卷第 2 期。

蔡懋棠：《台湾现行的善书》，《台湾风物》第 26 卷第 3 期，1976 年 11 月。

《台湾现行的善书（续）》，《台湾风物》第 26 卷第 4 期，1976 年 12 月。

郑子东：《王凤仪言行录》，台北三扬印刷公司 1968 年版。

郑志明：《台湾民间宗教论集》，台北学生书局 1988 年版。

郑喜夫：《清代台湾善书初探》，《台湾文献》第 33 卷第 2 期，1982 年。

顾长声：《传教士与近代中国》，上海人民出版社 1991 年版。

顾卫民：《基督教与近代中国社会》，上海人民出版社 1996 年版。

第 十 六 章
有关台湾的各种史观

　　人之所以异于禽兽，不在于他会不会使用工具。因为有越来越多的证据显示，有许多动物都会使用简单的工具，例如海獭会用小石头打破贝壳而取食里面的肉质；新几内亚岛上的花亭鸟会用各种它可以找得到的材料，来建构一座美轮美奂的花亭，以吸引雌鸟的注意而与它交配；黑猩猩会用小树枝伸进白蚁洞穴里，去粘黏白蚁当棒棒糖吃。凡此种种，都是及身而止，自己摸索着学会了之后就只有自己才能享用，没有办法把个体的经验累积起来加以改良，成为群体共同的知识和经验。人则不然，人具有特殊的能力，能够把个体的经验汇总起来，加以糅合、汇整成为新的知识，并且还可以代代相传，成为人类共同的智慧。这就是历史。

　　什么是"历史"？历史在各种不同层次上有不同的意义。对一般人来说，所谓历史，只是单纯地陈述过去所曾发生过的事件。然而，光是这样的认知是不够的。从人类整体来说，每一代的人都会把他们毕生在世时的经验，用各种不同的形式保留下来，让社会上其他的人可以从这些保留下来的数据中吸取经验和教训，而后提出新的应对方法，一方面可以增加自己的知识和能力，另一方面也可以提升整个群体的生命境界。人类为了拓展眼睛的能力，先后发明了望远镜、显微镜、电子显微镜、X光、红外线、核磁共振断层扫描（MRI）、超声波等仪器，大大提升了眼睛的功能，人类的生活水平和医疗水平因而大幅提升。这就是人类之所以必须要有历史的最主要的原因。

可是对历史学家或有心于历史的人来说，他们心目中的历史就不是这么宽广的定义，而是采取比较狭窄的定义。往往是依照他个人的意念或者是执政当局为了统治上的需要，把历史事件做特定的陈述和解释，这就是所谓的"史观"。因此，不同的政治立场，不同的历史事件比排，就会有不同的历史观点，也就有不同的历史叙述。

一般人总以为"历史"就是"过去所曾发生过的事情的记录"。可是当我们仔细观察各种历史记录时却会发现，每个时代对于过去的历史记录所作的陈述都不太相同，甚至完全相反。例如，在台湾史书上所说的"流寇"，在大陆就成了"农民革命""农民起义"。"流寇"有贬斥的意思，而"农民起义"是有颂扬的意思。因此，任何在社会上流传的历史记录，都只是某个时代中的某一群人基于他们自身的立场，假借过去的事实来表他们自己的想法。这种想法被称之为"史观"。只是有的史观能够照顾的面比较广，有的史观所能照顾的面比较窄，有的比较合理且接近事实，有的比较不合理且比较不接近事实而已。

这几十年来，台湾社会上所流行的有关台湾的各种史观，其实都代表不同的政治立场，背后也都涉及国际政治强权对台湾的看法。几十年前，教台湾史是少数台湾耆宿的专利，倘若别人想教，他们就会设法以种种政治上的罪名来诬控那些竞争对手。而且，一般的历史学家也认为台湾历史短小浅薄，不屑一顾。直到台湾政治环境发生剧变，台湾历史研究方才成为显学。由于先前没有什么研究，一时之间各种国际政治强权精心设计的史观全都涌入台湾史这片园地。从事台湾史研究的人各自抓住一种史观，用来批评甚至否定其他的史观。因此，在研究台湾史的时候，不能不注意这种国际政治背景，否则就会陷在某一种特定的史观而不能自拔。

史观既是人创的，当然也可以自创一格。台湾的历史学家和政治学者一向依赖外来的理论，不肯多花心思去想新的史观。台湾要想在历史上留名，必须要在"文化"上有独特之处，这样才会得到世人的呵护。可是到目前为止，都只是在盲目地抄袭模仿西方的流行文化，包括日常生活、政治理论，乃至于学术思想。这种情形非常令人担心。

有关台湾的"史观"可以归纳成下列几种。

一、方志的清代统治史观

清朝平定台湾之后 30 年，在康熙五十七、五十八年（1718、1719），开始修纂《台湾府志》《台湾县志》《诸罗县志》《凤山县志》。是为台湾有官修方志的开始。宋元明清各代的修纂方志类似今日的"国力调查"，目的是为修全国一统志做准备。

有清一代，台湾跟大陆其他各府各县一样，是大清帝国疆域的一部分。帝国的各项规制全部应用在台湾这块土地上。近年来，有一些学者借用西方有关殖民地政治与社会研究的概念，创了一些奇怪又难懂的名词，诸如"内地化""内卷""官僚化"等，来称呼清代在台湾的设官治理，其实早已偏离了事实。

在清朝明文规定，本地人不可以在本地当官，以免结党营私舞弊。看看现在台湾的地方派系控制地方政情，就可以明白古人的用心良苦。正因为地方官都是从外地调来，他对台湾的风土人情有特殊的看法，往往就以奇风异俗的角度来记录之。因此，台湾早期的方志上对于台湾当地的记载，大都是以一个从外省调来的官员的角度来记录和评断。虽然有一点偏差，但是对现代人来说，却是可以引导我们去重新认识那个时代的重要线索。像本书提到清代的社会状况，主要就是根据这些外省的官员笔下所记的"奇风异俗"而来的。

二、《台湾通史》的汉族正统史观

第一本重要的台湾史著作当推连横（字雅堂，1876—1936）所著的《台湾通史》，1920 年出版。这本书以民族主义为基本的史观。或许是受辛亥革命的影响，通篇都是以汉族为中心，以"排满反日"为主要的论点。事实上，连横希望借着这种论点呼吁在台湾的中国人要团结起来，共同反抗当时台湾所受的异族统治，也就是日本的殖民统治。

为了达成既定的目标，连横往往会把一些鸡鸣狗盗之辈说成是"反清复明"的英雄，像"黄教案"就是如此。黄教只是一名偷牛贼，可是在书中却成了"反清复明"的英雄。为了彰显祖先开拓的辛劳，连横更编写一些开拓的故事。例如书中提到，最早开拓台北盆地的人是陈赖章，并且为他立了传。其实"陈赖章"是一家合股的垦户而已，于康熙四十八年(1709)得到官府所发给的正式开垦执照。尽管如此，这些瑕疵不能掩盖这本书的光辉。

及至 1945 年台湾光复前后，中国人方才又开始撰写有关台湾的史书。这时候当然是站在中国的立场来看台湾。李絜非的《台湾》（商务印书馆 1945 年版），可以算是这个类型作品的代表。

当《开罗宣言》宣布将台湾归还中国之后，在上海、重庆等大都市就出版了一些介绍台湾的书。李絜非在写这种书的时候所抱持的心情，是一种"几十年屈辱终于得以一伸"。因为百年来的中国，割地赔款的事情实在太多了。民国肇造，特别是北伐成功之后，"收回租界和割让地"就成为国民政府必须要执行的政策。李絜非在《台湾》

这本书的"自序"中开宗明义地说：

> 台湾是中国的老沦陷区。在中国近代史中，其沦陷的经过实
> 为一幕悲剧。但在既往，既视为海外弹丸之地，盗乱渊薮之区。
> 在当时，台人愤清廷"弃台"之议，为独立之谋，乃举国上下不
> 为一援之手，终致力竭而亡。在其后，既陷于敌寇的阻害与挑
> 衅，使中台关系若存若亡，更坐于国人的浑忘与冷淡。对台湾的
> 一切又返于元明清以前一知半解的情状。至于今日，同盟国对敌
> 作战到底，最后胜利即将来到，开罗会议更议定对日本总清算，
> 台湾与其他失地于战后归还中国。50 年来，日人所加于台湾与
> 中华民族的耻辱，自当一扫而空。

李絜非写书时是抱着一种"赎罪与同情"的心情，分 8 章介绍台
湾的地理、人口、民族、风土人情、经济状况、中国早期的经略、抗
日的民族精神、日本统治下的状况。最后一章谈收复台湾对中国的重
要性。

国民党当局退踞台湾 20 年之后，情势有了变化。由于与大陆隔
绝已经 20 年，对于大陆的认知逐渐开始模糊，于是需要开始反复强
调大陆和台湾之间的文化传承关系。1971 年，台北市文献会出版了
《中原文化与台湾》一书，基本的论点是"中原文化扩张之后，才把
台湾包含进去"。这种"中央向四境辐射"的论点是 3000 多年来中国
史家一向持用的史观，直到最近几十年，由于大陆上的考古数据不断
翻新才改变了这种认识，知道边境四裔的文化共同向中央融合，方才
出现中原文化，也就是说，中原文化是多重起源的。本书的基本立场
就是以新考古材料为依据，把台湾上古文化定位在"中华文化多元起
源"的一个源头。

在 20 世纪 70 年代，几位学者所写的台湾史方面的著作，大体上
都围绕在"中原与台湾的关系"这个主题上，少数的史料不断地重复

使用，实在难为了他们。这时候在台湾的社会上也流行着对大陆美好山河的憧憬。大陆的音乐家陈钢和何占豪的小提琴协奏曲《梁山伯与祝英台》和由殷承宗改编的《黄河钢琴曲》是大学生们的最爱，虽然在表面上是不许公开发售，可是，大家都知道要到哪个地方可以买到翻版的录音带。而台湾本地的校园歌曲也是以幻想大陆山河为主要的趋势，像《中华民族颂》，有些歌词明显违背历史事实，可是在市面上大卖特卖。

三、日本的强权史观

日本人强占台湾之后，一直不肯承认是他们用武力夺取台湾的，而是要改口说，台湾原来就是世界列强征逐的肥肉，以前中国拳头大，把台湾占有了，现在日本拳头也大了，就该轮到他来占领台湾了。因此，仗着日本人跟荷兰一直有很深厚的文化往来的缘故，投入相当多的人力来整理荷兰人占领台湾时期的史料，这就是岩生成一等人编写《荷兰占领下的台湾》（中文版由许贤瑶译，佛光人文社会学院2001年版）一书的背景。也有人研究荷兰人所写的《巴达维亚日记》，尤其看重有关台湾的史料。他们在这些研究中，刻意否定中国人在台湾历史上的主导地位。

世界上曾经成为西方殖民地的亚非国家，由于受限于学力、学历和知识，通常是把殖民者当成他们历史的开端。现在台湾有的学者不明就里地被日本人牵着鼻子走，也把荷兰占领时期当成台湾历史的开端。谈台湾史的时候，就从荷兰占领时期开始讲起。在那种理路下，郑成功不就成了"入侵者"？所有闽粤汉人在清代的开垦不也都变成了"侵略者"？

在本书的第一章特别介绍台北县八里乡所发掘的"十三行遗址"，

强调汉人的铁器文明早已渡过台湾海峡来到台湾西部，而且在更早的新石器时代就和闽粤有密切的往来，是几个构成中华文明的源头中的一个。目的就是在破除以上所说的弊端。

日本占领台湾之后，不肯承认是从中国手上夺来，于是无中生有地设法说日本人最早在台湾建立村落，以后中国大乱，难民蜂拥进入台湾，社会秩序大乱，直到日本人占领台湾，方才开始有效有秩序地治理这块土地。所谓"台湾是无主之地，唯强者居之"，就是指日本人心虚的情形下所编造出来的鬼话。

日本人殖民统治时期曾经编写过《始政二十年》《始政四十年》《台湾治绩志》《台湾统治志》之类的史书。这些史书当然是以颂扬日本殖民统治的丰功伟绩为主。在基本的史观上，极力否定中国对台湾的主权和历史文化渊源，强调台湾自古以来就是无人之岛，唯有强者得以居之，西班牙人、荷兰人、中国人相继入侵，现在轮到日本人了。

20世纪60年代，美国曾经采用这套理论，流传于美国国会和舆论界，企图把台湾和中国弄成是两个自古以来就没有关联的政治实体，以达到台湾和大陆都能在联合国拥有席次的目标。但是台湾和大陆基于民族主义，共同反对这项主张。主要代表作品有柯乔治的《台湾——被出卖的土地》，以及杨碧川的《后藤新平传——台湾现代化奠基者》。

柯乔治在《台湾——被出卖的土地》一书的导言部分写道：

> 由于台湾处于海运的中站，时常稳罩在邻近大陆的阴影之下，使它屡次成为国际纠纷的焦点。
>
> 这岛屿（指台湾）和大陆之间的拉锯式冲突，至少有两千年了。中国最早有关台湾的文献指出，汉人从黄河流域向南推进，移居福建沿岸之前，台湾已被一些勇猛的非汉人的原住民定居

着。这些南洋系的原住民时常横越海峡，突击沿岸的村落或寻找以物易物的交易。而中国派出远征军来处罚他们，或探险这漫长的岛岸。

倭寇是最早建立小移民村的人。几世纪以来，他们航海途中经台湾到中国港口，再到东南亚和印度尼西亚群岛。碰到暴风雨或需要补给及船只修理的时候，他们退避于澎湖或台湾西部海岸。最后一批数目可观的日本移民定居在离开台南不远的地区。

西班牙和荷兰人随后来到，15世纪末叶，当日本独裁者丰臣秀吉威胁吕宋岛时，在马尼拉的西班牙总督提议占领台湾。1626年西班牙于岛的北端设立堡垒和传道所。同时，荷兰人已到澎湖寻找海军基地，以便挑战在澳门葡萄牙人的贸易，以及干扰靠近菲律宾的西班牙航运。郑氏（在欧洲以国姓爷闻名）之母为日本人，其父为汉人。他自称为"明朝爱国者"。以岛为基地，筹划征服大陆，发誓从满人的统治下解放汉人。外国（英国）商人冒险家的机关提议供给武器给这些"明朝爱国者"。

这几段引文就已经错误百出。中国历史上，在三国时代和隋代都曾经派军队"征琉球""征夷州"。中国历史上也不曾记载有台湾的少数民族族群寇扰沿海的事。台湾的平埔人是散漫的部落组织，很难变成强力的军事武力，而且明代的"倭寇"大部分是福建浙江沿海居民。

至于日本人最先定居台湾，主要的根据是荷兰人在《巴达维亚日记》中记载，荷人到台湾购买鹿皮转销日本时，发现在台湾有25家闽南商人、7家日本商人在从事这项生意，但从人数来说也是中国人比日本人多。17世纪西欧的强权是西班牙，英国只是局促北海的海盗小国，根本无力到东方来用武器支助郑成功。

柯乔治使用史料如此荒唐，整本书的可信度自然也就降低许多。可是在台湾，柯氏仍然受到相当的重视。这不是因为学术的理由，而是政治上的需要。"独派"人士没有自己的理论架构，只好拿这根朽木当栋梁来用。

杨碧川的书也是够荒唐的，把屠杀台湾人（汉人和台湾世居少数民族）最凶狠的儿玉总督和后藤新平民政长官说成是台湾现代化的奠基者，书中一片歌功颂德之声。全世界殖民地独立之后，对于原来的殖民宗主国都是持负面的、批判的态度。像杨碧川这样对殖民宗主国极尽怀念、阿谀之能事，奉承为"现代化之奠基者"，在全世界可以说是绝无仅有。也突显了一个严重的事实，这些人由于知识的贫乏，在反国民党时，一不小心就反过了头，把对日据时代的认知当成是唯一的依靠而迷失了真正的自我。

杨碧川是国民党当局的"政治犯"，在绿岛的监狱中被关了20多年。由于这种纠葛，他自然不会认同"国民政府"，于是把日本人当成他的认同对象了。

四、中国国民党的正统史观

这就是在台湾的人最熟知的史观——台湾是中国的一部分，岛上的居民来自于闽粤两省。先有南明郑氏在这里建立朝廷。清康熙二十三年（1684），清朝灭明郑，设1府3县，隶属福建省。1887年，台湾从福建划出，改建行省。1895年因中日甲午战争中国战败而被割让给日本。1945年抗日战争胜利，日本无条件投降，台湾重回中国的版图。接着，由于国民党和共产党内战，国民党失利，于1950年正式退踞台湾，建设台湾为"复兴基地"。在"复兴基地"上的一切努力都是为了重回大陆。

五、"新台湾人"史观

这十几年来，台湾的反对党政客总是以否定现行的国家和民族认同作为主要的政治要求，硬生生地把居住在台湾岛上的人划分成福佬人（主要是指闽南人）、客家人、外省人、"原住民"四大族群。提出"我是台湾人，你不是台湾人，你一定不爱台湾"这样的政治口号。受害最深的是外省人。这些人远离故乡来到此地，奉献了一生，让这块土地保持繁荣，可是最后却落得如此凄凉下场。

但是，四五十年前台湾岛上的居民并没有分彼此。就是因为不分彼此，所以几十年来可以一直相互通婚，任何人都有各种身份背景的朋友。

这些政客之所以这么做，是因为在他们心中一直想要效仿美国的独立经验。当年北美十三州殖民地因为不满英国的重税政策爆发反抗，终而有美利坚合众国的建立。可是，美国建立后，号称是"民族的大熔炉"，让来自世界各地的人民融合在美国文化之中，这才能成其大。台湾的发展却反其道而行，把原本可以融合的人群割裂成四大族群，以所谓的"台湾人"作为主体，不断"制造"可以被反抗斗争的对象，台湾社会因此陷入动荡不安。

有识者感觉到长此以往非台湾之福，因而有"新台湾人""新中间路线"之说。希望借此弭平族群之间的对立，为台湾开创和谐美好的未来。这不是政客的"恩赐"或"赦免"，应该是政客的"赎罪"。这些说法通常都是政治人物基于他们的实际政治需要而说，可不可以成为一种史观尚待时间的考验。

六、统 派 理 论

台湾的统派学术理论不强，主要的著作有王晓波的《台湾史与近代中国民族运动》《被颠倒的台湾历史》。王晓波是统派的理论家，由于家中长辈因"共谍"缘故而被枪毙，在心理上一直有难以磨灭的创伤。他在研究台湾史的时候，专门注意台湾历史上各种反抗的事件，国共的争斗以及台湾、大陆和美国的三角关系，立论都是以"认同中国"为出发点。他和另一位统派大将陈映真不同。陈映真是不折不扣的马克思主义的信徒，他认同的应该是马克思主义，因为大陆实行马克思主义，所以他认同。

七、依 赖 发 展 理 论

20 世纪 60 年代，美国国力到达顶峰，而身处美国后院的南美国家却经济破产，一批南美裔的美国学者提出"依赖理论"。简单地说，就是在世界边陲地带的第三世界之所以贫穷落后，都是拜资本主义核心国之赐。任何第三世界边陲国家碰上资本主义核心国家，都难逃被剥削得一穷二白的命运。这套理论在美国学术界盛行一时。

到了 20 世纪 80 年代，像 F.Cardosa、Peter Evans 等学者已经发现巴西可以从债台高筑的情形下复苏，中国台湾、韩国等国家和地区的经济发展并没有出现被剥削得一穷二白的地步，反而是欣欣向荣。于是开始修正"依赖理论"，代之以"依赖发展理论"，认为第三世界社会不是无药可救，仍旧有一些国家和地区可以实现工业化，如巴西、中国台湾、韩国等。但并不意味着这些国家和地区就可能成为核心经济体，因为它们在技术、市场知识和操作上必须依赖核心经济体。因而是处于"半边陲"的地位。直到 20 世纪 80 年代初方才开始有学者用这套"依赖发展理论"来研究台湾的经济发展。

在 20 世纪 80 年代中晚期，中国台湾、韩国、新加坡、中国香港这"亚洲四小龙"的表现极为耀眼。"依赖发展理论"似乎不太合适。可是到了 1996 年，泰国货币崩盘，引发东南亚金融风暴，印度尼西亚、马来西亚等国的金融随之崩盘。接着就影响到韩国，韩国的金融危机更甚于东南亚各国，处于破产的边缘，最后只好接受国际货币基金组织的接管和重整。深究其原因，还是因为这些国家和地区的制度不良、没有高科技的基础、财力不足等。而高科技的拥有者正是美国，也就是所谓的"核心国家"。台湾是这一波金融风暴中受害最小的。因此，"依赖发展理论"似乎又有点道理。

八、海洋霸权理论

2003 年元月，台北"故宫博物院"推出一个名为"海洋台湾"的史料展。向荷兰借了几样 400 年前地理大发现时代航海所用的东西。这项展览内容并不丰富，可是高官云集，这些人同声说："看了以后，非常感动。原来台湾跟世界海洋霸权是这么的接近。"

这套理论的基点是把台湾放在 17 世纪荷兰人、西班牙人、葡萄牙人的海洋争霸史中，跟日本强权史观是同一个思想脉络，只是把主角从日本人换成了台湾人。曹永和是这种理论的倡导者。

不过，这个理论完全忽略了台湾当时在海洋争霸史上的地位。那时的台湾不是争霸的主角，而是争霸者角逐的对象。如果真要讲这套理论，就绝对不能忘了郑芝龙、郑成功、郑经三代的功业。但是郑氏的功业却被有意抹杀了。史家卓克华私下比喻这套理论："就像一个女人被五六个恶汉强奸之后，非但不生气，反而沾沾自喜，夸耀自己有魅力。"

以上总共提出 8 种不同的史观，各自满足一部分人士的心理需要或者是政治上的需要。这些理论也都不是全面的、完整的，犹如瞎子摸象，谁摸到哪个部位，就说象是长得像哪个样子。在前面也说过，史观的观照面有大有小，我们在这些史观中可以清楚地看到，有些史观非常狭隘，如日本的强权史观、"新台湾人"史观等。也有的史观是从全世界的角度来看问题，如"依赖发展理论"。理论的涵盖面越大，内容就越容易粗疏；涵盖面小，却有见树不见林之憾。

因此，要想找到一个切中时弊，又可以用来解释同一时期东亚、发达国家，乃至全世界问题的理论，似乎相当不容易。在下一章中，我们试着用物理、化学上的"耗散理论"来描述台湾最近几十的发展情况，再用心理学、心理人类学上有关人格教养的理论，以及电磁学和环境决定论来解释台湾社会究竟是怎么了。

第 十 七 章
台湾与大陆难以割舍的血脉关系

一、冷水阶段

20世纪的前半叶，中国一直处天灾、人祸、战乱的状态，换政府就像换衣服一样快速。但是从20世纪50年起，中国进入一个比较稳定的状态。国共双方各自伫立在台湾海峡的两边。这样一僵持，就僵持了70多年。

等到局势底定之后，台湾慢慢从衰敝之中苏醒过来。这时，一方面靠着中国人那种与天争胜、坚毅勤劳的韧性，另一方面也靠外力的支持，慢慢地站稳了脚跟。于是，开始有了一点点的能量，就像一壶冷水开始增加了一点温度。

这一点点的温度是"三七五减租"、公地放领、"耕者有其田"等三项土地改革政策所造成的。所谓"三七五减租"，是说佃农只需要向地主缴纳全年收成的37.5%作为田租。过去在一田多主的情形下，佃农所付出的田租可能高达60%。农民终岁辛苦仍不得温饱，一旦有点灾祸就难免颠沛流离，甚至填乎沟壑。现在用执政当局的力量硬性规定佃农缴给地主的田租最多不超过37.5%。所谓公地放领，是说让佃农来承领公家所拥有的土地。这两项政策的终极目标是让所有直接从事农耕的佃农都可以拥有自己的土地。地主只能留下一定额度的田地，多余的土地一律由当局照价征收后放领给农民。农民个人可以拥有的耕地面积是 1 公顷，不得多有。

在 20 世纪初，有识之士都认识到农村的土地问题是中国社会甚至是世界上各个非工业化国家陷于贫穷的根本原因。于是，土地改革就成了 20 世纪中外各国政府都想一试改革身手的课题。可是能够成功者并不多见。原因是主政阶层本身往往就是地主，以致地主阶层的反抗力量太大，一切改革的法令窒碍难行。

20 世纪 50 年代，由于台湾处在一个非常特殊的时空环境中，拥有政治权力的人没有土地，而拥有土地的人却没有政治权力。于是，可以顺利地完成立法，顺利地实行各项土地改革工作，征收大地主的土地，散给一般农民。这个土地改革政策让台湾不再有佃农，促成农业生产力大进。

几十年后来回顾这个政策时，发现其有利有弊。对于地主而言，这个政策让他们终生难忘失去土地的仇恨，因而不少激进的地主矢志要推翻国民党政权，其他的地主大都保持对立的政治立场，不少主张"台独"的反对派政治人物就是来自这个阶层，像在 1993 年当选台南县长的陈唐山、台大教授郑钦仁等都是这方面的代表人物。

对得利的佃农而言，这个政策也只是让他们过了 20 年的好日子。等到工业起飞以后，农业产值大幅滑落，不利于小农耕作，农田合并势在必行。可是"耕者有其田"的政策依旧高悬，使得农田合并变得不可行。农民由于长期处于不利的环境中，收入偏低，因而也就痛骂执政的国民党。这种现象正反映出"诸法无常"这个不变的定律。

在政治方面，这个时期也是处于低调冷淡的状态。由于刚光复后不久就发生了因查缉走私香烟而引发的民乱，即二二八事件，加上国民党从大陆败退台湾，因此，政治方面的管制是相当严格的。在民主选举的架构下，把台湾地方上的领袖统统纳入地方自治系统。真正有实力者为县市长和乡镇长，其他的地方人物，实力大者为省议员，实力中等者为县议员，实力再小一等者为乡镇民代表。至于"省主席"由功业彪炳的将军出任。省议员对他是相当的恭敬。这个时期"中央"和地方政府与议会的关系是相当融洽的，也就少有冲突。可是，从现在的角度来看那个时代，却认为那是一个"言论不自由"的时代，因为那时代的主政者非常在乎社会上的清议。一有杂音，立刻设法消弭。同时，也强力侦测、监视和消除社会上的异议分子。残存的异议人士现在则称这种举动是"白色恐怖"。

综合以上所述，在政治和经济两方面来说，这个时期的台湾可说是处于冷水的阶段。

二、微温阶段

从 1958 年 8 月 23 日起，短短 45 天内，中共向大、小金门弹丸之岛发射了 45 万发炮弹，是为"八二三炮战"。在这场炮战中，金门是挺住了，可是美国也不准台湾有任何"反攻"的行动，派第七舰队"协防"台湾，反而变成国民党当局"重回大陆"的阻碍。因而确定宣告国民党当局不可能再回大陆了。

从这个时候起，美国中央情报局就精心设计了一套政治理论，来裂解台湾和大陆的各种联系，从民族、文化等方面做起。这些理论后来就成为"台独"理论的依据。最有名的一本书就是柯乔治所写的《台湾——被出卖的土地》，并且通过基督教长老教会向台湾内部传送这些信息。在世界上，长老教会曾经缔造了美国和瑞士。这个经验让世界其他各国的长老教会人士始终相信，他们有可能在他的国家做成同样的事情。从后来的台湾长老教会一直是"台独"运动的坚定支持者可以证实所言不虚。

"八二三炮战"之后，国民党当局加紧了台湾的建设，大量引入外资和相关的技术，创立加工出口区，大量运用台湾最原始的本钱劳动力，尤其是女工，为外国公司的订单而不眠不休、夜以继日地工作。

许多地区的经济改革往往是把男人从农地直接移进工厂，以致农工两荒废。台湾的改革却是从女人入手，让原本没有生产力的女人变成工厂的工人，成为经济上的生产者。国民党当局退踞台湾之后，就在台湾人力整体运用的思考下，推展"国民教育"，到这时候已经10年。社会上有了一批具有粗浅知识的基本人力，可以从事最基本的装配工作。

台湾原来的农村经济形态是男人耕田、女人做家事。男人耕田一年的实际收入就是两次稻米收割的时候，平常时日是不会有现款收入的。因此，那时候台湾的家庭都会有一本"通簿"，平时在杂货店赊账购买日用品、副食品，记在通簿上，等到稻米收割，卖给碾米厂（俗称"土砻间"）之后，才有钱还债。碾米厂和杂货店是那时候台湾农村的两大金融中心。

1966年在高雄成立第一个加工出口区，开创崭新的就业机会。这时候，台湾女工的月薪是5美元，折合新台币是200元。别小看这5美元的收入，它可是大大地改变了台湾农村的经济和社会结构。因为这200元新台币是现款收入，完全活络了原本以物易物的农村经济。

再者，这么一来，男人从此不再是家中唯一的经济来源，妇女在家庭中的经济地位也因此而大幅提升。原来在清末和日据时代，台湾有"养女"（即"童养媳"）的陋习。武雅士等人的研究认为，台湾之所以会有"养女"，是由于贫穷家庭为了减少嫁女儿时的损失，在女孩很幼小的时候就把她送给人家领养。这家人等到儿子16岁时，选一天就让两人圆房，算是完成人生大事。可是这种童养媳只有不到一半的人成婚，剩下的一半多一点的童养媳则被卖进娼寮，过着悲惨的日子。在 20 世纪五六十年代，救助受虐的童养媳是许多竞选地方议员者的主要政见。可是，当女工一兴起，女人的薪水成为家中主要的经济收入来源时，童养媳制度很快就消失不见了。

高雄加工出口区是第一个专门以劳动力密集的工作方式生产外销货品的地方。接着又有高雄楠梓、台中潭子等加工出口区的成立。再接着，就是台湾人自己设立的小型工厂，生产一些货品来供应加工出口区工厂之所需。

在 20 世纪 60 年代，最典型的工作景象就是在低矮、通风不良、光线昏暗的厂房中，机器声震耳欲聋、充斥各种刺鼻化学药品气味的环境中，老板夫妻两人带着几名或几十名工人，夜以继日地赶工，应付订单。负责外销的公司则是老板自己带着一皮箱的货样和目录，讲一口结结巴巴的英语，带一张单程的机票和少量的生活费，飞到欧美各地寻找买主。如果没有接到订单，他就不要回台湾，事实上也真是没有钱、没有脸回台湾。在背水一战、赔尽笑脸，甚至受尽侮辱的情形下，逐渐打开了国际市场，赚取些微的蝇头小利。这种拼命工作和"一只皮包闯天下"的情形，经过十几年的累积，方才有了一点点的积蓄。然后才慢慢地像滚雪球一样增大，外汇储蓄方才慢慢地增加。国际人士称这种努力工作的成果为"台湾奇迹"。事实上，从台湾人的观点来看，只是为了活下去而已，又有什么奇迹可言？

20 世纪 60 年代的台湾就好比是水壶中的水，稍稍得到加温，能量和温度慢慢地上升。这时候，在壶底会有一些小泡泡，这种小泡泡可以看成是台湾经济的动力命脉——小工厂，当然，也可以比拟为其他的社会组织。

三、中温阶段

到了 20 世纪 70 年代，台湾的产品已经可以远销欧美各国。欧美各国也逐渐地知道有这么一个蕞尔小岛存在。这一时期是台湾生产力最旺盛的年代。当时的"省主席"谢东闵大力提倡"客厅即工厂"，于是许多家户都成为工厂的特约外包工厂，按件计酬。台北和高雄两大都市的周边，林立着各种小工厂。每个工厂都是前面提到过的那种为了订单全力以赴的情形。这种勤奋工作的情形，让世界各国的商人看了都为之赞叹不已。

由特殊的外包制度开创出台湾特有的协力工厂制度，就是把生产流程的每一个重要环节都演变成一个专业的工厂，以因应不同规模的订单。有大订单时，结合一大批上下游有关的协力工厂共同完成。订单做完就各自星散，寻找新的订单再做结合。这种协力制度不会出现欧美常见的"因大订单而扩厂，订单结束就垮台"的现象。同时，也把所能赚取的利润依照一定的比例分配给每一个环节上的工厂。于是造成这个时代台湾财富的平均分配，大家都富足，城乡的差距大为缩小。不过这种情形也让台湾的厂商具有很强的模仿能力，而缺乏开创、设计的能力。

这时候，大陆正处在"文化大革命"时期。外国人想要了解中国，不能到大陆走走看看，于是只有在新加坡、中国香港和中国台湾做调查和研究。新加坡和中国香港都曾是或是英国政府管辖之下的殖民地，西化程度很深，只有台湾还保留了非常传统的中国社会形态及文化。于是，各国想要研究中国社会和文化的学者纷纷到台湾学中文，做实地调查和研究，完成他们毕生中最根本的学术训练。因此，这时候，这些外国学者的学术著作的标题往往是"一个中国的 ×× 之研究"，副标题是"以台湾为例"。

大陆改革开放以后，世界各国的学者络绎于途，在各地做研究，发现台湾只跟闽南很像，跟其他的地方都不像。于是，台湾才回复到自己应有的文化地位。

这时候在政治方面也就起了相当大的变化。经过20年的"国民教育"，台湾人民的教育水平大幅提高。原先的地方政治人物学历都不高，通常只有小学的程度，这时候，社会上有了许多大学程度的人士，他们有志于政治活动，可是，被那些学历不高而又在壮年的政治人物所阻，心头的郁闷可想而知。这时候，又开始有少数留学海外的学生学成归来，立刻受到执政当局的重用，或出任党职，或通过选举成为省议员。于是，慢慢地就有人不再乖乖地接受国民党的论辈排班式的安排，而想直接争取他自己想要的职位，于是龃龉摩擦在所难免。摆不平，就脱党竞选。当时的青年学生就非常支持这种"不服从国民党"的态度。1977年因选举而引发的"中坜事件"可说是这方面的代表。从英国留学回来的许信良在当了两届省议员之后，想竞选桃园县长，不获上级的同意，遂退党竞选，得到相当多青年学生和想要改换口味者的支持，最后高票当选。可是，为了开票上的一些争议，支持他的群众攻打桃园县警察局，这是台湾在二二八事件之后首次出现大规模的抗议活动。从此以后，各种政治异议此起彼落。经过10年的激荡，又有了"美丽岛事件"。再过6年，有了正式的反对党（民进党）的产生。

这20年台湾的外汇储备不断增加，政治上也是各种声音不断地涌现，总体来说，就是台湾不断地在增加能量，也就是温度不断地随之上升，社会上呈现一片欣欣向荣的景象，好比一壶水的水温已经大为提升。

四、接近高温阶段

到了20世纪80年代，台湾社会开始呈现不稳定的状态。在经济上，由于累积的外汇储备太多，导致闲钱到处乱窜，金钱游戏泛滥，赌博式的投资成为普遍的社会现象，贫富差距开始拉大。就好像一壶开水已接近沸腾的阶段，水分子团爆裂的声音愈来愈大，水泡已不再是小泡泡，而是大泡泡，甚至是上下对流的水柱。这时候，如果控制不当，就有可能连水壶也会爆裂。

在政治上，台湾各地方都普遍出现了以利益结合为基础的地方派系。在20世纪70年代从事"十大建设"的时候，由于台湾缺钱，经常由严家淦和蒋经国一起出面，邀请企业家共进早餐，从事募款工作。乡镇和省也各要筹集1/3的经费，等于各方共同出钱出力，同心协力把建设工程做起来。人民的土地一旦被征用，所能得到的补偿费用当然偏低，于是就惹来很多民怨，当局迫不得已只好修法将征收土地的补偿费提高，以平息民怨。

到了20世纪80年代从事"十二项建设"的时候，台湾已经很富裕了，每一项公共工程都要征收土地，而征收的费用已逼近市价，而且工程费用也宽裕。于是，公共工程就不再是20世纪70年代那种勤俭的作风，而是"海派作风"。地方的政客就摩拳擦掌勾结起来分食这块大饼。经济利益和地方政治完全勾结在一起，形成了李登辉主政12年中最特殊的政治现象。没有吃到这块利益大饼的政客或是吃不够的政客，往往就在各种地方选举场合痛骂"黑金政治"，等到一旦选上，靡有不照办者。台湾社会至此就日益沉沦了。

在社会上，国外的社会福利思想，就像美国在20世纪60年代所罹患的社会"富贵病"的病毒，开始在台湾快速蔓延。这时候大家开始追逐所谓的自我权益，高喊"不要让你的权利睡着了""只要我喜欢，有什么不可以"等耸人听闻的广告口号，勤奋工作不再受到重视，消费和享受却成为大家追逐的目标。在网络上流传的一个台湾的顺口溜，充分表达出新一代人"不劳而获"的价值观。这首顺口溜在讲年轻人找工作时的条件，前面几句是这样的："事少钱多离家近，睡觉睡到自然醒，位高权重责任轻；旅游出国休假勤，股票分红并命领，出差做事别人请。"

美国在 20 世纪 60 年代的"富贵病"在台湾隆重献映，于是在台湾的社会上出现了各种社会福利团体，代表各种所谓的弱势团体争夺社会资源的分配大饼。这些运动都是对前面十几年那种辛勤工作的反省，认为那么辛苦工作所付出的个人身心健康和社会、环境的代价太大了，现在应该有所反省和修正。然而，不幸的是，这些光明正大的理由很快就沦为政客争夺政治利益的工具。在 20 世纪八九十年代，整个台湾社会一直是处在动荡不安的局面。各种抗议活动四起，夹杂着耸动的政治要求，尤其是 1989 年，一年之中全台湾有超过 2000 次的抗议游行。

这些林林总总的抗议行动共同表现出一个流行的价值观"吵闹就有糖吃"，只要够狠够凶，锲而不舍，就一定可以得到所想要的好处。法律一条条地依照抗议者的意见去修改，工作时数逐渐减少，最低薪资逐渐增加。"劳动基准法"似乎先天性地把资方看成唯利是图的小人。依照这个法律，在保障劳工的权益下，投资者很难回收投下的成本。"劳动基准法"施行十多年后，资方用脚来表达他们的抗议，那就是把台湾的工厂关掉，改到东南亚和大陆设厂。到了 2001 年，这种关厂的风潮越来越盛。支持民进党或"独派"最力的中南部遭到严重的威胁。工厂大部分都关掉了，失业率突破 4%。

在 20 世纪 90 年代，这些抗议活动汇集成为正反两股势力，总名为统"独"斗争。凡是抗议的力量大都偏向"独"的色彩。国民党自己也一直在统"独"之间摆荡。凡是倾向"独"的政客，就把站在与他相反立场的人统统指为"统派"，并且恶毒地诅咒"凡是统派，一定会出卖台湾"，誓言捍卫台湾的"独立自主"。在这种虚拟的政治罪名指控之下，台湾社会不由自主地走向分裂。

台湾的汉人来自中国各省，以闽粤两省为多。在过去的40年中，台湾主政者一直以"民族的熔炉"作为施政的最高指导原则，尽量消弭中国人原有的地域观念，把来自不同省份的人融合成一体。可是，在最近的十多年，政客们却不断挑起不同省籍之间的隔阂和间隙。一句"本土化"口号就区别了本省和外省，并且虚拟地假设："凡是不能本土化的人，一定不会爱台湾。"十多年来，历次选举都把这个虚拟的政治罪名挥舞得弥天盖地，让社会为之隐隐地动荡不安。

导致这种改变的最大力量就是来自国民党的主席李登辉。2001年6月15日，《中国时报》第二版刊出一篇短评《革命者李登辉》，由马维敏执笔，文中一针见血地说：李登辉的态度非常清楚，他要以一切手段导引政局的发展方向。这种"撩下去"（闽南话，意思是"不管三七二十一，豁了出去"）的决心，绝非国民党高层诉诸旧情所能改变，也绝非外界批评所能阻止。

因为李登辉自认为他的历史责任未了，他痛恨宋楚瑜奸巧，鄙视连战软弱，也不相信陈水扁有能力自行走出困境，只有他才是高瞻远瞩的领航者。但李登辉大概没有想过，不断膨胀自己历史使命的行为模式，十多年来已经将台湾纵劈横切得支离破碎，台湾成为一个充满对抗与仇恨意识的地方，现代民主社会的一切机制都遭到扭曲。

虽然李登辉的原始动机是要建立"台湾主体意识"，让台湾与大陆"脱钩"，然而一个自残分崩的台湾，要如何挣脱岛内的困局？如何面对大陆的压力？如何开阔地看待世界？

回顾过去的几十年，台湾不也是经历了一场"文化大革命"？民主/反动、本土/外来、爱台/卖台、"独立"/统一、台湾/大陆、拥李/反李、挺扁/反扁、扁李/连宋，几个简单的口号就可以斗得天昏地暗，而且斗完了敌人又斗战友，从来不愁没有斗争的对象与借口。然而，斗争并没有解决问题，反而深化矛盾、激化仇恨、分裂社会。但是，对于"革命家"而言，这些都只是实践历史使命的过程与代价。

在政治上，国民党不再是绝对的权威，挑战者四起，而党主席李登辉又一心一意地以毁党、毁国为毕生之职志。再加上一批无耻政客为了自己的政治利益，到处煽风点火，跟着李登辉的口号摇旗呐喊。硬生生地无情割裂台湾人民为四个不同的"族群"：福佬人、客家人、外省人和"原住民"。政客把社会上一切的不公平、不正义的事都归罪于执政的国民党。于是，国民党就成了"一切罪恶"的渊薮，反国民党就成了许多共同的目标。

由于国民党是从大陆移来的，有很深的中国文化根底。这些政客从反国民党出发，一反就变成"反中国""反中国文化"，高喊要建立台湾的"主体文化"。可是台湾的文化，无论是福佬人或客家人的文化，不都是从闽南和粤东陆续迁徙进来的吗？在台湾的历代祖先的墓碑上不还都刻着闽粤原乡的籍贯吗？像 20 世纪 90 年代这样子的"反中华文化"，那么这些人又有何面目去见他们的列祖列宗呢？

到了 2001 年，李登辉连续出了几本自传式的书，例如《虎口的总统》《李登辉执政告白实录》，讲述了他的执政心路历程，原来他完全是用憎恨、厌恶的心情来看待自己主持的国民党，把昔日的同僚全都描绘成非常阴险可怕的小人。他毕生用力最勤的地方就是把国民党毁掉。对于他年轻时的日本统治，极尽怀念之能事。于是，棘手的统"独"问题又转化为"中国人"和"日本人"之争。

在这种是非不明，甚至颠倒黑白、指鹿为马的争议下，台湾社会已经完全不知道自己究竟何以自处。这种迷惘非常可怕，因为已经不只是壶里的水已经煮沸而已，而是有可能把这把壶一并打破，要打破这个壶的人就是李登辉和他的同路人。台湾社会已经病得很重。要找一个治人病的医生不难，可是何处可以找到能够治社会之病的名医呢？

（一）耗散理论

1977 年诺贝尔化学奖得主、比利时籍的普里戈金曾经提出一个问题：为什么世界上会有秩序和结构，秩序和结构是从哪里来的？

他提出了一个有名的理论，叫"耗散结构"，意思是说，任何一个系统都需要能量，也会消耗能量，一旦能量用完，又会回到环境里去，从中取得能量，充满之后，再重新出发。用完之后，又会回到环境中去补充能量。于是，这个系统就形成生生不息的局面。

消耗能量的过程是处于一个耗散系统，可是当消耗到某一个阶段时，又可以达到另一种稳定的状态。在能量越多的时候越不稳定。这个不稳定状态有一个特质，就是整个系统会朝着更复杂、更庞大的方向发展。发展到这种程度时，所需要的能量更多，也就更不稳定。这样的系统说明了生物体的存在是一种自然的发展状态。

这样的一种学说弥补了热力学第二定律的缺憾。热力学第二定律只讲了宇宙的热能是不可用、不能用、不管用，好像没有任何建设性的感觉。普里戈金这种说法则让宇宙的能量有了建设性用处。因此，等于是把有生命的世界和没有生命的世界联结起来。因而有人说，这是热力学第二定律中最美的发展，就颁了诺贝尔奖给他。

这种见解非常棒，可是在台湾几乎没有人会用，非常可惜。仔细想想这 150 年来的西方文明、近代中国社会乃至 70 多年来的台湾社会，不也是如此吗？

例1：近代西方文明

近150年来的西方文明，由于工业革命的发展，不是开发了很多能量吗？这些新增的能量进到社会结构里，不是引发了很大的骚动吗？19世纪的几次大战，20世纪的第一次世界大战、第二次世界大战以及很多区域性的动乱都是这么来的。有了动乱之后，再慢慢地重整，产生出新的系统和机制来。

第一次世界大战之后，没有整合得很好，紧接着第二次世界大战又来了。因为发动战争的国家掌握了很多的能量，野心就大起来了，就产生了很多冲突。当冲突到很厉害的时候，整个世界就处在混乱的状态，于是就有了战争。经过战争的摧残之后，再慢慢地蜕变成另外一种新的状态。像第二次世界大战之后出现了很多国际性的组织，如联合国、世界银行、联合国教科文组织、APEC等。

普里戈金的耗散理论所指的这个能量，不是完全像热力学第二定律所说的那样，在任何一个过程都会有一些热能是死的，没有办法用到它。普里戈金的理论是把能量看成是循环的，用了以后还会回到环境中去。但是在用的过程中不断地发生演进，从简单的往复杂的方向演进，系统也会越来越复杂化。因此，任何有序的结构都是从混乱中建立起来的。譬如说，在20世纪30年代，很多美国人从本土跑到夏威夷去玩，把麻疹带到夏威夷。在美国本土，麻疹不算什么，反正就是发发烧，眼睛红红的，过一阵子就会好。可是对夏威夷土著来说就是会致命的病，有1/10的夏威夷土著因患麻疹而死亡。这等于是说，观光的能量进来，也带来了一些干扰的因素，造成土著生命适应的起伏波动。这个波动导致一些人牺牲，可是也让土著在身体里面发展出比以前复杂的系统，产生出面对麻疹有免疫的能力。现在，再多的美国人来夏威夷土著也不怕了。这个系统就不断地上升。在外表上看不出人体有什么变化，可是他内在的功能在复杂性上面却有了很大的改进。一个完全不受疾病侵害的生命就不会有演进。适度的压力是建设性的发展。压力过了头，承受不了，却会导致崩溃。有适度的压力就会有适度的演化，生命系统就是如此从简单演进到复杂。

例 2：近代中国

用这个理论来看中国近代史也非常的适用。清代的中国原先是一个疆域辽阔的大帝国，自认为是"天朝上邦"。1840 年后，英国人用武力来叩关，打开了中国的大门。欧洲工业革命所引发的新能量也就因此而进入中国。当然也就引发中国内部一连串的动荡不安。先是有太平天国，后有辛亥革命的成功。1912 年到 1949 年，中国一直处于战乱的局面，也就是外国引进的能量在中国不断地产生动荡不安，中国本身也一直在抵抗这股入侵的"邪气"。

1929 年至 1933 年，国际上发生了金融风暴。欧美各国经济萧条，促成了德国希特勒的迅速崛起，一方面拒绝支付战争赔偿，另一方面加强工业生产，扩充军备，吸收相当大的能量而成为新的强权，终于有了第二次世界大战的发生。

美国为了解决 1929 年的经济大恐慌，于 1933 年由罗斯福总统签立"购银法案"，向世界各国大量购买白银。因为当时世界各国都是以白银作为货币的准备金。当时世界上拥有白银最多的国家是中国，于是中国的白银于像水银泻地一样地流出，进入美国人的荷包，最终引发通货膨胀，国民党政府守不住银元券、金圆券和关金券，最后败退台湾。

历经这样的一连串的动荡，中国从一个半殖民地的境界挣脱出来，也就是摆脱了 19 世纪以来因工业革命而来的帝国主义入侵。与此同时，世界金融体系也从银本位制转变成为金本位制，银不再成为货币的准备金。国民党当局受了这次惨痛的教训之后，在台湾的经济发展过程中，一直努力地守住那个可怕又可贵的黄金储备。

例 3：70 多年来的台湾

这 70 多年来的台湾也是很好的例子。经济发展的结果当然是贮存了很多的能量，然后就开始乱。但是乱中有序，开始慢慢地调整。这样建构出来的社会，跟我们以前所认识的社会完全不一样，以前是一党独大，现在是多党林立。1975 年，蒋介石过世的时候，大家以为台湾从此就会完蛋，结果是平安地度过了，还开创出所谓的"台湾奇迹"，比以前更好。

这种向上提升的情形是有条件的，必须要有很好的适应和调整的能力。这个系统受到冲击之后，它的容忍度必须大过冲击度，否则就解体了。最近十几年的发展却令人担忧，无聊的政客跟随民进党的魔笛起舞，不断利用传播媒体，用简单的政治口号分化台湾社会。很明显，冲击度有要超过容忍度的趋势，因此，台湾前途堪虑。

从 20 世纪 50 年代到 80 年代，台湾历经了一次非常和平的转变。由于成功地引进外来的资金，也就是新的能量，从农业社会逐步蜕变成新兴工业化的发展，跻身"亚洲四小龙"，也成为世界开发中的成功典范。

从 1980 年到 2000 年的 20 年间，台湾和大陆又都经历了非常巨大的变化。台湾由于能量太多，地方太小，于是引发了一连串资源再分配的运动，人们不再没日没夜地工作，开始注重生活的质量，也开始反省因经济发展而付出的生命和环境的代价。大陆开始努力接收外来的能量，要跟世界经济发展接轨。于是像 30 年前的台湾那样，沿海地区开始拼命地工作，让一部分人先富起来。

台湾在 1989 年时，各种社会运动到达顶峰。历经了几次恐怖的街头抗议活动，台北火车站一带被打得稀烂。于是才有往后的一连串修改法律。先前的权威不复存在，出现一个看上去像是民主的社会，人们可以用自己的选票决定由谁来主政，而新闻媒体也肩负起监督和批判的责任。

与此同时，在民主的素养方面也有长足的进步。20世纪中国不同党派之间的政争几乎都是呈现"你死我活"的状态，一言不合即兵戎相向。在付出了血的代价之后，在台湾的中国人终于学会了相互尊重。尽管在选举期间吵得翻天覆地，可是一旦选举结果揭晓，大家都坦然接受，这就是一种进步。这样的社会跟20世纪的中国社会乃至前清社会是完全不同的。

在以前的威权时代，主政者相当在乎舆论，生怕受到指责，因而就有许多钳制舆论的措施。等到言论自由之后，人人可以讲话，大家却发现舆论已经没有了从前的分量。主政者根本不在乎舆论讲什么，一味地我行我素。在这种情况下，舆论也就成了"狗吠火车"。台湾现在的乱象不正是舆论失去原有分量之后的结果和表现吗？

中国的历史上为什么总是一治一乱？因为到达某一个程度之后，如果没有跟着外在环境一起成长，也就会变成被环境遗弃的对象，于是就要被推翻。推翻之后，再重新组织新的政府，它能和环境保持适度的良性互动，又可以维持一段时日。可是又由于既得利益的关系，慢慢地跟环境脱节，又落伍了，于是又成了被抛弃的对象。历史上的一治一乱就是这么形成的。

台湾最近70多年的历史，是从废墟中站起来，享受一段好时光之后，就迫不及待地朝另一个废墟迈进。究竟是怎么一回事？让所有关心台湾前途命运的人忧心不已。

（二）人的素质发生了变化

任何一个时代，任何一个社会，都会有残酷无情的政治斗争。因此，高层的政治斗争不足挂齿。可是，一旦政治斗争变成全民运动，那就不是一件简单的事情。必须要全民都跟着政客一起发疯才有可能造成。希特勒时代的德国就是全民发疯的例子。现在台湾的政客和一些眼光浅近、心胸狭隘的人，随着民进党的魔笛起舞，就是在朝这条路上迈进。而造成这种全民现象的根本原因就是人的素质发生了改变。

这种改变可以从"内"和"外"两个方面来讨论。先谈"内"的部分。

1. 内部因素：婴儿期经验决定人格的特质

在心理学和文化人类学上，谈人格的发展时，都承认成人的行为模式取决于婴幼儿时期的经验。如果婴幼儿时期的生活经验是平和的、愉快的，那么成人的性格也就会是平和的、愉快的。如果婴幼儿时期的生活经验中充满了太多的不满足和挫折，那么成人的性格就会是粗暴的、有侵略性的、不易合群的。现在台湾的种种问题仔细追究起来，就是年轻一代在他们的婴幼儿时期有许多挫折和不满足的经验。这种经验使得他们所具有的人格特质是：不易安定、容易紧张、缺乏安全感、易受惊吓、不易专心以及习惯于不劳而获，而其身体健康的基础工程也受到破坏。台北市妇幼医院负责接生台北市 1/4 的新生儿，郭启英在这所医院的婴儿房工作了 20 多年，她以敏锐的观察和积 20 年的经验，提出有关新生儿经历与往后人格成长的关联性。笔者个人认为，这些关联性从某种意义上可以用来解释造成这些现象的原因，兹分述如下：

（1）无心的生育

由于经济的发展，传统的男女分工方式也跟着改变。为了工作，大家都变得很忙，女人的工作就更忙。传统的持家和生育的工作并没有因为外出工作而大幅度地减轻。在两者不能兼顾的情形下，持家和生育的工作就大打折扣，而且多半是在心情不太好的情形下进行。一般人总以为胎儿不过就是一团肉饼，不会有什么知觉。其实这种想法大错特，胎儿一旦形成，他就对外界的任何动静有相当敏感的反应。由于孕妇常因工作而紧张不安，胎儿也就跟着处在一个焦躁不安、随时惊恐的环境中。

（2）母子联系的切断

及至出生，更是面临巨大的变化，最主要的改变是接生方式。以前传统的接生方式是请一个助产士（产婆）来帮忙，在家里生孩子。孩子生下之后，擦洗干净，就用软布或旧衣（因为已经很柔软，不会刺伤新生儿的皮肤）把孩子包起来，交给妈妈。孩子在肚子里面10个月，听到的声音主要就是妈妈的心跳和肚肠所发出的各种声音。当孩子出生之后，妈妈的心跳声是他最好的安慰，可以平复孩子的不安情绪。可是，现代的台湾人以为在家中生产、由助产生接生是件不安全的事，纷纷改到医院生产，以为这样做可以母子均安。事实则不然，在医院中生产，当孩子生下来之后，由几个小护士帮着把孩子擦干净，用一块看起来是干净的布包起来，直接送进婴儿房，顶多给妈妈看一眼而已。这个动作硬生生地把母子之间的亲密接触给切断了，孩子一下子就再也听不到他最熟悉的声音，那种惊恐和无奈，实在不是我们成年人所能体会。

（3）不再自己带养小孩

一般妇女由于上班工作的关系，大都不愿多花一点时间来抱孩子，嫌麻烦。因此，孩子大都是由保姆、祖父母或其他的人带养。这样做，是让孩子很少有机会再听到妈妈的心跳声，也就不能舒解紧张的心灵压力。在这样缺乏亲情的生育方式下，孩子长大后就表现出容易紧张、不安、不容易放松等行为，身体也就会有各种因情绪而引起的疾病。

(4) 剖腹生产的贻害

生孩子时因子宫收缩而引发的阵痛是天下最痛的。许多妇女因为怕痛而让接生的医生替她打了麻药，剖腹生产。当然，也由于找名医接生的产妇太多，以致名医忙不过来，剖腹手术是他最容易安排时间的办法。也有算时辰、算八字等种种迷信行为，要在一定的时辰剖腹生下孩子，以致台湾非必要性的剖腹生产比例一直偏高。

在婴儿房里，可以很清楚地分辨出哪些婴儿是自然生产、哪些婴儿是剖腹生产的。因为自然生产的婴儿由于在生产过程中也要非常努力地奋斗，当他出生之后，已经累坏了，于是放在婴儿房里都会沉沉地睡去。相对地，剖腹生产的孩子却是在不由自主的情况下被医生拉出来的。因此，睡在婴儿室内，就会经常地抽动一下，很容易被外面的声音吓到。

2. 外部因素：人浸在"高频电波池"里

在学术界，一直有"环境决定论"，但只是一种理论而已，许多学者不会认为它所说的真实可信。原因是环境决定论者一直说不清楚人和环境究竟如何互动和相互影响。其实，人就像一个巨型的、可以不断放电和充电的电瓶，因为白天放电、晚上充电，于是人和环境就有了密切的互动。

台湾这几十年来由于经济发展的关系，大家都想要住一间心目中所认定的"好房子"，可是很难找到真正的好房子。台湾的面积是36000平方公里。其中，有4/7的土地是山地，不可以开发利用，剩下的3/7是丘陵和平地，2300多万人就挤在16000平方公里的土地上，是世界上首屈一指的拥挤地方。

为了解决住的问题，就只好建楼房。在20世纪60年代，人们开始住2层楼房。70年代起，流行住4层楼房。80年代起，流行住10层左右的集合式大厦。90年代，更有20层或更高的大楼式住宅。

越是离现在较近的时间所造的大厦，越是用钢筋水泥，或者为了防震，改用钢骨结构。

每一楼层必须铺设各种电线。电气工人为了省事，往往不照图施工，随便拉线，结果就形成了比蛛网还密还乱的线路。再用天花板把这些乱七八糟的电线遮起来。等到完工启用，通电之后，电流在钢铁结构中不断地反射、共振，它的加乘作用让电波变成非常可怕的高频波，甚至产生乱波。所谓摩登的台湾人就是日日夜夜浸在这种混乱的、高频波的汪洋之中。

于是每个人只能在很小的范围中与人沟通，出了这个范围，就很难跟其他波型的人发生共振，也就形成人与人之间的沟通能力变差。台湾社会变得有这么多的问题，根本的原因就是人与人之间的沟通变得很困难。

政治上所谓的"本土化""独派"，他们所能观照到的范围，就只有他身边的那么一点点，再远一点的地方就看不到了。

从以上所分析的内外原因，我们可以很清楚地看到台湾社会之所以会朝衰弱的方向发展，根本的原因是人的素质变坏了，这种变坏是不是没救了呢？

3.补救之道

在中国的历史上，匡正人心总是读书人的天职。其中，最让我欣羡不已的典范是宋代大儒朱熹的思想和做法。朱熹的思想学问其实都围绕在一个重大的问题上打转，那个问题就是："为什么北宋在它最强盛的时候突然覆亡了？"

朱熹深谙北宋的政治。宋代的士人好作意气之争，新旧党争把国家弄得乌烟瘴气。

朱熹认为北宋之亡，就是亡在新旧党争上。无论是旧党还是新党，共同的毛病就是"心不正"。唯有把心匡正了，方才可以救国。

如何才可以把不正的心匡正回来呢？唯有体证圣人之心。圣人已经不在世上，可是圣人留下了他的言行记录，只要研读这些记录，就有可能重新体证圣人之心。于是，朱熹把代表孔子言行的《论语》、曾子所作的《大学》、子思所作的《中庸》和孟轲所作的《孟子》4本书合编起来，作为孔门圣哲思想的传递。读圣人之书，不是光读而已，更重要的是身体力行。朱熹为学是"半日读书，半日静坐"，实际练习"定静安虑得"究竟是怎么一回事。

南宋150多年都是由新党的人士主政，朱熹的主张被斥为"伪学"。直到明太祖朱元璋即位，方才确立朱熹的学术思想地位。朱熹批注的四书就成为国家考试的标准本。明朝中叶，王阳明、陆九渊、林兆恩等人也都是在静坐方面有很深的功夫，方才有那些传诸后世的大作。

这些学问总称为"宋明理学"，也称为"心性之学""大人之学"。在20世纪的中国，这种学问被彻底打倒了，被丢到茅坑里去了，不再有人理会。今天，我们要想让台湾从目前的困境中解脱出来，似乎还是要仿效朱熹的做法，从人心的匡正入手。

台湾的学校教育完全是以西方的物质文明为模仿的对象，没有任何创新之处。可是在民间，却是自由自在的一片天地。有心人可以著书立说，开班讲学。在20世纪50年代，有不少学者定期讲课，吸引不少人士自动前往听讲。像王寒生每个星期天都在台湾大学法学院讲墨子、老庄和其他经典，吸引了相当多的人前来听讲。后来他就在这个基础上成立了轩辕教。前清皇族后代，人称"郁老"者，更是40多年来一直在讲四书，最盛时有上百人听讲。

许多社会学家一直不解：为什么台湾有那么多的宗教团体都可以吸引成千上万的人？其实，这些团体都有一个共同之处，就是"教人如何修心"。前面的论说就是在指明，台湾今天的困境就是因为人心坏掉了。关键既然是在"心"，那么，要想匡正社会就必须要从"修心"入手。这么一来，就扣合了朱熹，乃至于王阳明的心性之学，乃至于20世纪50年代台湾民间的讲学风气。

台湾目前的问题，不是出在"物质"和"能量"层面，而是出在"心智"和"信息"层面。在台湾的中国人应该走哪一条路，其实已经昭然若揭了。理学家张载给出了答案：为天地立心（为社会重建精神价值），为生民立命（为民众确立生命意义），为往圣继绝学（为前圣继已绝之学统），为万世开太平（为万世开拓太平之基业）。

为万世开太平，让中华民族实现伟大复兴，是每一位中华儿女心中共同的梦想与期望。

台湾与大陆有着千年血脉相连的关系，本书已作了完整、清晰的论述，台湾是中国不可分割的一部分，两岸同属一个中国的历史和法理事实，是任何人、任何势力都无法改变的。

两岸同胞都是中国人，有血浓于水、守望相助的天然情感和民族认同，是任何人、任何势力都无法改变的。

两岸关系向前发展的时代潮流，是任何人、任何势力都无法阻挡的。

后　记

海峡两岸一家亲，同宗共祖脉相连！

丘逢甲

在写本书的后记时，让我想起丘逢甲。丘逢甲，字仙根，又字吉甫，号蛰庵、仲阏、华严子，别署海东遗民、南武山人、仓海君。辛亥革命后以仓海为名。晚清抗日保台志士、爱国诗人、教育家。祖籍广东嘉应州镇平县（今广东蕉岭）。丘逢甲于光绪十四年（1888年），考中举人。曾到台湾台中衡文书院担任主讲，后又于台湾的台南和嘉义教育新学。

丘逢甲与黄遵宪、丁日昌、何如璋并称为"岭东四先生"。其诗风格上受杜甫、陆游诸家影响，充满爱国感情。他思念台湾的至情至感体有《往事》与《天涯》两首诗。

往　事

往事何堪说？

征衫血泪斑，

龙归天外雨，

鳌没海中山，

银烛鏖诗罢，

牙旗校猎还，

不知成异域，

夜夜梦台湾。

天　涯

天涯断雁少书还，

梦入虚无缥缈间，

兵火余生心易碎，

愁人未老鬓先斑，

没番亲故沦沧海，

归汉郎官遁故山，

已分生离同死别，

不堪挥泪说台湾！

记得我小的时候，台湾的大街小巷流传着一首歌，歌名叫：
《我的家在大陆上》，歌词我依稀记得：

我的家在大陆上，

朋友们常来往，

过年过节喜洋洋，

春日柳条细，

夏季荷花香，

秋来枫叶红似火，

寒冬大地照吉祥。

每每唱起这首小时候的歌曲，我都会泪流满面，无限伤感与
思念！

最后，我再次强调——

我是台湾人，也是中国人！

台湾与大陆同文、同种、同是龙的传人！

台湾与大陆是绝对不可割舍的！

谁说台湾不是中国的！

2023 年 9 月 18 日

责任编辑：王世勇

版式设计：顾杰珍

图书在版编目（CIP）数据

谁说台湾不是中国的：台湾与大陆的千年血脉关系 / 范文议 著 . —北京：
    人民出版社，2024.4
ISBN 978 - 7 - 01 - 026153 - 9

I. ①谁… II. ①范… III. ①台湾 - 地方史 IV. ① K295.8

中国国家版本馆 CIP 数据核字（2023）第 23806 号

谁说台湾不是中国的

SHUISHUO TAIWAN BUSHI ZHONGGUO DE

——台湾与大陆的千年血脉关系

范文议 著

人民出版社 出版发行

（100706 北京市东城区隆福寺街 99 号）

中煤（北京）印务有限公司印刷 新华书店经销

2024 年 4 月第 1 版 2024 年 4 月北京第 1 次印刷
开本：710 毫米 × 1000 毫米 1/16 印张：29.75
字数：385 千字

ISBN 978 - 7 - 01 - 026153 - 9 定价：198.00 元

邮购地址 100706 北京市东城区隆福寺街 99 号
人民东方图书销售中心 电话（010）65250042 65289539